中国农业研发资源
国际合作路径研究

■ 张玉梅　陈志钢　编著

中国农业科学技术出版社

图书在版编目（CIP）数据

中国农业研发资源：国际合作路径研究／张玉梅，陈志钢编著．--北京：中国农业科学技术出版社，2021.11
ISBN 978-7-5116-5129-7

Ⅰ．①中…　Ⅱ．①张…　②陈…　Ⅲ．①农业科学-科学研究-中国　Ⅳ．①F323.3

中国版本图书馆 CIP 数据核字（2021）第 018444 号

责任编辑　朱　绯
责任校对　李向荣
责任印制　姜义伟　王思文

出 版 者　中国农业科学技术出版社
北京市中关村南大街 12 号　　邮编：100081
电　　话　（010）82106632（编辑室）　（010）82109702（发行部）
（010）82109709（读者服务部）
网　　址　http://www.castp.cn
经 销 者　各地新华书店
印 刷 者　北京建宏印刷有限公司
开　　本　170 mm×240 mm　1/16
印　　张　30.5
字　　数　652 千字
版　　次　2021 年 11 月第 1 版　2021 年 11 月第 1 次印刷
定　　价　120.00 元

致　谢

本书是比尔及梅琳达·盖茨基金会资助的研究项目“中国农业研发资源范围界定”的研究成果，研究时间为2018年11月至2020年8月。

我们特别感谢比尔及梅琳达·盖茨基金会的Ammad Bahalim、王凯园、张建欣、朱庆华和Sue Park，感谢他们对项目的指导和支持。我们对为本报告初稿提出修改意见和建议的专家表示衷心感谢！

我们特别感谢中国农业大学樊胜根讲席教授的指导！感谢农业研究基金会（SoAR）的高级科学顾问Jane Silverthorne为报告提出宝贵建议！

感谢农业农村部科技发展中心杨雄年主任，中国农业科学院国际合作局张亚辉局长、郝卫平副局长，国际玉米小麦改良中心（CIMMYT）中国办事处主任何中虎高级研究员，国际生物多样性中心东亚办事处主任张宗文研究员和国际马铃薯中心（CIP）副主任兼亚太中心主任卢肖平研究员在报告撰写过程中提出的宝贵建议！

感谢江苏省农业科学院的沈贵银研究员、张峰主任和孙晓龙博士等对我们的调查给予大力支持和帮助！

感谢中国农业科学院农业经济与发展研究所对项目实施给予大力支持和帮助，特别感谢袁龙江所长、李思经书记、毛世平副所长、胡向东副所长、靳淑平处长、张宁宁处长的支持和帮助！

我们采访了科技部、农业农村部、国际农业研究磋商组织（CGIAR）各中心中国办事处、中国农业科学院、中国科学院、中国农业大学、江苏省农业科学院、南京农业大学等机构的许多政府官员和专家。得益于与国内外专家富有成果的讨论，特别感谢参加我们项目启动会、中期汇报会和结题会的专家，以及参加比尔及梅琳达·盖茨基金会组织的关于美国、欧盟、中国的农业研发资源研讨会的专家，感谢他们为报告提出的宝贵建议！衷心感谢各位专家对报告的贡献！

当然，也非常感谢我们办公室的研究助理和学生的协助，特别要感谢浙江大学—国际食物政策研究所国际发展联合研究中心的周云逸，国际食物政策研究所东亚、东南亚和中亚办事处的张力文和詹悦，中国农业科学院农业经济与发展研究所胡欣然、张向阳和盛芳芳以及海南大学的蔡倩同学！

研究团队由以下成员组成：

张玉梅（课题负责人），研究员，中国农业科学院农业经济与发展研究所；

陈志钢，高级研究员、讲席教授，国际食物政策研究所东亚、东南亚和中亚办事处，浙江大学—国际食物政策研究所国际发展联合研究中心，浙江大学；

王济民，副所长，农业农村部食物与营养发展研究所；

毛世平，副所长，中国农业科学院农业经济与发展研究所；

高　芸，副研究员，中国农业科学院农业经济与发展研究所；

谢玲红，副研究员，中国农业科学院农业经济与发展研究所；

周云逸，博士生，浙江大学，浙江大学—国际食物政策研究所国际发展联合研究中心。

内容概要

改革开放以来，中国政府高度重视农业科技发展，农业科技发展迅速，科研成果层出不穷，显著提高了农业生产力，确保了粮食安全和减少了贫困。中国也从农业技术输入国变成输出国，将科技成果推广到其他发展中国家。比尔及梅琳达·盖茨基金会（简称盖茨基金会，全书同）认为中国的创新知识、技术和工具可以帮助非洲及其他发展中国家的农民改善生活、脱离贫困。2011年，盖茨基金会和科技部签署了战略合作备忘录，旨在共同促进人类技术进步。近些年，盖茨基金会和中国已经开展了富有成效的农业科技合作。本研究的主要目的是全面梳理中国的农业科研资源状况，进一步深入探讨双方未来的合作机会和合作路径，为促进发展中国家的农业发展和农民脱贫做出更大贡献。本报告的研究内容主要包括5个方面：分析了中国农业科研体系及其管理机构、科研经费及其分配机制；介绍了省级农业科研资源情况；分析了最重要的农业科研机构——中国农业科学院和中国科学院的科研资源情况；梳理了中国农业科技国际合作现状；探讨未来中国和盖茨基金会在农业科研方面的合作机会和合作路径。通过研究，主要有以下研究结论。

第一，中国农业科研资源情况

（1）中国农业科研体系庞大，以公共研究机构和大学为主，科研人员数量排名世界第一。2018年，农业研究机构1 158个，农林院校94所。中国按照行政隶属关系建立了自上而下的国家级、省级和地（市）级农业科研机构。部属、省属和地市属科研机构科研人员比例分别为14.30%、51.10%和34.60%。种植业研究机构为首，占农业研究机构总数的48%，农业服务业其次，占25%，林业、畜牧业和渔业研究机构分别占16%、7%和5%。农业研究机构从业人员总数为8.7万人，R&D（Research and Development，科学研究与试验发展）人员5.6万人，R&D全时当量人员4.9万人，占全部行业的12%。农业研究机构和大学的R&D全时当量人员总计约6.4万人。科研人员学历水平相对较高，2018年，农业科研机构博士10 126人，占18%；硕士

18 016 人，占 32%；本科 18 617 人，占 33%。

（2）国家科技领导小组是科技管理的最高机构，科技部是负责国家科技发展的主管部门，2018 年机构改革后，国家自然科学基金委员会由国务院直属机构改为由科技部管理，但相对独立运行。财政部科教司承担科技经费预算和管理工作。科技部农村科技司负责拟订科技促进农业农村发展的规划和政策。农业农村部科技教育司主要负责农业科技发展项目的管理工作。教育部科学技术司主要负责管理高等学校的科技工作。中国农村技术开发中心和农业农村部科技发展中心是农业科研项目的专业管理机构。对外经济合作中心负责承担农业农村部援外项目管理。国家国际发展合作署主要涉及对外援助。

（3）中央财政科技计划是政府支持科技创新活动的重要方式。2014 年，国务院开始对中央财政科技计划进行改革，改革后的中央财政科技计划被合并成 5 类：国家自然科学基金、国家重点研发计划、国家科技重大专项、技术创新引导专项（基金）、基地和人才专项，全部纳入公开的国家科技管理平台进行统一管理。

（4）中国农业研究机构的研究经费来源包括核心基金和项目基金。核心基金主要是农业研究机构的薪酬福利，由财政部门决定分配。项目基金主要来自承担的科研项目，分为稳定性和竞争性科研项目经费，科技创新工程专项经费、国家现代农业产业技术体系和基本科研业务费是相对较大的稳定经费来源，直接由财政部拨款，竞争性经费主要指国家科技计划等项目经费，是政府支持科技创新活动的重要方式。

（5）中国农业科研公共支出增长快，成为农业科研投资最大的国家之一。农业科研机构和农业高校的科技活动收入增长快，按照购买力平价计算，2016 年为 77 亿美元，达到或超过了一些经济合作与发展组织（简称经合组织，OECD）国家，中国约占全球农业公共科研经费支出的 16%（Beintema *et al.*，2020）。农业科技投入强度相对较低，但呈上升趋势，从 2001 年的 0.3%提高到 2017 年的 0.83%。政府资金是主要的资金来源，占农业研究机构总经费的 88%，占农业大学总经费的 79%。中国农业 R&D 研究经费从 2002 年的 22 亿元增加到 2017 年的 241 亿元，年均实际增长率为 12.9%。其中，2017 年农业科研机构和农林院校的 R&D 经费分别为 182.6 亿元和 58.6 亿元。农业大学的 R&D 经费增长快于农业科研机构，占 R&D 经费的比例从 2002 年的 21.6%提高到 2017 年的 24.3%。农业基础研究投入增长迅速，2017 年，基础研究达到 50.6 亿美元，占 R&D 研究经费比例为 16.6%，比 2002 年提高了 9 个百分点，其中农业高校更加注重基础研究，2017 年基础研究经费的比例为 35.5%。中国农业科研机构的 R&D 经费仍以支持种植业研究为主，但畜牧业、渔业和农业服务业的研究经费增长较快，2018 年，研究机构种植业、林业、畜牧业、渔业和农业服务业的 R&D 经费比例分别为 57%、8%、7%、6%和 21%。

（6）国家自然科学基金生命科学部项目、国家重点研发计划、现代农业产业技术体系、国家创新工程、基本科研业务费是最主要的农业科技经费来源。2018 年，国家重点研发计划项目经费 25 亿元、国家自然科学基金生命科学部项目经费 31 亿元，现代农业技术产业体系 16 亿元、科技创新工程 8 亿元，总计约 80 亿元。

第二，中国省级农业科研资源

（1）中国省级农业科研机构注重应用研究，以服务地方农业发展为重任，承担国家农业科技创新联盟任务分工，是农业科技国际合作交流的重要主体，为农业科技发展提供重要支撑。省级农业科研主要由各省（区、市）科技厅、农业农村厅和教育厅等共同管理。省级农业科研机构科研项目来源于国家级、省级和地市级项目。省科技厅科研项目是省级农业科研项目的主要来源，包括省基础研究计划、省重点研发计划、省科技成果转化专项资金项目、省政策引导类计划等。各个省份根据各自的农业科研特点和发展目标，设立相关科研项目。省级科研项目分为稳定性和竞争性科研项目。稳定性项目经费主要包括省属高校、省属科研院所基本科研业务费、科研条件建设经费、基地（重点实验室、平台）、修缮购置专项经费。

（2）省级农业科研机构以公共部门的农业科研机构为主。2018 年省属农业科研机构数量为 411 个。省级科技活动人员数量、质量双提升。截至 2018 年，省属农业科研机构共有从业人员 40 051 人，从事科技活动人员为 33 915 人，其中，研究生学历和中高级职称人数占总科技活动人员的比例分别为 48%和 70%。从各省农业科研机构看，科技活动人员分布极不均衡，主要集中在北京、山东和河南，分别为 6 433 人、4 456 人、4 054 人，共占全国 21%的比例，排名前十的省市占比达到了 53%。

（3）省级农业科研机构科技活动总经费逐年增加。从 2007 年的 49. 89 亿元增加到 2018 年的 151. 58 亿元，年均实际增长率为 7. 20%。2018 年，省级和地市级农业科研机构的科研经费收入分别占全国农业科研机构经费总量的 48. 94%和 21. 46%。省级 R&D 经费支出也从 18. 03 亿元增加到 99. 86 亿元，年均实际增长率为 13. 21%，快于国家级科研机构 R&D 经费增长速度。省级科研机构 R&D 经费主要集中在北京、浙江、山东、广东和江苏五省（市），占全国的比例高达 38%。政府资金是科研经费的主要来源，占科技活动总经费比例的85%以上。政府资金中以财政拨款为主，其次是承担政府项目，而地方政府资金的比例较小。2018 年财政拨款、承担政府项目和地方政府资金占政府资金比例分别为 67%、30%、2.6%。国外资金来源非常有限。省级科研机构侧重于应用研究和试验开发，试验发展经费超过了总经费的 2/3。

第三，中国农业科学院和中国科学院农业科研资源

（1）中国农业科学院是全国最大的国家级综合性农业科研机构，负责开展基础研究和应用研究以及新技术研究。中国农业科学院拥有众多科研人员和附属机构及重点实验室，涵盖作物科学、园艺科学、动物科学、兽医学、农业资源与环境、农业机械化与工程、农产品质量安全与加工、农业信息与经济 8 个学科群。现有直属科研院所 34 个，联合科研院所 9 个，职工 7 026 人，其中科研人员 5 911 人。中国农业科学院研究资金充足，2017 年收入为 72.1 亿元（约 11.3 亿美元），其中政府补助资金 35.5 亿元。中国农业科学院长期保存的农作物种质资源 48 万份，居世界第二位。

（2）中国农业科学院在国内外农业交流与合作方面具有很强的凝聚力。目前，中国与各国和国际组织合作建立了 27 个联合实验室和研究中心，13 个国际组织和外国农业机构在中国农业科学院内设立了联络处。盖茨基金会是中国农业科学院在种质资源培育、合作研究、人才培养、联合实验室建设等方面的重要合作伙伴。中国农业科学院牵头建立了中非农业科研机构“10+10”合作机制。中国农业科学院成立了海外研究中心和全国农业科技“走出去”联盟等进一步加强国际合作，积极推进重大国际合作项目。

（3）中国科学院是中国研发体系中最大的国家研究机构，由国务院归口管理，由科技部实际监督。中国科学院由 104 个研究所、12 个分院、3 所大学和 23 个省级地区的 11 个支持机构组成。中国科学院的地理科学与资源研究所、遗传与发育生物学研究所、亚热带农业生态研究所、植物研究所、动物研究所和许多其他机构都从事农业相关研究工作。

（4）中国科学院与众多机构建立了合作关系，包括联合国粮农组织（FAO）、国际热带生态系统和生物多样性协会、国际山地综合开发中心和国际动物科学学会等。中国科学院与许多国家的农业部建立了合作关系。中国科学院与 CGIAR 也建立了良好的合作伙伴关系。中国科学院还成立了中非联合研究中心，着力解决非洲国家面临的粮食短缺和环境污染等重大问题，提升科技水平和人才培养能力。中国科学院成立了“一带一路”国际科学组织联盟，推进“一带一路”沿线国家和地区的科技合作。

第四，中国农业科研国际合作

（1）中国农业科技国际合作形成“引进来”和“走出去”相结合的格局。与有关国家和国际组织建立了生物育种、植物保护等领域的联合实验室、研发中心等国际农业科技合作与交流平台，开展了多层次、多形式、多领域的农业科技深度合作与交流，合作规模不断扩大，重大国际合作项目逐年增多。目前已经“走出去”的农业技术有杂交稻、棉花、玉米和蔬菜等农作物种子，动物疫病防控技术与疫苗生产，农作物病虫害综合治理技术，设施园艺技术，饲料生产技术和农业机械及沼气技术等。

（2）在创新驱动发展战略和“一带一路”倡议背景下，中国政府积极鼓励科技国际合作，研究经费增长迅速，制定了更加开放的国际合作政策，加大了中央科技计划的开放力度，鼓励和支持科研人员参与并牵头组织国际大科学计划和大科学工程，丰富完善科技援助内涵与方式，提升发展中国家的科技创新能力，解决产业发展和民生改善的实际问题。

（3）农业科技国际合作项目主要由科技部、财政部和农业农村部的国际合作部门专门负责。科技部国际合作项目主要由国际合作司负责。国家重点研发计划和国家自然科学基金项目均设立了国际合作项目。农业农村部主要负责双边和多边农业科技合作。

（4）中国与国际农业研究磋商组织（CGIAR）的合作交流密切。中国是CGIAR的成员国，捐款金额明显增加。中国农业科学院、中国热带农业科学院、山东、广东等省级农业科学院都与CGIAR开展了广泛深入的合作研究。国家自然科学基金委员会与CGIAR签订了合作协议，资助双方科学家共同开展国际合作项目。国家留学基金管理委员会与CGIAR签订了人才培养合作协议。

（5）中国一直积极参与南南合作。自1996年至2018年，中国实地派遣了1 057名农业专家和技术员，占FAO南南合作项目派出专家总人数的60%。中国是第一个与FAO建立南南合作战略联盟的国家，中国政府分两期捐助了共计8 000万美元设立“中国—FAO信托基金”，为中国与全球南方国家开展知识和经验交流提供支持。目前，中国已成功实施了14个国别项目，成效显著。中国开始创新探索南南合作及三方合作模式，设立了中国—IFAD南南合作及三方合作基金。

（6）中国和非洲已经开展了丰富多样的农业科技合作。通过中非合作论坛机制加强双边对话沟通，建立了26个农业技术示范中心、建立了中非高校“20+20”合作机制、中非农业科研机构“10+10”合作机制等。盖茨基金会和中国合作，将中国水稻技术推广应用到非洲国家，改善当地的水稻生产水平，提高非洲水稻自给率。

（7）中国和“一带一路”沿线国家的农业科技合作正在稳步推进。2017年5月，农业部等四部委联合发布《共同推进“一带一路”建设农业合作的愿景与行动》，提出结合各国需求并综合考虑国际农业科技合作总体布局，在“一带一路”沿线国家共建国际联合实验室、技术试验示范基地和科技示范园区，开展动植物疫病疫情防控，种质资源交换，共同研发和成果示范，促进品种、技术和产品合作交流等。目前，中国已经建立6家农业科研联合实验室。

总体来说，中国具有丰富的农业科技资源，且大部分农业技术都是来自国内自主研发，许多技术可推广应用到其他国家。中国正在编制“十四五”科技发展规划和新的中长期发展规划。中国将继续积极参与国际交流，承担大国责任，服务国际社会。盖茨基金会作为全球最大的慈善基金会，不仅拥有雄厚的资金，而且在发展中国家建立了广泛的合作网络，拥有一流的管理队伍。盖茨基金会和中国具有很强的合作互补性。为进一步加强双边合作，共同推进中国和其他发展中国家的农业科技进步和实现联合国可持续发展目标，基于中国农业科研资源情况，提出以下建议。

（1）盖茨基金会与科技部、国家自然科学基金委员会、农业农村部和国家国际发展合作署、财政部等科研管理机构部门的合作：盖茨基金会与科技部的合作重点包括重点研发计划国际合作项目、国际合作专项项目、国际大科学计划和联合实验室等；与国家自然科学基金委员会的双方合作重点是基础研究和前沿研究；与农业农村部双方合作重点是应用科技推广示范，侧重于农业技术示范中心、南南合作、人员交流和科技人员培训；与国家国际发展合作署的合作重点是南南合作援助基金。

（2）盖茨基金会和省级农业科技管理部门的合作：盖茨基金会与省级农业科技合作的管理部门主要是省科技厅、农业农村厅和教育厅等，合作重点领域主要包括特色农业技术研发和推广、科技人员能力建设等各个方面，结合各省的农业科研优势和相应国家和地区的实际农业科技需求，选择相应的合作省份。

（3）盖茨基金会和科研机构、大学等科研单位的直接合作。在“一带一路”倡议背景下，许多农业科研机构和大学成立了专门的国际农业合作研究队伍和机构，国际科技合作经费明显增加，合作机会多，可针对共同关心的重要科技问题开展合作。

（4）中国、盖茨基金会和CGIAR相互间具有良好的合作基础和合作潜力，加强三方合作，实现强强联合，共同推动发展中国家的农业科技进步。合作方面可包括：资助中国农业科学家与 CGIAR 科学家共同主持或参与国际大科学计划，加强关键技术、前沿技术、颠覆性技术的联合攻关，解决农业发展的瓶颈问题；建立盖茨基金会、CGIAR 和国家自然科学基金委员会三方合作机制，共同资助现有渠道的中国农业科学家和 CGIAR 的国际项目合作，提升国际合作研究的深度和质量；建立盖茨基金会、CGIAR 和农业农村部、国家国际发展合作署关于南南合作方面的合作机制，共同推进南南合作；加强盖茨基金会与中国农业科学院等科研机构、CGIAR 中国办公室的联系与合作。

（5）以“一带一路”沿线国家和非洲作为重点合作区域，合作重点领域包括作物育种、畜禽重大疫病防控与高效安全养殖技术、水产品养殖技术、灌溉技术、土壤和化肥技术、农业机械技术、绿色发展技术、数字工具和技术等方面。

目　　录

第一部分　中国农业研发资源：国际合作路径研究综合报告

第二部分　中国农业研发资源：国际合作路径研究专题报告

Contents

Chapter 1 Synthesis: China Agricultural R&D Landscape-Pathway for International Cooperation

Chapter 2 China Agricultural R&D Landscape: Pathway International Cooperation Theme Report

第一部分

中国农业研发资源：国际合作路径研究综合报告

第一章　引　言

过去40年中，中国政府高度重视农业科研，农业科技支出快速增长，成为农业公共科研投资最大国家之一。据OECD统计，按照购买力平价计算，中国农业科研公共投资规模在1990—2010年增长迅速，到2010年，农业科研公共投资规模已经可以和美国等发达国家相匹配了，并且远远高于印度和巴西等发展中国家。2016年，中国农业公共科研投资约占全球农业公共科研投资总额的16%，高于印度（9%）和巴西（6%）（Beintema et al.，2020）。中国农业科技发展取得了巨大成就，科技成果丰富，国内采用的大部分技术都源自本国研究，有力地促进了农业经济增长和农村减贫。2019年，中国农业科技进步贡献率达到59.2%，全国农作物耕种收综合机械化率超过70%，主要农作物自主选育品种提高到95%以上①。主要农作物良种覆盖率提高到96%以上，良种在农业增产中的贡献率达到43%以上（《全国农业现代化规划（2016—2020年）》）。根据国家统计局数据显示，1978—2019年，农业GDP年均增长约4.4%，农业劳动生产率提高了7.6倍，农村贫困发生率从97.5%下降到2019年的0.6%（2010年国家农村贫困标准2 300元/年）。

近年来，中国开始从农业科技输入国向农业科技输出国转变，加强南南合作，帮助其他发展中国家发展农业，提升国际农业科技服务能力，助力伙伴国家突破核心关键技术，实现联合国2030年可持续发展目标。中国正在深入实施国家创新驱动发展战略和“一带一路”倡议，以更加积极的姿态融入经济和科技全球化进程中，统筹规划，协调布局，提高科技创新的能力和水平，为建设创新型国家、推进全人类的科技进步做出积极贡献。

盖茨基金会非常重视中国的农业科技发展成就和经验，认为中国的创新知识、技术和工具可以帮助非洲及其他发展中国家的农民改善生活和脱离贫困，实现农业包容性增长。盖茨基金会已经在中国合作开展了富有成效的农业科技

---

① 2019年中国农业科技进步贡献率达到59.2%，https：//tech.huanqiu.com/article/3wm7DTXmIG1

研究，双方合作潜力巨大，希望进一步探讨未来双方如何进一步深化双边合作，共同致力于促进全球农业发展和农民脱贫增收。

本书的主要研究目标是梳理中国农业科研资源现状、资源配置机制和管理方式，结合中国农业科研资源现状，探讨中国和盖茨基金会在农业科研方面可能的合作路径，为制定基金项目和中国的农业科技合作战略提供建议，从而最大程度地帮助发展中国家的农民提高收入。

本书主要研究内容：（1）全国农业科研资源：包括梳理国家农业科研体系，分析农业科研经费来源、经费总量和分配机制等方面；（2）省级农业科研资源：分析省级农业科研框架体系、省级农业科技的管理，并通过选取典型省份江苏和山东作为案例，深入分析省级农业科研经费来源、分配机制和管理；（3）国内最大的农业科研机构中国农业科学院和中国科学院的农业科研资源情况；（4）国际农业科技合作情况：国际合作概况、国际合作政策、合作机构和项目、双边和多边合作研究，包括中国和 CGIAR、FAO、非洲和"一带一路"沿线国家和地区的农业合作；（5）合作路径分析：基于全国和省级农业科研资源的分析、盖茨基金会和中国的共同目标，探讨双方的合作机会、合作路径和合作机制等，提出盖茨基金会和中国在农业科技"走出去"方面的合作路径倡导和建议。

第二章　中国农业科技资源

一、中国农业科研体系的特点

1. 中国公共农业科研体系庞大，研究人员数量排名世界第一

根据《中国科技统计年鉴 2019》统计，2018 年，农业研究机构 1 069 个，占全部研究机构的近 1/3；农业研究机构从业人员总数为 8.75 万人，R&D 人员 5.63 万人，占全部行业的 12.1%，R&D 人员全时当量人数为 4.91 万人。

2. 中国的农业科研体系构成复杂

不但农业科学研究机构和农业大学从事农业科学研究，而且许多综合性的研究机构和综合性大学也会从事一些农业科学研究。

例如，中国科学院有相当一部分研究所从事农业相关研究工作，北京大学和清华大学也有一部分科研人员从事农业科学研究，北京大学在 2018 年成立了现代农学院。但遗憾的是，无法确切知道综合性研究机构和综合性大学在农业科研方面的科研人员数量和科研投入情况，本书只能重点分析农业科研机构和农林院校的科研情况。

3. 中国农业科研体系是科研和教学相分离的模式

中国农业科研体系以农业科研机构为研究主体，农业高校侧重于培养农业人才。

中国各省都有农林院校，2017 年全国共有 94 所农林院校，教学和科研人员共 5.42 万人，从事研究与开发的研究人员 2.45 万人，R&D 全时当量人员 1.47 万人（《2018 年高等学校科技统计资料汇编》）。农业研究机构和农林院校按全时当量计算，中国农业科研人员合计 6.38 万人，科研机构和大学的比

例分别为77%、23%。

4. 中国按照行政隶属关系建立了国家级、省级和地（市）级三级农业科研机构

国家级农业研究机构包括中国农业科学院、中国水产科学研究院、中国热带农业科学院及其附属研究机构等。这些研究机构隶属于农业农村部，重点从事基础研究和应用研究，解决全国性的关键问题。省级和地区农业科学院主要隶属于省政府、省科技厅和省教育厅等部门，省级农业科学院主要根据当地实际情况进行应用研究，而地区级研究机构则主要侧重于试验和推广。按照农业农村部的统计数据，2018年，农业农村部属、省属和地市属科研机构职工的从业人员比例分别为18%、48%和34%。

5. 中国农业科研机构仍然以种植业研究为主，农业服务业科研机构和林业其次，畜牧业和渔业研究机构相对较少

根据科技部统计，2018年，从事种植业研究的科研机构508个、林业173个、畜牧业71个、渔业49个、农林牧副渔服务业268个，这5类科研机构分别占科研机构总数的48%、16%、7%、5%、25%。种植业科研机构的职工最多，为4.81万人，占从业人员的55%；林业0.97万人，占11%；畜牧业和渔业分别为6 809人和4 038人，分别占8%和5%，农业服务业18 872人，占22%。

6. 中国农业科研人员学历水平相对较高

农业科研人员中，博士10 126人，占18%；硕士18 016人，占32%；本科毕业18 617人，占33%。其中，基础研究人员8 868人，应用研究11 150人，试验发展29 035人，基础研究、应用研究和试验发展研究人员的比例分别为18%、23%和59%。

二、中国科技管理体制

1. 国家科技领导小组是科技管理的最高机构

国务院总理李克强任领导小组组长，国务院副总理刘鹤为副组长，多个部长为成员。国家科技领导小组主要职责是：研究、审议国家科技发展战

略、规划及重大政策；讨论、审议国家重大科技任务和重大项目；协调国务院各部门之间及部门与地方之间涉及科技的重大事项。国家科技领导小组办公室设在科技部，承担领导小组日常工作，办公室主任由科技部部长王志刚兼任。

2. 科技部是负责国家科技发展的主管部门

主要职能包括制定科技发展政策、统筹推进国家创新体系建设和国家重大科技决策咨询制度建设、协调管理中央财政科技计划（专项、基金等）并监督实施、优化配置科技资源和推动多元化科技投入体系建设；拟订科技对外交往与创新能力开放合作的规划、政策和措施，组织开展国际科技合作与科技人才交流等。2018 年机构改革后，国家自然科学基金委员会由国务院直属机构改为由科技部管理，国家自然科学基金委员会依法管理国家自然科学基金。国家自然科学基金相对独立运行，负责资助计划、项目设置和评审、立项、监督等组织实施工作。农业科技也主要由科技部统一管理，科技部农村科技司负责拟订科技促进农业农村发展的规划和政策，提出重大任务并监督实施，推动重大关键技术攻关，指导农村科技进步和县域创新驱动发展工作，推动科技扶贫工作和农村科技社会化服务体系建设。国家自然科学基金生命科学部负责组织拟定生命科学领域的发展战略、优先资助领域和项目指南；受理、评审和管理各类生命科学基金项目；组织管理生命科学部国际合作交流项目；负责专家评审系统的组织与建设；承担重要科学问题的咨询等其他事项。

3. 财政部科教司主要职能是承担科技、教育等方面的部门预算有关工作

研究制订财政支持科教事业改革与发展的政策，提出优化事业支出结构的建议；负责制订事业单位通用的财务管理制度，牵头制（修）订《事业单位财务规则》；负责财政科技资金协调机制有关综合协调和组织工作，归口管理中央民口财政科技资金；按规定管理科技重大专项资金。

4. 教育部在科技方面的职能较多

主要包括规划、指导高等学校的自然科学和哲学、社会科学研究，协调、指导高等学校参与国家创新体系建设和承担国家科技重大专项等各类科技计划的实施工作，指导高等学校科技创新平台的发展建设，指导教育信息化和产学

研结合等工作。

其中，科学技术司的工作包括：规划、指导高等学校科学技术工作；协调、指导高等学校参与国家创新体系建设，以及高等学校承担国家科技重大专项等各类科技计划的实施工作；指导高等学校科技创新平台的发展建设；指导教育信息化和产学研结合等工作。国际合作与交流司负责指导和协调国际合作与交流项目的实施等工作。

5. 国家国际发展合作署将来可能负责一部分科技对外援助管理工作

国家国际发展合作署负责拟订对外援助战略方针、规划、政策，统筹协调援外重大问题并提出建议，推进援外方式改革，编制对外援助方案和计划，确定对外援助项目并监督评估实施情况等。援外的具体执行工作仍由相关部门按分工承担。

6. 农业农村部科技教育司主要负责农业科技发展工作

农业农村部科技教育司负责包括起草农业科技的法律、法规、规章，拟订发展战略、规划和计划，提出相关政策建议，组织国家农业科技创新体系和农业产业技术体系建设；组织实施农业科研重大专项；组织引进国外农业先进技术；承担农业科技条件建设工作。编制本领域财政专项规划，提出部门预算和专项转移支付安排建议并组织或指导实施；承办农业科技的对外交流与合作及相关国际公约的履约工作；指导协调部属科研机构改革，归口管理部属科研机构科学事业费。

7. 中国农村技术开发中心、农业农村部科技发展中心和对外经济合作中心的主要职责

中国农村技术开发中心和农业农村部科技发展中心是农业科研项目的专业管理机构。

对外经济合作中心（中国—欧盟农业技术中心）负责开展与涉农国际组织和国际金融组织合作和承担农业援外项目管理等工作（图 2–1）。

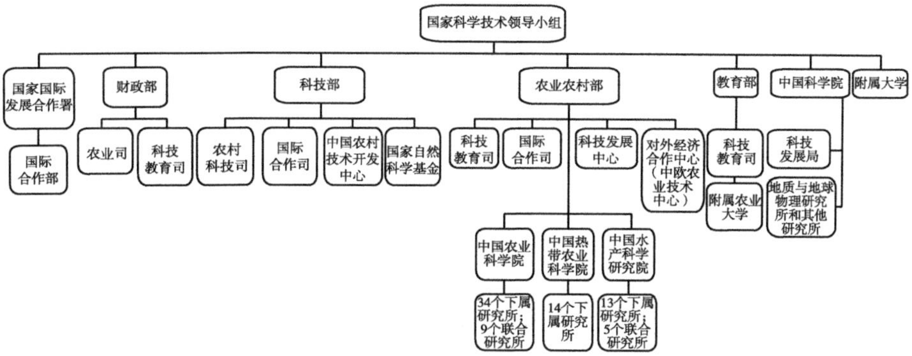

图 2-1　2019 年中国国家农业科技体系的主要参与者

来源：作者整理

三、中央科技计划管理机制

1. 中央科技计划改革

2014 年，中央政府开始着手优化科研经费管理制度，对 40 多个部委管理近百个计划（专项、基金等）的制度进行改革。2017 年开始，科研经费管理部门全面按照优化整合后的 5 类科技计划（专项、基金等）运行，即国家自然科学基金、国家重点研发计划、国家科技重大专项、技术创新引导专项（基金）、基地和人才专项。其中，国家自然科学基金资助基础研究和科学前沿探索，支持人才和团队建设，增强源头创新能力。国家科技重大专项聚焦国家重大战略产品和产业化目标，解决关键核心技术问题。国家重点研发计划是针对事关国计民生的重大社会公益性研究，以及事关产业核心竞争力、整体自主创新能力和国家安全的重大科学技术问题，突破国民经济和社会发展主要领域的技术瓶颈。技术创新引导专项（基金）引导支持企业技术创新的专项资金（基金）。基地和人才专项主要支持科研基地建设和创新人才、优秀团队的科研活动，促进科技资源开放共享。

2. 改革后的中央财政科技计划管理机制

主要包括一个制度、三根支柱和一套系统，建立公开统一的国家科技管理平台，将中央财政科技计划（专项、基金等）全部纳入统一的国家科技管理平台管理，按照新的管理方式和组织机制实施。

“一个制度”是指国家科技管理的部际联席会议制度，“三根支柱”是指特邀咨询评委、专业机构遴选与改建、监督评估体系和科研信用体系建设，“一套系统”是指国家科技管理信息系统（图 2-2）。

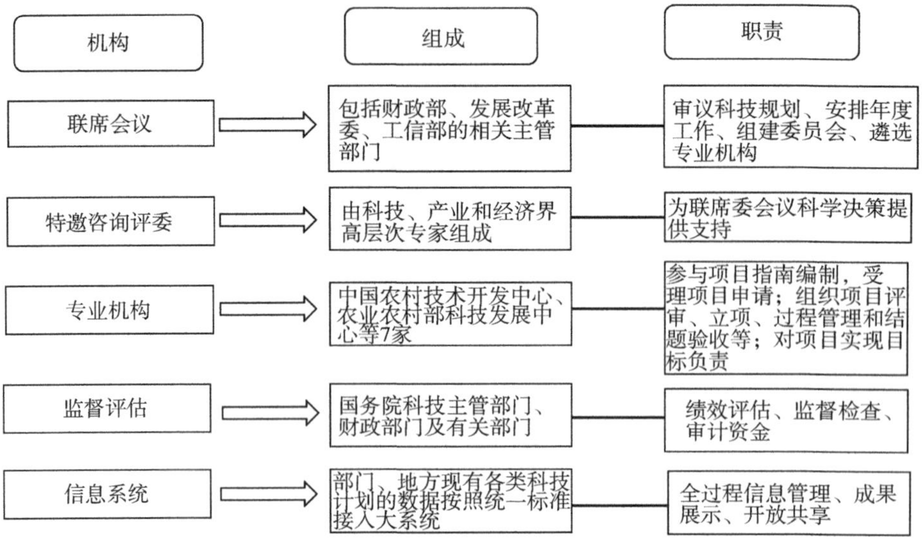

图 2-2　中央财政科技计划（专项、基金等）管理

来源：作者整理

四、中国农业科研经费规模

1. 中国科技经费的总体特点

科技经费规模增长快，科技投入强度不断提高；企业是科技活动的主体，高校科研经费增长快，占比提高；科学技术支出在国家财政支出的比例不断提高，尤其是地方财政科技支出增长较快。

根据科技部统计，2018 年，全国 R&D 经费为 19 677.9 亿元，R&D 经费投入强度为 2.19%，人均经费 44.9 万元，企业、公共研究机构、高等学校经费支出占比分别为 77.4 %、13.7% 和 7.4%，高等学校的科研经费增速最快。财政科学技术支出占当年国家财政支出比为 4.31%，比 2017 年提高 0.18 个百分点；国家财政科学技术支出 9 518.2 亿元，比 2017 年增加 1 134.6 亿元，增长 13.5%；其中，中央财政科学技术支出 3 738.5 亿元，增长 9.3%，占财政科学技术支出的比例为 39.3%；地方财政科学技术支出 5 779.7 亿元，增长 16.5%，占比为 60.7%。

2. 农业科技投入在全行业科技总投入中的占比相对较小

从研究机构的 R&D 经费内部支出数据来看，农业占全部行业研究机构 R&D 经费内部支出的比例虽然较小，但比例在增加，从 2001 年的 5%到 2018 年的 7.2%。

五、农业科技经费来源和分配机制

1. 中国农业研究机构经费

中国农业研究机构经费包括核心基金和项目基金。核心基金主要用于农业研究机构的薪酬福利，由中央财政部和各地方政府的财政部门决定分配。项目经费主要来自农业科研单位所承担的科研项目。项目经费根据分配机制可以划分为稳定性经费和竞争性经费。

2. 稳定性经费

稳定性经费分为中央和地方的科研机构运行经费两大类。具体包括中央高校、科研院所基本科研业务费、科研条件建设经费、基地（重点实验室、平台）、中央级科学事业单位修缮购置专项经费，科技创新工程专项经费和国家现代农业产业技术体系。

基本科研业务费、科技创新工程专项经费和国家现代农业产业技术体系是最重要的 3 种稳定经费，金额相对较大，直接由财政部拨款。农业农村部科技教育司和财政部共同负责管理中央科研院所基本科研业务费、中央级科学事业单位修缮购置专项经费、科技创新工程专项经费和国家现代农业产业技术体系。教育部和财政部共同管理中央高校基本科研业务费（图 2-3）。

3. 竞争性经费

竞争性经费主要指各种国家科技计划（专项、基金等）经费，是政府支持科技创新活动的重要方式。

在不考虑基建经费的情况下，农业部属科研单位的竞争性项目拨款占全部经费的比例从 1985 年的 0 上升到 2006 年的 40%（胡瑞法等，2007），近期没有相关的统计数据，但由于竞争性项目经费增长较快，目前的竞争性项目经费比例应该远高于这个值。

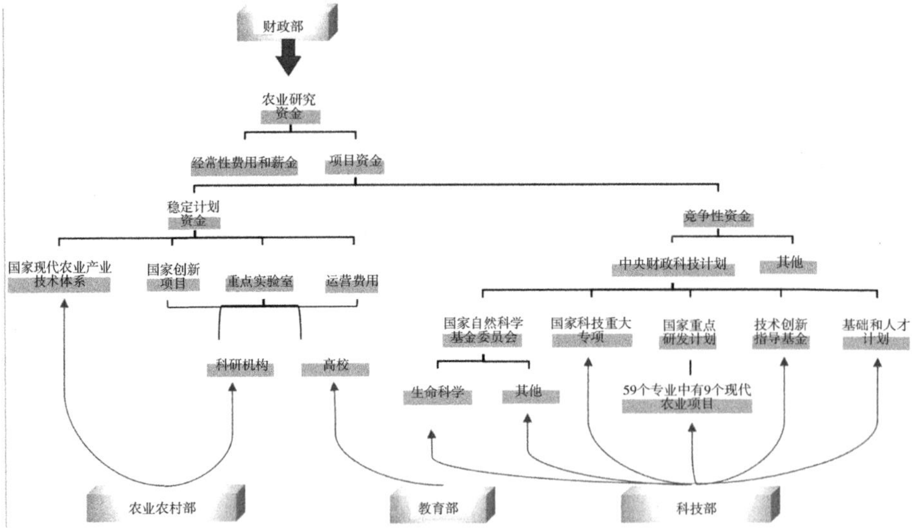

图 2-3　2019 年国家层面农业研发资金分配机制

来源：作者整理

六、农业科技经费规模

1. 中国农业科研经费主要来自政府资助

在 2017 年农业研究机构和农业高校科技经费中，来自政府的收入比例分别为 89%和 82.5%。

2. 中国农业科研经费分配渠道比较分散

根据数据的可获得性，本书中的农业科研经费主要指农业研究机构和农业高校的科研经费。

2017 年，农业科研机构和农业高校的 R&D 经费分别为 182.6 亿元和 58.6 亿元（图 2-4），分别占 R&D 经费投入的 76%和 24%。R&D 经费支出从 2002 年的 22.1 亿元增加到 2017 年的 2 841.2 亿，年均名义增长率为 17.4%，实际增长率为 12.9%。农业高校的 R&D 经费实际增长速度快于农业科研机构的经费实际增长速度，2002—2017 年年均实际增长率达到 13.8%。

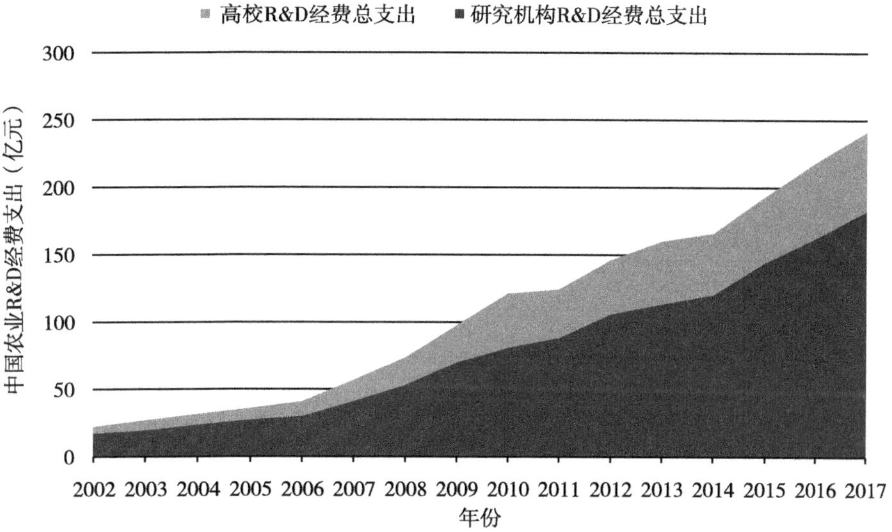

图 2-4　中国农业 R&D 经费支出（亿元）

数据来源：《中国科技统计年鉴》和《高等学校科技统计资料汇编》

3. 农业科技投入强度偏低，但总体呈上升趋势

按照农业科技经费收入估计，中国农业科研投入强度从 2001 年的 0.3%提高到 2017 年的 0.83%。按照狭义的农业研究与试验 R&D 支出数据估计，农业 R&D 支出与农业 GDP 的比例也从 2002 年的 0.14%提高到 2017 年的 0.47%（图 2-5）。

4. 农业科技投入中基础研究投入过低的情况在近些年得到了明显改善

2002 年，农业研究机构和农业高校 R&D 内部经费支出中，基础研究、应用研究和试验发展研究经费比例结构为 10%、34%和 56%，2017 年 3 种类型的研究比例结构调整为 21%、33.5%和 45.5%，基础研究的比例提高了 11 个百分点。农业高校的基础研究经费占比比较高，2017 年为 34.8%，应用研究和试验与发展的研究经费比例为 56.8%和 8.4%；农业研究机构 R&D 经费支出中的基础研究经费占比为 16.6%，应用研究经费占比为 26.1%，试验与发展经费占比为 57.4%（图 2-6）。

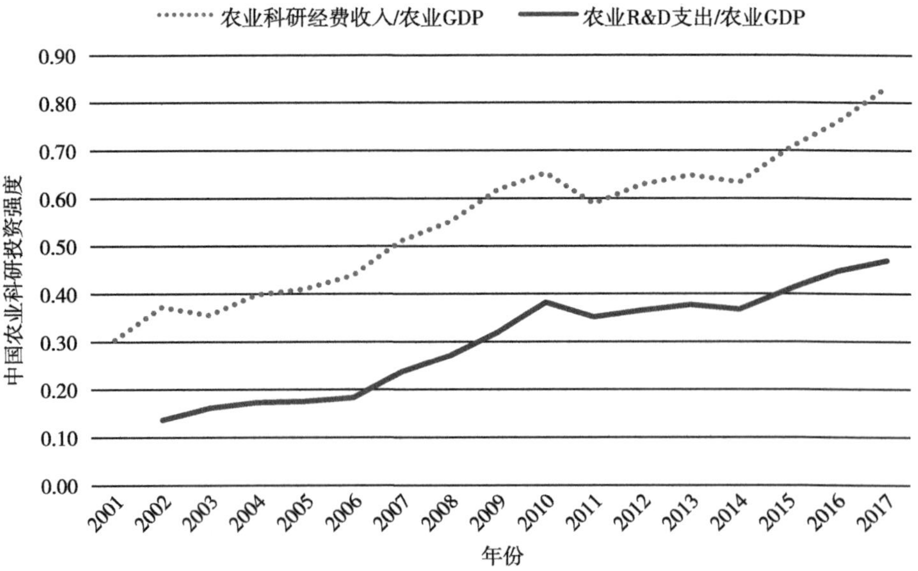

图 2-5　中国农业科研投资强度

数据来源：《中国科技统计年鉴》和《高等学校科技统计资料汇编》

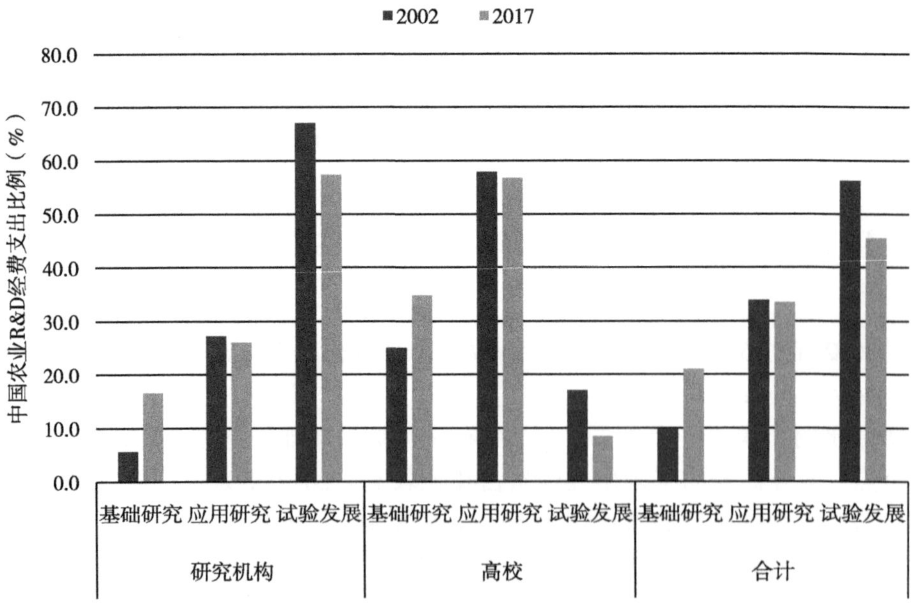

图 2-6　中国农业 R&D 经费支出比例：按研究类型分

数据来源：《中国科技统计年鉴》和《高等学校科技统计资料汇编》

5. 中国农业科研机构的科研经费部门分配逐渐从种植业和林业向畜牧业、渔业和农业服务业倾斜

种植业的 R&D 研究经费增长相对较慢，从 2002 年的 10.68 亿元增加到 2018 年的 110.76 亿元（图 2-7），年名义和实际增长率分别为 15.7%和 11.5%，占农业 R&D 经费总支出的比例从 2002 年的 61.8%下降到 57.4%；林业 R&D 经费支出的变化趋势与种植业类似，2018 年为 16.14 亿元，占比从 9.4%下降到 8.4%；畜牧业、渔业和农业服务业 R&D 经费在 2002—2018 年快速增长，2018 年 R&D 经费分别为 13.34 亿元、11.43 亿元、41.40 亿元，占农业 R&D 经费的比例分别为 6.9%、5.9%、21.4%。

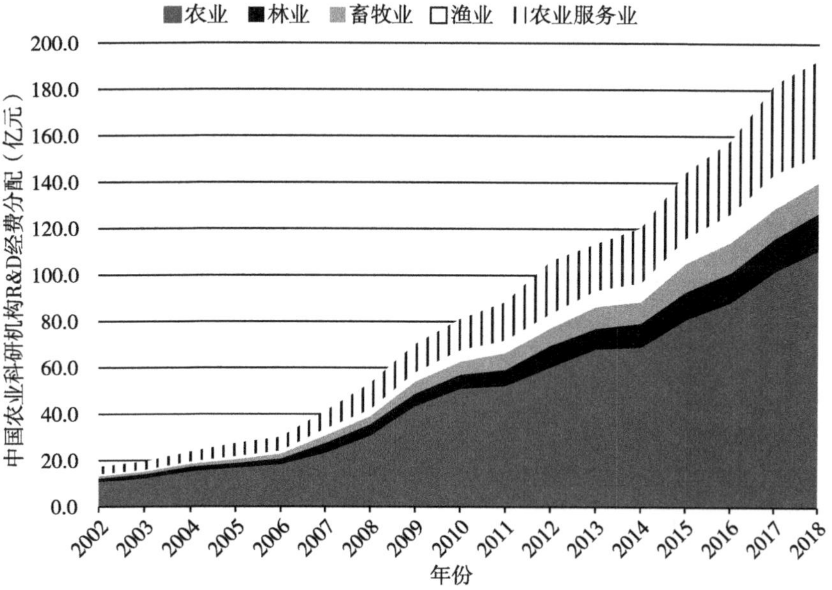

图 2-7　中国农业科研机构 R&D 经费分配：按行业分

数据来源：《中国科技统计年鉴》

6. 农业 R&D 课题经费和人均课题经费增长显著，但仍然显著低于全行业平均水平

研究与开发机构 R&D 课题经费从 2001 年的 11.18 亿元增加到 2018 年的 95.12 亿元，年均名义增长率为 13.4%；但投入人员波动较大，2018 年，课题投入人员总量为 40 463 人年；人均投入从 2001 年的 3.59 万元增长到 2018 年

的 23.51 万元，但仍然低于全行业 52.47 万元的水平（表 2-1）。

表 2-1 中国研究与开发机构 R&D 课题经费和人员情况

年份	全部科技			农业科技			农业科技投入经费占全部行业总投入（%）	农业科技投入人员占科研总人数（%）
	投入经费（亿元）	投入人员（人年）	人均投入（万元）	投入经费（亿元）	投入人员（人年）	人均投入（万元）		
2001	218.26	200 932	10.87	11.18	31 146	3.59	5.12	15.5
2002	254.34	207 309	12.29	15.97	35 613	4.48	6.28	17.18
2003	337.4	220 735	15.27	18.24	36 860	4.95	5.41	16.7
2004	341.44	215 075	15.88	20.31	37 058	5.48	5.95	17.23
2005	441.93	228 417	19.38	24.04	38 436	6.25	5.44	16.83
2006	451.72	260 242	17.37	26.711	43 527	6.14	5.91	16.73
2007	543.39	280 229	19.41	35.82	45 804	7.82	6.59	16.35
2008	647.33	289 746	22.31	44.22	47 617	9.29	6.83	16.43
2009	579.82	236 991	24.46	35.23	29 122	12.1	6.08	12.29
2010	681.47	253 719	26.86	41.84	33 209	12.6	6.14	13.09
2011	807.05	273 374	29.52	42.92	33 959	12.64	5.32	12.42
2012	1 078.3	310 505	34.73	56.2	36 882	15.24	5.21	11.88
2013	1 221.66	327 466	37.31	57.13	37 977	15.04	4.68	11.6
2014	1 272.69	339 874	37.45	61.8	39 666	15.58	4.86	11.67
2015	1 513.79	348 699	43.41	71.05	41 160	17.26	4.69	11.8
2016	1 592.54	343 624	46.35	79.55	39 741	20.02	5	11.57
2017	1 720.77	359 411	47.88	86.34	38 776	22.27	5.01	10.79
2018	1 930.20	367 883	52.47	95.12	40 463	23.51	4.93	11
2001—2018 年名义增长率（%）	13.68	3.62	9.70	13.42	1.55	11.69		
2001—2018 年实际增长率（%）	9.75	3.62	5.91	9.50	1.55	7.83		

数据来源：《中国科技统计年鉴》

七、主要农业科研经费项目及分配

国家自然科学基金生命科学部、国家重点研发计划、国家科技重大专项、现代农业产业技术体系、国家科技创新工程、基本业务费是最主要的农业科技经费来源。2018 年，国家重点研发计划项目经费 25 亿元、国家自然科学基金生命科学部项目经费 31 亿元，现代农业产业技术体系经费 16 亿元，科技创新工程经费 8 亿元，总计约 80 亿元。

1. 国家重点研发计划

（1）国家重点研发计划，在现代农业、节能环保和新能源、产业转型升级、资源环境、人口健康等重点发展领域开展重大科技攻关，为创新发展培育新动能。重点专项下设项目，根据项目不同特点可设任务（课题），指南以项目形式进行征集。2016 年重点研发项目开始启动，2017 年国家重点研发计划经费总计为 199 亿元（《中国科技统计年鉴 2019》）。

（2）2016—2018 年国家重点研发计划中启动了农业重点专项，主要包括七大农作物育种、化学肥料、农药减施增效综合技术开发、粮食丰产增效科技创新、现代食品加工及粮食收储技术与装备、畜禽重大疫病防控与高效安全养殖综合技术研发、农业面源和重金属污染农田综合防治与修复技术研发、林业资源培育及高效利用技术创新、主要经济作物优质高产与产业提质增效和蓝色粮仓科技创新等 9 个方面，项目周期 3~5 年。

（3）2015—2018 年，农业重点项目投入经费 83.15 亿元，其中，七大农作物育种、化学肥料和农药减施增效综合技术开发两个项目经费额最大，分别占了整个项目经费的 27.3%和 28%，其他项目均在 10%以下（表 2–2）。

表 2–2　2016—2018 年重点研发计划启动的农业重点专项

专项名称	中央财政经费（万元）						
	2016 年	周期（年）	2017 年	周期（年）	2018 年	周期（年）	项目经费合计
七大农作物育种	156 200	5	53 258	4	17 408	3	226 866
化学肥料和农药减施增效综合技术开发	78 040	5	92 902	4	61 973	3	232 915
粮食丰产增效科技创新			58 684	4	2 919	3	61 603
现代食品加工及粮食收储技术与装备			33 043	4	24 799	3	57 842
畜禽重大疫病防控与高效安全养殖综合技术研发			43 875	4	29 150	3	73 025
农业面源和重金属污染农田综合防治与修复技术研发			24 664	4	12 720	3	37 384
林业资源培育及高效利用技术创新			40 622	4	9 765	3	50 387
主要经济作物优质高产与产业提质增效					36 525	3	36 525

（续表）

专项名称	中央财政经费（万元）						
	2016 年	周期（年）	2017 年	周期（年）	2018 年	周期（年）	项目经费合计
蓝色粮仓科技创新					54 906	5	54 906
年度经费合计	234 240		347 048		250 165		831 453

来源：科技部，国家科技管理信息系统公共服务平台 https：//service. most. gov. cn/2. 6. 2

2. 国家自然科学基金

国家自然科学基金委生命科学部资助范围包括生物学、农业科学和基础医学，涉及资源、环境与生态、人口与健康等领域。2015—2018 年，生命科学部的资助经费呈增长趋势，从 2015 年的大约 28. 17 亿元增加至 2018 年的 31. 45 亿元。2018 年，农业科学方面的研究经费约占生命科学部总经费的 70%，其他方面的研究经费约占 30%（表 2-3）。

表 2-3　2015—2018 年国家自然科学基金对生命科学部的科研项目经费

（单位：万元）

年份	面上项目	青年科学基金项目	地区科学基金项目	重点项目	杰出青年基金项目	海外及港澳学者合作研究	优秀青年基金项目	项目合计
2015	164 640	44 320	29 230	26 350	8 400	1 062	7 670	281 672
2016	162 990	44 170	29 100	26 300	9 100	1 008	7 670	280 338
2017	170 030	57 460	29 060	33 500	9 100	1 008	7 540	307 698
2018	177 470	58 240	29 260	32 300	8 750	900	7 540	314 460

来源：国家自然科学基金

3. 国家科技重大专项

在农业方面，国家科技重大专项主要是支持转基因生物新品种培育，设立转基因专项，目标是要获得一批具有重要应用价值和自主知识产权的基因，培育一批抗病虫、抗逆、优质、高产、高效的重大转基因生物新品种，提高农业转基因生物研究和产业发展能力，为保障国家食物安全、生态安全、绿色发展提供科技支撑。转基因专项项目主要委托农业农村部科技发展中心管理。

4. 国家现代农业产业技术体系

（1）2007 年农业部联合财政部先后启动建设了水稻、油菜、生猪、大宗淡水鱼等50个现代农业产业技术体系，以农产品为单元、产业为主线，集聚中央和地方优势科技资源，在促进技术进步方面发挥了重要作用。国家现代农业产业技术体系由农业农村部科技教育司负责管理，目前经费资助相对稳定。

（2）从2017年开始，中央财政将现代农业产业技术体系经费增加至每年16亿元，支持50个产业体系的科学家开展协同创新。

（3）“十三五”将重点解决水稻全程机械化、大豆增产增效、奶业优质安全、土壤重金属治理等重大问题，为农业供给侧结构性改革提供科技支撑。

5. 基本科研业务费

（1）中央级公益性科研院所基本科研业务费（简称基本科研业务费）的目的是为了加大对中央级公益性科研院所（以下简称科研院所）的支持力度，建立稳定持续的支持机制，促进科研院所持续创新能力的提升。

（2）财政部负责根据科研发展规律和科研院所的特点综合测算确定科研院所的基本科研业务费年度预算额度，以项目预算“基本科研业务费”方式随部门预算下达。科研院所负责基本科研业务费的具体分配、使用、考核等全过程管理，定期向主管部门提交总结报告。

（3）中央级公益性科研院所基本业务费增长显著。2006年，财政部按照每个科研创新岗位3万元设立专项支持标准，2012年，每个创新岗位支持标准增加为4万元，将创新岗位支持标准翻了一番。2016年，中国农业科学院获得基本科研业务费为2.28亿元。

（4）中央高校基本科研业务费由财政部和教育部共同管理，支持中央高校开展自主选题研究工作的目的是加强对中央高校自主开展科学研究的稳定支持，提升中央高校服务国家发展战略能力、自主创新能力和高层次人才培养能力。

第三章　中国省级农业科研资源

省级农业科研资源不仅是中国农业科研资源中不可或缺的重要组成部分，更是中国农业科技创新中的中坚力量。当前中国建立了包含不同层级、不同性质、门类齐全的农业科研资源体系。省级农业科研单位介于国家和地方两个层次之间，将应用基础研究与应用研究作为主要职能，以服务地方农业发展为重任，并承担国家农业科技创新联盟任务分工，是中国农业科技发展的重要支撑。同时，随着中国的崛起，中国农业科技发展不仅仅停留在引进、学习世界先进农业技术阶段，也在世界农业科技发展中逐渐有了更多的话语权。省级农业科研单位作为中国农业科技国际合作和交流的重要主体，在农业科研资源“引进来”“走出去”当中发挥了重要作用，但中国省级农业科研机构在“走出去”、帮助其他发展中国家农业科技发展方面还处于起步阶段，如何更好地发挥中国在世界农业科技发展当中的大国责任成为一个重要的议题。

本部分主要是在梳理省级农业科研系统构成，明晰省级农业科研的管理部门及职责、目标任务和研究重点的基础上，以农业部科技教育司《全国农业科技统计资料汇编（2009—2018）》中的省级机构为例，分析中国省级农业科研机构基本特点、科技经费投入力度及结构、项目经费及来源、科研条件建设投入与发展等资源现状及分配方式。同时，从微观角度，以农业科研大省和强省的江苏省、山东省为例，重点分析江苏省和山东省农业科研资源在全国农业科研当中的地位以及省级农业科学院在省级农业科研单位中的重要作用，继而结合省级农业科研单位的国际合作特点，探讨省级农业科研资源在“引进来”和“走出去”中的一些设想，尤其是探索省级农业科研单位和盖茨基金会未来可能的合作路径。研究内容和主要结论如下。

一、中国省级农业科研体系

1. 与国家级农业科研体系相似，中国省级农业科研机构以公共部门农业科研机构为主

2018 年省属农业科研机构数量为 411 个，1993—2018 年总体变化不大。从各省（区、市）农业科研机构数量看，排名前三的分别为广东、黑龙江、山东，分别为 81 个、60 个和 60 个。

2. 省属农业科研机构以研究种植业为主导

种植业研究机构数量最多，占比最高，2018 年为 273 个，占科研机构总数的近 2/3（为 66.4%）。

3. 省属农业科研机构的科技活动人员数量、质量双提升

截至 2018 年，省属农业科研机构共有从业人员 40 051 人，从事科技活动人员为 33 915 人，其中，研究生学历和中高级职称人数占总科技活动人员比例分别为 48.37%和 69.39%。从各省农业科研机构看，科技活动人员分布极不均衡，主要集中在北京、山东和河南，分别为 6 433 人、4 456 人、4 054 人，占全国的 21.08%，排名前十的省市占比达到了 52.62%（表 3-1）。

表 3-1　省属农业科研机构与农业农村部属农业科研机构的 R&D 人员情况

年份	省属				农业农村部属	
	R&D 人员（人）	占全国的比例（%）	平均每家机构的 R&D 人员（人）	R&D 人员占从业人员比例（%）	平均每家机构的 R&D 人员数（人）	R&D 人员占从业人员比例（%）
2009	22 930	57.39	50.73	48.83	133.22	59.43
2010	24 328	56.34	52.09	51.29	143.56	62.50
2011	24 825	55.89	52.71	51.59	150.78	65.15
2012	25 684	54.33	56.08	56.99	162.31	69.70
2013	26 465	54.44	57.28	58.06	167.63	71.84
2014	26 890	54.65	58.08	59.32	163.57	70.57
2015	27 560	54.48	59.52	61.64	170.04	75.80
2016	27 886	55.41	63.96	65.14	178.37	77.41

（续表）

年份	省属				农业农村部属	
	R&D 人员（人）	占全国的比例（%）	平均每家机构的 R&D 人员（人）	R&D 人员占从业人员比例（%）	平均每家机构的 R&D 人员数（人）	R&D 人员占从业人员比例（%）
2017	27 848	46. 29	56. 93	66. 07	161. 41	76. 97
2018	27 451	50. 24	66. 79	68. 65	168. 66	78. 38

数据来源：农业农村部科技教育司《全国农业科技统计资料汇编（2009—2018）》

（1）主要由省科技厅和省农业农村厅、省教育厅等共同负责管理。省科技厅负责农业科研及项目的管理，拟订科技促进农业和农村发展的政策和规划，组织实施农业科技攻关计划、农业科技专项计划，指导农业重大科技成果应用示范，指导农业科技园区、产业基地建设的有关工作。省科技厅管理的项目是省级农业科研项目的主要来源渠道，主要包括省基础研究计划、省重点研发计划（包括产业前瞻与共性关键技术、现代农业、社会发展）、省科技成果转化专项资金项目、省政策引导类计划（农业科技社会化服务奖补资金、国际科技合作、软科学研究等）等。各个省份还会根据各自农业科研特点和发展目标，设立相关科研项目（图 3–1）。

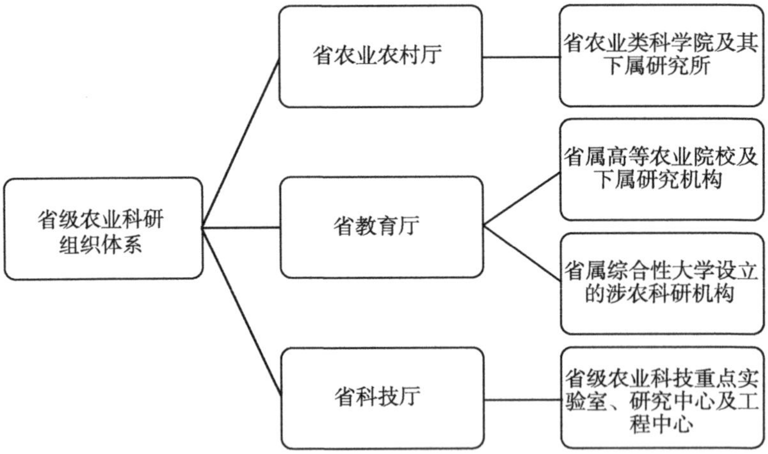

图 3–1　省级农业科研组织及管理体系

来源：作者整理

（2）省农业农村厅主要负责指导农业产业技术体系和农技推广体系建设，组织开展农业高新技术和应用技术研究、科技成果转化和技术推广。省教育厅负责规划、指导农业类高校的科学研究，协调指导农业类院校承担国家、省各类科技计划以及其他农业研究项目的实施工作。

二、省级农业科研机构科研经费

1. 2018年，省级和地市级农业科研机构的科研经费分别占全国农业科研机构经费总量的48.94%和21.46%

省级农业科研机构科技活动总经费逐年增加，从2007年的49.89亿元增加到2018年的151.58亿元，年均实际增长率为7.20%。

2. 省级农业科研机构科研经费投入总量逐年增大，R&D经费增长速度快于国家级农业科研机构

经费投入主要集中在北京、浙江、山东、广东和江苏，五省（市）经费支出之和占全国的比例高达38.05%。2018年与2007年相比，R&D经费支出从18.03亿元增加到99.86亿元，R&D经费支出中政府资金投入量从14.86亿元增加到80.85亿元，以2007年为基准，扣除物价上涨因素后，年均实际增长率分别为13.21%和13.03%。R&D经费支出增长率和政府资金的增长率都超过国家级农业科研机构，分别增长了1.96倍和2.02倍（图3-2）。

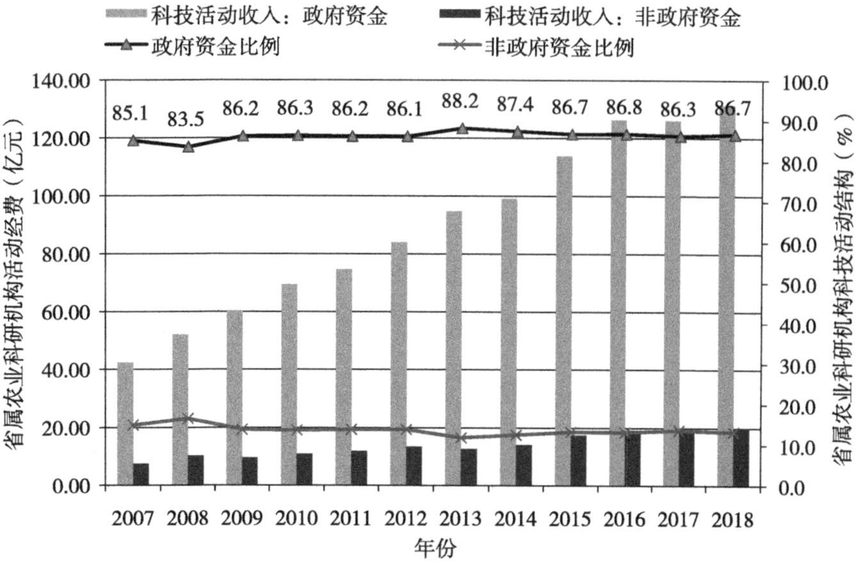

图3-2　2007—2018年省属农业科研机构科技活动经费及结构

数据来源：农业部科技教育司《全国农业科技统计资料汇编（2007—2018）》

（1）政府资金是科研经费的主要来源，占科技活动总经费比例的 85%以上。政府资金从 2007 年的 42.45 亿元增加到 2018 年的 131.44 亿元，占科技活动总经费的 86.7%。政府资金中以财政拨款为主，其次是承担政府项目，地方政府资金比例较小。2018 年财政拨款、承担政府项目和地方政府资金分别为 88.32 亿元、39.69 亿元和 3.43 亿元，占政府资金比例分别为 67.20%、30.20%、2.61%。

（2）国外资金来源非常有限。2010—2018 年，国外资金投入占科技活动收入比例平均仅为 0.07%，在各省之间的分配极不均衡，以 2018 年为例，主要集中在北京、上海两地，国外资金投入总额在全国的占比高达 71.54%（表 3-2）。

表 3-2　省属农业科研机构与农业农村部属农业科研机构国外资金对比

年份	省属			农业部属		
	国外资金（万元）	国外资金占年度科技活动收入比例（%）	平均每个科研机构获得的国外资金（万元）	国外资金（万元）	国外资金占年度科技活动收入比例（%）	平均每个科研机构获得的国外资金（万元）
2010	1 024.8	0.13	2.2	1 345.2	0.31	22.8
2011	811.5	0.09	1.7	2 436.2	0.53	42.0
2012	981.2	0.10	2.1	3 029.8	0.60	51.4
2013	828.6	0.08	1.8	3 675.8	0.67	62.3
2014	753.8	0.07	1.6	3 261.9	0.61	56.2
2015	540.5	0.04	1.2	2 743.8	0.42	48.1
2016	824.4	0.06	1.9	1 764.2	0.24	33.9
2017	530.2	0.04	1.2	1 295.9	0.15	18.3
2018	511.0	0.03	1.2	799.7	0.09	11.4
平均	756.2	0.07	1.7	2 261.4	0.40	38.5

数据来源：农业部科技教育司《全国农业科技统计资料汇编（2010—2018）》

（3）省级科研机构侧重于应用研究和试验开发，注重地方特色农业的研究与应用。2018 年，省属农业科研机构的 R&D 经费支出中，用于基础研究、应用研究和实验发展的经费分别为 10.39 亿元、19.76 亿元和 60.56 亿元，其中：实验发展经费超过了总经费的 2/3。

（4）省级农业科研机构科技课题数和课题经费投入强度逐年增加。省级农业科研机构科技课题数从 2007 的 12 271 个增加到 2018 年 19 367 个，平均每个机构的课题数从 27.03 个增加到 47.12 个；科技课题经费资助额从 2007

的 18.96 亿元增加到 2018 年的 70.34 亿元，每个课题的资助强度由 2007 年的 15.45 万元/个提高到 2018 年的 36.32 万元/个，人均课题经费（课题内部经费支出/课题人员折合全时工作量）从 2007 年的 8.61 万元/(人·年) 提高到 2018 年的 26.70 万元/(人·年)(图 3-3)。

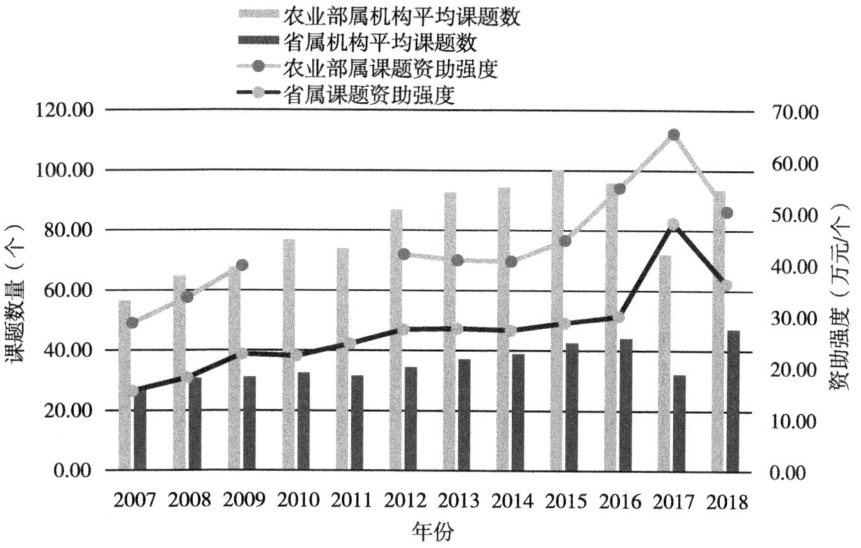

图 3-3　省属农业科研机构与农业部属农业科研机构的课题资助数及资助强度

数据来源：农业部科技教育司《全国农业科技统计资料汇编（2007—2016)》

(5) 省级农业科研机构科研项目可以分为国家级、省级和地市级项目，科研项目经费来源中，省级政府资金是最主要的经费来源。省级科研项目经费根据分配机制分为稳定性经费和竞争性经费。稳定性经费主要包括省属高校、省属科研院所基本科研业务费、科研条件建设经费、基地（重点实验室、平台)、省属科学事业单位修缮购置专项经费，这些经费直接由财政部拨款。省科技厅项目是省级农业科研项目的主要来源渠道，主要包括省基础研究计划、省重点研发计划、省科技成果转化专项资金项目、省政策引导类计划等。各省份还会根据各自农业科研特点和发展目标，设立相关科研项目。

(6) 省级农业科研平台的建设情况如下：在重点实验室方面，“十二五”时期已建成重点学科实验室 125 个，其中：综合性实验室 18 个，专业性实验室 46 个，区域性重点学科实验室 98 个；“十三五”时期拟建立 165 个重点学科实验室。在农业科学观测实验站方面，“十二五”时期已建农业科学观测实验站 111 个，“十三五”时期拟建 138 个，基本形成覆盖全国、结构层次合理、点线面结合的农业科学观测实验站网络。在农业科学试验基地建设方面，“十三五”时期拟规划建设30个综合性农业科学试验基地和131个专业性农业科学试验基地（图3-4）。

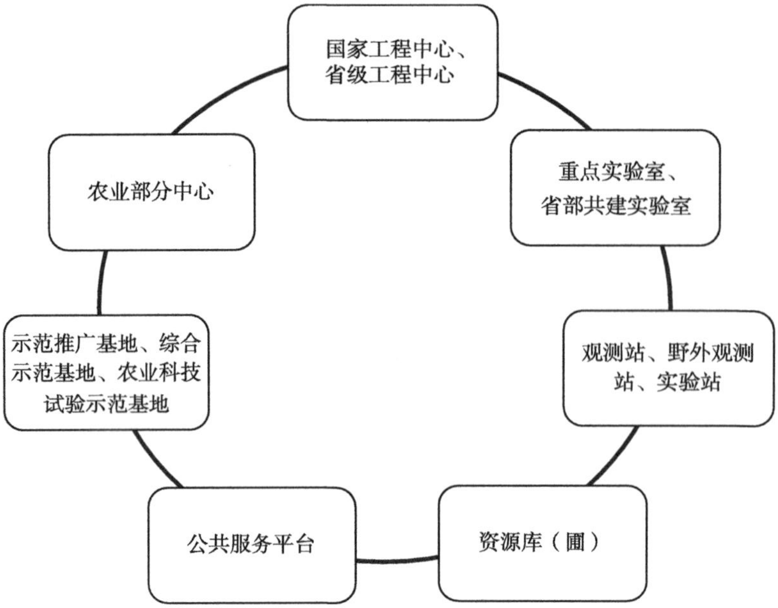

图3-4　省级农业科研平台类别

来源：作者整理

三、江苏省和山东省农业科研机构情况

1. 江苏省和山东省在中国农业科研的大省地位相对稳定，农业科研体系完备，农业科研管理先进，农业科研资源丰富，两省在各类科研资源投入力度、科研成果产出等方面都处于全国领先地位，如：江苏省涉农科研机构占全国所有涉农机构的近1/10；山东省和江苏省农业系统属科研机构科研成果分别在全国排名第二和第三，仅次于北京。

2. 各省农业科学院在省农业科研单位中发挥举足轻重的作用，省农业科学院各类科研资源的投入在整个农业系统内科研机构中占比较大，且各类科研资源增长速度显著快于全省平均水平。以2018年为例，江苏省农业科学院科技活动人员和R&D人员分别为1 713人、1 327人，占整个江苏省农业系统科研机构科技活动人员和R&D人员总量的53.75%和56.81%，科技活动经费、R&D经费支出、课题经费内部支出分别为11.00亿元、5.69亿元、8.25亿元，在整个江苏省农业系统内科研机构科技活动经费、R&D 经费支出和课题经费内部支出中的比例分别为 58.67%、60.15%、64.91%。

3. 江苏是中国农业大省、强省，现代农业加速推进，2018 年农业科技进步贡献率达 68.2%，农业机械化水平达 84%，比全国平均水平分别高出近 10 个百分点和 16 个百分点。

4. 江苏省农业科研资源投入力度、科研成果产出等方面都处于全国领先地位。2017 年，江苏省拥有涉农类科学研究与技术开发机构 110 个，农业科技活动人员 4 408 人，拥有现代农业领域类的省级以上重点实验室 6 个，工程技术研究中心 169 个（国家级 5 家），承担国家和省部级计划项目 1 139 项，共 5.74 亿元，横向课题数 956 项，共 5 923.2 万元（表 3-3）。

表 3-3　2017 年江苏省涉农科研机构课题情况

项目	课题数（个）	课题经费支出内部合计（亿元）	R&D 课题数（个）	R&D 课题经费内部支出（亿元）	当年新增各类计划项目（项）	承担国家和省部级计划项目（项）	当年计划项目总经费（亿元）	承担国家和省部级项目总经费（亿元）	当年承担横向课题数（项）	当年获得横向课题经费（亿元）
合计	2 608	13.90	1 805	9.61	2 010	1 139	7.52	5.74	956	0.59
部属	276	2.39	239	2.04	266	131	0.63	0.45	97	0.28
省属	2 146	10.48	1 466	6.96	1 646	970	6.31	5.13	301	0.35
市县属	127	0.78	77	0.43	66	20	0.20	0.10	550	0.05
公共部门合计	2 549	13.65	1 782	9.43	1 978	1 121	7.14	5.68	948	0.69
私人部门合计	59	0.25	23	0.18	32	18	0.08	0.06	8	0.01

数据来源：江苏省科学技术厅，《江苏科技年鉴（2017）》，科学技术文献出版社

5. 江苏省农业科研项目：省重点研发计划（现代农业）以创新驱动率先实现农业现代化为目标，重点加强农业优良品种和前瞻性技术创新，突破重大共性关键技术和装备。2017 年，省拨经费 10 230 万元；省政策引导类计划（苏北科技专项）围绕苏北特色产业发展需求，加快特色产业发展方式转化和转型升级。2017 年，专项计划围绕苏北 36 个县（市、区）“集聚创新资源、培育特色产业”行动方案，组织实施科技富民强县项目 214 项，安排省经费 9 250 万元。2017 年，36 个县域特色产业产值年增长 10%以上；省现代农业产业技术体系围绕水稻、小麦、特粮特经、蔬菜、西甜瓜、葡萄、草莓、花卉、茶、桃、梨、生猪、肉羊、肉鸡、蛋鸡、水禽、奶牛、渔

业等优势主导产业，已经建成22个现代农产业技术体系，确定22个产业技术集成创新中心、128个产业技术创新团队和244个产业技术推广示范基地。省农业科技自主创新基金围绕全省农业和农村经济发展中的重大科技问题，开展重大公益技术、产业共性技术研究和攻关，集成示范一批新产品、新技术、新模式，2007年设立时专项资金投入为1 500万元，到2011年为1亿元，2015年为1.45亿元，“十二五”时期，累计投入6.5亿元，共资助项目1 338项。

四、省级农业科研国际合作交流

1. 省级农业科研国际合作活动数量整体呈上升态势，国际合作范围较广，涉及全球各大洲的大部分国家，但主要集中在美国、加拿大、澳大利亚等发达国家以及与中国相邻的日本、韩国等地，国家“一带一路”倡议的实施，使中国与“一带一路”沿线国家的农业科研合作交流日益密切。

2. 省级农业科研国际合作类型以来访、合作论文、出访为主，国际合作研究项目、国际专利申请及共建合作平台等类型的国际合作相对较少。

3. 当前，中国在农业科研“走出去”、帮助其他发展中国家农业科技发展方面还处于起步阶段。未来，将进一步加强与国际农业科研机构的深度合作，依托国际农业组织，将中国丰富的农业科研资源为其他发展中国家所用，在科研体系建设及管理创新方面的经验为其他发展中国家提供借鉴，帮助他们提高本国农业科研水平，更好地承担中国在世界农业科研当中的大国责任。

第四章　中国农业科学院和中国科学院研发资源

一、中国农业科学院科研资源

中国农业科学院是一个国家级、综合性的农业科研机构，负责开展基础研究和应用研究以及新技术研究。中国农业科学院致力于克服一系列影响农业发展和支持当地农村经济的广泛挑战。中国农业科学院通过与包括 CGIAR、盖茨基金会在内的国内外农业科研机构、大学、非政府组织、基金会等签订技术交流与合作研究协议，促进中国国内外农业可持续发展。

1. 中国农业科学院是全国规模最大的农业科研机构，拥有众多科研人员和附属机构及重点实验室。2017 年，直属科研院所 34 个，联合科研院所 9 个，职工 7 026 人，其中管理人员 1 578 人，科研人员 5 911 人，技术人员和后勤人员 983 人。在 7 000 余名员工中，中国科学院院士和中国工程院院士有 13 人。除了 43 个研究所（包括附属研究所和联合研究所）外，中国农业科学院还拥有研究生院和出版社。60% 的分支机构和联合机构分布在北京以外的 18 个省、市、自治区。103 个野外观测站分布在中国 27 个省、市、自治区，拥有 6 074 公顷土地及 1 250 名外勤人员。

2. 中国农业科学院在农业领域有一套完整的学科体系。其研发工作的范围可划分为 8 个学科群、134 个重点领域和 309 个研究重点。这 8 个学科群包括作物科学、园艺科学、畜牧科学、兽医学、农业资源与环境、农业机械化与工程、农产品质量安全与加工、农业信息与经济。

3. 中国农业科学院以国内最全面的农业研发设施为基础。特别是中国农业科学院的 2 个国家重大科学工程（农作物基因资源与基因改良国家重大科学工程和国家农业生物安全科学中心），1 个国家动物疫病防控高水平生物安全实验室，6 个国家重点实验室，1 个国家和省级政府共建重点实验室，22 个农业部属综合重点实验室、40 个特殊重点实验室、30 个农产品质量安全风险评估实验室、52 个院级重点实验室。除上述重大科技实验室外，重大技术创新平台的研发能力也至关重要。中国农业科学院现有国家工程技术研究中心 5 个，国家工程实验室 5 个，国家工程研究中心 2 个，国家品种改良中心（分中心）22 个，农业产业技术体系技术研发中心 18 个，院级工程技术研究中心 32 个。长期保存的农作物种质资源 48 万份，居世界第二位。

4. 中国农业科学院在协调和开展国内外农业交流与合作方面具有很强的凝聚力，是所有农业科研机构所不可比拟的。国际合作是中国农业科学院众多使命的重要组成部分。它与许多国际机构、组织、公司以及非政府组织、民间社会和国际基金会，包括盖茨基金会和 CGIAR，建立了成功的合作协议或谅解备忘录。目前，中国与各国和国际组织合作建立了 70 多个联合实验室和研究中心，13 个国际组织和外国农业机构在中国农业科学院内设立了联络处。

5. 中国农业科学院拥有充足的研究资金，承担国家重点研究开发项目，拥有中央财政支持的资金来源。2017 年，中国农业科学院的收入为 72. 1 亿元（约 11. 3 亿美元）。全年政府补助资金 35. 5 亿元，其中农业科技创新专项资金 8 亿元。与 CGIAR 约 9 亿美元的年度资金相比，中国农业科学院在农业研发资金方面表现出一定的优势。自“十一五”（2006—2010 年）以来，年度项目资金增长近 8 倍，从 2006—2010 年的年均 7. 27 亿元增长到 2016—2017 年的年均 55. 6 亿元。

6. 农业科研经费按照中国农业科学院的战略规划和国家科技政策进行分配。根据国家创新驱动发展战略和一系列国家规划，中国农业科学院于 2016 年发布了《中国农业科学院“十三五”科学技术发展规划》及其实施行动。在实践中，中国农业科学院的全部科研资金主要通过人才项目、农业科技创新工程项目、国家农业科技创新联盟，基于集成技术的绿色生产研究与示范项目、新的重大科学项目以及知识产权加强等方面进行分配。

7. 农业科技创新项目。农业科技创新项目于 2013 年正式启动，由中央财政部直接资助。科技创新工程项目是一种新的资助模式，致力于支持未来 13 年的 4 个具体目标。科技创新工程项目的目标是快速解决现实世界问题的应用科学技术研究。目前，科技创新工程项目计划分 3 个阶段实施，与中国从现在到 2025 年的“十二五”“十三五”和“十四五”规划同步。这种与中央五年计划的协调表明，科技创新工程项目在国家战略规划中的重要性。从 2013 年到 2015 年，第一阶段重点是探索一个新的、更有效的组织方式来支持农业创新。第二阶段，从 2016 年到 2020 年，将是审查和调整阶段，在此期间，第一阶段的经验教训将用于微调优先事项。此外，国际合作、能力建设以及研究设施和基础设施的加强将达到顶峰。最后，从 2021 年到 2025 年，最后一个阶段将是继续扩大该计划的所有部分。

8. 国家农业科技创新联盟。自 2014 年成立以来，国家农业科技创新联盟积极探索完善工作机制，服务于中国农业的重大需求和农业农村部的中心任务。国家农业科技创新联盟积极培育和帮助形成全国农业科研一体化新机制，确定了涉及全行业的重点科研任务，探索了一批农业重点问题的综合解决方案。国家农业科技创新联盟还制定了包含区域农业增效绿色技术体系重点研究开发项目建议书，建设了 10 个农业科技数据分中心和 1 个主中心，共同构成了农业科技基础数据网络平台，开展了长期的农业科技基础工作。

9. 中国农业科学院是一个国家和国际公认的机构，在农业科技领域提供了丰富的国际合作学习和研究机会。中国农业科学院积极参与国家的“一带一路”倡议，向亚洲、非洲、美洲和欧洲 150 多个国家出口了 60 多种技术和产品。中国农业科学院还提议成立一个全国农业技术联盟，实现农业技术的全球化。中国农业科学院整合了全国农业技术创新力量，与 CGIAR、国际应用生物科学中心、欧盟、二十国集团、OECD 农业技术工作组、国际原子能机构、盖茨基金会等国际组织和基金会合作，取得了显著成效。特别是自 1984 年以来，中国农业科学院与 CGIAR 的合作关系一直是中国农业科学院国际农业研发合作的重要组成部分。合作伙伴关系建立在 3 个方面：中国农业科学院协调对 CGIAR 的捐赠，建立联合实验室或中心以及开展合作项目。

10. 盖茨基金会已成为中国农业科学院在农业科研特别是种质资源培育、合作研究、人才培养、联合实验室建设等方面日益重要的直接合作伙伴。例如，中国农业科学院已经为非洲和亚洲国家培育了 64 种绿色超级水稻，在与盖茨基金会的合作中受益，到 2017 年年底，播种面积超过 200 万公顷，这使许多在亚洲和非洲撒哈拉以南的发展中国家受益。

11. 中国农业科学院牵头建立了中非农业科研机构合作机制，签署了 8 项相关协议。

12. 中国农业科学院积极与科技部、农业农村部沟通，积极推进或启动以中国为主导的重大科技项目。中国农业科学院也努力将自己的科研项目与 CGIAR 的重点项目、欧盟特殊农业与食品项目、法国农业科学院的大科学计划、澳大利亚共同财富科学和工业研究组织的旗舰项目和中英两国之间牛顿基金会的项目对接。

二、中国科学院农业科研资源

1. 中国科学院是中国研发体系中最大的国家研究机构，由国务院归口管理，由科技部实际监督。与中国农业科学院专注于农业基础应用研究相比，中国科学院致力于基础性、综合性和前沿性的科学技术研发，许多分支机构积极参与农业科技研发和相关国际合作工作。

2. 中国科学院由104个研究所、12个分院、3所大学（中国科学院大学、中国科技大学、上海科技大学）和全国23个省级地区的11个支持机构组成。这些机构拥有100多个国家重点实验室和工程中心，以及近200个机构重点实验室和工程中心。总体来说，中国科学院目前拥有约1 000个机构。

3. 中国科学院地理科学与资源研究所、遗传与发育生物学研究所、亚热带农业生态研究所、植物研究所、动物研究所和许多其他中国科学院机构主要从事农业方面的研究工作。除了20多个农业科研院所外，许多中国科学院系统科研院所也都从事与农业科研相关的研究工作，例如，自动化研究所在农业智能设备研究方面做了大量工作。

4. 在农业方面，中国科学院在“十三五”规划（2016—2020年）中，将重点突出的重大科学问题、发展中的共性关键技术、区域农业产业发展技术综合示范三大支柱作为重点。中国科学院农业科研重点包括：植物定向发育机制、饲料转化效率和产品质量、高产高效水产品新品种培育、农业生态系统优化、育种路径设计选择与信息化、改善作物育种效率、减少农业生产对生态环境的压力、降低资源成本、合理配置农业资源以及农业信息化和智能化。

5. 根据《中国科学院统计年鉴2018》，2017年中国科学院有71 038名正式员工，其中61 468人属于中国科学院的科研机构，总体专业技术人员比重超过84%。在技术科学、数学与物理学、生物科学、地球科学、化学与化学工程在编人员在科研机构正式员工中占比分别为：33.7%、20.0%、18.5%、13.7%和13.6%。2017年，中国科学院课题参加人员全时当量（FTE）为78 711人/年。从科技活动内容来看，38 614人致力于应用研究，35 171人从事基础研究，4 926人从事试验发展。

6. 充足的资金来源使中国科学院在一系列科学领域具有压倒性的竞争力。政府的财政拨款和中国科学院的事业收入是研发经费的两大支柱来源，分别占50%和40%左右。公开数据显示，2018年，中国科学院年收入729.4亿元，包括财政拨款389.9亿元、事业收入276.6亿元、营业收入10.3亿元、子公司营业额交付 6.6 亿元、其他收入 46 亿元，如图 4-1 所示。大部分资金作为研究机构的科技支出。

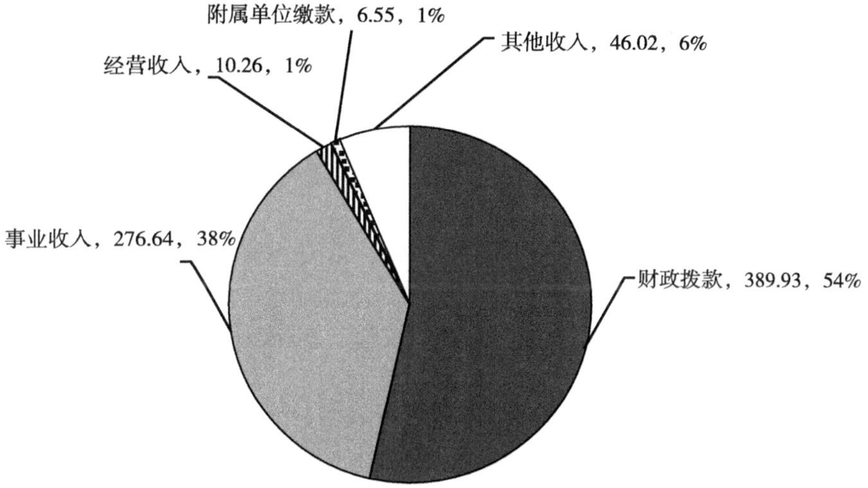

图 4-1　2018 年中国科学院收入结构示意（单位：亿元）

来源：《中国科学院 2018 年度部门决算》，2018

7. “引进来”和“走出去”是中国科技国际合作的两种形式。在过去一段时间里，中国科技国际合作以“引进来”为主，而在最近的十年里，“走出去”方面发展迅速。到目前为止，中国科学院与众多机构建立了合作关系，参与 36 个国际组织，包括 FAO、国际热带生态系统和生物多样性协会、国际山地综合开发中心和国际动物科学学会等。

8. 许多国家的农业部与中国科学院建立了合作关系。与此同时，随着世界农林复合中心（ICRAF）和国际家畜研究所（ILRI）与中国科学院各研究所的成功交流，CGIAR 成为中国科学院越来越重要的合作伙伴。

9. 中非联合研究中心自 2013 年成立以来，已提出了超过 45 个联合研究项目，重点研究生物多样性调查、病原微生物检测、地理科学与遥感、高产优质作物栽培示范、土地与水资源管理等。2016 年以来，国际畜牧研究所与中国援建的中非联合研究中心在动植物、病毒微生物等现代农牧业领域建立了伙伴关系。中非联合研究中心的科学家领导了超过 50 次的联合实地调查。中心已支持出版学术专著 6 部、同行评议期刊论文 162 篇。到目前为止，中非联合研究中心已经为 140 多名非洲学生提供了攻读硕士和博士学位的奖学金，这些学生大部分来自肯尼亚。通过举办 15 个培训班和研讨会，已培训了来自 13 个非洲国家的 160 多名科学家和高级技术人员。在未来 3 年里，中非联合研究中心将继续深化科技创新人才培养合作，向非洲国家学生提供 150 个奖学金名额。中非将共同建立以粮食安全为重点的现代农业研发中心和以公共卫生服务为重点的传统医药研发中心。

10. 地理科学与资源研究所

（1）地理科学与资源研究所是一所多学科研究机构，主要从事自然地理与全球变化、人文地理与区域发展、自然资源与环境、地理信息系统与地表模拟、陆地水循环与水资源、生态系统网络观测与建模、中国农业政策等方面的研究。

（2）目前，研究所有 639 名工作人员，共有 442 名研究人员，其中包括中国科学院院士 8 人、中国工程院院士 3 人、世界科学院院士 3 人，欧洲科学院院士 1 人，研究员、高级技术人员 160 人，副研究员、副高级技术人员 250 人。

（3）在国际合作方面，2018 年，地理科学与资源研究所共有 1 457 个研究项目/计划（711 个新项目），其中包括科技部的两个国际合作项目，国家自然科学基金国际/区域合作与交流项目 13 项（新增 2 项），年度国际合作经费 2 160. 5 万元。

11. 遗传与发育生物学研究所

（1）遗传与发育生物学研究所致力于开拓生命科学前沿研究，满足农业发展和人口健康的国家战略需求，在生物安全、节水农业和农艺学方面已经做出了重要贡献。在过去 10 年里，该研究所培育了 82 个新的小麦、水稻、大豆和玉米品种，估计价值 18 亿美元。

（2）遗传与发育生物学研究所具有较强的科研开发能力，拥有 82 个研究组、5 个研究中心和 6 个重点实验室。2016 年，研究所有固定职工 536 人，其中专业技术人员 467 人（《中国科学院统计年鉴 2017》，2017）。在研究人员中，有 3 位是中国科学院院士。

（3）国际合作与交流被认为是遗传与发育生物学研究所发展战略的重要支柱，并在遗传学和发育生物学的前沿领域成功地与世界许多国家的机构、大学和公司开展合作。

第五章 中国农业科技国际合作

本部分首先介绍中国农业科技国际合作的现状和进展，然后分析中国农业科技国际合作战略和相关政策，梳理农业科技合作的管理部门和国际合作项目，以中国—FAO 南南合作框架下的农业科技合作、中非农业科技合作、中国和“一带一路”沿线国家的农业科技国际合作等为例，分析中国农业科技对外“走出去”的情况，以中国和 CGIAR 的国际合作为例分析中国与国际农业机构的国际合作。

一、中国农业科技国际合作概况

1. 中国农业科技国际合作发展迅速，已经形成“引进来”和“走出去”相结合的格局。目前中国已同世界 140 多个国家（地区）和主要的国际组织、区域组织以及国际农业研究机构建立了长期稳定的合作关系。在生物育种、植物保护等领域，与有关国家和国际组织建立了联合实验室、研发中心等一批国际农业科技合作与交流平台，开展了多层次、多形式、多领域的农业科技深度合作与交流，对外交流合作的规模不断扩大，重大国际合作项目逐年增多。

2. 在“引进来”方面，中国引进消化地膜覆盖、保护性耕作、节水灌溉、设施农业等国际先进农业技术，同时还引进大批优良动植物品种资源、先进技术和管理经验，提高了农业科研水平，增强了农业综合生产能力和农产品竞争力。

3. 目前已经“走出去”的农业技术有杂交稻、棉花、玉米和蔬菜等农作物种子，动物疫病防控技术与疫苗生产，农作物病虫害综合治理技术，设施园艺技术，饲料生产技术和农业机械及沼气技术等，同时在非洲、亚洲等发展中国家援建了水稻、玉米农场、试验站或技术推广站，进行人才交流培训，培养农业科技人才。

二、中国农业科技国际合作战略和政策

1. 改革开放以来，中国坚持以全球视野谋划和推动社会发展领域的科技创新，主动融入全球创新网络和促进全球创新成果共享，在开放融合中加快引进消化吸收再创新，提高科技创新水平。目前，中国采取了更为积极主动的科技创新合作战略，全面提升在全球创新中的地位，力争成为若干重要领域的引领者和重要规则制定的参与者。

2. 目前，中国农业科技主动“走出去”，进一步提升中国科技创新的国际化水平，提高国际影响力和服务能力。农业农村部在制订《“十三五”农业科技发展规划》中重点提出 5 项措施：一是利用中非、中阿、中拉、中欧等农业国际合作平台，加强农业技术合作；二是鼓励主动发起或积极参与大型国际合作计划，大力推进全球气候变化、跨国动植物疫病等共性难题的合作与应对；三是推进农业企业、科研院校在国外建立一批联合研发、技术转移、示范服务等平台；四是支持农业科技人员到国际学术组织任职；五是鼓励企业建立国际化创新网络，提升企业利用国际创新资源的能力。

三、中国农业科技国际合作主要管理机构和科技项目

与国内科技项目管理类似，农业科技国际合作项目也主要由科技部、财政部和农业农村部等部门共同管理，但考虑到国际合作项目的特殊性，单独成立了国际合作专门机构负责国际合作项目。下面分别介绍各个部委的科技合作项目管理机构及其管理的科技国际合作项目。

1. 科技部国际合作

科技部国际合作项目主要由国际合作司、引进国外智力管理司、外国专家服务司 3 个司负责。国际合作司主要直接负责国际科技合作专项。在中央财政科技计划中，国家重点研发计划和国家自然科学基金项目均相应设立了国际合作项目。

国家重点研发计划设置了专门用于支持重大国际科技交流与合作的重点专项。政府间国际科技创新合作/港澳台科技创新合作重点专项主要目的是落实双（多）边政府间科技合作协定（协议）和国家领导人外交承诺的任务部署，促进科技外交、推动开放创新、提升利用全球科技创新资源能力。战略性国际

科技创新合作专项目标旨在推动实施创新驱动发展战略以及“一带一路”建设，推动国际科技创新资源流动和共享，推动科技创新合作应对全球共同挑战，更好实现联合国2030年可持续发展议程目标，促进企业深度参与国际科技创新合作。目前该国际合作项目重点支持农业、能源、信息通信、资源、环境、海洋、先进制造、新材料、医药健康、防灾减灾、交通运输等领域，年资助项目数量约30项，年资助规模2.4亿元。

国家自然科学基金项目国际（地区）合作研究与交流项目主要分为三类项目：一是，重点国际（地区）合作研究项目，资助中国迫切需要发展的研究领域，具有创新性思想的重点合作研究项目，年资助数量约100余项，总额度2.57亿元。二是，组织间国际（地区）合作研究与交流项目，在国家自然科学基金委员会组织间协议框架下，与境外基金组织（或研究机构和国际科学组织）共同组织和资助科学技术人员开展多双边合作研究项目。目前，国家自然科学基金委员会与境外49个国家（地区）的91个对口资助或研究机构签署了合作协议或谅解备忘录，由双方同时在各自的网站上发布项目指南，组织科研人员申报项目。三是，外国青年学者研究基金项目，支持外国青年学者在国家自然科学基金资助范围内自主选题，在中国开展基础研究工作，年资助规模约4 500万元，资助外国青年学者人数约140~150人。

2. 国家国际发展合作署

国家国际发展合作署南南合作援助基金是中国政府支持2030年可持续发展目标，支持其他发展中国家可持续发展的重要工具之一。中国国际经济技术交流中心作为南南基金项目受托管理机构，负责组织南南基金项目申报、接收申报材料、组织南南基金项目初核与立项评估工作、与项目实施机构商签项目实施合同、开展项目执行管理工作。南南基金项目处负责具体业务工作。

3. 农业农村部

农业农村部主要负责发起和主导农业科技双边、多边合作，与外国政府或国际合作组织签订合作协议并组织落实，也是FAO南南合作、中非合作论坛等多边机制在农业相关承诺方面的落实单位。

农业农村部直接负责的国际交流与合作项目主要由农业农村部对外经济合作中心承担农业国际交流与合作专项管理工作，开展与涉农国际组织和国际金融组织合作，承担农业援外项目管理工作。2019年，农业国际交流与合作项目经费共计约1 000万元。

四、中国和 CGIAR 的农业科技合作

中国与 CGIAR 的合作交流日益密切。中国与 CGIAR 最早的合作始于 20 世纪 60 年代，并于 1984 年正式加入 CGIAR，1984—2018 年，中国对 CGIAR 的捐款额度逐年增加，由 1984 年的 50 万美元增加到 2018 年的 500 万美元，累计捐款 4 430 万美元。中国对 CGIAR 的捐款主要由农业农村部报财政部，最终由财政部决定捐赠额度，然后通过中国农业科学院对 CGIAR 进行捐款。2017 年，资助 CGIAR 共计 572 万美元，其中窗口 3 资助金额为 404 万美元，双边资助 168 万美元。其中，由于国际马铃薯中心在中国建立了亚太分中心，相当一部分资金用于支持该中心的工作（表 5-1）。

表 5-1　1984—2018 年中国对 CGIAR 捐款

年份	时间（年）	年捐款数额（万美元/年）	捐款小计（万美元）
1984—1986	3	50	150
1987—1991	5	30	150
1992—1998	7	50	350
1999—2004	6	70	420
2005—2006	2	80	160
2007—2009	3	120	360
2010—2011	2	160	320
2012	1	280	280
2013	1	300	300
2014	1	300	300
2015	1	290	290
2016	1	350	350
2017	1	500	500
2018	1	500	500
合计			4 430

来源：CGIAR 网站

中国农业科学院、中国热带农业科学院、山东省农业科学院、广东省农业科学院等其他农业科学院系统都与 CGIAR 各中心建立了合作伙伴关系，国家自然科学基金与 CGIAR 签订了合作协议共同致力于农业科学研究，国家留学

基金会也与 CGIAR 的下属机构签订了合作协议培养人才。

中国与 CGIAR 的合作集中在粮食作物（水稻、小麦、玉米和马铃薯）、水土管理、牲畜、林业、渔业和粮食政策等方面，重点合作领域主要包括种质资源交换与新品种培育、合作研究、人才培养、高层决策、重大国际活动、国际平台建设等诸多方面。

中国农业科学院负责协调 CGIAR 与中国的合作。CGIAR 下属的国际玉米小麦改良中心（CIMMYT）、国际马铃薯中心（CIP）、国际食物政策研究所（IFPRI）、国际家畜研究所（ILRI）、国际植物遗传资源研究所（IPGRI）、国际水稻研究所（IRRI）和世界渔业中心（World Fish）等研究中心（研究所）在中国农业科学院设立了办事处，中国农业科学院为这些办事处提供了办公场所。

中国农业科学院与一些 CGIAR 下属研究所共同组建了 10 个联合实验室，例如与 ILRI 建立“中国农业科学院—国际家畜研究所畜禽牧草遗传资源联合实验室”，与 IWMI 联合建立了“中国农业科学院—国际水管理研究所农业水管理联合实验室”，与国干旱地区农业研究中心（ICARDA）和国际半干旱地区热带作物研究所（ICRISAT）三方共建了“中国农业科学院—国际干旱地区农业研究中心—国际半干旱地区热带作物研究所旱地农业联合实验室”。这些联合实验室在国际合作与人才培养方面发挥着重要的作用（表 5–2）。

表 5–2　中国农业科学院内设的 CGIAR 下属研究所办事处

CG 下属组织名称	设立时间
国际马铃薯中心	1985 年
国际植物遗传资源研究所	1989 年
国际食物政策研究所	1996 年
国际玉米小麦改良中心	1997 年
国际水稻研究所	1997 年
国际家畜研究所	2001 年
国际农业和生物研究中心	2002 年
国际农用林业研究中心	2007 年

资料来源：中国农业科学院

CGIAR 将中国政府的一部分捐款应用于人才培养和能力建设。目前，中国农业科学院和 CGIAR 的短期交流培训项目已成为常态化，中国农业科学院每年都派 60~70 人赴 CGIAR 交流培训，不仅提升了中国农业科学院科技研究人员的科研能力，而且促进了双方的科研合作。其中，共 11 位 CGIAR 科学家以及CIMMYT、IRRI 两个 CGIAR 下属中心分别以个人和团体名义获得中国政府颁发的“友谊奖”（表 5-3，表 5-4）。

表 5-3　中国农业科学院与 CGIAR 联合实验室

合作实验室	设立时间	合作单位
反刍动物疫病联合实验室	2015 年	兰州兽医研究所
农业与畜牧业可持续发展联合实验室	2014 年	北京畜牧兽医研究所
花生黄曲霉防控国际联合实验室	2013 年	油料作物研究所
农业水资源管理中心	2010 年	农业环境与可持续发展研究所
旱地农业联合研究中心	2009 年	农业环境与可持续发展研究所
农业生物多样性中心	2005 年	作物科学研究所
畜禽及牧草遗传资源联合实验室	2004 年	北京畜牧兽医研究所
国际农业农村发展研究中心	2003 年	农业经济与发展研究所
小麦品质联合实验室	1999 年	作物科学研究所

资料来源：中国农业科学院

表 5-4　2019 年中国农业科学院派出 CGIAR 培训人员计划

CGIAR 研究所	人数（人）	时间（个月）	培训地点	培训内容
CIMMYT	6	4	墨西哥或肯尼亚	小麦或玉米育种、栽培、生理、保护性耕作、应用生物技术
IFPRI	3	3	美国华盛顿	农业经济管理和营养学
Bioversity	3	6	意大利和法国	多样性监测指数、营养健康、生物抗性、种质资源基因挖掘
ILRI	3	3	肯尼亚	牧草抗逆性、非洲猪瘟疫苗研究
ICRAF	2	3	肯尼亚	土壤监测，非洲饲料资源收集与营养评价

资料来源：中国农业科学院

国家自然科学基金与 CGIAR 合作。CGIAR 与国家自然科学基金签署了国际合作协议，将共同资助双方科学家开展合作研究。国家自然科学基金和 CGIAR 所属中心共同确定项目的优先资助领域，国家自然科学基金负责项目受理、评审和管理。2011 年至 2017 年，NSFC-CGIAR 合作研究项目的申请数量、批准数量均呈现明显的增长趋势。2018 年，共有 9 个 CGIAR 中心 16 个项目获得资助，每个项目大约 200 万元，总研究经费共计约 3 200 万元（表 5-5）。

表 5-5　2011—2018 NSFC-CGIAR 合作研究项目申请与资助情况

年份	合作研究中心/研究所数量	申请项目	资助项目	每个项目资助金额（万元）
2011	5	20	7	200~300
2012	8	—	10	80~200
2013	8	20	9	80~200
2014	10	35	13	200~300
2015	10	34	13	200~300
2016	11	43	17	200
2017	11	51	17	200
2018	9	—	16	200

资料来源：国家自然科学基金委员会

国家留学基金委与 CGIAR 合作。国家留学基金委分别与 CIMMYT 和 IRRI 签署了合作备忘录，设立联合奖学金，共同资助中国学者到 CIMMYT 和 IRRI 进修，分别每年资助约 10 人完成学位论文或开展合作研究。

中国—CGIAR 合作成就显著。30 多年来，中国与 CGIAR 合作的内容广泛、项目数量多、领域广。CGIAR 为中国提供了大量的遗传资源，并培养了一大批科研和管理业务骨干，产生了巨大的经济效益和社会效益。

五、中国和 FAO 南南合作

南南合作（SSC）是指全球南方国家之间就知识、经验和良好做法、政策、技术和资源等发展方案进行相互交流与分享的合作。自 1996 年以来，中国在 20 多年的时间里实地派遣了 1 057 名（截至 2018 年年底数据）农业专家和技术员，占 FAO 南南合作项目派出专家总人数的 60%。派遣的这些专家和技术人员在灌溉、园艺、畜牧、农业、作物生产、农林复合经营、农业机械化、食品加工、农产品销售、农业机械制造等技术领域做出了巨大贡献。

中国是第一个与 FAO 建立南南合作战略联盟的国家，2006 年 5 月签署的意向书。2008 年，中国在 FAO 设立 3 000 万美元的信托基金支持 FAO—中国南南合作项目（一期）。基于 FAO—中国南南合作（一期）的伟大成果，2014 年 10 月 15 日国务院总理李克强访问 FAO 罗马总部时强调，中国愿意通过双边和多边合作关系，继续加强与其他发展中国家农业技术、经验和发展解决方案的分享。他还宣布向 FAO 捐款 5 000 万美元用于支持 FAO—中国南南合作项目，以改善发展中国家的粮食安全、促进可持续农业发展。南南合作主要有 5 种模式：派遣中国专家和技术人员、知识共享与实践培训、技术示范与适应、考察、政策对话。

FAO—中国南南合作项目取得了显著的成效。一是，向受援国转让了 400 多项实用型农业技术，试验了 268 种合适的农作物、蔬菜和其他品种，设计了 174 套农机具；二是，在 80 多个项目地开展了 237 个示范试点；三是，编制并提交了 408 份研究报告和建议；四是，开展田间培训 1 300 余次，有近 2 万名当地农民和农业技术人员接受了田间培训，其中 70%采用了该技术，受益者超过 65 000 人。

中国政府分两期捐助了共计 8 000 万美元设立中国—FAO 信托基金为中国与全球南方国家开展知识和经验交流提供支持。自信托基金成立以来，中国已成功实施了 14 个国别项目。中国专家在多个技术领域开展了知识共享，包括水产养殖、作物生产、灌溉、家畜育种、农林兼作、病虫害防治、禽类养殖及农业价值链开发等。

中国开始创新和探索南南合作及三方合作模式。为进一步加强南南合作及三方合作，2018 年 2 月，中国向国际农业发展基金（IFAD）捐赠约 1 000 万美元，设立了中国—IFAD 南南合作及三方合作基金，这是 IFAD 成立以来首个专门用于南南合作及三方合作的基金。该基金旨在在交流全球南方国家之间的发展经验，整合专门知识和资源，加速农村地区减贫，提高农村生产率，促进农村转型，并增加对发展中国家的投资。2016 年世界粮食计划署中国卓越中心成立以来，以南南合作及三方合作为重点，就可持续发展目标 2（零饥饿）和目标 17（促进目标实现的伙伴关系）开展了一系列活动，通过政策对话、技术培训和交流、专家派遣、政策研究、在线培训、培养青年创业者和农民等方式，帮助其他发展中国家分享中国在粮食安全、营养改善和扶贫方面的成功经验。

六、中国和非洲的农业科技合作

2000 年 10 月中非合作论坛正式成立，会议通过了《北京宣言》和《中非经济和社会发展合作纲领》两个历史性文件，建立中非合作论坛机制。中非合作论坛后续机制建立在 3 个级别上：部长级会议每 3 年举行一届；高官级后续会议及为部长级会议做准备的高官预备会分别在部长级会议前一年及前数日各举行一次；非洲驻华使节与中方后续行动委员会秘书处每年至少举行两次会议（表 5-6）。

表 5-6　中非合作论坛后续行动计划中农业援助的方式

发布计划	涉及农业援助方面的具体内容
2006 年中非合作论坛北京行动（2007—2009 年）	向非洲派遣 100 名高级农业技术专家，在非洲建立 10 个有特色的农业技术示范中心，加强与非洲在农业实用技术和农业人力资源开发方面的合作，加强与非洲国家在联合国粮农组织“粮食安全特别计划”框架内的合作
2009 年中非合作论坛—沙姆沙伊赫行动计划（2010—2012 年）	向非洲国家派遣 50 个农业技术组，为非洲国家培训 2 000 名农业技术人员，将为非洲国家援建的农业技术示范中心数量增至 20 个，继续办好已经建立的援非农业技术示范中心，落实好向联合国粮农组织捐款 3 000 万美元设立信托基金的工作，积极利用上述信托基金支持中国在联合国粮食及农业组织“粮食安全特别计划”框架下，与非洲国家开展南南合作
2012 年中非合作论坛北京行动计划（2013— 2015 年）	继续向非洲国家派遣农业技术组，加强非洲农业技术人员培训，向非洲国家派遣农业职业教育培训教师组，帮助非洲建立农业职教体系，增加援非农业技术示范中心，继续发挥援非农业技术示范中心的功能和作用，共同开展生产示范和技术推广，在粮食种植、储存、加工和流通领域，帮助非洲国家提高自主发展能力，并提供技术支持，积极支持联合国粮食及农业组织在非洲开展的农业发展项目，在联合国粮农组织“粮食安全特别计划”框架下与非洲国家和地区组织开展粮食安全相关合作
2015 年中非合作论坛约翰内斯堡行动计划（2016—2018 年）	支持实现农业现代化，推动农业升级，改善农业基础设施调试农业机械适应非洲本土情况，实施 50 个农业援助项目，向非洲受灾国家提供 10 亿元人民币紧急人道主义粮食援助，向非洲派遣 500 名高级农业专家，培养农民致富带头人，实施高级农业技术人员互派项目，培养青年农业发展带头人，建立中非绿色农业发展研究中心，加强与非洲棉花生产国合作，全面提升非洲棉花产业规划、品质标准、生产加工、储运贸易能力
2018 年中非合作论坛北京行动计划（2018—2020 年）	通过开展专家交流向非方进行技术转移，开发新的农业研究成果，包括分子级别植物疾病检测与识别、病虫害分析、种子检测认证、生物安全级别高危物质隔离检疫等，探讨家禽养殖废物处理技术合作，深化中非农业领域人力资源合作和农业科研机构开展专家交流合作，帮助非方培养青年农业科研领军人才

资料来源：根据 www. focac. org 网站资料整理

目前，中国在非洲已建成的和在建的示范中心数量已经达到 26 个，其中第一批 15 个示范中心已建成，完成监测评估（马达加斯加一个中心未监测评估）并进入项目的技术合作阶段。另外 11 个处在不同阶段的筹备过程中。援非农业技术示范中心项目已成为覆盖非洲 25 个国家（毛里塔尼亚建 2 个示范中心），集粮食与经济作物种植、畜禽与水产养殖、农业机械与农产品加工等主要内容为一体的创新型农业援助模式，并已成为当前援非农业工作的重点推进模式（表 5-7）。

表 5-7　中非农业技术示范中心情况

国家	实施单位	主要示范领域	建设情况
坦桑尼亚	重庆市种子集团	水稻、玉米、蔬菜、组培、蛋鸡饲养	进入技术合作期、已监评
卢旺达	福建农林大学	水稻、旱稻、桑蚕、菌草草种、菌草菇	进入技术合作期、已监评
埃塞俄比亚	广西八桂农业科技有限公司	玉米、小麦、蔬菜、牧草、花卉、食用菌	进入技术合作期、已监评
乌干达	四川省凤凰华侨集团	水产养殖	进入技术合作期、已监评
贝宁	中国农业发展集团	玉米、蔬菜、蛋鸡	技术合作期已结束、已监评
多哥	江西省华昌国际经济技术公司	水稻、玉米、蔬菜	进入技术合作期、已监评
利比里亚	湖南省隆平高科集团	水稻、玉米、蔬菜、生猪养殖	进入技术合作期、已监评
赞比亚	吉林省粮食集团	玉米、大豆、小麦、花生、施肥、作物植物保护	进入技术合作期、已监评
莫桑比克	湖北省联丰农业公司	杂交水稻、玉米、蔬菜、苗木培育、种子生产、畜禽养殖	进入技术合作期、已监评
南非	中国农业发展集团	淡水养殖、繁殖技术	进入技术合作期、已监评
津巴布韦	中农机美诺公司	马铃薯、玉米、小麦、大豆、高产栽培技术、机械化高产栽培、农技培训	进入技术合作期、已监评
苏丹	山东省外经集团	玉米、小麦、棉花、花生、油葵、大豆	进入技术合作期、已监评
喀麦隆	陕西省农垦总公司	水稻、玉米	进入技术合作期、已监评
刚果（布）	中国热带农业科学院	木薯、蔬菜	进入技术合作期、已监评
马达加斯加	湖南省农业科学院	水稻	技术合作期已结束
马里	江苏紫荆花纺织公司	黄红麻、水稻、玉米、棉花	进入建设期
毛里塔尼亚 1	黑龙江燕林科技公司	水稻、玉米、小麦、蔬菜、沼气	进入建设期
毛里塔尼亚 2	宁夏羊福来公司	高产奶牛养殖、饲草种植与加工、乳品加工、太阳能发电	进入建设期
安哥拉	新疆生产建设兵团	水稻、玉米、肉牛	进入建设期
马拉维	青岛瑞昌棉业公司	水稻、玉米、棉花	进入建设期
刚果（金）	中兴能源有限公司	水稻、蔬菜、旱粮、棕榈	进入建设期

（续表）

国家	实施单位	主要示范领域	建设情况
中非	山西省外经集团	玉米、旱稻、木薯、蔬菜、蛋鸡养殖、沼气	进入建设期
赤道几内亚	江西赣粮实业公司	水稻、香蕉、蔬菜、甘薯、木薯	进入建设期
科特迪瓦	待定	水稻、玉米、蔬菜	已可行性考察
厄立特里亚	待定	玉米、谷子、甘蓝型油菜、果蔬高产栽培	已可行性考察
布隆迪	待定	水稻、玉米、园艺	已可行性考察

资料来源：根据 www. fecc. agri. cn 网站资料整理

中非农业科研“10+10”：致力于共同面对非洲国家农业生产上遇到的粮食安全、农民增收、产业链建设等突出问题，利用中国农业科技发展的优势，进一步加大对农业领域科技研发与创新的多元投入，更加精准和高效对接农业科技合作，开展留学生教育、农业科技培训、国际化农业科技人才队伍建设等全面合作，定期召开中非农业合作论坛（研讨会），建立中非农业科研机构“10+10”合作机制。目前，已完成 13 项合作签署协议（表 5-8）。

表 5-8 中非农业科研“10+10”已签署合作协议

中方合作单位	非方合作单位	合作内容
湖北省农业科学院	马拉维农业部作物司	农业技术研究和示范合作
吉林农业大学	赞比亚大学	农业生产可持续发展技术合作
中地海外农业发展有限公司	尼日利亚农业研究委员会	加强农业技术合作
中国农业科学院哈尔滨兽医研究所	埃及开罗大学兽医学院	兽医合作
中国农业科学院	苏丹国家农业研究中心	农业研究与发展合作
中国热带农业科学院	科特迪瓦共和国国家农业研究中心	农业研究中心科技合作
重庆市农业科学院	坦桑尼亚农牧渔业部千里马农科所	农业科研机构合作

资料来源：中国农业科学院

中非高校“20+20”：2010 年正式启动，提升中方学校国际化水平，增加中国高校对非洲高校管理制度、课程体系方面的了解。增强非洲高校学科建设、能力建设、培养高素质教师，提高非洲高校学术、科研和社会服务水平。归口管理部门为教育部国际合作司。

“一带一路”南南合作农业教育科技创新联盟：2018 年 6 月，中国农业大学发起联盟，首批加入联盟的包括中国农业大学、西北农林科技大学等中国 40 所农林院校及吉尔吉斯斯坦国立农业大学、以色列希伯来大学等“一带一路”沿线国家的 30 所院校。联盟将通过搭建合作平台、资源共享，促进“一带一路”沿线国家和南南合作国家农业教育与科技的进步和发展。成立大会上，共 9 所院校签署了 5 个双边和多边合作协议，共建农业教育科技合作创新中心。

中英非三方合作：国际社会越来越重视中国农业技术对非洲的适应性，希望通过三方合作的方式推动中国农业技术的转移，2009 年中国和英国达成共识，中英两国将加强农业合作，帮助非洲发展中国家提高农业生产力，共同应对全球粮食危机的挑战。目前，中英两国已经确定在马拉维和乌干达开展中英非三方农业合作项目的试点，并已经相继派遣农业技术专家到马拉维和乌干达开展相关的技术传播工作。

中非在农业合作方面还积极尝试和探索了与其他第三方发展伙伴，包括发达国家的援外机构和民间非营利组织之间的合作。例如，盖茨基金会和 CGIAR、非洲水稻中心及其在中国和非洲各成员国的合作伙伴正积极建立三方合作伙伴关系，期望通过与中国农业科研机构、在非洲的中国农业技术示范中心、中国派驻非洲的农业技术专家组合作，引进、吸收与利用中国的杂交稻技术、旱稻技术、再生稻技术、常规水稻及各种抗逆稻技术，并充分利用非洲水稻中心现有技术和平台，在 12 个非洲主要产稻国进行品种选育与改良、试验、示范与推广，逐步改善当地的水稻生产水平，不断提高水稻产量，提高非洲水稻自给率，加强非洲农民尤其是小农抵御极端天气、干旱、洪涝等灾害的能力。

七、中国和“一带一路”沿线国家的农业科技合作

为了发挥科技创新在“一带一路”建设中的引领和支撑作用，2016 年，科技部、发展改革委、外交部、商务部四个部委共同制定了《推进“一带一路”建设科技创新合作专项规划》。该规划制定了近期、中期和远期目标。近期目标是用 3~5 年时间，夯实基础，打开局面，增加科技人员交流合作，与重点国家合作规划、实施方案基本形成，并签署合作备忘录或协议；建设一批联合实验室（联合研究中心）、技术转移中心、技术示范推广基地和科技园区等国际科技创新合作平台，鼓励企业在这些国家建成若干研发中心，重点项目

实施初见成效。中期目标是用10年左右的时间，重点突破，实质推进，形成吸引“一带一路”国家和地区的科技人才的良好环境，重点科技基础设施建设、联合实验室（联合研究中心）、平台网络建设等投入使用并发挥成效，重大科技合作项目取得重要成果，重点产业技术合作推动下的国际产业分工体系初步形成，“一带一路”创新共同体建设稳步推进。远期目标是到21世纪中叶，“一带一路”两翼齐飞，全面收获，科技创新合作推动“政策沟通、设施联通、贸易畅通、资金融通、民心相通”五通目标全面实现，建成“一带一路”创新共同体，形成互学互鉴、互利共赢的区域协同创新格局。

2017年5月14日，习近平总书记在“一带一路”国际合作高峰论坛上发表主旨演讲时提出，中国愿同各国加强创新合作，启动“一带一路”科技创新行动计划，开展科技人文交流、共建联合实验室、科技园区合作、技术转移4项行动。中国科学技术部提出在未来5年里，将在“一带一路”沿线国家和地区支持建设50个国家联合实验室。2019年6月科技部首批了14家“一带一路”联合实验室，其中，农业科研方面的联合实验室共6家，如中国—肯尼亚作物分子生物学“一带一路”联合实验室、中国—蒙古国生物高分子应用“一带一路”联合实验室，中国—哈萨克斯坦农业科学“一带一路”联合实验室、中国—克罗地亚生物多样性和生态系统服务“一带一路”联合实验室、中国—罗马尼亚农业合作“一带一路”联合实验室、中国—巴基斯坦小型水电技术“一带一路”联合实验室。

为进一步加强“一带一路”农业合作的顶层设计，2017年5月，农业部、国家发展改革委员会、商务部、外交部四部委联合发布《共同推进“一带一路”建设农业合作的愿景与行动》，提出结合各国需求并综合考虑国际农业科技合作总体布局，在“一带一路”国家和地区共建国际联合实验室、技术试验示范基地和科技示范园区，开展动植物疫病疫情防控、种质资源交换、共同研发和成果示范，促进品种、技术和产品合作交流；共建“一带一路”农业合作公共信息服务平台、技术咨询服务体系、高端智库和培训基地，推动区域农业物联网技术发展，提升“一带一路”沿线国家和地区的农业综合发展能力。

农业科技国际合作重点领域：一是与“一带一路”沿线国家广泛开展作物种质资源联合收集与共享，共同开展水稻、玉米、小麦、棉花、油菜、蔬菜等大宗作物，橡胶、香蕉、木薯、林木、畜禽、水产等特色作物的种质创制与新品种的选育推广；二是共同开展农业有害生物的监测预警和绿色防控技术、农业气象灾害的监测预警和调控技术、重大跨境动物疫病预警及防减技术的联合研究与推广应用，合作建设农情信息监测与共享体系、重要农产品风险监测与评估技术体系；三是积极开展高效节水与节能农业、海洋农业、设施园艺、有机废弃物综合利用等技术和农机装备的联合开发与示范，推广环境友好型和气候智慧型农业发展模式；四是加强资源利用、环境治理以及生态修复等绿色农村发展技术合作与推广；五是加强高效农产品深加工技术的合作与推广应用，加快建设清真食品研发与快速检测技术体系。

第六章　中国和盖茨基金会合作路径建议

在“一带一路”倡议背景下，中国的国际合作步伐明显加快，国际科技合作是国际合作的重要内容。科技部积极调整国际合作战略，制定更加开放的国际合作政策，鼓励科技走出国门，在国际舞台上发挥更加重要的作用。

一、合作机会

1. 在创新驱动发展战略和“一带一路”合作倡议背景下，中国政府非常重视科技创新发展，鼓励国际合作，科技经费总规模将继续保持增长态势，尤其是国际合作经费将增长较快，是中国开展国际科技合作的黄金时期。

2. 在“一带一路”合作倡议背景下，科技部积极调整对外合作战略目标，制定了更加积极的国际合作支持政策，包括加大了国家科技计划（专项、基金等）的开放力度，鼓励和支持科研人员积极参与并牵头组织国际大科学计划和大科学工程，丰富完善科技援助内涵与方式，带动提升发展中国家的整体科技创新能力，解决发展中国家产业发展和民生改善中的实际问题，支持设立一批国际联合研究中心和海外研发基地，建立若干具有专业特色，符合区域合作需求的国际产学研联盟，依托各类平台推动可持续的合作研发。

3. 中国启动实施新的中央科技计划，管理部门更加集中，流程更加规范和透明。2017 年科技部已经完成了科技计划改革，将近百项分散的科研计划合并成五大类，科研资金和科研管理更加聚焦，以支持重大问题研究为主，科研项目数量减少，但单个项目的资助金额明显增大，管理部门的职责更加明确，统一由国家科技管理信息系统公共服务平台发布信息，管理过程透明。因此，改革后，更加有利于和中央科技计划管理部门进行沟通和协调。

4. 科技部在谋划“十四五”（2021—2025）科技发展规划和中长期科技发展规划，正在广泛征集专家意见，是倡导未来科技发展规划的好时机，制定相应的国际合作战略规划，与中国科技发展规划的周期保持同步。中国国民经济和社会发展每5年制定新的规划纲要，为国民经济发展远景制定目标和方向，中国科技发展规划则基于国民经济和社会发展规划纲要制定相应的5年科技发展规划，明确未来五年科技创新的总体思路、发展目标、主要任务和重大举措。2020年是“十三五”（2016—2020）规划的收官之年。除了5年规划，科技部还会制定15年的中长期科技发展规划，目前《国家中长期科技发展规划纲要（2006—2020）》即将到期，因此，2019—2020年正是“十四五”（2021—2025）科技发展规划和中长期科技发展规划（2021—2035）编制的关键年份。2019年6月24日，科技部召开了2021—2035年国家中长期科技发展规划研究编制工作启动会，7月24—31日，科技部开展了重大专题集中研讨，规划工作领导小组办公室部署了30多个重大专题，数千名专家参与研究。在2019年8月，科技部和发展改革委会同相关部委开始启动向各省科技厅征询国家中长期科技发展规划和“十四五”国家科技创新规划的相关建议，包括提出未来15年和“十四五”国家科技发展的思路目标、重点任务、重大举措，省科技厅则会向地方科技局、科研院所和高校等单位征询意见，9月底前将相关建议反馈到科技部战略规划司。科技部和农业农村部等部委会在科技发展规划和中长期科技发展规划的基础上，共同编制“十四五”农业农村科技创新专项规划，明确“十四五”时期农业农村科技创新的目标与发展思路，细化重点任务与措施，为全面推进农业农村科技创新工作提供指导。后续将陆续出台一些相应的配套政策等文件，来保障科技发展规划的顺利实施。各省也将编制各省的中长期科技创新发展规划和“十四五”科技创新发展规划。盖茨基金会可以加强和科技部战略规划司和规划领导小组办公室、相关的专家进行沟通讨论，尤其是与农业领域参与规划制定的专家交流，寻找双方共同目标，倡导相关建议。

5. 农业国际科技合作是中国科技国际合作的重要领域。农业科技国际合作一方面是配合国家外交战略大局，广泛参与多双边农业合作，不断提高中国农业对外开放的质量和水平；另一方面，积极履行农业国际责任，强化国际农业合作技术支撑和全球农业科技合作，增强中国农业国际竞争力和影响力，提升农业自主创新能力，促进农业增效和农民增收。

6. 中国具有丰富的农业科技资源，在农业科技国际合作方面优势明显。2010年后，中国的公共农业科研投资规模已经能与美国和欧盟等发达国家（地区）相匹配，是新兴发展中国家的主要科技投资者。中国拥有丰富的先进农业技术成果。与其他发展中国家不同，中国的大部分农业技术都是来自国内自主研发。突破了杂交水稻、杂交玉米、转基因抗虫棉等重大核心技术，主要农作物基本实现良种全覆盖。中国农业科技成就和成果积累可为非洲发展中国家等提供丰富多样的技术选择，促进农业发展提质增效、转型升级。另外，中国在农业科技对外合作方面已经取得了不少经验，包括派遣农业专家，邀请非洲农民来华培训，建立农业示范中心等。

7. 尽管中国农业科技“走出去”方面成绩显著，但仍面临重重挑战。首先，目前中国的农业科技国际合作仍然以“引进来”为主，“走出去”处于刚起步阶段，资金规模小，项目小，周期短，缺少长期远规划和可持续性，非常分散，限制了国际科技合作的规模和范围，影响力较小。

盖茨基金会作为全球最大的慈善基金会，不仅拥有雄厚的资金，而且拥有一流的管理人才。首先，盖茨基金会已经在全球健康、全球发展和全球政策倡导等方面做了大量的工作，取得了卓越成效，具有丰富的项目管理经验；其次，在非洲发展中国家等建立了很好的国际合作网络，具有广泛的国际资源。最后，盖茨基金会拥有一流的管理团队，擅长公关协调，在国际项目管理方面经验丰富。因此，盖茨基金会和中国具有很强的合作互补性，致力于长期目标，制订长远合作规划，建立长期合作机制，共同推进项目的可持续性和扩大项目的影响力。

二、合作领域

1. 中国科技国际合作的重点区域是“一带一路”沿线重点国家（地区）。加强“一带一路”粮食安全，实施农业优质高产示范项目、合作园区建设和种质资源交换，帮助发展中国家提升农业生产能力，提高农业技术水平；同时，与周边国家建立防控监测站或实验室等开展跨境动物疫病联合防控技术合作。

2. 随着经济发展和居民生活水平的提高，农业科技发展不仅要满足吃饱的基本需求，而且要注重营养丰富的食物和可持续发展，即不仅重视主粮的研究，而且注重蔬菜、水果、畜牧和水产品的研究，高度重视支持发展环境友好型农业。中国的农业发展正在向可持续发展转型，提出了绿色高质量发展理念，不断推进农业供给侧结构性改革，解决农业生产效率、质量安全和环境可持续发展等问题。通过回顾总结中国在农业科技方面的成就、优势领域和将来的重点研究领域的基础上，建议中国和盖茨基金会双方可能的重点合作领域，包括作物育种、畜禽重大疫病防控与高效安全养殖、水产品养殖技术、动物疫病防控、灌溉技术、土壤和化肥技术、农业机械技术、绿色发展技术、数字工具和技术等八大领域。

3. 作物育种：改革开放以来，中国品种选育水平显著提升，成功培育并推广了超级杂交稻、紧凑型玉米、优质专用小麦、转基因抗虫棉、“双低”油菜等一大批突破性优良品种，主要农作物良种覆盖率达到96%，良种在农业增产中的贡献率达到43%以上。良种供应能力也稳步提高，建立了一批良种繁育基地，主要农作物商品化供种率提高到60%，其中杂交玉米和杂交水稻全部实现商品化供种。中国政府和科学家高度重视农作物的育种工作，其中在重点研发项目中，设有“七大作物育种”项目，支持主要作物的育种研发。未来，中国和盖茨基金会作物育种领域可以重点支持以下方向：主要农业种质资源重要性状精准鉴定与基因型鉴定的技术研究；应用转基因技术、全基因组选择、基因组编辑等新兴的技术方法与常规技术组装集成的高效精准分子育种技术研究；培育资源高效利用、高产、高效、优质等突破性农业新品种，帮助作物抵抗极端天气变化和病虫害侵袭的研究等。

4. 畜禽重大疫病防控与高效安全养殖：随着全球范围内养殖模式和生态环境的改变以及世界经济一体化进程的加快，动物疫病不断增多，疫情传播速度和范围明显扩大，人畜共患病危害日益加深，影响不断加大，已对全球社会经济和公共卫生安全造成严重威胁。畜产品是非洲发展中国家的重要收入来源和资产，但疫病是影响畜禽生产的重要因素。中国一直致力于动物疫病防控的研究，取得了显著成绩。中央财政计划设置重点研发计划支撑“畜禽重大疫病防控与高效安全养殖综合技术研发”研究。建议畜禽养殖方面的合作重点包括：动物疫病检测与防控，开发改善动物健康且成本低廉产品；畜禽品种资源保护和开发利用、通过家畜遗传育种与繁殖培育出符合市场需求的高产、低耗、高品质、适应环境的新品种和品系；畜禽安全健康养殖工艺与环境控制、畜禽养殖设施设备、养殖废弃物无害化处理与资源化利用、饲料产业、草食畜牧业、草原生态保护和草牧业全产业链提质增效等方面开展技术研发，为世界畜牧业发展提供技术支撑。

5. 水产品养殖技术：中国的渔业发展迅速，渔业科技发展成就显著，在渔业基础研究、关键技术研发等方面取得了显著成效。中国的水产养殖和遗传育种领域的科技综合竞争力达到国际先进水平。许多发展中国家拥有丰富的渔业资源。“一带一路”涵盖了世界主要渔业国家，水产品产量约占世界总产量的80%以上。建议水产品养殖方面的合作重点领域包括：构建水产种质资源保存、保护和科学评价利用体系，解析重要养殖种类基因组结构特征和经济性状遗传基础，建立现代水产育种理论方法与技术体系，培育具有优良复合型经济性状的水产新品种；研发环境友好型高效配合饲料，养殖品种配合饲料使用率明显提高，建立养殖品种品质调控技术；加强病害诊断技术研究和疫苗新渔药研发，建立水产养殖健康生物安保与病害防控技术体系；集成优质高效水产养殖技术和生态养殖模式，实现资源的循环利用和节能减排目标。

6. 灌溉技术：有效的灌溉是保障优良作物品种能够获得高产的重要条件之一。2016 年，中国耕地有效灌溉率为 54.2%。中国政府非常重视节水灌溉技术，提高灌溉效率，包括渠道防渗、喷灌、微喷灌、渗灌和滴灌等，目前，节水灌溉面积比例约占 1/4。灌溉技术的合作重点包括：节水灌溉，尤其是水肥一体化的灌溉设施；小型水利工程、小型水泵等灌溉设施等。

7. 土壤肥料技术：中国是化肥生产第一大国，有力促进了农业生产。而在非洲，化肥用量的不足严重影响了粮食产量，成为非洲实现粮食自给的重大障碍。目前，中国的研究重点是如何实现减肥增效。建议合作的重点包括：土壤肥料生产技术、生物化肥、作物高效施肥技术、测土配方和化肥使用效率等。

8. 农业机械：中国的农业机械数量增长迅速，机械化水平提高很快。2018 年全国农业机械化工作取得了明显成效，农机总动力突破 10 亿千瓦，农作物耕种收综合机械化率超过 68%。但非洲大部分发展中国家的农业机械化水平比较低，提高农业机械化水平是提高农业生产效率的关键之一。建议农业机械方面的合作重点是根据发展中国家当地的情况改造成本低效率高的农业机械，致力于提高农业劳动生产效率和农业机械的普及率。

9. 绿色发展技术：在过去几十年，化肥农药的过量使用带来了严重的环境和食物安全问题。为此，中国政府决定改变这种发展模式，推进农业绿色发展，贯彻新发展理念，大力推进化肥减量提效、农药减量控害，积极探索产出高效、产品安全、资源节约、环境友好的现代农业发展之路。合作重点包括：研制绿色投入品；研发绿色生产技术；发展绿色产后增值技术；绿色乡村综合发展技术与模式；加强农业绿色发展基础研究，突破一批制约农业绿色发展的重大科技问题，形成一批原创性成果，开辟绿色发展新前沿新方向。

10. 数字工具和信息技术：以物联网等为代表的信息技术向农业生产、加工、销售等各个环节广泛渗透，加快推动农业领域数字化转型。2019 年中央一号文件提出“实施数字乡村战略”。深入推进“互联网+农业”，推进重要农产品全产业链大数据建设，加强国家数字农业农村系统建设。中共中央办公厅、国务院办公厅印发了《数字乡村发展战略纲要》（下称《纲要》），《纲要》提出：“推进农业数字化转型。加快推广云计算、大数据、物联网、人工智能在农业生产经营管理中的运用，促进新一代信息技术与种植业、种业、畜牧业、渔业、农产品加工业全面深度融合应用，打造科技农业、智慧农业、品牌农业。”数字工具和信息技术也为发展中国家带来了新的机遇，数字经济作为农业现代化的助推器，提高了农业生产效率，促进了产销精准对接，为农民提供科学的决策支持。建议双方合作的领域包括：互联网、物联网、智能手机、智慧农业、无人机技术、数字支付等技术的普及和在农业领域中的应用。

11. 生物多样性：生物多样性有助于保障粮食安全、支持健康和有营养的膳食、改善农村生计和增强居民抵御力。但是，生物多样性正在受到威胁，部分生态系统功能不断退化、物种濒危程度加剧、遗传资源在加速流失，这些都对农业生产和粮食安全产生威胁。未来应加强生物多样性的研究，如加强农业和草原生物多样性资源、生物多样性应用技术、生物多样性保护和利用的政策研究、外来入侵物种监测等方面的研究。

三、合作路径

尽管中国和盖茨基金会的合作机会多，合作潜力大，但由于中国的农业科技管理层级较多，科技资源较为分散，为了提高合作效率，突出合作重点，这里建议多种可能的合作路径选择，梳理不同合作路径可能的科研资源，探讨合作潜力、重点合作领域和合作方式（图 6-1）。

1. 盖茨基金会与中国国家级农业科技管理部门合作

（1）加强盖茨基金与中国科技管理部门合作，包括科技部、国家自然科学基金委员会、农业农村部和国家国际发展合作署等部委。

（2）科技部是科技管理的最主要的部门，负责管理中央科技计划，同时负责国际合作专项项目。中央科技计划中，重点研发计划是农业科研经费的重要来源，并且有一部分经费可以支持国际合作研究。近几年，重点研发计划项目重点关注作物遗传育种、畜禽重点疾病防控和高效安全养殖、化肥减施增效等农业绿色技术等这些领域，与盖茨基金会的关注领域基本一致。科技部从2018 年开始在国家重点研发计划“战略性国际科技创新合作”重点专项中专门设置国际大科学计划和大科学工程培育项目，为解决世界性重大科学难题贡献中国智慧、提出中国方案、发出中国声音。科技部计划结合“一带一路”沿线国家和地区的重大科技发展需求、科研基础条件与合作意愿，将在“一带一路”沿线国家和地区建设一批新的联合实验室。因此，盖茨基金会和科

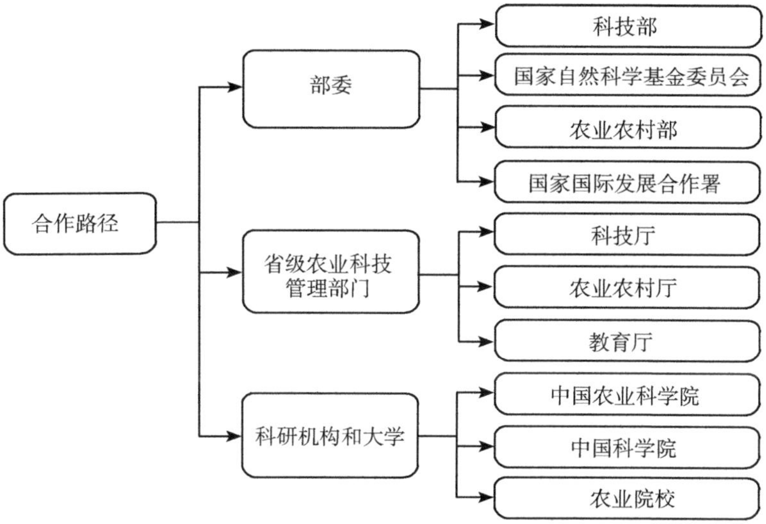

图 6-1　中国和盖茨基金会合作路径

来源：作者整理

技部可能的合作重点是重点研发计划项目和国际合作专项，国际大科学计划等国际合作项目和建立联合实验室可能是重要的合作方式。双方合作部门主要是国际合作司和农村科技司。

（3）国家自然科学基金委员会主要资助基础研究和前沿研究，和多个国家（地区）、国际机构等建立合作关系，按类别设有各种国际（地区）合作研究与交流项目，资助国内外学者开展国际合作研究。双方合作重点是基础研究和前沿研究，合作的方式主要是国际合作项目，合作部门主要是国际合作局和生命科学部。

（4）农业农村部和科技部共同负责农业科技项目管理工作，承担对外农业技术援助工作，注重人员交流和科技人员培训工作，也专门设置了农业国际交流与合作项目，更加注重农业科技推广示范和推进应用性合作。双方合作重点是应用科技推广示范，合作方式侧重于农业技术示范中心、南南合作、人员交流、科技人员培训等方面，合作部门主要是农业农村部的科技教育司、国际合作局、农业农村部对外经济合作中心。目前，为了农业示范中心的可持续发展，政府部门鼓励很多私人企业参与示范中心的建设和管理，私人企业在新品种培育和新产品研发方面做得比较好，但是，面临如何将这些好的品种和技术的推广扩散的问题，建议盖茨基金会可以加强和私人企业合作，加强示范中心技术合作推广。盖茨基金会可以充分发挥盖茨在非洲政府和各种机构的沟通协调能力和合作网络，例如非洲绿色革命联盟等渠道，将示范中心培育的优良品种、栽培方法等推广扩散到周边的小农户，加强示范中心的推广效果。

（5）国家国际发展合作署是新成立的专门负责对外援助部门。国家国际发展合作署的成立说明中国以更加积极的姿态开展对外国际合作，承担大国责任，助力发展中国家共同发展。设立南南合作援助基金是对外援助的重要举措。双方合作的重点是南南合作援助基金，南南合作援助基金将来有可能一部分资金用于农业科技研发和推广，需要和国家国际发展合作署进行沟通和协调，争取相关支持，应用于支持国际合作项目研究、科技人员交流和培训，促进农业发展和改善粮食安全。合作部门主要是国际合作司和南南合作基金办公室（表6-1）。

表6-1 盖茨基金会与中国国家级农业科技管理部门的合作

部委	合作机会	合作重点领域	合作方式	联系部门
科技部	重点研发计划项目、国际合作专项	基础应用研究：作物遗传育种、畜禽重点疾病防控和高效安全养殖、农业绿色技术等	国际大科学计划、联合实验室、国际合作项目	国际合作司、农村科技司
国家自然科学基金委员会	国际（地区）合作研究与交流项目	基础研究和前沿研究	国际合作项目	国际合作局、生命科学部
农业农村部	农业国际交流与合作项目	应用推广研究	农业技术示范中心、南南合作、人员交流、科技人员培训	科技教育司、国际合作司、农业农村部对外经济合作中心
国家国际发展合作署	南南合作援助基金	农业发展与粮食安全	国际合作项目、科技人员交流和培训	国际合作司

来源：作者整理

2. 盖茨基金会与省级农业科技管理部门合作

尽管目前省级农业科研机构的国际合作相对较少，以申请科技部和农业农村部等部委的科技合作项目为主，但是，在“一带一路”倡议背景下，很多省份开始非常重视国际合作工作，成立国际科技合作项目专项经费，鼓励与“一带一路”沿线国家共建联合研发中心和实验室、分支研究机构或技术推广中心等。

未来盖茨基金会和省级农业科技管理部门也存在很多合作机会。盖茨基金会和省级农业科研机构的合作重点领域可以主要包括特色农业技术研发、农业技术推广、科技人员能力建设等各个方面，结合各省的农业科研优势和目标国家的农业科研实际需求，选择相应的省份进行合作。

中国政府在对非农业技术援助时，采取了独特的省级负责制——“一省包一国”，由各省份自主选择适合的技术援助国家，采取综合措施和规划，打包提供各种技术推广工作。这种合作模式有利于各省和相应的受援国建立良好的合作关系，更加了解受援国的农业发展实际情况和农业科技实际需求，有针对性地提供受援国所需要的农业技术。

盖茨基金会可以重点选择经济实力和科研实力比较强、国际合作意愿强、在过去的国际对外合作中成绩显著的省份开始试点合作。合作方式可以采取支持人员交流、举办科技人员培训、联合设立国际合作项目、共建联合实验室等多种方式。合作部门主要是省科技厅、农业农村厅和教育厅等，科技厅负责省的科技政策和科技资源分配，农业农村厅配合科技厅做好农业方面的项目科研资源分配和管理的工作，教育厅主要侧重在高校农业科研和科技人才教育培训方面（表6-2）。

表6-2　盖茨基金会与中国省级农业科技管理部门的合作

合作单位	合作机会	合作重点领域	合作方式	联系部门
科技厅	省属国际合作项目	特色农业技术研发、农业技术推广、科技人员能力建设等	人员交流、科技人员培训、国际合作项目、联合实验室	国际合作局、农村科技处
农业农村厅	农业科技园区、农业示范研究中心等	农业技术推广、科技人员能力建设等	人员交流、科技人员培训、联合实验室	国际合作处
教育厅	农业大学	科技人员能力建设等	人员交流、科技人员培训	对外合作与交流处、科学技术与产业处

来源：作者整理

3. 盖茨基金会与农业科研机构和大学合作

在“一带一路”倡议背景下，不少农业科研机构和大学，尤其是国家级农业科研机构和大学，更加重视研究国际农业的研究，成立了专门的国际农业合作研究队伍和机构，国际科技合作经费明显增加，用于支持国际科技合作研究。例如，中国的许多科研机构和大学新成立了不少“一带一路”、南南合作、中非等研究中心/机构、联合实验室等，搭建了中非高校“20+20”中非农业科研机构“10+10”等国际合作平台。中国农业科学院成立了海外研究中心和全国农业科技“走出去”联盟等。未来，盖茨基金会与科研机构和大学等科研单位也存在许多直接合作的机会和空间。这里分别以中国农业科学院、中国科学院、中国农业大学和南京农业大学的国际合作为例，探讨如何在科研机构和大学层面直接开展合作研究。

（1）盖茨基金会与中国农业科学院合作。在科研资金方面，在中国农业科学院承担的各类国家财政项目中，很多项目都设有国际交流合作专项费用，另外，对稳定支持经费科技创新工程和中央公益性科研院所基本业务费具有一定的自主决定权利，目前，年度科研经费分别约为10亿元人民币和2亿元人民币。在国际合作方面，近些年，中国农业科学院建立了海外研究中心，成立了全国农业科技“走出去”联盟，牵头中非农业科研机构“10+10”，搭建了很好的国际合作平台。在科研条件方面，拥有良好的实验室和科研平台，其中国家级实验室和科技基础条件平台等42个、部级综合重点实验室和风险评估实验室等科技平台323个，院级169个。另外，中国农业科学院拥有研究生院，为发展中国家培养许多农业科技人才。基于中国农业科学院的发展目标和科研资源条件，以海外研究中心为平台，以中非农业科研机构“10+10”为契机，建议双方加强合作，重点围绕共同推进发展中国家农业科技发展和实现农民增加收入的目标，探讨双方都非常感兴趣有意义的课题，建立合作机制，包括经费来源、规模和分配机制，组织中国农业科学院专家承担相应的科研任务。合作方式以国际合作项目为主，同时，考虑科技人员交流、人才培训和联合实验等多种方式，加强发展中国家的科研能力建设，建立和完善发展中国家的农业科研体系。合作部门主要包括中国农业科学院国际合作局和科技局、海外研究中心等。

（2）盖茨基金会与中国科学院合作。为了配合“一带一路”倡议的实施，中国科学院非常重视为国家“一带一路”倡议的实施提供科技保障和支撑服务，在2016年初启动实施《中国科学院“一带一路”国际科技合作行动计划》。2017年，中国科学院建立起战略咨询长效机制，完成了《“一带一路”科研合作态势报告》，成立“一带一路”科技组织联盟，为政府和“一带一路”沿线国家提供双向战略科技咨询建议。中国科学院组织了“一带一路”国际合作研究计划，针对“一带一路”沿线国家和地区的重大共性科技需求和挑战，牵头启动20多项重大国际合作计划。同时，针对“一带一路”沿线国家的实际需求，转移转化适用科技成果，既服务“一带一路”沿线国家和地区民众的生产生活，又促进当地新兴市场的发展。农业是中国科学院对外国际合作的重要领域，盖茨基金会和中国科学院在农业科技国际合作方面具有很多合作机会。基于中国科学院的科研资源，盖茨基金会和中国科学院以“一带一路”国际科技合作行动计划为契机，推进双方农业科技国际合作，致力于农业基础研究和应用研究，包括分子模块设计育种创新体系、病虫害防控、现代农业技术集成、土壤、资源环境和气候变化等方面的研究，共同资助重大国际合作计划国际项目的研究，与“一带一路”沿线国家和地区共建“创新合作中心”；并以此为合作平台和网络支点，积极探索开展集“科学研究、技术创新、人才培养和成果转化”于一体的战略合作。中国科学院体系庞大，农业研究分散在各个研究所，包括遗传与发育生物学研究所、地理科学与资源研究所和动物研究所等。农业科技国际合作对接的机构主要是中国科学院的院机关部门，包括国际合作局和重大科技任务局、科技促进发展局、发展规划局和前沿科学与教育局等科技项目管理部门。

（3）盖茨基金会与中国的农业大学合作。近些年，中国的农业大学科研经费增长迅速，科研实力明显增强，在国家农业科研中发挥的作用越来越大。在“一带一路”倡议战略背景下，许多大学都纷纷重视对发展中国家的研究，并已经开展了一些实质性的合作研究。目前，农业科技对外合作的资金来源以学校支持为主，同时申请科技部等国际合作项目基金，资金非常有限。盖茨基金会和中国的农业大学双方存在很多的合作机会，合作方式不仅包括国际项目研究，而且在科研人员培养、共建实验室、示范园等提升科研能力等多方面具有很强的合作潜力。中国的农业大学学科门类齐全，在很多领域都很大的合作空间，不仅在农作物和园艺方面，而且在动物科技方面也有很大的合作机会。合作部门主要是学校的国际合作局和科研管理部门及相关的学院。

4. 盖茨基金会、中国与 CGIAR 合作

（1）盖茨基金会、中国和 CGIAR 相互间具有良好的合作基础。首先，盖茨基金会是 CGIAR 的重要资助方，帮助 CGIAR 协调地区间的育种网络，建立现代育种信息系统，减少育种成本。2011—2019 年，盖茨基金会共捐助了 6.505 亿美元，占 CGIAR 总捐款的 15.24%，仅次于美国。其次，中国是 CGIAR 的成员国之一，每年向 CGIAR 捐款。CGIAR 的许多下属研究中心都在中国建立了办事处，加强了和中国及亚洲等地区的相关农业研究。最后，盖茨基金会、CGIAR 都分别和国家自然科学基金委员会建立了良好的合作关系，成立了共同资助项目，共同资助中国和 CGIAR、中国和世界其他国家的农业科技国际合作。

（2）盖茨基金会、中国和 CGIAR 三方具有很强的合作潜力。作为世界农业科学研究院，CGIAR 的许多研究中心的研究处于国际顶尖水平，是世界农

业科研创新的领导者。CGIAR 的大多数研究中心都设在发展中国家，并且在世界各地都建有广泛的合作网络，是全球最大的农业科技创新体系，对当地及世界的农业科技发展都产生了重要影响。目前，CGIAR 的年度科研经费大约 9 亿美元，11 000 名员工分布在世界 70 多个国家。CGAIR 在农业推广方面也具有丰富的经验，比较了解发展中国家农民对农业技术的需求和当地自然环境条件，能够更加因地制宜地提供相关的农业技术。另外，CGIAR 属于中立的非营利性国际机构，与各国政府、其他国际组织、多边组织以及和私人基金会等都建立了非常良好的合作机制，与许多国家联系密切，更容易开展科研工作，更加容易被发展中国家和国际社会广泛认可。目前，CGIAR 正在进行改革，建立更加紧密的一体化的 CGIAR，将研究集中在基因资源和育种，可持续生产，经济和市场、财政和政策，食物、营养和健康 4 个方面。另外，CGIAR 正在计划采用共同的理事会，将研究中心进行分类管理，将 15 个研究中心合并为作物、政策和管理、动物、自然资源管理和生态区域 4 个类别，分享相互间的研究工作和研究经费。CGIAR 的一体化改革将会对未来的国际合作产生重要的影响。这样，更加方便与各个国家和国际机构合作，也更能优化资源配置。CGIAR 是中国与世界农业科技合作非常独特的桥梁。CGIAR 在过去的几十年当中，已经和中国开展了深入的农业科研合作，为中国的农业科技发展做出了突出贡献。

中国是以小农户为主的发展中国家，且地域广阔，农业科技更加符合发展中国家多样化的技术需求，在许多研究领域和 CGIAR 具有很强的互补性。中国可利用 CGIAR 的国际网络，推动区域和全球农业科技创新合作以实现互利共赢新型国际关系，宣传中国取得的农业发展成就，促进中国农业技术和成果“走出去”，帮助发展中国家提高农业科技水平。显然，如果盖茨基金会能够采取措施，联合 CGIAR 和中国，实现强强联合，共同致力于发展中国家的农业科技合作研究，必将显著提高工作效率，将更加有助于加快推进中国和发展中国家的科研合作，共同推动南南合作。

（3）盖茨基金会、中国和 CGIAR 三方可能的合作方式和路径。通过梳理现有的农业科技资源可以发现，盖茨基金会可以通过已有的合作渠道大力推动中国和 CGIAR 三方合作。

1）建议建立盖茨基金会和中国科技部的有效合作机制，尤其重点资助中国农业科学家与 CGIAR 科学家共同主持或参与国际大科学计划，加强关键技术、前沿技术、农业现代工程技术、颠覆性技术的联合攻关，进一步提高科技进步对农业发展的贡献率，解决农业发展的瓶颈问题。中国科技部高度重视国际大科学计划项目，联合各个国家，一方面共同解决人类面临的农业发展问题，贡献中国的科技力量，同时提高中国在全球农业研究中的地位和影响力；另一方面，通过国际大项目的国际协作和联合攻关平台，科学家们可以相互学习，有助于培养国际化人才和科研队伍，推动国内相关领域的研究进展。

2）建立盖茨基金会、CGIAR 和国家自然科学基金委员会三方合作机制，共同资助现有渠道的中国农业科学家和 CGIAR 的国际项目合作，提升国际合作研究的深度和质量。国家自然科学基金委员会每年资助中国和 CGIAR 的合作项目约 20 个，每个项目约 200 万元，周期约 5 年，合作经费约 4 000 万元人民币。目前，这些项目激发了中国科学家和 CGIAR 的合作积极性，但因为经费少，而且规定这些经费不能转到 CGIAR 账户，大多数项目只能用于支持双边科研人员互访交流。因此，对于 CGIAR 的科学家激励很小，参与该项目的积极性不高，影响合作效果。一方面，加强 CGIAR 和国家自然科学基金委员会的沟通，找到共同关注问题是关键，盖茨基金会和国家自然科学基金委员会加强沟通，建议项目的选题，同时资助 CGIAR 科研人员开展相关课题的研究，国家自然科学基金委员会则资助中方科研人员开展同一课题的研究，推动双方朝共同方向努力，加强合作效果，提升研究质量。另一方面，建立盖茨基金会和国家自然科学基金委员会对 CGIAR 和中方科学家合作的专项基金，共同决定选题，在同一个研究框架下设计 CGIAR 和中方科学家的合作内容、任务分工和资助额度等，建立更为紧密的合作关系。

3）建立盖茨基金会、CGIAR 和农业农村部关于南南合作方面的合作机制，共同推进南南合作。中国政府分两期捐助了共计 8 000 万美元设立中国—FAO 信托基金为中国与全球南方国家开展知识和经验交流提供支持。自信托基金成立以来，中国已成功实施了 14 个国别项目，在多个技术领域开展了知识共享，包括水产养殖、作物生产、灌溉、家畜育种、农林兼作、病虫害防治、禽类养殖及农业价值链开发等。但是目前，中国对 FAO 捐赠的南南合作基金快使用完了，下一步的计划还未知。中国与 FAO 开始创新南南及三方合作模式。当前扩大南南合作规模的一个最大制约因素是缺乏资源，有必要深入推动南南合作，拓展三方合作，充分利用中国政府、FAO、CGIAR 在非洲发展中国家的农业示范中心和科研机构的教育培训资源、政策资源、CGIAR 的科技平台和庞大专家队伍，加大农业技术推广和援外培训力度，为发展中国家提供支持农业发展和粮食安全领域的关键技术和资源，提高政策影响力。

4）加强盖茨基金会、CGIAR 与国家国际发展合作署南南合作援助基金的合作机制。从目前南南合作援助基金资助的对象和范围来看，国内及受援国社会组织、国内外智库及国际组织等都可以提出项目申请，CGIAR 符合项目申请资格。建立盖茨基金会、CGIAR 和国家国际发展合作署三方合作机制，建议中方与 CGIAR 合作共同申请南南合作援助基金项目，拓宽 CGIAR 的资助渠道，充分发挥 CGIAR 在发展中国家的农业科技研究优势，共同执行大型项目、共享合作资源等，有效利用 CGIAR 各个研究中心及其所在国的优势资源，全方位加强同其所在国和研究目标国的合作关系，使合作效果最大化。

5）加强盖茨基金会与中国农业科学院、CGIAR 中国办公室的联系与合作，加大中国对 CGIAR 的捐赠，立足中国，拓展支持周边国家。中国政府对 CGIAR 的捐款主要通过中国农业科学院向农业农村部申请，农业农村部报财政部审批。建议中国农业科学院加强与农业农村部和财政部的沟通协调，争取增加 CGIAR 对中国的捐款，以维持常任理事国的职位，履行大国责任。另外，CGIAR 中国办公室中，很多是区域办公室，不仅联络中国的农业科技合作，而且服务于周边的亚洲地区，尤其东南亚国家。但由于近些年，CGIAR 整个系统经费紧张，CGIAR 中国办公室的职能并没有充分发挥出来。CGIAR 的中国办公室非常了解中国国内的研究情况，同时，一直保持着与国际上的沟通协调，比较了解国际情况和研究进展，能够更好地架起中国与发展中国家沟通协作的桥梁，宣传中国的农业技术，同时针对发展中国家的具体情况，研究推广适合的农业技术。

第二部分

中国农业研发资源：国际合作路径研究专题报告

第七章　全国农业科研资源

一、中国农业科研体系

中国拥有世界上最为庞大且复杂的农业科研体系，不仅国家和地方农业科学研究机构和农业大学从事农业科学研究，许多综合性的研究机构和综合性大学也会从事一些农业科学研究。但遗憾的是，缺乏综合性研究机构和综合性大学的农业科研方面的统计数据，无法知道这些非农研究机构在农业研究方面的具体人员数量和科研投入情况，本书只能重点分析农业科研机构和农业大学的农业科研情况。中国的农业科研特点主要是科研和教学分离的模式，主要以农业科学研究机构为主体，农业高校以培养农业人才为主。

近年来，由于对研究机构和高等教育机构的投资增加，中国在农业研发方面的支出迅速增加。农业研发支出的规模已经达到或超过包括美国在内的一些 OECD 国家（OECD，2016）。根据《中国科技统计年鉴 2019》统计，2018 年，农业研究机构 1 069 个，占全部研究机构的近 1/3，其中，根据《全国农业科技统计资料汇编 2018》统计，国家、省属和地市属分别占 6.9%、40.4%和 52.7%。农业研究机构从业人员总数为 8.76 万人，R&D 人员 5.63 万人，占全部行业的 12.1%。农业农村部属、省属和地市属科研机构职工占从业人员的比例分别为 18.1%，48.1%和 33.8%。农业科研人员中，博士 10 126 人，占 18.0%；硕士 18 016 人，占 32.0%；本科毕业 18 617 人，占 33.1%。R&D 人员全时当量为 4.905 3 万人/年，其中，基础研究人员 8 868 人，应用研究 11 150 人，试验发展 29 035 人，基础研究、应用研究和试验发展研究人员的比例分别为 18.1%、22.7%和 59.2%。

此外，根据行政结构，中国建立了国家级、省级和地区级三级农业科研机构（樊胜根、钱克明，2005）。国家级农业研究机构包括中国农业科学院（CAAS）、中国水产科学研究院（CAFS）、中国热带农业科学院及其附属研究机构。这些研究机构隶属于农业农村部，重点从事基础研究和技术，解决全国性农业研究的关键问题。省级和地区农业科学院主要由省政府、省科技厅和教育厅等负责，省级农业科学院主要根据当地实际情况进行应用研究，而地区级研究机构则主要侧重于应用研究与开发。从行业来看，根据科技部统计，2018年，从事种植业研究的科研机构 508 个、林业 173 个、畜牧业 71 个、渔业 49 个、农林牧副渔服务业 268 个，这 5 类科研机构分别占科研机构总数的 47.52%、16.18%、6.64%、4.58%、25.07%。种植业科研机构的职工最多，为 48 128 人，占从业人员的 55%；林业 9 705 人，占 11%；畜牧业和渔业分别为 6 809 人和 4 038 人，分别占 8%和 5%，农业服务业 18 872 人，占 22%（《中国科技统计年鉴 2018》，2018）。

其次，农业高等院校情况。我国各个省都有相应的农业院校来支持当地农业的发展，培养农业人才、开展农业科学研究和进行科技推广。2017 年，全国农林院校 94 所，教学和科研人员共 5.42 万人，从事研究与开发的研究人员 2.44 万人，R&D 全时当量人员 1.47 万人/年（《2018 年高等学校科技统计资料汇编》）。农业研究机构和农林高校按全时当量计算，中国农业科研人员合计 6.16 万人，科研机构和大学的比例约为 3∶1。

二、中国农业科研经费规模和趋势

中国农业科研经费主要来自政府资助。在 2017 年农业研究机构和农业高校科技经费中，来自政府的收入比例分别为 89%和 82.5%。中国农业科研经费分配渠道比较分散，分散在多个部委和管理部门。另外，中国的农业科研体系也比较复杂，没有关于综合性科研机构（如中国科学院）和综合性大学在农业研发方面的经费统计，当然，在农业科研机构和农业高等学校的科研经费中，也难以排除非农业方面的研究经费。根据数据的可获得性，这里的农业科研经费主要指农业研究机构和农业高校的科研经费。农业科研经费主要来自财政部、科技部、农业部、教育部和其他部委，省市地方科技经费主要来自省财政资金。

本研究主要从农业科研经费在全部行业中的分配、投入总量、投入来源结构、投入强度、投入结构几个方面阐述中国农业科技经费的投入规模和趋势。

1. 农业科技资助数据来源

三本统计年鉴是中国科技数据的主要来源：

- 《中国科技统计年鉴》（CSYST）
- 《全国农业科技统计资料》（NSAST）
- 《高等学校科技统计资料》（USTS）

《中国科技统计年鉴》（CSYST）由国家统计局（NBS）和科技部（MOST）联合出版，而《全国农业科技统计资料》（NSAST）是由农业农村部（MARA）和教育部（MOE）联合出版。《中国科技统计年鉴》（CSYST）主要记录政府部门下属科研机构的科技活动支出和人员。《全国农业科技统计资料》（NSAST）会收集来自农业研究机构及其附属机构的数据，尤其是来自农业农村部的机构。《高等学校科技统计资料》（USTS）是教育部管辖下的高校开展的科技活动的数据汇编。但是，综合性研究机构和高校开展的农业科技活动无法获得。本书中农业研发总投入的数据仅指农业科研机构和农业高校的研发支出。

值得注意的是，中国的农业投资具有不同的统计范围和定义。2009 年之前，几乎所有研究都使用农业科技活动总支出/收入指标作为农业研发投资。2009 年开始，科技部统一采用研究与试验（R&D）经费支出指标来表示科技投入，而不再统计科技活动经费筹集和科技活动经费内部支出的数据。从全部国民经济行业的科技投入来看，科研经费投入力度大，经费增长快，尤其对高等学校的科研经费投入增长较快，地方政府加大了对科技研发的支持力度。根据科技部的统计，2018 年，全国研究与试验发展（R&D）经费为 19 678 亿元，R&D 经费投入强度为 2.14%，人均经费 44.0 万元，其中，企业、政府研究机构和高等学校经费支出占比分别为 77.4%、13.7%、7.4%。但高等学校的科研经费增速最快，企业其次，公共研究机构增长较慢，2018 年与 2017 年相比高等学校、企业和公共研究机构经费分别增长 15.2%、11.5%和 7.8%。国家财政科技支出平稳增长，为 9 518.2 亿元，占公共财政支出的 4.31%，其中，地方的财政科技支持增长速度快于中央财政科技支持增长速度，中央和地方的财政科技支出分别为 39%和 61%。农业科技投入在全行业科技总投入中的比例相对较小。由于统计数据口径等原因，不能确切地计算农业科技投入占整个行业的比例。从研究机构的 R&D 经费内部支出数据来看，农业占全部行业研究机构 R&D 经费内部支出的比例虽然较小，但占比在增加，从 2001 年的 5%增长到 2018 年的 7%。

2. 中国农业研发经费规模和强度

中国 R&D 支出的总体特点是：支出规模迅速增长，投入强度不断提高。企业是科技活动的主体，但高校的 R&D 支出却迅速增加。科技支持在国家财政支出中的比例不断提高，特别是在地方金融科技支持中。根据科技部统计，2018 年全国 R&D 支出接近 2 万亿元，R&D 强度为 2.19%，人均支出 44.9 万元。企业、政府附属研究机构和大学的支出分别占 77.4%、13.7%和 7.4%，而大学的研究支出增长最快。2018 年，科技财政支出占国家总支出的 4.31%，比上年提高 0.18 个百分点。国家财政科技支出 9 518.2 亿元，比上年增加 1 134.6 亿元，增长 13.5%。其中，中央财政科技支出 3 738.5 亿元，增长 9.3%，占科技总支出的 39.3%。此外，地方财政科学技术支出 5 779.7 亿元，增长 16.5%，占比 60.7%。

在所有行业的总投资中，农业科学技术投资所占的份额相对较小。根据科研机构内部研发支出的内部统计数据，农业研发支出所占的比例是有限的，但是这一比例一直在逐步上升，从 2001 年的 5%上升到 2018 年的 7.2%（图 7-1）。

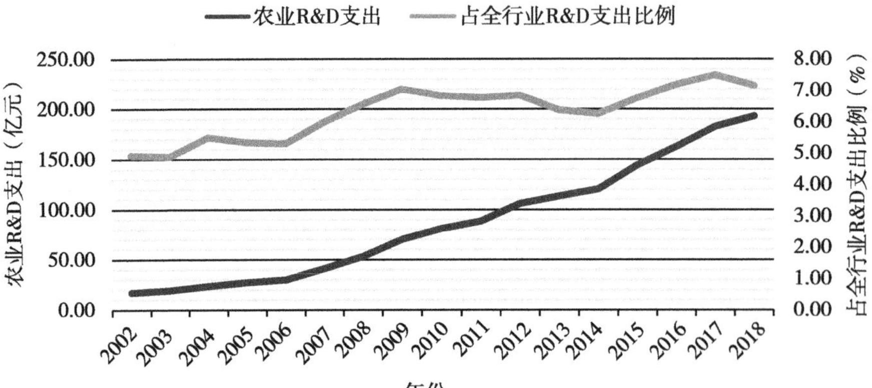

图 7-1　中国农业机构 R&D 支出及占全行业 R&D 支出比例

数据来源：《中国科技统计年鉴》

2009 年开始，科技部统一采用研究与试验（R&D）经费支出指标来表示科技投入，而不再统计科技活动经费筹集和科技活动经费内部支出的数据。但根据农业农村部和教育部的统计，2017 年用于农业研究的农业科技总收入估计约为 445 亿元。农业研究机构的科技总收入约为 333 亿元，而高校的科技总收入约为 112 亿元。2001—2017 年，农业科技收入快速增长，实际年增长率超过 10%。此外，2017 年科技总支出约为 300 亿元，虽然低于收入，但增长速度却与收入类似（图 7-2，图 7-3）。

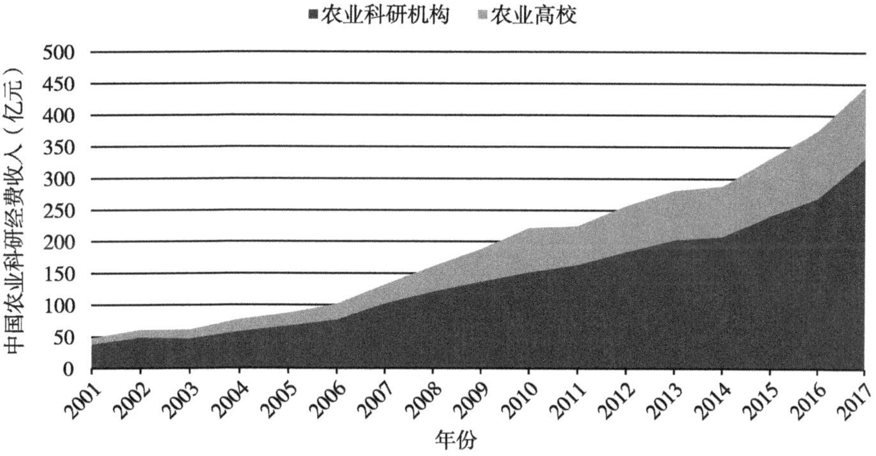

图 7-2　中国农业科研经费收入

数据来源：《中国科技统计年鉴》和《高等学校科技统计资料汇编》

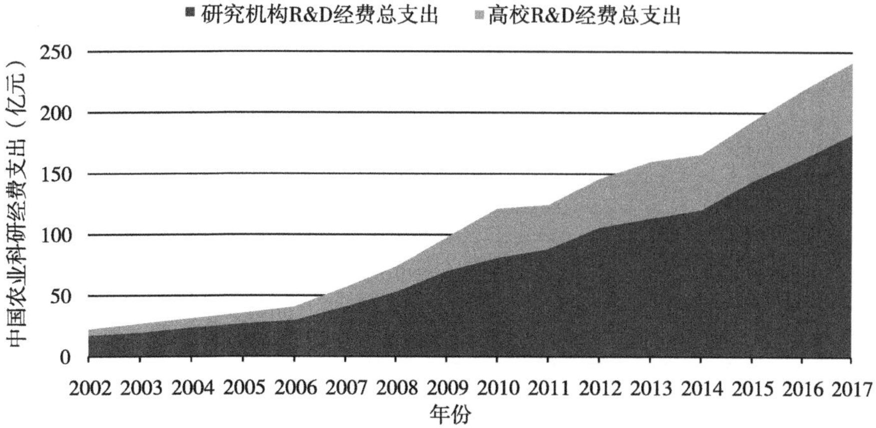

图 7-3　中国农业科研经费支出

数据来源：《中国科技统计年鉴》和《高等学校科技统计资料汇编》

从农业 R&D 经费支出数据来看，我国农业 R&D 经费支出从 2002 年的 22.1 亿元增加到 2017 年的 241.2 亿，年均名义增长率为 17.3%，实际增长率为 13.0%。其中，2017 年，农业科研机构和农业高校的 R&D 经费分别为

182.6 亿元和 58.6 亿元（图 7-4），分别占 R&D 经费投入的 75.7%和 24.3%。中国农业科研投入总量持续增加，“十一五”（2006—2010）期间增长最为迅速，年均实际增长率为 24.4%，但“十二五”（2011—2015）期间增速明显放缓，年均实际增长率下降为 10.3%。农业高校的 R&D 经费增长快于农业科研机构的经费增长，2002—2017 年年均实际增长率达到 13.8%。

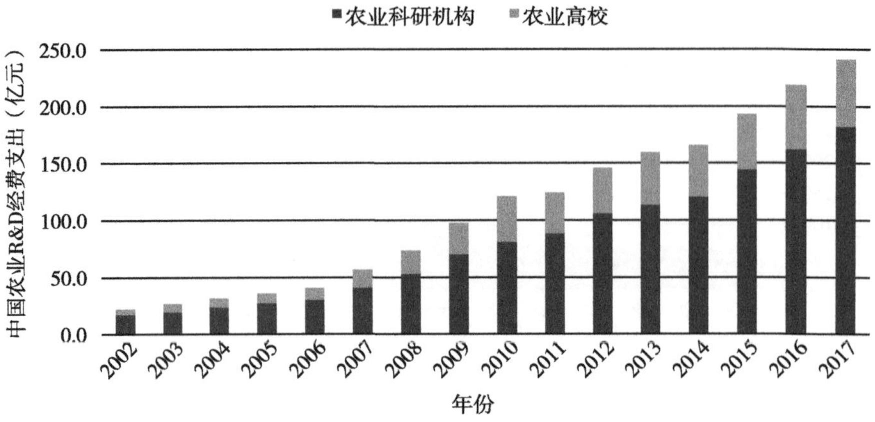

图 7-4　中国农业 R&D 经费支出

数据来源：《中国科技统计年鉴》和《高等学校科技统计资料汇编》

从中国农业科技投入的强度来看，2001—2017 年呈现上升的趋势。从 2001 年的 0.30%上升到 2017 年的 0.83%（图 7-5）。

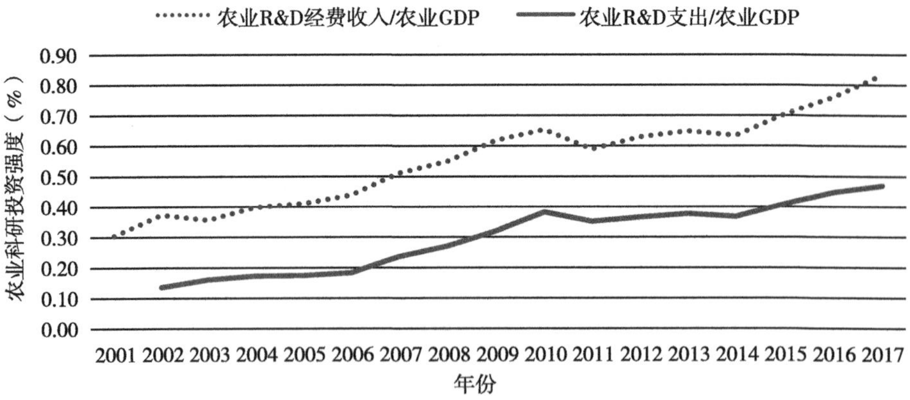

图 7-5　中国农业科研投资强度

数据来源：《中国科技统计年鉴》和《高等学校科技统计资料汇编》

3. 中国农业 R&D 资金来源和结构

政府资金是中国农业 R&D 资金的主要来源，2018 年占机构资金总额的 89.1%。企业资金的份额从 2002 年的 1.1%增加到 2018 年的 2.8%。外国资金占比仍然很低，2018 年份额为 0.2%。其他资金占比 8.0%（图 7-6）。

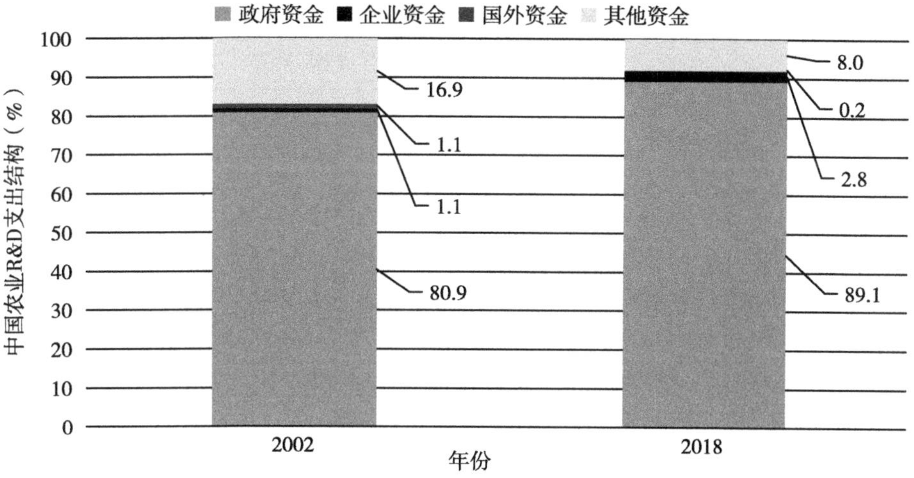

图 7-6　中国农业 R&D 支出结构：按资金来源

数据来源：《中国科技统计年鉴》

2018 年，在农业机构中，农业农村部属机构占 R&D 总支出的 30.6%，而地方机构（省级和地市级机构）占 2018 年总支出的 69.4%。省和地市级机构占 52.2%和 17.2%。在所有行政级别，政府资金是最重要的资金来源，占 88.7%以上。地级和省级农业科研机构对政府资金的依赖程度更高，所占比例分别为 92.9%和 89.1%。国外资金有限，在所有机构水平上平均不到 1%（图 7-7）。

从农业科技投入结构来看，农业科技投入基础研究过低的情况在近些年得到了明显改善。2002 年，农业研究机构和农业高校 R&D 内部经费支出中，基础研究、应用研究和试验与发展研究经费比例分别为 10%、34%和 56%，2017 年 3 种类型的研究比例结构调整为 21%、33.5%和 45.5%，基础研究的比例提高了 11 个百分点。其中，农业高校的基础研究经费占比比较高，2017 年为 34.8%，应用研究和试验与发展的研究经费比例为 56.8%和 8.4%；农业研究机构 R&D 经费支出中的基础研究经费占比为 16.6%，应用研究经费占比为 26.1%，试验与发展经费占比为 57.4%（图 7-8）。

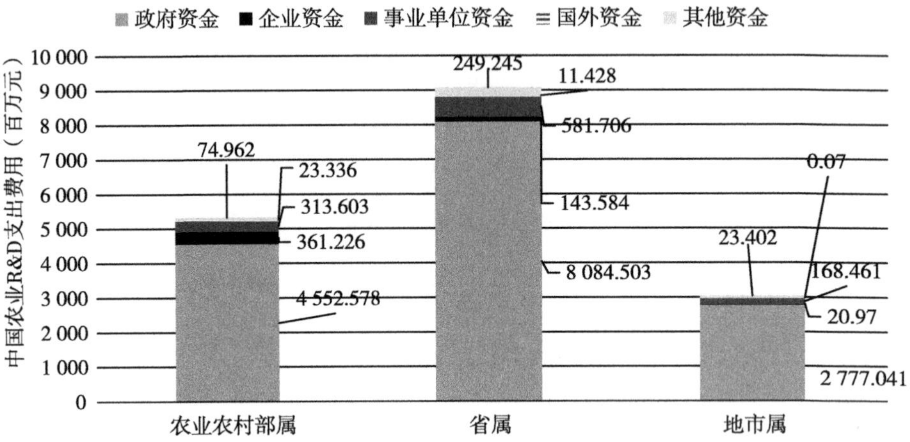

图 7-7　中国农业 R&D 支出费用：按隶属关系分

数据来源：《2018 年全国农业科技统计资料汇编》

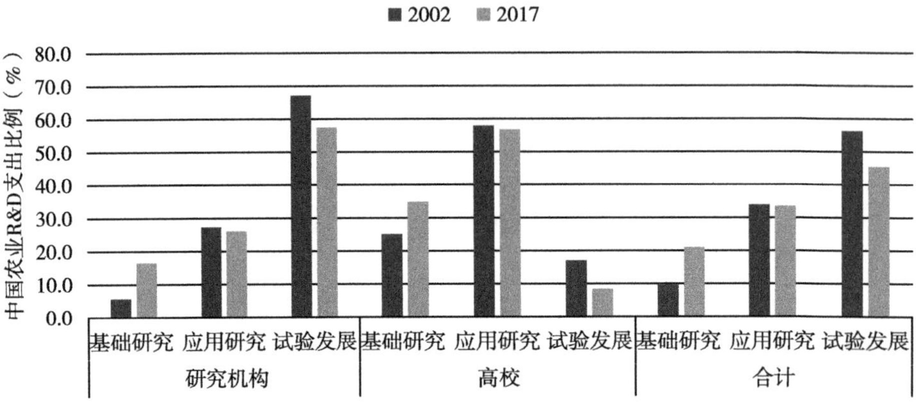

图 7-8　中国农业 R&D 经费支出比例：按研究类型分

数据来源：《中国科技统计年鉴》和《高等学校科技统计资料汇编》

中国农业科研机构的科研经费部门分配结构有所变化。其中，种植业 R&D 经费占比仍然最高，但占比有所下降。种植业的 R&D 研究经费增长相对较慢，从 2002 年的 10. 68 亿元增加到 2018 年的 110. 76 亿元，年名义和实际增长率分别为 15. 7%和 11. 5%，占农业 R&D 经费总支出的占比从 2002 年的 61. 8%下降到 57. 4%。林业 R&D 经费支出的变化趋势与种植业类似，2018 年为 16. 14 亿元，占比从 9. 4%下降到 8. 4%。畜牧业、渔业和农业服务业 R&D

经费在 2002—2018 年快速增长，2018 年 R&D 经费分别为 13.34 亿元、11.43 亿元、41.40 亿元，占农业 R&D 的比例分别为 6.9%、5.9%、21.4%（图 7-9）。

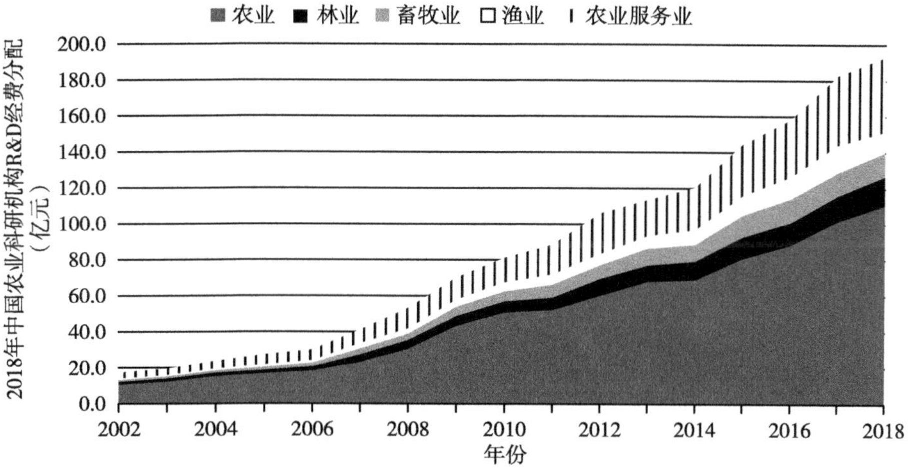

图 7-9 2018 年中国农业科研机构 R&D 经费分配

数据来源：《中国科技统计年鉴》和《高等学校科技统计资料汇编》

三、中国农业科研经费资金管理和分配机制

1. 中国国家科技政策和重点

以上介绍的所有公共资金来源均符合中国的国家科技政策和战略。中国共产党中央委员会和国务院的主要政策文件清单体现了创新、发展和国际合作的未来优先事项，包括：

- 《国家中长期科学和技术发展规划纲要（2006—2020 年）》
- 《“十三五”国家科技创新规划》
- 《国家创新驱动发展战略纲要》
- 《“十三五”国际科技创新合作专项规划》

前两个对中国的科技发展至关重要。农业农村部及其他有关部委据此制定了农业科技发展规定和相关政策。特别是，《“十三五”国家科技创新规划》阐述了 2016—2020 年科技发展与创新的总体思路、发展目标、主要任务和主要活动，是国家科技发展与创新的重要内容。“第十四个五年计划”

目前正在制定中。根据这些政策和战略，政府将加大对科学技术的投入，重点是支持基础和前沿研究、与公共利益有相关的研究以及与关键通用技术相关的研究。同时，将对高质量的大学和研究机构给予大力支持，着重改革科技管理体制。此外，深化开放和进一步开展国际合作对中国国家科技政策至关重要。

2012 年，中国共产党第十八次全国代表大会明确提出实施创新驱动发展战略，强调科技创新是提高社会生产力和综合国力的战略支撑，并以创新为国家发展核心。2016 年制定的《国家创新驱动发展战略纲要》高度重视农业科技发展，充分发挥政府主导农业科技投资的作用，加强对农业科技的支持。它致力于建立一种满足高产、高质量、高性能、生态友好和安全农业生产要求的技术体系，并承担粮食安全、种业发展、满足主要农产品充足供应的需求、农业和林业的生物安全和生态保护作为主要任务。该战略提出了培育绿色生态，高效安全的现代农业技术。为了实现这一战略，从以下 4 个方面进行了优先排序：

- 核心是实现种子产业的自主权，从而转变农业增长方式，克服更多人、更少水和土地的限制，并为高效、产品安全、节约资源、环境友好的现代农业发展铺平道路。
- 为了提高农业的质量和效率并实现其可持续发展，需要系统地加强动植物育种以及高端农业机械的研发。同时，必须大力推广高产和低产田改造的系列技术，进一步发展节水农业、循环农业、有机农业和生物肥料等，并发展标准化和大规模的现代农业培养技术。
- 推广低成本的技术和模型以防止农业面源污染和重金属污染，这首先要促进确保食品安全的技术，以及在整个产业链中进行质量和安全控制以及可追溯性的技术。这样，可以建立一个包括安全环境、清洁生产以及生态存储和运输的食品安全和技术体系。
- 推动第一产业、第二产业和第三产业的融合，从而实现整个产业链向增值和品牌导向发展的转变。

加强中国的对外开放和国际技术合作，是国家科技发展政策和战略的另一个关键部分。科技部发布的 2017 年《“十三五”国际科技创新合作专项规划》提出了以全球视野谋划和推动创新的提议，主张提高科技创新合作水平，深入参与全球创新体系，建立更高层次的包容性创新机制，有序推进国际科技交流与合作，积极提出并参与制定全球重大创新议程和规则战略，并与其他国家共同面对全球挑战（食品安全、能源安全、环境污染、气候变化、公共卫生等)。为了实现这些目标，需要在国家科技经费层面给予 3 个方面的特殊支持：

● 最重要的方面是不断增加金融投资，牵头开展国家科技计划（特殊项目、资金等)，以支持国际科技创新合作，鼓励和引导企业、研究机构、高校等采用公私合营的方式和其他潜在机制，以增加国际科技创新合作的投入，从而指导多元化投资结构的形成，并完善涉外科研基金的管理体系。

● 第二个方面是增加国家对科技创新合作特别项目、重大科学项目（计划)、外国科技援助、中国的国际科技合作基地以及由中国建立和合作的国际机构计划的国家资助。

● 第三个方面是推进“一带一路”开创交流与合作的新前景，并共同为“一带一路”沿线国家和地区建立国家科技创新基地。

在农业领域，为国家政策和战略建议寻找系统的技术解决方案，以解决发展现代农业的瓶颈。文件明确指出，需要发展现代的农业生产管理系统和智能农业以促进农业发展。在农业研发中优先考虑以下领域：重点强调了生物育种以培育适合机械化和标准化农业的高产优质作物品种，并在本地化背景下实现高产和高性能生产。现代种子产业领域，育种优良种子品种，提升作物品种，建立国家种子育种和生产中心至关重要。在农业机械设备方面，中国通过生产主要农作物和集约化农业生产方式来促进综合机械化。提倡生态友好的方法和模型，以改善农业生产。此外，还提出了信息和通信技术，以促进农业生产、农业企业管理、资源和环境管理，并改善市场准入情况。

2. 农业科技体系的主要参与者

国家科技领导小组是科技管理的最高机构，国务院总理李克强任领导小组组长，国务院副总理刘鹤为副组长，多个部长为成员。

国家科技领导小组主要职责是：研究、审议国家科技发展战略、规划及重大政策；讨论、审议国家重大科技任务和重大项目；协调国务院各部门之间及部门与地方之间涉及科技的重大事项。

国家科技领导小组办公室设在科技部，承担领导小组日常工作，办公室主任由科技部部长王志刚兼任。

科技部是负责国家科技发展的主管部门，主要职能包括制定科技发展政策、统筹推进国家创新体系建设和国家重大科技决策咨询制度建设、协调管理中央财政科技计划（专项、基金等）并监督实施、优化配置科技资源和推动多元化科技投入体系建设；拟订科技对外交往与创新能力开放合作的规划、政策和措施，组织开展国际科技合作与科技人才交流等。其中，科技部的农村科技司负责拟订科技促进农业农村发展的规划和政策，提出重大任务并监督实施，推动重大关键技术攻关，指导农村科技进步和县域创新驱动发展工作，推动科技扶贫工作和农村科技社会化服务体系建设。中国农村技术开发中心是科技部的直属事业单位，承担相关农业科技合作交流、研究、推广等一系列工作。作为中央财政科技计划项目的专业管理机构，承担农牧渔业、食品等领域的国家科技计划项目申报受理、评审立项、过程管理、科技报告、验收等专业化管理工作；参与承接国家科技计划的项目指南编制工作；推动承接国家科技计划的成果转化、科技金融、知识产权管理以及国际科技合作与交流等工作。另外，2018 年机构改革后，国家自然科学基金委员会由国务院直属机构改为由科技部管理，国家自然科学基金委员会依法管理国家自然科学基金。国家自然科学基金相对独立运行，负责资助计划、项目设置和评审、立项、监督等组织实施工作。其中，生命科学部是国家自然科学基金委员会的学术性管理机构之一，主要资助包括生物学、农业科学和基础医学，涉及资源、环境与生态、人口与健康等领域。生命科学部负责组织拟定生命科学领域的发展战略、优先资助领域和项目指南；受理、评审和管理各类生命科学基金项目；组织管理生命科学部国际合作交流项目；负责专家评审系统的组织与建设；承担重要科学问题的咨询等其他事项。

财政部科教司主要职能是承担科技、教育等方面的部门预算有关工作；研究制订财政支持科教事业改革与发展的政策，提出优化事业支出结构的建议；负责制订事业单位通用的财务管理制度，牵头制（修）订《事业单位财务规则》；负责财政科技资金协调机制有关综合协调和组织工作，归口管理中央民口财政科技资金；按规定管理科技重大专项资金。

农业农村部负责统筹研究和组织实施“三农”工作战略、规划和政策，监督管理种植业、畜牧业、渔业、农垦、农业机械化、农产品质量安全，负责农业投资管理等。其中，科技教育司主要负责农业科技发展工作，包括起草农业科技的法律、法规、规章，拟订发展战略、规划和计划，提出相关政策建议，组织国家农业科技创新体系和农业产业技术体系建设；组织实施农业科研重大专项；组织引进国外农业先进技术；承担农业科技条件建设工作；编制本领域财政专项规划，提出部门预算和专项转移支付安排建议并组织或指导实施；承办农业科技的对外交流与合作及相关国际公约的履约工作；指导协调部属科研机构改革，归口管理部属科研机构科学事业费。农业农村部直属机构农业农村部科技发展中心在农业科研方面的职能主要是开展农业科技政策及战略性新型产业发展重大问题研究，参与相关政策、法规、规划、计划的研究起草；负责农业科技基础数据收集整理与汇总分析，建设维护农业科技管理信息平台；承担国际植物新品种保护联盟、国际食品法典委员会动态跟踪和联络；以及作为农业科技项目管理专业机构，承担国家农业科研、技术引进与国际科技合作、成果转化、农业标准项目和科研基地建设的过程管理；承担农业科技成果评价和利用。对外经济合作中心（中国—欧盟农业技术中心）负责开展与涉农国际组织、国际金融组织合作，承担农业援外项目管理等工作。中国农业科学院、中国水产科学研究院和中国热带农业科学院是农业农村部直属的科研单位。

教育部在科技方面的职能包括规划、指导高等学校的自然科学和哲学、社会科学研究，协调、指导高等学校参与国家创新体系建设和承担国家科技重大专项等各类科技计划的实施工作，指导高等学校科技创新平台的发展建设，指导教育信息化和产学研结合等工作。其中，科学技术司的工作包括：规划、指导高等学校科学技术工作；协调、指导高等学校参与国家创新体系建设，以及高等学校承担国家科技重大专项等各类科技计划的实施工作；指导高等学校科技创新平台的发展建设；指导教育信息化和产学研结合等工作。国际合作与交流司负责指导和协调国际合作与交流项目的实施等工作。

国家国际发展合作署负责拟订对外援助战略方针、规划、政策，统筹协调援外重大问题并提出建议，推进援外方式改革，编制对外援助方案和计划，确定对外援助项目并监督评估实施情况等。援外的具体执行工作仍由相关部门按分工承担。

其他部委有一些相关的科研管理工作（图 7-10）。自然资源部也设有科技发展司，负责拟订自然资源领域科技发展战略、规划和计划；拟订有关技术标准、规程规范，组织实施重大科技工程、项目及创新能力建设，承担科技成果和信息化管理工作；开展卫星遥感等高新技术体系建设，加强海洋科技能力建设。国家林业和草原局的科技司主要负责拟订林业和草原及国家公园科技改革发展政策、规划并组织实施，指导行业科技体制改革；组织开展林业和草原及国家公园重大科学研究、技术创新，指导区域协调创新发展，统筹科技监督与诚信建设；负责林业和草原及国家公园科学普及、技术推广和成果转移转化；负责林业和草原及国家公园标准化工作；负责行业重点实验室、工程技术研究中心、生态定位观测站、长期科研基地、科技园区、生物产业基地、科技创新联盟等平台评审（申报）和管理工作等。

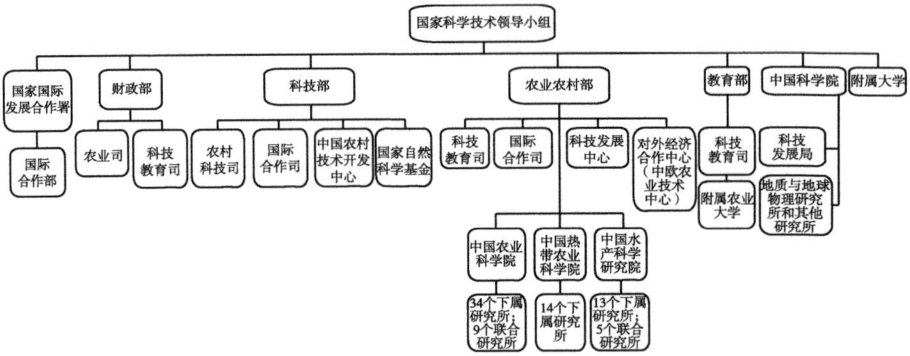

图 7–10　2019 年中国国家农业科技体系的主要参与者

来源：作者整理

中国科学院是国家在科学技术方面的最高学术机构和全国自然科学与高新技术的综合研究与发展中心，拥有 12 个分院、100 多家科研院所。其中，科技促进发展局主要负责国家技术与应用类、重大公益示范类科技任务的策划与管理，中国科学院科技服务网络计划项目和重点部署项目的策划与管理，与地方、行业、企业等的科技合作，创新联盟建设，工程实验室及工程中心、植物园、标本馆、野外台站等的管理，知识产权管理等；组织实施科技成果转移转化专项行动。国际合作局负责国际合作事务。遗传与发育生物学研究所、植物研究所、动物研究所、地理科学与资源研究所和农业资源研究中心等研究所从事与农业科学研究相关的活动。

3. 资金分配机制

在稳定的计划资金下，大多数资金是由先前引入的国家战略和政策授权分配的，尤其是涵盖从 2016 年到 2020 年的“十三五”规划。在实践中，财政部预算用于总体农业研发资金，整个中国农业科研机构的资金分别划入核心资金和项目资金。

一方面，核心资金从本质上讲是经常性费用和薪金，由每个政府级别的财政部门分配。分配给国家公共研究机构的经常性费用和薪金是用于公共研究机构及其研究对象的持续能力建设和创新发展。它基于每个机构的研究进度和特点，随部门预算一起发布。国家级研究机构在其附属机构的预算中拥有自主权，这些机构负责经常性费用的整体分配、使用、评估和过程管理，并定期提交摘要报告。

国家级高校的经常性费用和薪金由财政部和教育部共同管理。目的是加强对自主研究的稳定支持，增强高等教育机构更好地服务于国家发展战略、自主创新和高水平人才培养的能力。拟议的分配领域包括：支持 40 岁以下青年教师的基本能力建设；支持优秀本科生科技创新能力建设；支持优秀创新团队的建设；进行基础研究，支持战略性的多学科研究；加强科技基础工作。

另一方面，顾名思义，项目资金是用于开展研发项目。它通过分配机制来区分，包括两个部分：稳定性资金和竞争性资金。

稳定的资金分配给国家现代农业产业技术体系、国家创新项目、研究机构、高等教育机构、研究基地（实验室和平台）和国家公共机构，并支付其运营费用。相对较大的支出：国家现代农业产业技术体系、国家创新项目和运营支出在稳定的资金渠道中至关重要，这 3 个由财政部直接资助。财政部与农业农村部的科技教育司共同管理营业费用、重点实验室专项资金、国家农业科研院所的国家创新计划和国家现代农业产业技术体系。教育部和财政部共同管理部属大学的经费。

体系是中国农业研发系统的重要组成部分。为了提高中国农业科技自主创新的能力，农业农村部和财政部于 2007 年建立了以稻米、油菜籽、猪和主食淡水鱼等为主体的 50 多种现代农业产业技术体系作为主线。国家现代农业产业技术体系由农业农村部技术和教育部管理，其资金相对稳定。自 2017 年以来，现代农业产业技术体系的资金每年增加到 16 亿元，支持 50 个产业体系的包容性创新。“十三五”规划着眼于大米和大豆生产的机械化及其效率的提高，乳制品行业的安全优质发展以及重金属污染的预防，为大米和大豆提供科学技术支持，推进农业供给方面的结构改革。

竞争性资金包括由中央预算制订的科技计划和其他计划。根据由中央预算制定的科技计划，分为 5 个支柱，分别为：国家自然科学基金委员会（NSFC）管理的国家自然科学基金，国家科技重大专项（Major Project），国家重点 R&D 计划（NKPs），技术创新指导基金，基地和人才计划。所有这些都由财政部和科技部共同管理。以这种方式，科学技术计划（特殊项目，资金等）便成为政府通过中国具有竞争力的资金支持科技创新活动的重要手段（图 7-11）。

总而言之，中国已经在农业以及所有部门的科学和技术领域建立了庞大的研发体系。但是，很长一段时间以来，中国的研发体系在没有足够的顶层设计和整体协调的情况下发展起来，导致科学与技术计划（包括特殊项目、资金等）重叠且效率低下，资源分配分散。考虑到这些限制，中国近年来对研发体系进行了一系列改革，以完全满足实施创新驱动型发展战略的要求。以下各

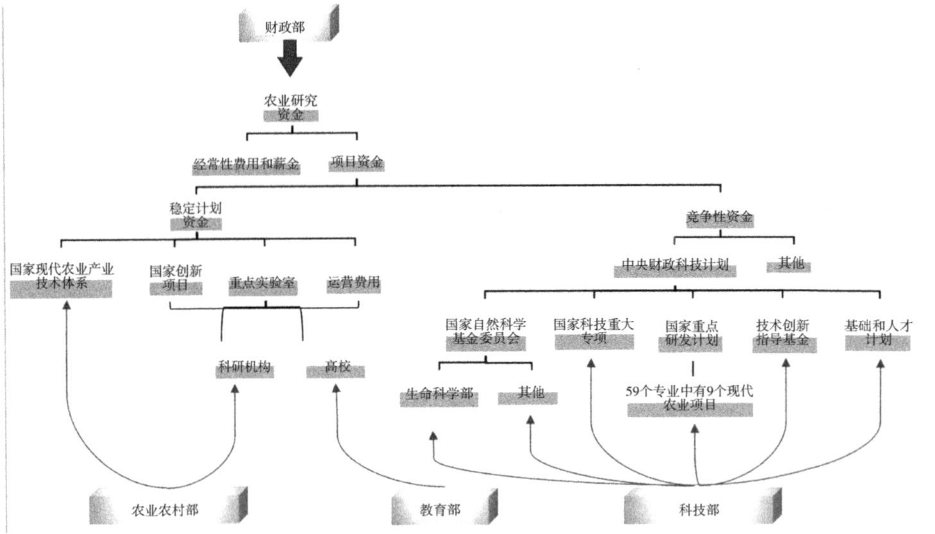

图 7-11　2019 年国家层面农业研发资金分配机制

来源：作者整理

节将重点介绍由中央预算制订的科研计划，并深入研究其关键组成部分——国家关键 R&D 计划（NKPs）和国家自然科学基金委员会（NSFC）。

4. 中央财政科技计划

2014 年 12 月，国务院发布《关于深化中央财政科技计划管理改革计划的通知》，概述了一项改革计划，即将逐步并系统地重塑整个中国科学、技术和创新资助体系的结构。在此之后的 10 年中，中国的研究强度超过了欧盟，并且呈指数级增长，国家研发总支出上升至世界第三，仅次于欧盟和美国。这项改革直接解决了中国科学、技术和创新体系快速扩张带来的效率低下的问题，即数十个相互分离的机构之间的高度分散化和分散化，导致政府资源配置重叠和效率低下。它通过改革由国家预算资助的科学、技术和创新计划的机构和管理结构，并重组了 100 多个先前存在和重叠的供资计划的分配机制。改革的主要动力是需要重塑整个科学、技术和创新的资助体系，以使其更加协调、整合、集中和有效。

2014 年的改革主要在机构和运营层面进行了两次结构性调整，建立了一个开放统一的国家管理平台，并将国家科技资助计划重组为 5 个主要支柱。

（1）国家自然科学基金。资助基础研究和科学前沿探索，支持人才和团队建设，增强源头创新能力。进一步完善管理，加大资助力度，向国家重点研究领域输送创新知识和人才团队；加强基金与其他类科技计划的有效对接。

（2）国家科技重大专项。聚焦国家重大战略产品和产业化目标，解决核心技术问题。进一步改革创新组织推进机制和管理模式，突出重大战略产品和产业化目标，控制专项数量，与其他科技计划（专项、基金等）加强分工与衔接，避免重复投入。

（3）国家重点研发计划。针对事关国计民生的重大社会公益性研究以及事关产业核心竞争力、整体自主创新能力和国家安全的重大科学技术问题，突破国民经济和社会发展主要领域的技术瓶颈。将科技部管理的国家重点基础研究发展计划、国家高技术研究发展计划、国家科技支撑计划、国际科技合作与交流专项，发展改革委、工信部共同管理的产业技术研究与开发资金，农业农村部、卫计委等 13 个部门管理的公益性行业科研专项等，整合形成一个国家重点研发计划。

（4）技术创新引导专项（基金）。按照企业技术创新活动不同阶段的需求，对发展改革委、财政部管理的新兴产业创投基金，科技部管理的政策引导类计划、科技成果转化引导基金，财政部、科技部等四部委共同管理的中小企业发展专项资金中支持科技创新的部分，以及其他引导支持企业技术创新的专项资金（基金）进行分类整合。

（5）基地和人才专项。对科技部管理的国家（重点）实验室、国家工程技术研究中心、科技基础条件平台、创新人才推进计划，发展改革委管理的国家工程实验室、国家工程研究中心、国家认定企业技术中心等合理归并，进一步优化布局，按功能定位分类整合。加强相关人才计划的顶层设计和相互衔接。在此基础上调整相关财政专项资金。基地和人才是科研活动的重要保障，相关专项要支持科研基地建设和创新人才、优秀团队的科研活动，促进科技资源开放共享。

如图 7-12 所示，国家一级的 5 个资金支柱具有统一的管理机制。由 31 个部委和政府机构组成并由科技部领导的部际联合理事会负责协调优先事项、战略、方向和预算，防止各部委之间和内部的重叠。来自技术、工业和金融领域的专家委员会还定期为每个资助计划提供战略建议，同时将日常管理和运营委托给 7 个“项目管理专业机构”。科技部和财政部还建立了动态调整机制并启动了这种机制，以确保实现所有预期的产出。

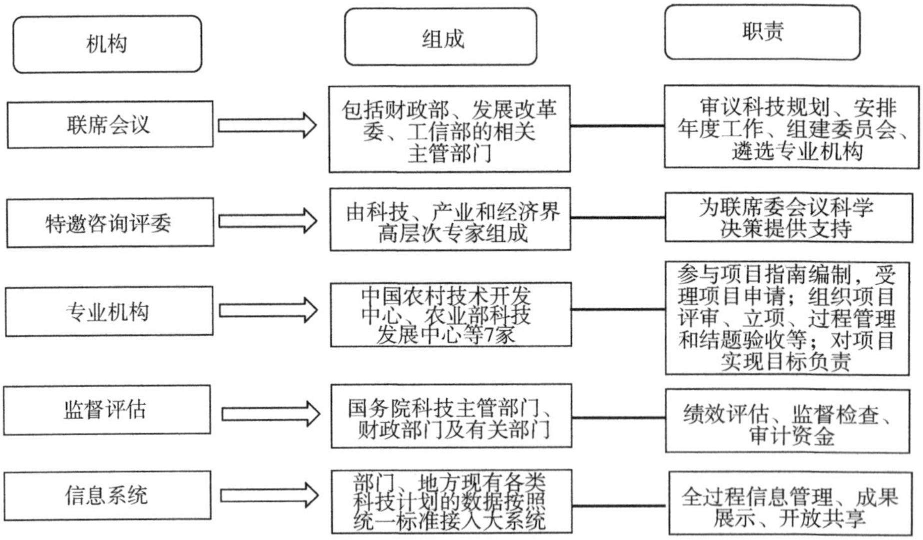

图 7-12　中央财政科技计划（专项、基金等）管理

来源：作者整理

5. 重点研发计划

重点研发计划由原来的“973”计划、“863”计划、国家科技支撑计划、国际科技合作与交流专项、产业技术研究与开发资金、公益性行业科研专项等中央财政科技计划进行整合归并，集中力量解决国家重大战略科技问题。国家重点研发计划面向事关国计民生需要长期演进的重大社会公益性研究，以及事关产业核心竞争力、整体自主创新能力和国家安全的重大科学问题、重大共性关键技术和产品、重大国际科技合作，按照重点专项的方式组织实施，加强跨部门、跨行业、跨区域研发布局和协同创新，为国民经济和社会发展主要领域提供持续性的支撑和引领。

重点专项是国家重点研发计划组织实施的载体，是聚焦国家重大战略任务、围绕解决当前国家发展面临的瓶颈和突出问题、以目标为导向的重大项目群。重点专项下设项目，根据项目不同特点可设任务（课题），指南以项目形式进行征集。国家重点研发计划，在现代农业、节能环保和新能源、产业转型升级、资源环境、人口健康等重点发展领域开展重大科技攻关，为创新发展培育新动能。2016 重点研发项目开始启动，2017 年科技部重点研发计划经费总计 228. 35 亿元。重点研发计划的全新的工作流程图 7-13 所示。

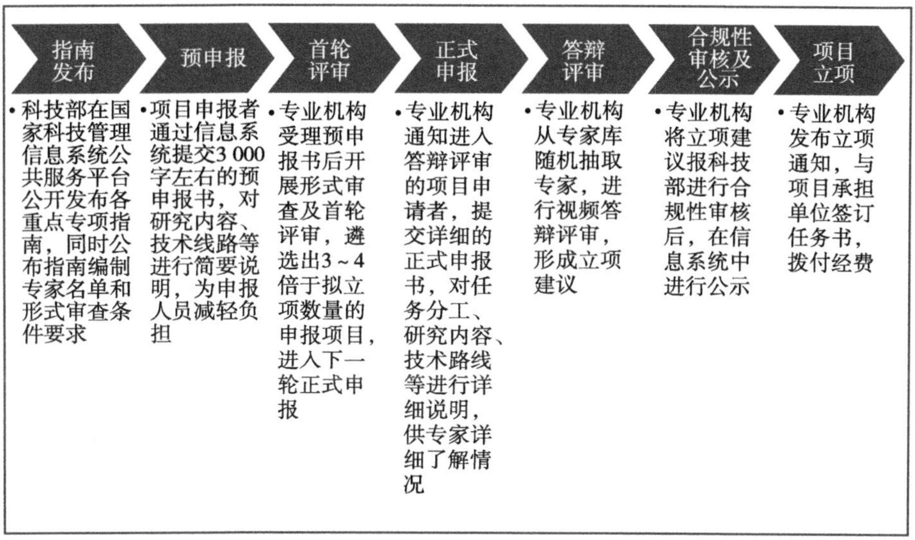

图 7-13　重点研发计划的全新的工作流程

来源：国务院 . http：//www. gov. cn/zhengce/zhengceku/2019-12/03/content_5457848. htm

农业研发专项　农业研发在重点研发计划的预算分配中占主导地位，合并到重点研发计划中，例如国家关键基础计划和关键技术研发计划，2015 年在农业上花费了约 112. 09 亿元，约占总资金的 20%。目前，在全部 59 个重点研发计划中农业计划中有 9 个。表 7-1 列出了 2016—2018 年农业领域的重点研发计划。

表 7-1　2016—2018 年重点研发计划启动的农业重点专项

专项名称	中央财政经费（万元）						
	2016 年	周期（年）	2017 年	周期（年）	2018 年	周期（年）	项目经费合计
七大农作物育种	156 200	5	53 258	4	17 408	3	226 866
化学肥料和农药减施增效综合技术开发	78 040	5	92 902	4	61 973	3	232 915
粮食丰产增效科技创新			58 684	4	2 919	3	61 603
现代食品加工及粮食收储技术与装备			33 043	4	24 799	3	57 842
畜禽重大疫病防控与高效安全养殖综合技术研发			43 875	4	29 150	3	73 025
农业面源和重金属污染农田综合防治与修复技术研发			24 664	4	12 720	3	37 384

（续表）

专项名称	中央财政经费（万元）						
	2016 年	周期（年）	2017 年	周期（年）	2018 年	周期（年）	项目经费合计
林业资源培育及高效利用技术创新			40 622	4	9 765	3	50 387
主要经济作物优质高产与产业提质增效					36 525	3	36 525
蓝色粮仓科技创新					54 906	5	54 906
年度经费合计	234 240		347 048		250 165		831 453

来源：科技部，国家科技管理信息系统公共服务平台 https：//service. most. gov. cn/

6. 国家自然科学基金

国家自然科学基金聚焦基础、前沿、人才，注重创新团队和学科交叉，为全面培育我国源头创新能力做出了重要贡献，成为我国支持基础研究的主渠道。国家自然科学基金委员会主要支持基础研究。2018 年，根据《深化党和国家机构改革方案》规定，国家自然科学基金委员会由国务院直属事业单位改由科技部管理，依法管理国家自然科学基金，相对独立运行，负责资助计划、项目设置和评审、立项、监督等组织实施工作。

表 7-2　2015—2018 年国家自然科学基金委员会生命科学部的科研项目经费

（单位：万元）

年份	面上项目	青年科学基金项目	地区科学基金项目	重点项目	杰出青年基金项目	海外及港澳学者合作研究	优秀青年基金项目	项目合计
2015	164 640	44 320	29 230	26 350	8 400	1 062	7 670	281 672
2016	162 990	44 170	29 100	26 300	9 100	1 008	7 670	280 338
2017	170 030	57 460	29 060	33 500	9 100	1 008	7 540	307 698
2018	177 470	58 240	29 260	32 300	8 750	900	7 540	314 460

来源：国家自然科学基金

生命科学部是国家自然科学基金委员会的学术性管理机构，负责组织拟定生命科学领域的发展战略、优先资助领域和项目指南；受理、评审和管理各类生命科学基金项目；组织管理生命科学部国际合作交流项目等工作。生命科学部资助范围包括生物学、农业科学和基础医学，涉及资源、环境与生态、人口与健康等领域。2015—2018 年，国家自然科学基金对生命科学部的青年科学基金项目、面上项目、地区科学基金项目、重点项目、杰出青年基金项目、海外及港澳学者合作研究和优秀青年基金项目等的资助经费来看（表 7-2），经费呈增长趋势，从 2015 年的约 28.17 亿元增加至 2018 年的 31.45 亿元。其中，面上项目投入资金最高，投入金额由 16.4 亿元增至 2018 年的 17.7 亿元，青年科学基金项目的资金投入也由 2015 年的 4.43 亿元增至 5.82 亿元。2018 年，微生物学、植物学、生态学、林学、食品科学、农学基础与作物学、植物保护学、园艺学与植物营养学、动物学、畜牧学与草地科学、兽医学、水产学等农业方面的科学研究经费约占生命科学部 70%，生物物理、生化与分子生物学、生物力学与组织工程、免疫学、神经、认知与心理学、生理学与合成生物学、遗传学与生物信息学、细胞生物学、发育生物学与生殖生物学等研究经费约占 30%。

国际（地区）合作与交流计划　国家自然科学基金还设有一项专门针对国际合作的计划。具体而言，国际（地区）合作与交流计划旨在支持中国科学家与世界各地顶级研究人员和机构之间的联合研究与交流。该计划分为 3 个主要子计划，每个子计划针对不同的行为者并服务于不同的目的。

国际（地区）重点联合研究项目鼓励和支持创新的中国研究人员与国际研究机构和海外科学家合作，在优先领域开展基础研究。只要与中国合作伙伴的合作被认为是互补和必要的，并且以已经建立的合作基础为基础（例如两个合作伙伴已经共同发表了学术论文或已相互交流或访问一段时间），则可以与不在中国而在国外进行基础研究的任何科学家一起启动此类项目。相关法规特别鼓励涉及大型国际研究基础设施的合作。

与关键的国际（地区）联合研究项目相似，框架协议下的国际（地区）合作与交流计划旨在鼓励和支持优秀的中国科学家在合作伙伴的国家和机构进行联合研究，或在中国或国外组织国际会议。截至 2017 年 12 月，国家自然科学基金委员会已与全球 44 个国家/地区的 86 个机构签署了框架协议，其中包括与 17 个欧盟成员国、欧盟委员会研究总局、欧洲研究理事会、欧洲核子研究组织（CERN）以及设在欧洲的国际组织。

国际青年科学家研究奖学金的目的是鼓励在国外的优秀国际青年科学家来中国大陆进行自然科学基础研究，促进中国学者与外国年轻科学家之间的可持续学术合作与交流。

2000 年 6 月，国家自然科学基金委员会生命科学部与 IRRI 签署了合作协议，就水稻的基础研究和人员培训进行广泛的合作和交流。国家自然科学基金委员会生命科学部资助了约 35 项关于水稻的生理、营养、病理和遗传方面的研究，并积极促进与 IRRI 的合作与交流。2008 年 11 月，国家自然科学基金委员会与国际生物多样性中心（Bioversity）达成了共识。国家自然科学基金委员会将与 CIMMYT 和 IRRI 的合作伙伴 Bioversity 合作。

2011 年 CGIAR 改革完成后，国家自然科学基金委员会通过建立“国家自然科学基金委员会和国际农业研究咨询组织合作研究项目”与国际农业研究磋商组织共同资助了合作研究，并同国际农业研究磋商组织在同年资助了 7 个研究中心（机构）的项目合作研究。2012 年 12 月，国家自然科学基金委员会（NSFC）与 CGIAR 就签署 NSFC-CGIAR 框架协议达成共识，并于 2013 年生效。该协议框架涵盖了 CGIAR 的所有 15 个研究中心（投资），重点是促进与 CGIAR 核心研究计划（CRP）的合作。

从 2011 年到 2017 年，NSFC-CGIAR 合作研究项目的申请数量、批准数量以及与 NSFC 合作的 CGIAR 附属研究中心（机构）的数量呈显著增长趋势，并且双方之间的合作显著增强。2017 年，NSFC-CGIAR 合作研究项目的申请数量达到 51 项，是 2011 年的 2.55 倍。NSFC-CGIAR 合作研究项目共有 86 个项目，该项目的总资金约为 1.6 亿美元。2011—2017 年，年度批准数量也从 7 个项目增加到 17 个项目。

盖茨基金会和国家自然科学基金委员会于 2015 年 10 月 19 日在北京宣布“中国挑战”项目正式启动。双方将共同支持并开展科学技术合作，以应对全球健康与发展进程的挑战，盖茨基金会和国家自然科学基金委员会将会共同选择和资助优秀的研究项目，涉及的领域包括寻求重大传染病的科学技术解决方案，降低母婴发病率和死亡率以及提高中国科研成果转化的能力，促进农业、食品和营养等科研项目的合作，使包括中国在内的发展中国家的贫困人口受益。

第八章　中国省级农业科研资源

一、引　言

省级农业科研资源是中国农业科研资源中不可或缺的重要组成部分，是中国农业科技创新中的中坚力量。当前中国建立了包含不同层级、不同性质的门类齐全的农业科研资源体系。省级农业科研资源介于国家和地方两个层次之间，将应用基础与应用研究作为主要职能，以服务地方农业发展为重任，并承担国家农业科技创新联盟任务分工，是我国农业科技发展的重要支撑（蔡立湘，1992；刘爱群，2003）。同时，随着中国的崛起，中国农业科研不仅仅停留在引进、学习世界先进农业技术，在世界农业科研当中已经开始有了更多的话语权。省级农业科研单位作为中国农业科技国际合作和交流的重要主体，在农业科研资源“引进来”“走出去”当中发挥重要作用。当前省级农业科研的国际合作交流活动快速上升，与全球农业科研机构的关系日益紧密；国际合作范围越来越广，涉及全球各大洲的大部分国家，并主要集中在美国、加拿大、澳大利亚等发达国家以及与中国相邻的日本、韩国等地；近年来“一带一路”倡议的实施促成了中国与“一带一路”沿线国家和地区农业科研合作与交流的实质性进展。但省级农业科研在合作类型上多以来访、合作论文、出访为主，合作研究项目、国际专利申请及共建合作平台等形式的合作相对较少，同时，省级农业科研在“走出去”、帮助其他发展中国家农业科技发展方面还处于刚刚起步的阶段。如何更好地发挥中国在世界农业科研当中的大国地位和责任成为一个重要的议题。

本部分研究主要是在明晰省级农业科研系统组成及目标定位的基础上，分析省级农业科研资源现状及分配方式，并结合省级农业科研国际合作特点，探讨省级农业科研资源在“引进来”“走出去”中的一些设想，尤其是探讨省级农业科研和盖茨基金会未来的可能合作路径。主要研究内容如下：第一部分，省级农业科研体系分析。梳理省级农业科研系统构成，明晰省级农业科研的管理部门及职责，省级农业科研目标任务和研究重点。第二部分，中国省级农业科研资源状况分析，主要从农业科研机构基本特点、科技经费投入力度及结构、项目经费及来源、科研条件建设投入与发展等维度展开，同时对比分析省属和部属机构，不同省（区、市）农业科研机构的科研资源情况。第三部分和第四部分，分别以江苏省和山东省为例，对省农业科研资源具体情况进行案例分析。江苏和山东都是中国的农业大省和强省，现代农业加速推进，不管是在农业科研资源的投入力度上、科研成果的产出上，还是在农业科研体系建设和管理模式上，均处于全国领先地位，对中国其他省份乃至世界农业科研都具有一定的借鉴学习作用。这两部分重点分析江苏省和山东省农业科研资源在全国农业科研当中的地位，省农业科学院在省农业科研当中的分量以及省级农业科研国际合作的现状及特点。

二、省级农业科研体系及目标定位

1. 省级农业科研系统

（1）省级农业科研单位构成。省级农业科研系统包括公共部门农业科研单位和私人部门农业科研单位，并以公共部门机构为主，私人部门机构为辅。公共部门农业科研单位主要由非营利性农业科研机构及其下属重点试验室和工程中心、高等农业院校系统科研机构、有关政府部门及综合性大学设立的涉农研究单位等组成，私人部门农业科研单位主要是农业高新技术企业设立的研究机构（图 8-1）。

（2）省级科研管理部门。主要由省科技厅和省农业农村厅、省教育厅等共同负责管理。省科技厅负责农业科研及项目的管理（张江娜，2013），如：拟订科技促进农业和农村发展的政策和规划，组织实施农业科技攻关计划、农业科技专项计划，指导农业重大科技成果应用示范，指导农业科技园区、产业基地建设的有关工作。省农业农村厅主要负责指导农业产业技术体系和农技推广体系建设，组织开展农业领域的高新技术和应用技术研究、科技成果转化和技术推广。省教育厅负责规划、指导农业类高校的科学研究，协调指导农业类院校承担国家、省各类农业科技计划以及其他农业研究项目的实施工作，指导农业院校科技创新平台的发展建设等工作。具体如图 8-1 所示。

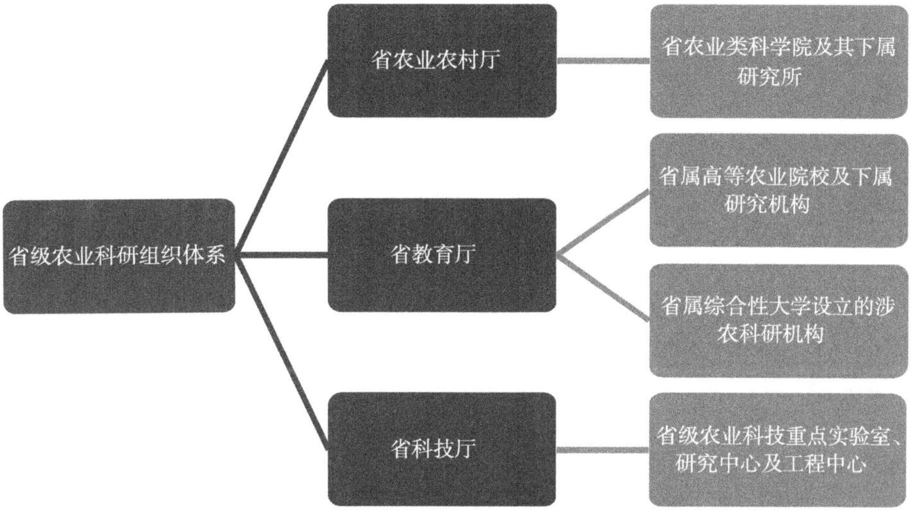

图 8-1　省级农业科研组织及管理体系

来源：作者整理

2. 省级农业科研目标任务

省级农业科研机构是各省农业科技创新的中坚力量，将基础研究与应用研究作为主要职能，侧重于试验开发，以服务地方农业发展为重任，注重地方特色农业的研究与应用。从 2018 年农业系统内研究与开发机构 R&D 经费支出情况看（图 8-2），省属农业科研机构的 R&D 经费支出中，用于基础研究、应用研究和试验发展的经费分别为 10.39 亿元、19.75 亿元和 60.55 亿元，其中：试验发展经费超过了总经费的 2/3，高于国家级农业科研机构，同时，省级农业科研机构还承担国家农业科技创新联盟任务分工，加强与国家级科研机构及涉农高等院校的合作，实现协同创新，共同为我国农业发展提供科技支撑。

三、省级农业科研资源现状及比较

考虑到农业系统内研究与开发机构在全国农业科研机构中占有绝对比例（为 90%左右），本部分主要以农业系统内省级机构为例分析中国省级农业科研资源状况，包括农业科研机构、科技经费来源、科技课题、R&D 人员和经费投入以及科研条件和能力建设投资等维度，并比较省属和农业农村部属、不

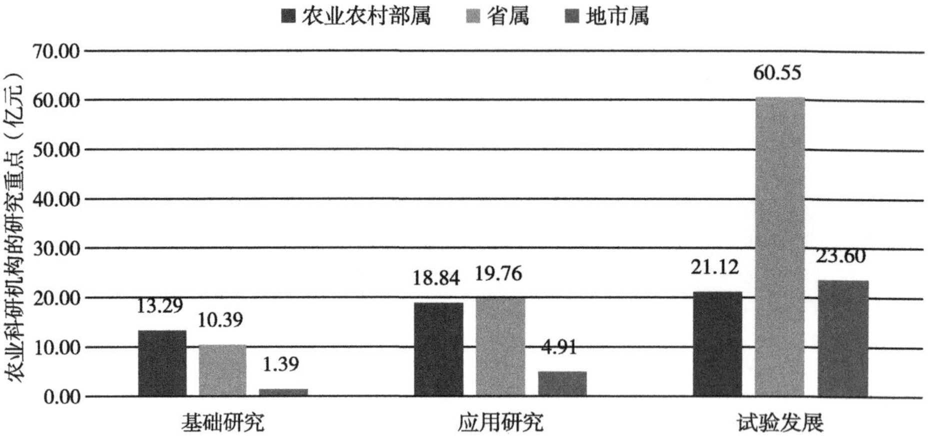

图 8-2　不同层级农业科研机构的研究重点（2018 年 R&D 经费支出按活动类型分）

数据来源：农业农村部科技教育司《全国农业科技统计资料汇编 2018》

同省（区、市）科研资源情况。

1. 省级农业科研机构基本特点

一是，省属农业科研机构数量保持相对稳定。2018 年省属农业科研机构数量为 411 个，1993—2018 年总体变化不大。从各省（区、市）农业科研机构数量看，排名前三的分别为广东、黑龙江、山东，分别为 81 个、60 个和 60 个。

二是，省属农业科研机构以研究种植业为主导。按照省属农业科研机构的学科分类，种植业研究机构数量最多，占比最高，2018 年为 273 个，占科研机构总数的近 2/3（为 66.4%）。从各省农业科研机构看，种植业科研机构数量最多的是广东省，为 57 个，占所在地农业科研机构总数的 70.37%；种植业机构数量占比最高的是宁夏，11 个机构中有 10 个从事种植业研究工作。

三是，省属农业科技活动人员数量、质量双提升。截至 2018 年，省属农业科研机构共有从业人员 40 051 人，从事科技活动人员为 33 915 人。科技活动人员的结构表现出如下特点：一方面，农业科研活动人员占总从业人员比重不断上升。从“九五”时期的 55.96%到“十五”时期的 59.13%、“十一五”时期的 67.3%，再到“十二五”时期的 75.98%，2018 年比例高达 84.68%。科技活动人员占比上升主要归结于从业人员大幅下降，1993—2018 年共减少了近 2 万人。另一方面，科技活动人员质量大幅提升。截至 2018 年，研究生学历和中高级职称人数占总科技活动人员比例分别为 48.37%和 69.39%。从各省农业科研机构看，科技活动人员分布极不均衡，主要集中在北京、山东和河南，分别为 6 433 人、4 456 人、4 054 人，共占全国 21.08%，排名前十的省市占比达到了 52.62%。

四是，省属机构 R&D 人员配比低于部属机构。2018 年，省属农业科研机构 R&D 人员为 27 451 人，比 2009 年增加 4 521 人，年均增加 502 人，占全国 R&D 人员比例为 50.24%，相较 2009 年的 57.39%略有下降。省级机构 R&D 人员数量较少，2018 年，平均每家省属机构的 R&D 人员数为 66.79 人，仅为部属机构的 1/3 左右。从各省农业科研机构 R&D 人员看，北京和山东不管是在 R&D 人员总数上，还是拥有博士学历的 R&D 人员以及总体 R&D 人员折合全时工作量方面，均领先于其他省份（表 8-1）。

表 8-1　省属农业科研机构与农业部属农业科研机构的 R&D 人员情况

年份	省属				农业部属	
	R&D 人员数（人）	占全国的比例（%）	平均每家机构的 R&D 人员数（人）	R&D 人员占从业人员比例（%）	平均每家机构的 R&D 人员数（人）	R&D 人员占从业人员比例（%）
2009	22 930	57.39	50.73	59.43	133.22	59.43
2010	24 328	56.34	52.09	62.50	143.56	62.50
2011	24 825	55.89	52.71	65.15	150.78	65.15
2012	25 684	54.33	56.08	69.70	162.31	69.70
2013	26 465	54.44	57.28	71.84	167.63	71.84
2014	26 890	54.65	58.08	70.57	163.57	70.57
2015	27 560	54.48	59.52	75.80	170.04	75.80
2016	27 886	55.41	63.96	77.41	178.37	77.41
2017	27 848	46.29	56.93	66.07	161.41	76.97
2018	27 451	50.24	66.79	68.65	168.66	78.38

数据来源：农业部（2018 年以后改组为农业农村部，下同）科技教育司《全国农业科技统计资料汇编（2009—2018)》

2. 省级农业科研机构科技经费投入

首先，科技活动总经费投入力度逐年增大，政府资金是其主要来源。省属农业科研机构科技活动总经费逐年增加，从 2007 年的 49.89 亿元增加到 2018 年的 151.58 亿元，年均实际增长率为 7.20%。与部属科研机构类似，政府资金是最主要的科技活动经费来源，从 2007 年的 42.45 亿元增加到 2018 年的 131.44 亿元，占科技活动总经费的 86.7%。政府资金又分为财政拨款、承担政府项目和地方政府资金，2018 年财政拨款、承担政府项目和地方政府资金分别为 88.32 亿元、39.69 亿元和 3.43 亿元，占政府资金比例分别为 67.20%、30.20%、2.61%。

其次，科技活动经费中的国外资金来源非常有限且波动性大，并与部属机构存在明显差距。科技活动经费中的非政府资金以技术性收入为主，国外资金投入只占极少部分。2010—2018 年，国外资金投入占科技活动收入比例平均仅为 0.07%，最高年份是 2010 年为 1 024.8 万元，占比 0.13%，最低的是 2018 年仅为 511.0 万元，相当于平均每家机构获得的国外资金仅为 1.2 万元。相对来说，国外资金主要集中在部属农业科研机构，省属与部属机构在国外资金来源方面存在较大差距，2010—2018 年，平均每家部属机构和省属机构的国外资金分别为 38.5 万元和 1.7 万元，部属是省属的 22 倍多。从各省农业科研机构看，国外资金主要集中在少数几个省市，绝大部分省属机构没有国外资金来源。以 2018 年为例，国外资金主要集中在北京、上海两地，两地国外资金数占比高达 71.54%。在 31 个省市中，共 20 个省市的省属机构没有国外资金（图 8-3，表 8-2）。

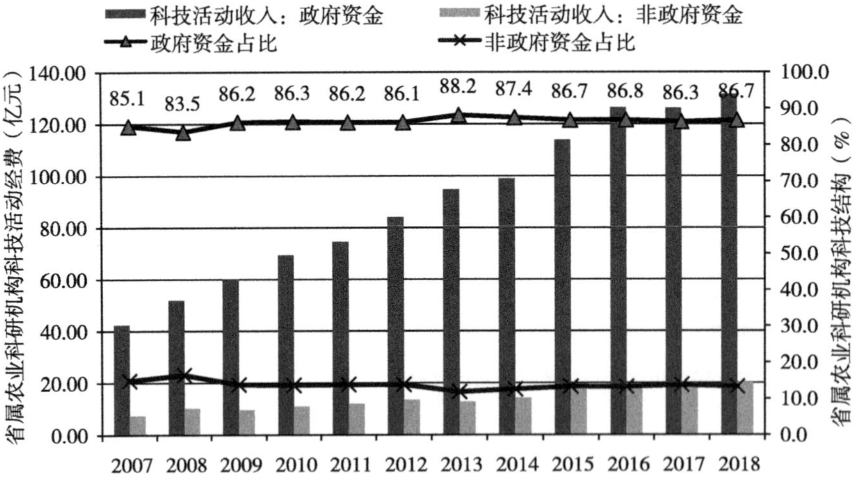

图 8-3　2007—2018 年省属农业科研机构科技活动经费及结构

数据来源：农业部科技教育司《全国农业科技统计资料汇编（2007—2018）》

表 8-2 省属农业科研机构与部属农业科研机构国外资金对比

年份	省属			部属		
	国外资金（万元）	国外资金占年度科技活动收入比例（%）	平均每个科研机构获得的国外资金（万元）	国外资金（万元）	国外资金占年度科技活动收入比例（%）	平均每个科研机构获得的国外资金（万元）
2010	1 024. 8	0. 13	2. 2	1 345. 2	0. 31	22. 8
2011	811. 5	0. 09	1. 7	2 436. 2	0. 53	42. 0
2012	981. 2	0. 10	2. 1	3 029. 8	0. 60	51. 4
2013	828. 6	0. 08	1. 8	3 675. 8	0. 67	62. 3
2014	753. 8	0. 07	1. 6	3 261. 9	0. 61	56. 2
2015	540. 5	0. 04	1. 2	2 743. 8	0. 42	48. 1
2016	824. 4	0. 06	1. 9	1 764. 2	0. 24	33. 9
2017	530. 2	0. 04	1. 2	1 295. 9	0. 15	18. 3
2018	511. 0	0. 03	1. 2	799. 7	0. 09	11. 4
平均值	756. 2	0. 07	1. 7	2 261. 4	0. 40	38. 5

数据来源：农业部科技教育司《全国农业科技统计资料汇编（2010—2018）》

最后，省属机构 R&D 经费快速增长，增长速度快于部属机构。省属机构 R&D 经费支出、R&D 经费支出中政府资金投入量都迅速增长，2018 年相比 2007 年，R&D 经费支出从 18. 03 亿元增加到 99. 86 亿元，R&D 经费支出中政府资金投入量从 14. 86 亿元增加到 80. 85 亿元，以 2007 年为基准，扣除物价上涨因素后，年均实际增长率分别为 13. 21%和 13. 03%。R&D 经费支出增长率和政府资金的增长率都超过部属机构（分别增长了 1. 96 和 2. 02 倍）。2016 年，省级农业科研机构 R&D 经费资金来源中，政府、企业、事业单位、国外资金以及其他类资金占比分别为 89. 1%、1. 6%、6. 4%、0. 1%和 2. 7%。从各省农业科研机构 R&D 经费来看，R&D 经费内部支出排名前五的省（市）分别是北京、浙江、山东、广东和江苏，五省（市）经费支出之和占全国的比例高达 38. 05%（图 8-4）。

3. 省级农业科研机构项目经费及来源

（1）从科技课题上看，省属机构科技课题数和课题经费投入强度逐年增加，但增长速度慢于部属机构，两者差距越来越大。如图 8-5 所示，省属机构科技课题数从 2007 年的 12 271 个增加到 2018 年的 19 367 个，平均每个机构的课题数从 27. 03 个增加到 47. 12 个；科技课题经费资助额从 2007 年的 18. 96

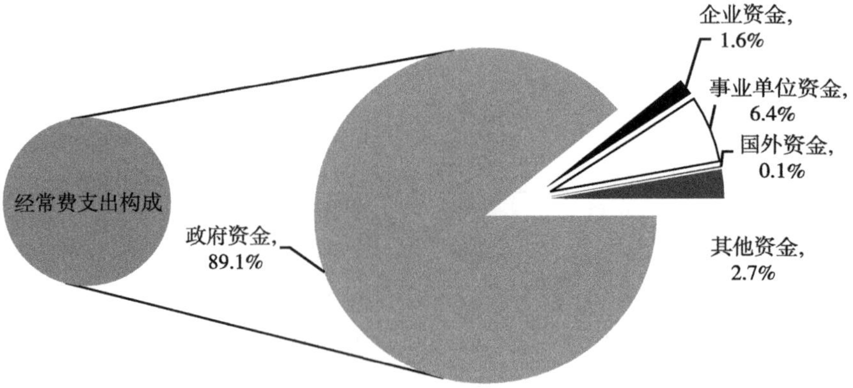

图 8-4　2018 年省属农业科研机构 R&D 经费支出：按来源划分

数据来源：农业部科技教育司《全国农业科技统计资料汇编（2018）》

亿元增加到 2018 年的 70. 34 亿元，每个课题的资助强度由 2007 年的 15. 45 万元/个提高到 2018 年的 36. 32 万元/个，人均课题经费（课题内部经费支出/课题人员折合全时工作量）从 2007 年的 8. 61 万元/(人・年）提高到 2018 年的 26. 70 万元/(人・年)，以 2007 年为基准，扣除物价上涨因素外，年均实际增长率为 7. 40%。2018 年，部属机构平均每年拥有的课题数为 93. 61 个，部属机构课题数在 2007—2018 年增长了 65. 37%；在资助强度上，2007 年省属机构比部属机构少 13. 18 万元/个，但到 2018 年，差距扩大到 24. 89 万元/个。

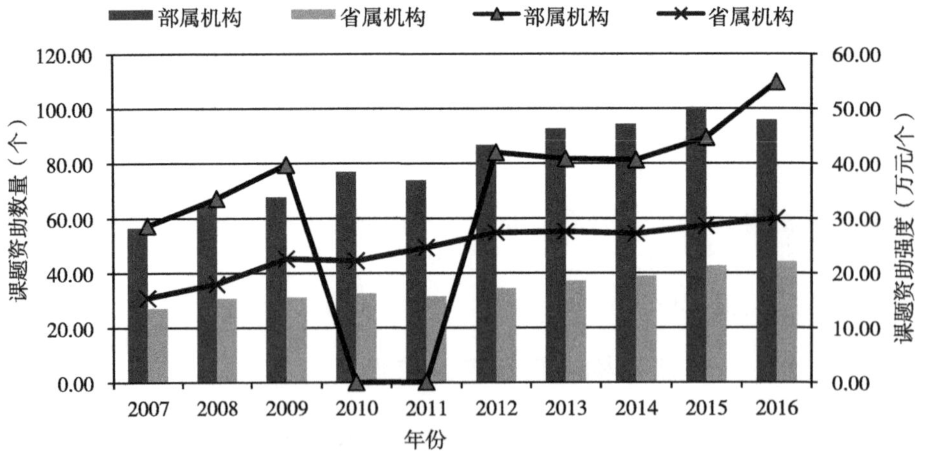

图 8-5　省属农业科研机构与部属农业科研机构的课题资助数及资助强度

数据来源：农业部科技教育司《全国农业科技统计资料汇编（2007—2016)》

（2）从科研项目经费来源及管理部门看，省属农业科研机构科研项目可以分为国家级、省级和地市级项目，经费来源中，省级资金是最主要的来源。省级科研项目经费根据分配机制分为稳定性经费和竞争性经费。稳定性经费主要指科研机构运行经费，主要包括省属高校、省属科研院所基本科研业务费、科研条件建设经费、基地（重点实验室、平台）、省属科学事业单位修缮购置专项经费，这些经费直接由财政部拨款。省级的竞争性项目经费来源广泛，主要包括省科技厅、教育厅、农业农村厅以及省委宣传部这几个部门，其中省科技厅项目占主导。具体渠道及项目情况如下：一是省科技厅管理的项目是省级农业科研项目的主要来源渠道。主要包括省基础研究计划、省重点研发计划（包括产业前瞻与共性关键技术、现代农业、社会发展）、省科技成果转化专项资金项目、省政策引导类计划（农业科技社会化服务奖补资金、国际科技合作、软科学研究等）等。各个省份还会根据各自农业科研特点和发展目标，

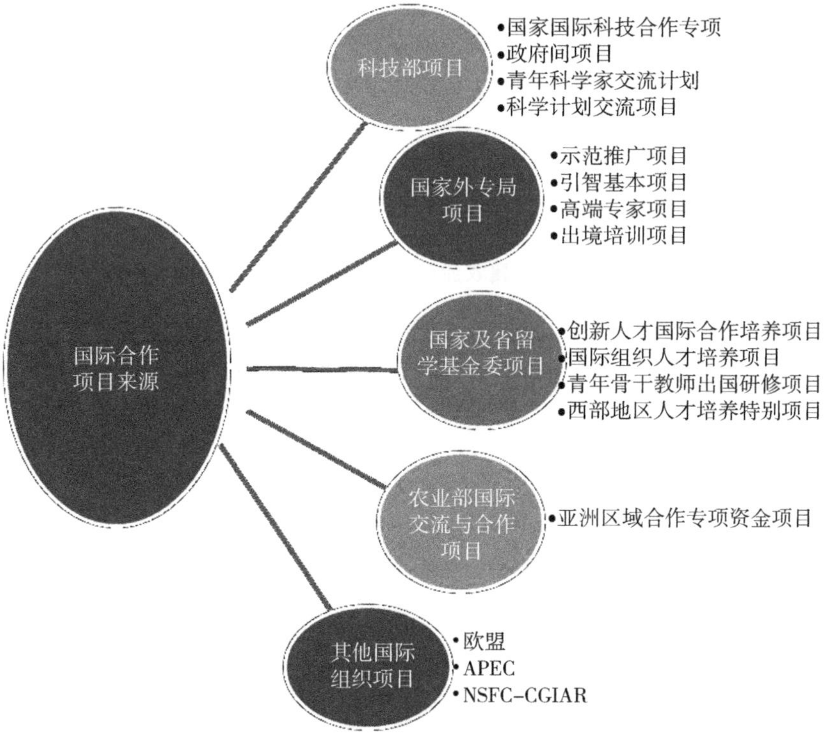

图 8-6　国际合作项目经费来源情况

来源：作者整理

设立相关科研项目。二是省教育厅管理的项目。省教育厅科研项目主要是资助高校的科学研究，主要包括省教育厅科研基金、省高校自然科学研究项目、省教育厅自然科学基金、省博士后基金、省归国留学人员科研基金、省教育厅人文社会科学研究项目、省高校青年教师科研资助计划、省部级重点实验室和省部级工程（技术）研究中心开放基金、省人文社会科学研究重点项目、中国博士后科学基金、省教育厅自然科学研究重点项目、省教育厅博士基金，等等。三是国际合作经费来源较为分散，主要来源于各个部委和国际机构。尽管省级没有国际合作专项，但国际合作项目经费来源也较为广泛，国际合作项目的主要经费来源如图 8-6 所示，可以申请科技部、国家外专局、农业农村部、国家及省留学基金委等项目。四是其他部门管项目。如：省哲学社会科学规划项目归口省委宣传部管，省农业创新工程方面的项目由财政厅支持。

4. 省级农业科研机构科研条件建设

（1）基本科研条件建设投入不断增长，工作环境和条件大为改善。基本建设投资实际完成额显著增长，2018 年是 2007 年的近 2 倍。在基本建设投资中，以科研基建投资占主导。科研基建分为科研土建工程和科研仪器设备，2018 年，两者在总基本建设投资额占比分别为 43.05%、56.95 %。科研基建工程投资和科研仪器设备投资的增长，使得省属农业科研机构的工作环境和工作条件得以大大改善（表 8-3，图 8-7）。

表 8-3　2007—2018 年省属农业科研机构基本建设和固定资产情况

（单位：亿元）

年份	科研房屋建筑物	科研仪器设备	科研基建	其中：科研仪器设备	其中：科研土建工程
2007	25.62	19.78	7.17	0.90	6.27
2008	24.64	23.14	5.63	1.36	4.26
2009	30.64	25.00	5.62	2.42	3.19
2010	34.58	29.85	6.90	2.13	4.77
2011	37.67	35.07	7.90	2.36	5.54
2012	46.68	41.81	9.36	2.89	6.47
2013	50.16	45.42	11.62	3.08	8.53
2014	54.35	54.32	12.05	3.45	8.59

（续表）

年份	科研房屋建筑物	科研仪器设备	科研基建	其中：科研仪器设备	其中：科研土建工程
2015	58.95	60.56	12.55	4.20	8.35
2016	64.51	68.84	15.43	6.70	8.73
2017	71.16	76.23	16.32	7.68	8.64
2018	83.40	83.31	14.96	6.44	8.52

数据来源：农业部科技教育司《全国农业科技统计资料汇编（2007—2018）》

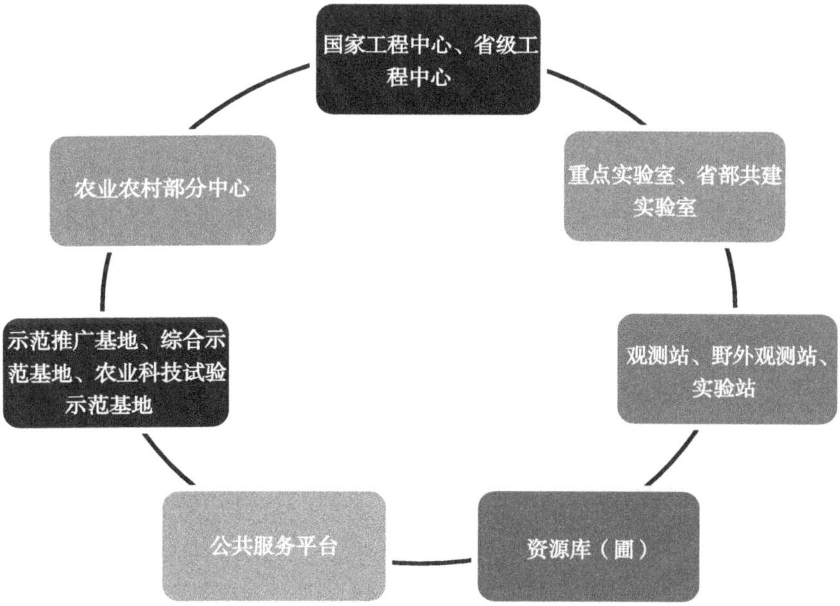

图 8-7　省级农业科研平台类别

来源：作者整理

（2）农业科研平台运行良好，条件能力继续提升。农业科研平台在农业科学前沿探索和解答我国农业发展重大需求问题等方面均发挥重要作用。省属机构农业科研平台按级别可以分为有国家级、部级（农业农村部、科技部）、省级、省科技厅等（图 8-7）。当前，我国农业科研平台的建设情况如下：在重点实验室方面，“十二五”时期已建成重点学科实验室 125 个，其中：综合性实验室 18 个，专业性实验室 46 个，区域性的 98 个，“十三五”时期拟建立 165 个重点学科实验室；在农业科学观测实验站方面，“十二五”已建农业科学观测实验站 111 个，“十三五”拟建 138 个，基本形成覆盖全国、结构层次合理、点线面结合的农业科学观测实验站网络；在农业科学试验基地建设方面，“十三五”时期拟规划建设 30 个综合性农业科学试验基地和 131 个专业性农业科学试验基地。

四、江苏省农业科研资源

江苏是中国农业大省、强省，现代农业加速推进，2018 年农业科技进步贡献率达 68.2%，农业机械化水平达 84%，分别高出全国平均水平近 10 个百分点和 16 个百分点。江苏省农业快速发展，一方面，离不开农业科研资源优势，在各类科研资源投入力度、科研成果产出等方面都处于全国领先地位。2017 年，江苏省拥有涉农类科学研究与技术开发机构 110 个，农业科技活动人员 4 408 人，拥有现代农业领域类的省级以上重点实验室 6 个，工程技术研究中心 169 个（国家级 5 家），承担国家和省部级计划项目 1 139 项，共 5.74 亿元，横向课题数 956 项，共 5 923.2 万元（江苏省科学技术厅，2018）。另一方面，离不开完善的农业科研体系和先进的科研管理模式，江苏农业科研管理创新已成为全国其他省份学习的典型。江苏省基于地区产业特色建立了 11 地区所，为全国首例；建立多学科交叉融合的学科布局和多学科协同创新平台，有效推动农业科技进步；建立了省现代农业技术产业体系；整合全省农业科技资源，成立了江苏农业科技创新联盟；探索了“即研即转、即研即推”的农业产业研究院，打通科技成果转化最后一公里问题（李寅秋，付长亮，2014）。

1. 江苏省农业科研资源

江苏省构建了以公共部门机构为主导、私人部门机构为辅的完备农业科研体系，本部分以农林牧渔业科学研究与技术开发机构为例，分析江苏省农业科研体系的特点。

（1）江苏省农业科研体系基本特点。江苏涉农科研机构数量众多，远远高于全国平均水平。江苏省农、林、牧、渔行业的科研机构共 110 个，占全省科研机构的 13.56%，占全国所有涉农机构的近 1/10，远远高于全国各省份的机构平均数（为 37 个）。其中：公共部门农业科研机构 73 个，有 R&D 活动的其他单位数 27 个。值得一提的是，江苏是部属农业科研院所的一个重要集中地，国家部委和国家级科研机构都在江苏省设有相应的研究所。从隶属关系分，有部属、省属和市县属，分别为5个、19个和49个。其中，部属转制机构共有3家，分别是农业农村部南京农业机械化研究所、中国农业遗产研究室、中国农业科学院蚕业研究所。

行政关系上看，江苏涉农机构隶属于多个主管部门。国家级机构涉及的主管部委主要包括农业农村部、中华全国供销合作总社、教育部、国家林业和草原局等，有的还同时隶属于中国农业科学院、中国科学院、中国水产科学研究院、中国林业科学研究院等国家级科研机构；省级主管部门涉及省人民政府、农业农村厅、林业局、海洋与渔业局、科技厅，如：江苏省农业科学院及其下属研究所归省农业农村厅管，江苏省林业科学研究院隶属于林业局，江苏省淡水水产研究所隶属于海洋与渔业局。同时有部分研究机构为不同部门双重领导，如：江苏省海洋水产研究所是江苏省农业农村厅和江苏省科技厅双重领导的直属事业单位，南京林业大学归属国家林业和草原局和江苏省人民政府，等等。具体的科研机构体系及管理部门如图8-8所示。

江苏省是全国农业科技管理创新的领头羊和排头兵。一是整合全省农业科技资源，成立了江苏农业科技创新联盟。有效整合各方创新优势、人才优势和市场优势，联合相关高等院校、科研机构、农业龙头企业和新型农业经营主体，在技术研发、产品制造、示范应用、市场开拓、人才培养等方面紧密合作，做强创新链，做长产业链，做大农业科技产业增量，形成了江苏特点的农业产业科技基础研究、开发研究、应用研究、成果转移转化紧密结合和协调发展的体制机制，带动了江苏农业科技创新能力、效率和应用水平整体提升。二是探索了“即研即转、即研即推”各种模式的农业产业研究院，打通科技成果转化“最后一公里”问题。江苏省农业科学院与地方政府、农业龙头企业合作共建产业研究院，开创政研企三方合作共建模式。研究院实行理事会领导下的院长负责制，理事会由三方派人组成，地方政府负责提供研究院运行经费及科研办公用房等支撑，企业提供技术服务费，研究院负责组建研发团队并配套项目经费，形成了“即研即转、即研即推”农技推广服务新模式。

（2）江苏省农业科研重点领域。农业重大科技需求领域。江苏“十三五”时期，农业重大科技需求有如下20个：①基于肥药减量化条件下稻麦周年高产高效集成技术；②抗赤霉病小麦品种选育与稻茬麦生产能力提升技术；③农作物秸秆全量综合利用技术；④设施农业生产关键技术与装备；⑤园艺作物病虫害绿色防控及农药新品种开发；⑥母猪年生产力提升综合配套技术；⑦肉羊种质资源创新与标准化养殖关键技术；⑧冰鲜加工型优质肉禽品种选育与集约

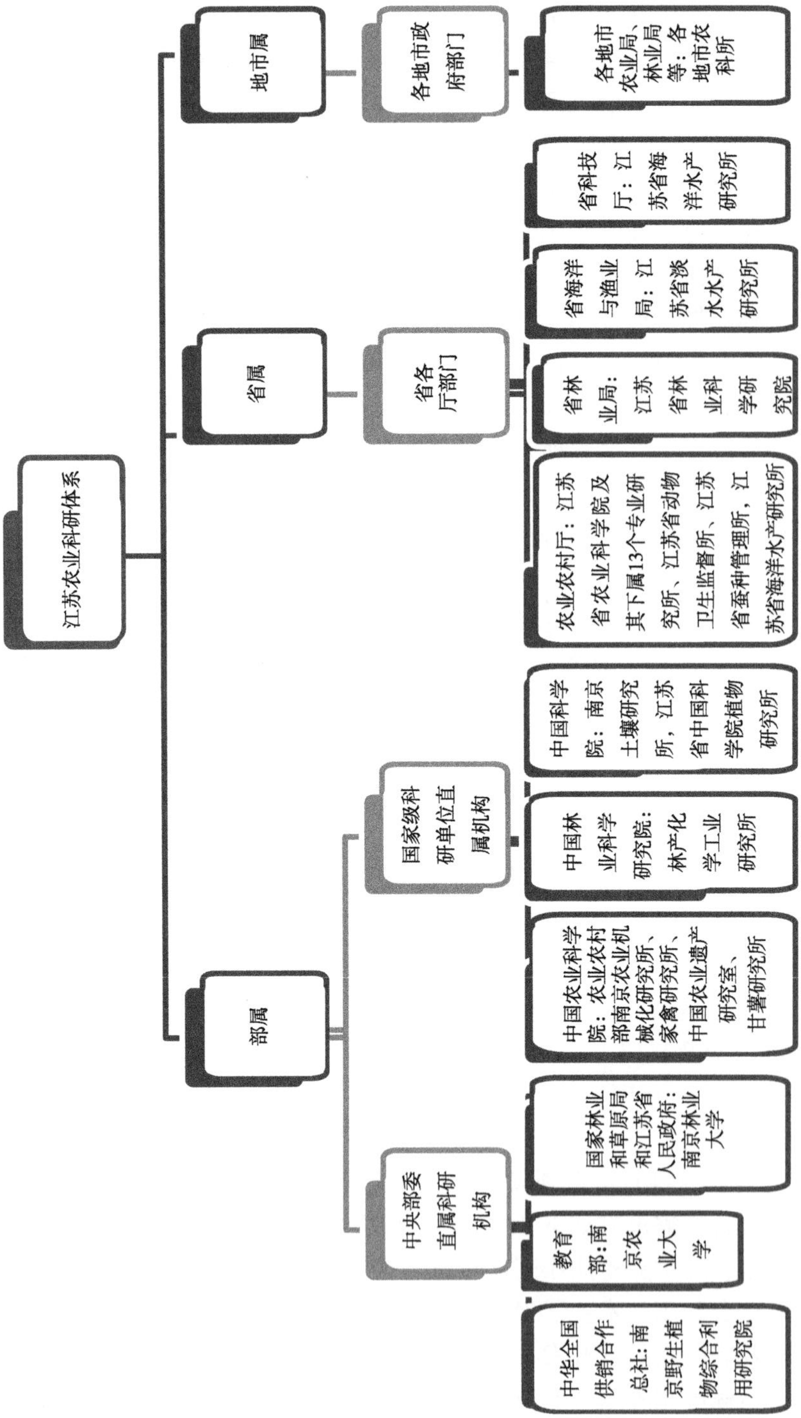

图8-8 江苏省公共农业科研系统及组织体系

来源：作者整理

化饲养技术；⑨农业物联网关键设备及应用技术；⑩畜禽粪污综合处理与利用技术；⑪适度规模条件下农牧结合与循环农业技术；⑫池塘工业化养殖系统关键设备与技术；⑬异育银鲫重大疾病防控技术；⑭近海海域渔业资源综合开发与利用技术；⑮沿海滩地和丘陵岗地等困难立地生态防护林营建技术；⑯优新树种选育与高效栽培模式；⑰基于秸秆还田的稻麦全程机械化集成技术；⑱节能环保型稻麦低温烘干和储藏机械化技术成套设备；⑲粮食全程溯源体系与智慧粮库系统关键技术；⑳高标准农田建设综合技术。

重点研发计划（现代农业）项目重点支持领域。2019 年，江苏省重点研发计划（现代农业）项目的重点支持领域如下：①稻麦、畜禽、水产、林木等农业重大优良品种创新；②农业高新技术、前沿引领技术、颠覆性技术等前瞻性高技术创新；③开展绿色生物制品、营养健康食品、智能农机装备等技术和产品开发；④绿色投入品研制和化肥农药减施增效、农业废弃物循环利用、种养加一体化循环等技术模式集成创新与示范。

（3）江苏省农业科研投入产出分析。江苏农业科研资源投入集中在公共部门，在人员配置、经费分配上都占有绝对比例，基本都保持在 90%以上。尽管私人部门研究机构数量占总数的 1/3，但私人科研部门资源极其有限，由此也导致了私人部门科研产出的不足。

江苏农业科研资源主要投向公共科研机构并高于全国平均水平。人力投入上，2017 年，江苏省涉农科研机构从业人员 5 627 人，公共部门和私人部门分别占比 66.4%和 33.6%；R&D 人员为 3 356 人，占总科技活动人员的 73.1%，公共部门 R&D 人员占比高达 93.5%；经费投入上，经费内部支出总额为 20.74 亿元，R&D 课题经费内部支出占科技经费支出的 73.56%，从全国比较看，江苏省农业科研资源投入远远高于全国平均水平，机构数、从业人员、R&D 人员、R&D 经费内部支出分别是全国平均水平的 2.9 倍、1.9 倍、1.8 倍和 2.2 倍。

江苏农业科研产出居于全国领先地位。在科研经费方面，2017 年，江苏省农、林、牧、渔业的科学研究与技术开发机构经费收入总额为 25.13 亿元，科技活动收入为 22.46 亿元，其中，政府资金占经费收入总额的 73.9%；技术服务收入 1.02 亿元，科技成果转化收入 1.14 亿元。在科研产出方面，成果丰富，在全国处于较高水平，总体排名第三。以江苏省农业系统属科研机构为例，2007—2016 年，江苏省农业系统属科研机构发表的科技论文从 1 388 篇增加到 1 994 篇，增长了 43.66%，国外发表论文从 42 篇增加到 388 篇，增长了 8.24 倍；专利授权中的发明专利增长了 13.94 倍，2016 年达到 269 件，国外授权专利实现多年来一直为零的突破，2016 年达到 52 件，拥有发明专利总数在 2007—2016 年的年均增长率为 34.9%。以 2016 年为例，江苏省农业系统内农业科研机构发表的科技论文总数、国外发表科技论文数量、专利授权中的发明专利数以及拥有发明专利总数都在全国排名第三，仅次于北京和山东。其中，国外授权专利数位居榜首。

（4）江苏省农业科研项目来源及经费分配。江苏农业科研的大省地位相对稳定，尤其是在国家重点研发计划中斩获了大量经费，在全国农业科研中发挥着举足轻重的作用。在 2016—2018 年农林科技类项目中资助经费总额排名前 10 的一级机构中，2016 年南京农业大学以 2 个项目共 13 361 万元的资助额位居全国第 7，2017 年南京农业大学以 5 个项目共 13 134 万元的资助额位居全国第 6 位，2018 年，江苏大学以 2 个项目共 2 969 万元排名全国第 7 位①。

1）项目来源。科技部门所属项目是最主要来源，分为国家级和省级。国家级项目主要来源于科技部，包括国家自然科学基金、国家科技重大专项、国家重点研发计划、技术创新引导专项（基金）和基地人才专项这新五类科技计划。省级项目主要来源于省科技厅，主要有省基础研究计划、省重点研发计划、省政策引导类计划、省科技成果转化专项资金项目和省创新能力建设计划。同时，还有来自其他部门项目，如农业部门的农业产业体系项目和财政厅支持的省农业科技自主创新资金。项目来源和具体情况分别如图 8-9 所示和专栏 1 所示。

专栏 1　江苏省主要农业科研项目简介

省重点研发计划（现代农业）：省重点研发计划（现代农业）以创新驱动率先实现农业现代化为目标，围绕现代农业产业重点领域，突出需求导向，聚焦产业链创新，重点加强农业优良品种和前瞻性技术创新，突破重大共性关键技术和装备，形成具有自主知识产权的创新成果，培育农业高新技术产业，引领和支撑现代农业发展，带领农民增收致富。2017 年，围绕保障粮食安全和主要农产品有效供给，加强农业高技术前瞻性布局，促进农业绿色生态发展，培育发展农业高新技术产业 4 个方向，组织实施重点项目 41 项，面上项目 53 项，后补助项目 19 项，省拨经费 10 230 万元。

省政策引导类计划（苏北科技专项）：围绕苏北特色产业发展需求，集聚各类科技资源，强化产学研深度合作和产业链协同创新，突出优质新品种、生

① 科塔学术，2019. https：//www. sciping. com/22624. html.

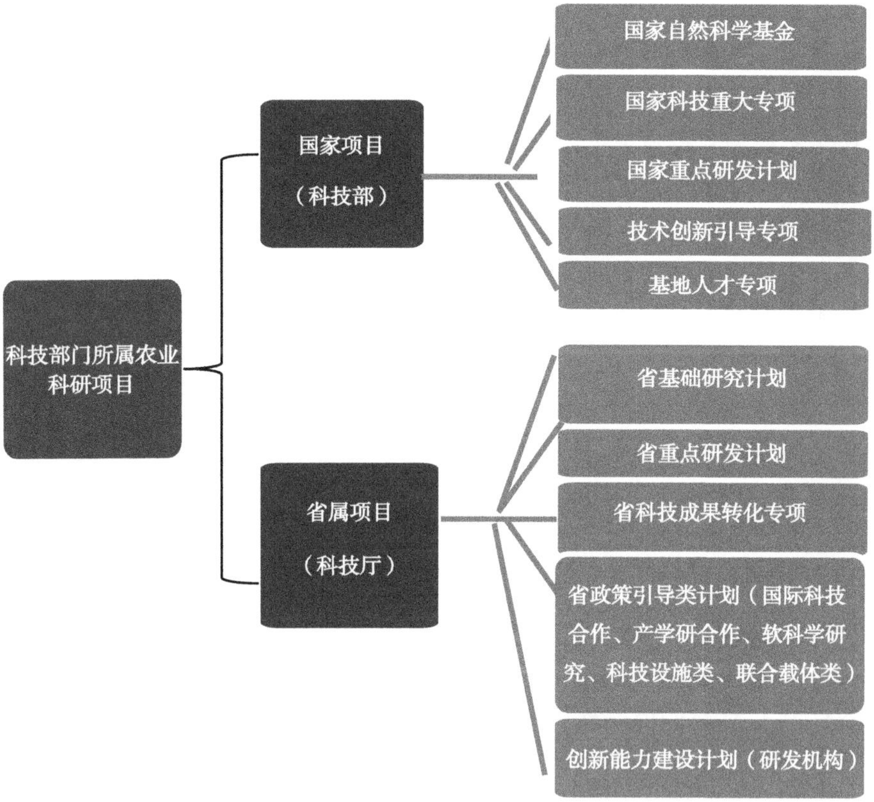

图 8-9　江苏省科技部门所属农业科研项目来源

来源：作者整理

态安全种养殖、精深加工与综合利用、现代装备、电子商务等技术集成创新和成果转化应用，培育壮大新产业新业态，推进农村一二三产业融合发展，加快特色产业发展方式转化和转型升级。2017 年，专项计划围绕苏北 36 个县（市、区）"集聚创新资源、培育特色产业"行动方案，组织实施科技富民强县项目 214 项，安排省经费 9 250 万元。2017 年，36 个县域特色产业产值年增长 10%以上。

省现代农业产业技术体系：全省围绕水稻、小麦、特粮特经、蔬菜、西甜瓜、葡萄、草莓、花卉、茶、桃、梨、生猪、肉羊、肉鸡、蛋鸡、水禽、奶牛、渔业等优势主导产业已经建成 22 个现代农产业技术体系，确定 22 个产业技术集成创新中心、128 个产业技术创新团队和 244 个产业技术推广示范基地。

省农业科技自主创新资金：自 2007 年开始设立，专项资金仅围绕全省农业和农村经济发展中的重大科技问题，开展重大公益技术、产业共性技术研究和公关，集成示范一批新产品、新技术、新模式，有力地支撑和引领了江苏农业现代化发展。专项资金投入 2007 年设立时为 1 500 万元，到 2011 年为 1 亿元，2015 年为 1.45 亿元。“十二五”时期，累计投入 6.5 亿元，共资助项目 1 338 项。截至 2015 年年底，全省共有超过 150 家单位获得专项资金资助，经专项资金资助培育出省级以上审定或鉴定农作物新品种 206 个，获得品种权 72 个，获得软件著作权 54 项。

资料来源：江苏省科学技术厅，《江苏科技年鉴（2017）》，科学技术文献出版社

2）项目数量及经费。2017 年，江苏涉农科研机构课题数为 2 608 个，课题经费内部支出为 13.9 亿元，每个机构的平均课题数为 23.7 个，课题资助强度分别为 53.31 万元/个和 39 万元/(人·年)。同时具有如下特点：一是部门分配上，公共科研机构在课题数量和课题经费上都占总量的 95%以上，具有绝对主导地位。2017 年，公共部门课题总数为 2 549 个，占课题总数的 97.74%，公共部门课题经费支出为 136 519.5 万元，占课题总经费的 98.19%。二是层级分配上，省级科研机构争取到了更多的课题数量和课题经费。2017 年，省级机构的课题数和课题经费支出分别为 2 146 个和 10.48 亿元，分别占全部课题数和课题经费支出的 82.29%和 75.39%；三是课题性质上，主要是 R&D 课题。2017 年，R&D 课题 1 805 个，R&D 课题经费内部支出为 9.6 亿元，分别占总课题数和课题经费支出的 69.21%和 69.1%；国家和省级计划项目数和经费都较多，2017 年，新增各类计划项目 2 010 项，其中国家和省部级计划项目 1 139 项，占总新增项目的 56.67%。同时，有一部分横向课题，但占比相对较小，2017 年，承担横向课题 956 项共 5 923.2 万元，占总课题数的 36.66%，但是占总课题经费支出的比例仅为 4.26%。四是从课题资助强度上，逐年增加并处于全国领先水平。以江苏省农业部门所属科研机构为例，如表 8-5 所示，科技课题的资助强度由 2007 年的 20.12 万元/个提高到 2018 年的 54.91 万元/个。人均课题经费从 2007 年为 16.82 万元/(人·年）提高到 2018 年为 31.85 万元/（人·年），以 2007 年为基准，扣除物价上涨因素外，年均实际增长率为 2.69%。从省际比较看，江苏省农业部门所属机构课题人均资助强度较大，在全国排名第三，仅次于北京和上海（表 8-4，表 8-5）。

表 8-4　2017 年江苏省涉农科研机构课题情况

项目	课题数（个）	课题经费支出内部合计（亿元）	R&D 课题数（个）	R&D 课题经费内部支出（亿元）	当年新增各类计划项目(项)	承担国家和省部级计划项目（项）	当年计划项目总经费（亿元）	承担国家和省部级项目总经费（亿元）	当年承担横向课题数（项）	当年获得横向课题经费（亿元）
合计	2 608	13. 90	1 805	9. 61	2 010	1 139	7. 22	5. 74	956	0. 684
部属	276	2. 39	239	2. 04	266	131	0. 63	0. 45	97	0. 28
省属	2 146	10. 48	1 466	6. 96	1 646	970	6. 31	5. 13	301	0. 35
市县属	127	0. 78	77	0. 43	66	20	0. 20	0. 10	550	0. 05
公共部门合计	2 549	13. 65	1 782	9. 43	1 978	1 121	7. 14	5. 68	948	0. 68
私人部门合计	59	0. 25	23	0. 18	32	18	0. 08	0. 06	8	0. 004

数据来源：江苏省科学技术厅，《江苏科技年鉴（2017）》，科学技术文献出版社

表 8-5　江苏省农业科研机构科技课题和科技课题经费投入及强度

年份	课题数合计（个）	经费内部支出（万元）	课题人员折合全时工作量合计（人/年）	课题资助强度（万元/个）	课题人均资助强度（万元/人）
2007	1 261	25 365. 74	1 508. 4	20. 12	16. 82
2008	1 541	27 495. 33	1 702. 1	17. 84	16. 15
2009	1 685	58 370. 22	1 757	34. 64	33. 22
2010	1 823	36 300. 67	1 729. 9	19. 91	20. 98
2011	1 845	44 795. 14	2 201. 8	24. 28	20. 34
2012	2 135	87 222. 92	2 333. 8	40. 85	37. 37
2013	2 316	71 897. 34	2 460. 1	31. 04	29. 23
2014	2 416	70 422. 22	2 397. 4	29. 15	29. 37
2015	2 563	75 496. 23	2 334. 3	29. 46	32. 34
2016	2 280	60 390. 6	1 805	26. 49	33. 46
2017	1 601	122 651. 3	2 685. 5	76. 61	33. 10
2018	2 314	127 063. 3	2 869	54. 91	31. 85

数据来源：农业部科技教育司《全国农业科技统计资料汇编（2007—2018）》

（5）江苏省农业科研平台建设。江苏省各类农业科研平台建设水平稳步提升。一是在农业部重点实验室方面，江苏省“十三五”农业部重点实验室（站）共有 32 个，其中：综合性重点试验站 1 个，24 个专业性/区域性重点实验室，7 个农业科学观测实验站。二是在省级以上工程技术研究中心建设方面，截至 2017 年，省级及以上工程技术研究中心中现代农业领域的研究中心共 169 家，其中，国家级 5 家，按具体学科领域看，作物育种领域 15 家，海

洋领域3家，农业装备17家，林木加工12家，园艺9家，农产品加工53家，生物质利用14家，水产10家，土肥3家，畜牧畜医17家，农业信息化技术1家，植保6家，作物栽培9家。三是各类农业种质资源丰富，江苏省拥有各种农业种质资源共计2 616份，其中：农作物种质资源2 031份，林木种质资源422份，水产种质资源135份，家养动物种质资源135份。

2. 江苏省农业科学院资源

（1）江苏省农业科学院在江苏农业科研当中占有绝对主导地位。以2018年为例，江苏省农业科学院科技活动人员和R&D人员分别为1 713人和1 327人，占整个江苏省农业系统科研机构科技活动人员和R&D人员总量的53.75%和56.81%，科技活动经费、R&D经费支出、课题经费内部支出分别为11.00亿元、5.69亿元、8.25亿元，在整个江苏省农业系统内科研机构科技活动经费、R&D经费支出和课题经费内部支出中的占比分别为58.67%、60.15%、64.91%。由于聚焦农业科研资源，江苏省农业科学院科研成果突出，发表科技论文、出版科技著作、专利受理数以及有效发明专利数都占到了江苏省农业系统内科研机构的54.41%、55.56%、62.24%、58.65%（图8-10）。

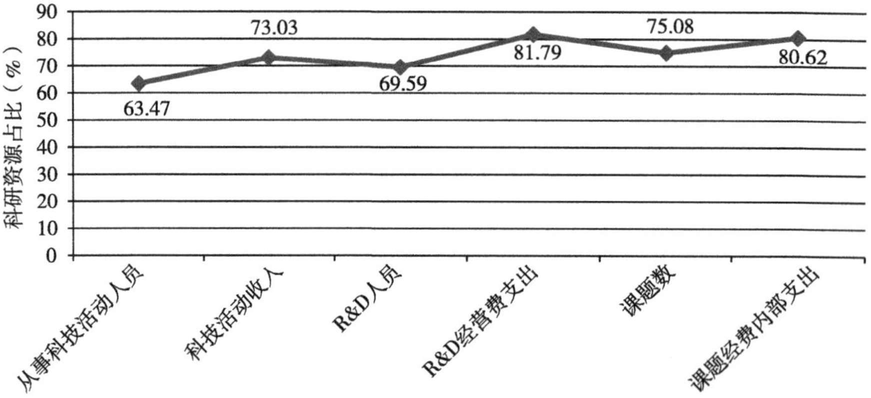

图8-10　江苏省农业科学院科研资源在江苏省农业科研机构中的比例

数据来源：农业部科技教育司《全国农业科技统计资料汇编（2018）》

（2）江苏省农业科学院科研经费快速增长，科研项目数量和质量双提升。一方面，江苏省农业科学院科技课题数和科技课题经费增长速度高于全省平均水平。江苏省农业科学院科技课题数从2007年的1 020个增加到1 694个，课题经费内部支出从1.78亿元增加到2018年的8.25亿元；课题资助强度2007

年分别是 17.41 万元/个和 18.09 万元/(人·年)，以 2007 年为基础，扣除物价影响因素后，到 2018 年则分别增加到 34.45 万元/个和 32.12 万元/(人·年)。2007—2018 年，科技活动收入、科技课题数、科技经费内部支出、R&D 经费内部支出的同比增长率，江苏省农业科学院都要远远高于江苏省农业部门所属农业科研机构平均水平（图 8-11）。另一方面，新上科研项目数量和到账经费齐升。科研项目数量上，2013—2018 年新增科研项目共 6 263 项，年均新增项目超 1 000 项，为 1 044 项。其中，2018 年新上科研项目总数为 1 100 项，相比 2013 年增加了 106 项。同时，江苏省农业科学院项目以省级项目为主，2013—2018 年新增省级项目共 2 895 项，占新增项目总数的近一半，为 46.22%，国家级项目和其他项目占比分别为 22.96% 和 31.93%。国家级项目中的国家自然科学基金项目数大幅增加，从 2012 年的 36 项增加到 2017 年的 62 项。在项目经费上，2013—2018 年累计到账经费为 15.41 亿元，年均到账经费 2.57 亿元，其中，2018 年到账经费为 3.77 亿元，相比 2013 年，增加了 1.24 倍（图 8-12）。到账经费以国家级和省部级为主，国家级项目到账经费占到账总经费的 39.53%，省级项目到账经费占到账总经费的 41.83%，两者占总经费的 81.36%。

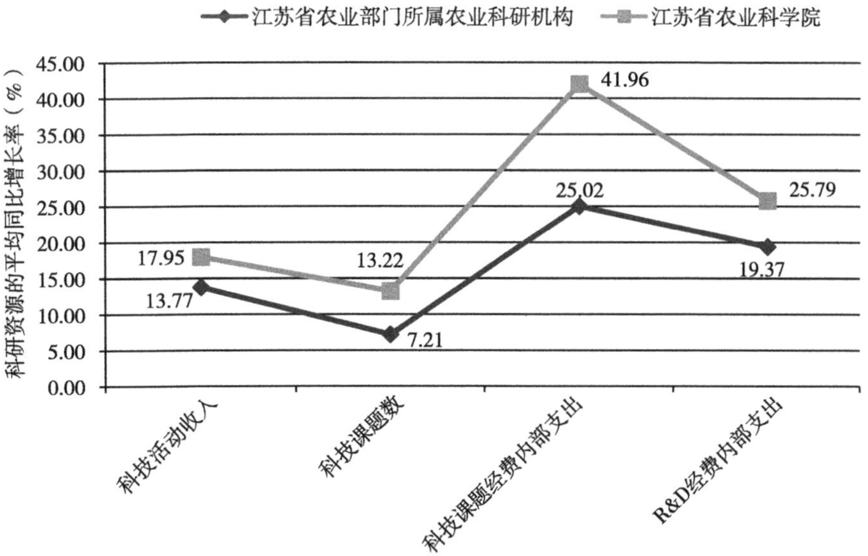

图 8-11　2007—2018 年江苏省农业科学院和江苏省农业部门所属农业科研机构科研资源的年均增长率

数据来源：农业部科技教育司《全国农业科技统计资料汇编（2018）》

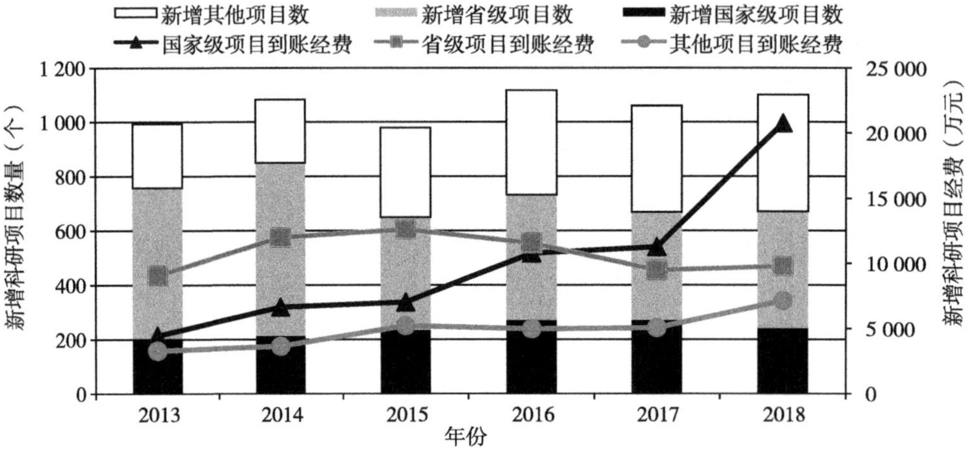

图 8-12　2013—2018 年江苏省农业科学院各年新增科研项目情况

数据来源：江苏省农业科学院年鉴编委会《江苏省农业科学院年鉴（2016—2018）》以及江苏省农业科学院科研处《江苏省农业科学院科研工作年度报告（2013—2015）》

（3）江苏省农业科学院科研投资的七大重点领域。主要开展农作物的现代耕作栽培技术研究、土壤类型及肥力特性、畜牧研究、农作物遗传生理及生物化学研究、兽医研究、食品加工研究、原子能农业利用研究等。各重点研究领域的内容如下：一是以稻、麦、棉、玉米、油菜、大豆、蔬菜、甘薯、桃、草莓、花卉和牧草为研究对象，以杂种优势利用为研究重点，选育高产、稳产、优质、抗病虫、熟期适宜的新品种（组合），并开展种质资源的搜集、整理、保存和利用研究。二是主要农作物的现代化耕作栽培技术，包括作物与气候及其他环境因子的计算机模拟及决策。主要农作物病、虫、草害综合防治技术，品种抗性鉴定技术及遗传机制研究；毒素诱导细胞突变抗性技术，病原菌突变体融合技术，抗性基因蛋白转移技术，以及新农药复配剂、生物农药及其配套技术。三是土壤类型及肥力特性，盐碱土和沿海滩涂的改良利用及其持续稳产技术；农作物的营养机理，营养元素的转化平衡，有机无机肥料的经济合理利用，农田环境保护等研究。四是农作物遗传生理及生物化学研究，主要从事细胞遗传、发育遗传、分子遗传和光合生理、发育生理、逆境生理、营养生理及基因定位和基因导入等方面的研究。五是畜牧研究，主要开展猪、羊、兔生理特性及繁殖性能、杂交利用的研究；家畜体外授精，试管牛、猪、兔的研究，畜禽饲料添加剂等的研究。兽医研究主要有猪弓形虫病、猪气喘病、兔 A 型魏氏梭菌下痢病、牛猝死症、猪、牛轮状病毒病等的病原诊断、免疫等方面的研究，以及中草药防治牛、猪、禽病研究。六是食品加工研究，主要开展食品添加剂、食用色素、食品营养分析、品质鉴定及有毒物质检测与农业分析方法标准化的研究。七是原子能农业利用研究，有稻麦辐射育种、农用核仪器的研制、放射免疫技术、核计量计研制、农副产品、医用品的辐照保鲜加工等的研究。

（4）江苏省农业科学院科研平台建设成效显著，科研基础条件大大改善。一是科研平台建设上，江苏省农业科学院以重点实验室等基础性研究平台为基础、以工程中心等技术平台为延伸、以公共服务中心等服务平台为推动力，科研平台建设取得显著成效。截至 2017 年年底，全院（含农区所）拥有省级以上科研平台 63 个，包括国家级平台 1 个，农业部平台 34 个、科技部平台 2 个，省级平台 13 个、省科技厅平台 4 个，国际合作平台 9 个。已初步形成了“重点农业科学研究实验室+工程中心+公共服务中心+展示基地”的科技创新平台体系。二是在科研基础条件建设上，2011—2017 年，江苏省农业科学院本部各类平台新增科研仪器设备原值 6 305 万元，其中，50 万元以上仪器设备 50 台（套）（原值 5 952 万元）；大型科研仪器设备共享收入 338 574 万元，年有效工作机时 103 385 小时，对外共享机时 21 204.59 小时，各类平台的科研用房面积达 7 800平方米（罗海荣，张振华，吴长付，2018）。

3. 江苏省农业科研国际合作现状及特点

江苏省农业科学院的国际合作走在全国的前列，具有一定的代表性。因此，本部分主要以江苏省农业科学院为例，对江苏省农业科学国际合作现状及特点进行分析。

（1）江苏省国际合作活动整体呈上升态势。如图 8-13 所示，江苏省农业科学院的国际合作具体可以分为 3 个阶段：第一阶段（2000—2006 年）为萌芽发展期，院国际合作次数均不超过 20 次。第二阶段（2007—2014 年）为波动发展期，2007 年国际合作次数已经达到了 2006 年的 3 倍，2012 年最高达到了 195 次，虽然总体呈增长趋势，但有明显的上下波动，在 2009 年、2011 年和 2013 年均有不同程度的减少。第三阶段（2015—2017 年）为持续增长期，这一阶段国际合作次数持续增长，近两年均达到了 300 次以上。

（2）江苏省国际合作类型以来访、合作论文、出访为主。江苏省农业科学院的各种国际合作类型占比情况：其中，国际合作以来访、合作论文、出访为主，占比均大于 25%，远远高于其他的合作形式，3 项总占比 90%以上。此外，国际合作项目占比 5.76%，多数来源于留学基金、引智、培训等项目类型，为人员往来交流提供经费支持，用于开展农业科技国际合作研究的项目

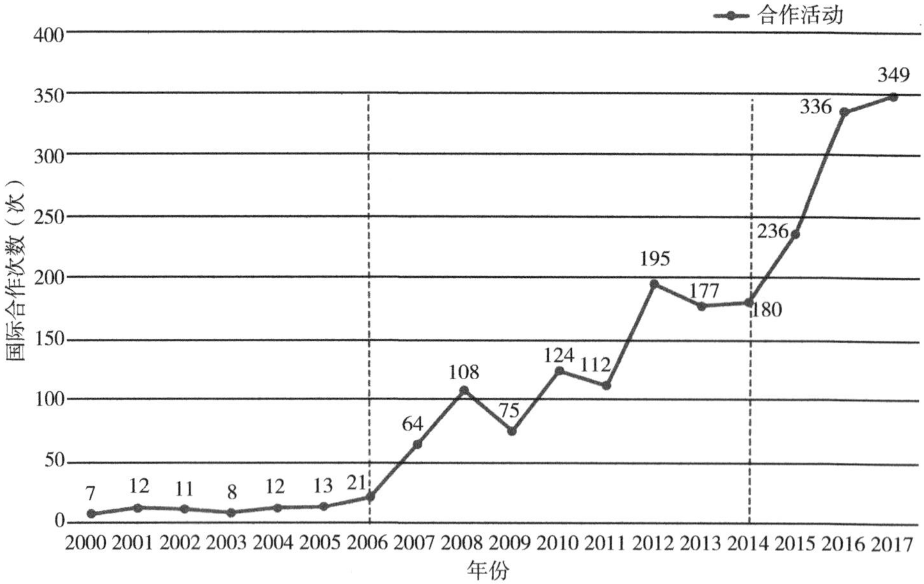

图 8-13　江苏省农业科学院国际合作次数年度发展情况

来源：江苏省农业科学院

少。与江苏省农业科学院院签署合作协议、国际专利申请及共建合作平台数量较少。

（3）江苏省农业科研国际合作范围较广，但主要集中在美加等几个国家。一是，从国际合作的分布来看，在五大洲中，合作次数最多的是以美国和加拿大为主的美洲，共合作 909 次，占到了总合作次数的 46.57%；其次是亚洲，合作次数为 455 次，占总合作次数的 23.31%；欧洲和大洋洲分别合作 357 次和 163 次；合作次数最少的是非洲，仅有 68 次。二是，从国际合作的各个国家来看，截至 2017 年年底，有国际合作关系的国家共有 88 个。其中，与美国合作最为频繁，合作频次高达 731 次，远超其他国家，其余排在前五位的合作国家有：加拿大（153 次）、澳大利亚（147 次）、日本（120 次）和韩国（69 次），与这 5 个国家的合作次数占全院国际合作的 59.75%。而合作次数在 10 次以下的国家共有 58 个，占总数的 8.57%。

（4）江苏省农业科研与绝大部分“一带一路”沿线国家和地区开展了合作。结合“一带一路”沿线国家和地区的国际合作情况（表 8-6），发现省级农业科研与超过 2/3 的“一带一路”沿线国家和地区开展了合作。与西欧的德国、荷兰和意大利三国均开展了合作，且总合作次数最多，达到了 124 次；与

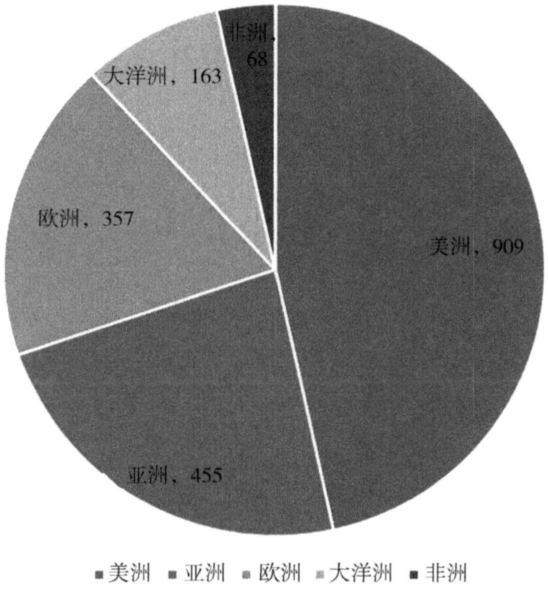

图 8-14　江苏省农业科学院与各大洲国际合作情况

来源：江苏省农业科学院

东盟十国的合作次数仅次于西欧，达到了 117 次，该地区合作率达到了 90%，目前仅有文莱一国尚未开展合作；其次是南亚和中东欧地区，分别合作 49 次和 46 次，合作率分别为 62.5%和 53.33%；与西亚合作 34 次，合作率为 50%；与独联体和非洲分别合作 22 次和 21 次，合作率分别为 71.43%和 50%；与中亚五国的合作次数仅 2 次，合作率 40%。

表 8-6　江苏省农业科学院与“一带一路”沿线国家（地区）开展国际合作的情况

地区	“一带一路”沿线国家（地区）	已建立联系的国家	合作率（%）	合作次数（次）
东亚	中国、蒙古国	蒙古国	100	1
东盟	新加坡、马来西亚、印度尼西亚、缅甸、泰国、老挝、柬埔寨、越南、菲律宾、文莱	新加坡、马来西亚、印度尼西亚、缅甸、泰国、老挝、柬埔寨、越南、菲律宾	90	117
西亚	伊朗、伊拉克、土耳其、叙利亚、约旦、黎巴嫩、以色列、巴勒斯坦、沙特阿拉伯、也门、阿曼、阿联酋、卡塔尔、科威特、巴林、希腊、塞浦路斯、埃及	伊朗、土耳其、黎巴嫩、以色列、沙特阿拉伯、阿联酋、卡塔尔、希腊、埃及	50	34

（续表）

地区	“一带一路”沿线国家（地区）	已建立联系的国家	合作率（%）	合作次数（次）
南亚	印度、巴基斯坦、孟加拉国、阿富汗、斯里兰卡、马尔代夫、尼泊尔、不丹	印度、巴基斯坦、孟加拉国、斯里兰卡、尼泊尔	62.5	49
中亚	哈萨克斯坦、乌兹别克斯坦、土库曼斯坦、塔吉克斯坦、吉尔吉斯斯坦	哈萨克斯坦、乌兹别克斯坦	40	2
中东欧	波兰、立陶宛、爱沙尼亚、拉脱维亚、捷克、斯洛伐克、匈牙利、斯洛文尼亚、克罗地亚、黑山、塞尔维亚、阿尔巴尼亚、罗马尼亚、保加利亚、马其顿	波兰、捷克、斯洛伐克、匈牙利、斯洛文尼亚、克罗地亚、塞尔维亚、罗马尼亚	53.33	46
独联体	俄罗斯、乌克兰、白俄罗斯、格鲁吉亚、阿塞拜疆、亚美尼亚、摩尔多瓦	俄罗斯、乌克兰、白俄罗斯、格鲁吉亚、摩尔多瓦	71.43	22
非洲	肯尼亚、吉布提	肯尼亚	50	21
西欧	德国、荷兰、意大利	德国、荷兰、意大利	100	124

数据来源：江苏省农业科学院

五、山东省农业科研资源

1. 山东省农业科研体系

（1）由于地理资源优势，山东省虽然仍然以种植业研究机构为主，但是渔业方面的研究机构相对较多。山东是农业大省，科研机构中种植业机构占主导，同时由于山东很多地市都临海，具有天然的条件，因此从事渔业方面的研究机构也占很大部分。如：国家海洋局一所、中国海洋大学、中国科学院海洋研究所、山东省海洋资源与环境研究院、青岛国家海洋科学研究中心等机构都主要从事渔业方面的科研。以农业系统内科研机构为例，山东省种植业科研机构32个，占57.14%，渔业科研机构11个，畜牧业类机构数量长期基本保持在6个左右，农机化相关的科研机构为7个。

（2）农业科研机构有部属、省属和地市属，涉及多个主管部门。山东省农业科研机构以省属占主导，同时，很多国家级科研机构都在山东省设有相应研究所。如：中国农业科学院所属的烟草研究所，中国科学院系统下属的青岛生物能源与过程研究所、海洋研究所、烟台海岸带研究所，中国水产科学研究院所属的黄海水产研究所。部属农业科研机构主要有自然资源部所属的国家海洋局一所，教育部直属的中国海洋大学。省级农业科研机构主管部门涉及省人民政府、农业农村厅、自然资源厅（林业局）、海洋局、科技厅，如：山东省农业科学院及其下属研究所归省农业农村厅管，山东省林业科学研究院属山东省自然资源厅（林业局），山东省海洋资源与环境研究院隶属于山东省海洋局。同时有部分研究机构属于多个同部门领导，如：山东农业大学是农业农村部、国家林业和草原局、山东省政府三方共建，等等。具体的科研机构体系及管理部门如 图 8-15所示。

2. 山东省农业科研项目来源及情况

农业科研项目主要来源于科技部门，分为国家级项目和省级项目。国家级项目主要来源于科技部，包括国家科技重大专项，国家重点基础研究发展计划、国家高技术研究发展计划、国家科技支撑计划、国家国际科技合作专项。省级项目主要有省农业良种工程、省软科学研究计划、省重点研发计划、省农业科技发展资金、省自然科学基金等。具体如图 8-16 所示。

专栏 2　山东省主要农业科研项目情况

农业良种工程。是指以农业新品种选育和源头创新为重点，突出具有自主知识产权品种选育和育种技术研究，强化种质资源收集、整理、引进、保护、创新和利用，带动新品种产业开发的农业科技研发计划，由省科技厅、省财政厅共同管理。分重大课题和重点课题。由山东省农业良种产业化开发项目管理办公室负责组织实施。办公室设在省科技厅农村与社会发展处，由省科技厅、省财政厅相关人员组成。2017 年，聚焦山东省现代农业发展需求和农业新旧动能转换对农业良种的需求，农业良种工程重点支持高淀粉马铃薯、高油花生、青贮玉米、苹果品种改良、速生抗逆刺参贝类 5 个突破性新品种和高淀粉甘薯、蔬菜品种改良、皮肉兼用型驴、高油抗病核桃 4 个储备性新品种的选育，安排重点项目 20 项。为丰富山东省农业良种资源，启动“南种北繁”计划，引进以南方品种为主的非本地高端、高值、高效农业良种品种，通过技术攻关，实现在山东省驯化繁育并形成新的特色产业和经济增长点。

省农业重大应用技术创新项目。该项目由省财政厅负责资金预算管理，省直农口部门负责对本行业创新课题设立的指导和审核。重点支持如下技术：与良种配套的增产增效技术和优质专用农产品生产技术，设施农业高效节本管理技术，农业生态及资源节约型技术，农产品加工、储藏与物流技术，农业生产和管理亟需的农业机械、农业信息化和应用性农业生物技术，农业经济管理创

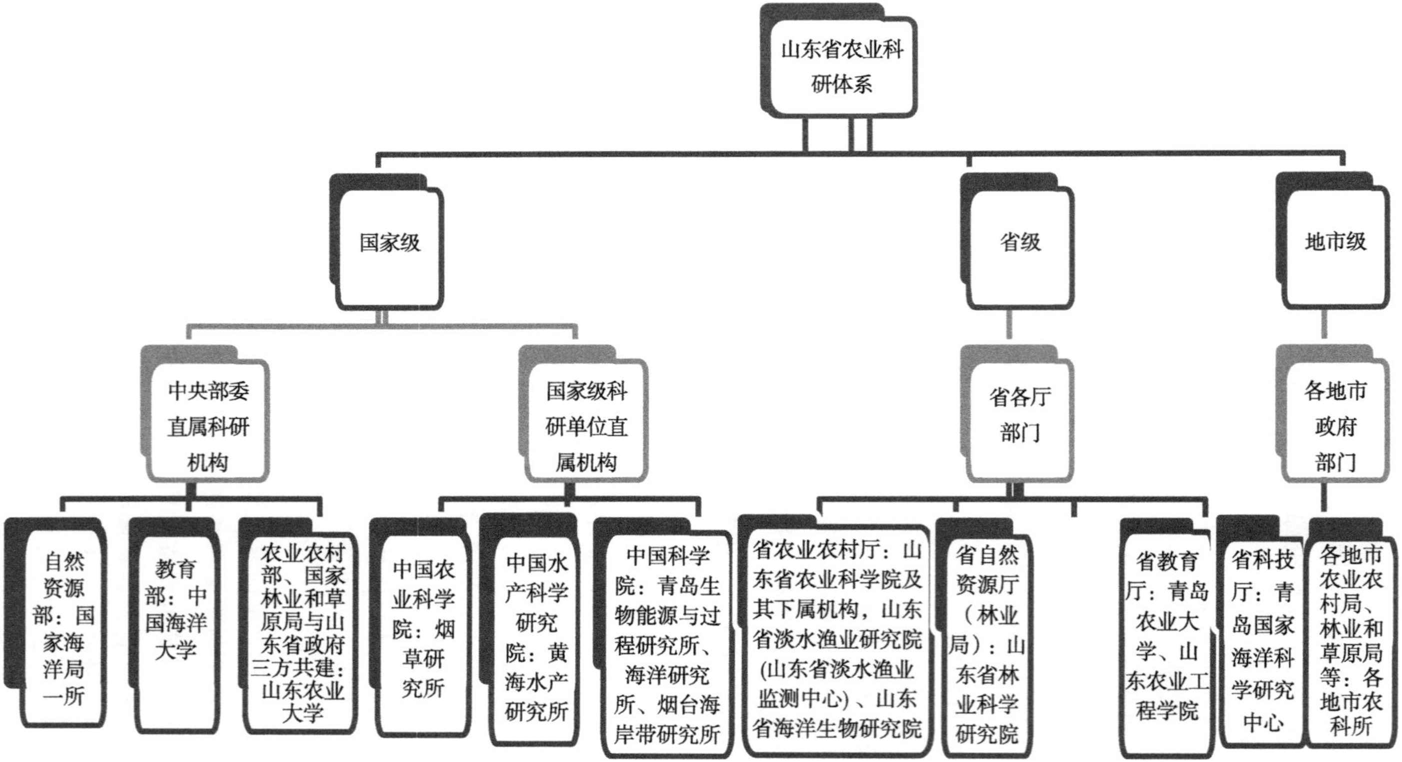

图8-15 山东省农业科研体系

来源：作者整理

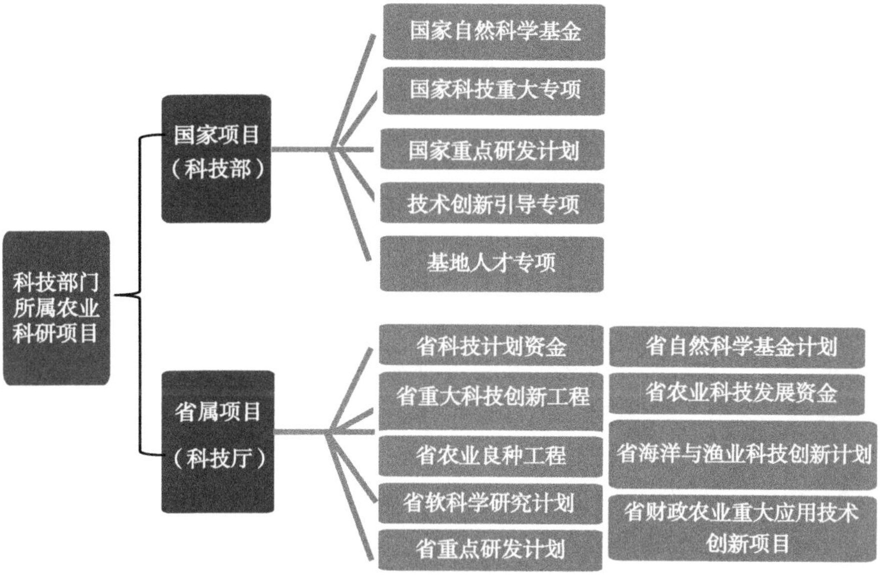

图 8-16 山东省科技部门所属农业科研项目主要来源情况

来源：作者整理

新研究，其他具有研究基础、开发前景和应用价值的技术。

省海洋与渔业科技创新计划。创新计算项目是围绕山东省海洋与渔业发展的重点任务进行科技创新和应用，纳入省海洋与渔业厅科技管理。主要分为两大类，一类是海洋类，主要包括海洋生态环境保护与治理、海岛保护与合理利用、基于生态系统的海洋综合管理、海洋环境保障服务、海洋防灾减灾，海洋执法通讯保障及海洋工程装备、海洋生物医药与制品、海水淡化与综合利用，海洋新材料、智能信息等领域的科技创新和示范应用。另一类是渔业类，主要包括良种培育、健康养殖、水产品加工、渔业资源增值及合理利用、海洋牧场、远洋渔业资源开发、渔船建造、休闲渔业、渔业环境监测、水产品质量安全等领域的科技创新和示范应用。

省现代农业产业技术体系。截至 2017 年，山东省先后建成了玉米、蔬菜、水果等 26 个创新团队，涵盖了农产品种类 63 个，约占全省主要农产品种类的 76%，聘任 403 名专家，包括首席专家 26 名、岗位专家 223 名、综合实验站站长 154 名，涵盖 108 家省、市农业科研、教学、推广单位及部门企业，辐射带动 3 000 多名农业科技人员。创新团队建设的数量、规模和覆盖范围都居全省前列。在经费支持上，截至 2015 年，省财政累计安排 2. 34 亿元，支持现代农业产业技术体系创新团队建设。其中：2015 年安排 6 400 万元，支持团队

22 个，建设经费和支持团队个数分别比 2010 年增加 5 400 万元和 19 个，年均分别增长 45%和 49%。以首席为重点，每人每年补助 50 万元，以岗位专家为支撑，每人每年补助 30 万元。

3. 山东省农业科研机构资源现状

以山东省地市级以上农业部门所属机构为例进行分析。

（1）科研机构以省属为主，并有 18 家地市级农业科研机构。2016 年，山东省农业系统内机构总数为 56 家。其中，国家级 2 家，分别是中国农业科学院烟草研究所、中国水产科学研究院黄海水产研究所。省级 36 家，主要是山东省农业科学院及其附属的 20 个研究试验单位，同时在 18 个地市设立了农业科学院分院。

（2）农业科研机构科技活动人员数量多，研究生学历人数在全国排名第二，仅低于北京。科技活动人员大幅增加，从 1993 年的 2 871 人增加到 2018 年的 5 072 人，其中，R&D 课题活动人员大幅增加，在 1993—2018 年增加了 1 539 人，科技管理人员和科技服务人员则分别增加了 43 人和 3 人。从人员学历结构来看，2018 年，硕士学历人员增加到 1 244 人，博士学历人员增加到 873 人，研究生学历科技活动人员占比达到 47. 51%。

（3）科技活动经费快速增长，快于全国省属农业科研机构的增长速度。山东省农业系统内农业科研机构科技活动经费逐步加大，2007—2018 年，从 4. 85 亿元增加到 20. 64 亿元，以 2007 年为基准，扣除物价上涨后，年均实际增长率为 10. 54%，快于全国农业部门的省属农业科研机构的增长速度。山东省农业科研机构的经费来源主要以政府资金为主导，从 2007 年的 4. 38 亿元增加到 2018 年的 17. 38 亿元，以 2007 年为基准，扣除物价上涨后，年均实际增长率为 9. 84%。2018 年政府资金占总科技活动经费的比例为 84. 19%。其中：政府资金又分为财政拨款、承担政府项目和地方政府资金，2018 年财政拨款、承担政府项目和地方政府资金分别为 11. 49 亿元，4. 82 亿元和 1. 07 亿元，占政府基金的比例分别为 66. 11%、27. 74%、6. 15%。国外资金非常有限，在 1997—2018 年，山东省农业科研机构的科技活动收入中的国外资金除了 2012 年、2013 年、2017 年和 2018 年分别有 2. 1 万元、32 万元、56 万元和 10 万元外，其他年份都为 0。

（4）R&D 经费增长速度快于全国省属和部属机构平均水平。首先，从 R&D 经费额上看，2018 年相比 2007 年，R&D 经费内部支出、R&D 经费支出以及 R&D 经费支出中政府资金的投入量分别从 1. 32 亿元增加到 12. 82 亿元，从 1.22 亿元增加到 11.16 亿元，从 1.03 亿元增加到 8.87 亿元，分别增长了 8.71 倍、8.15 倍、7.61 倍，高于全国省属农业科研机构 R&D 经费增长速度，也高于农业部属农业科研机构。其次，从 R&D 经费来源上，政府资金是农业科研机构经费的最主要来源，基本维持在 80%，企业、国外资金等仅仅作为补充。2018 年，山东省农业科研机构的 R&D 经费支出，政府、企业、事业单位、其他资金占比分别为 78.57%、6.35%、12.75% 和 2.33%。值得注意的是，尽管从 2004 年开始，山东省 R&D 经费内部支出中有了国外资金，但非常有限，且波动特别大（图 8-17，图 8-18），2011 年最高经费为 103.6 万元。再次，从 R&D 活动类型上看，试验发展研究支出占比一直较高，基础研究支出占比较小但有所增加。2007 年，山东省农业科研机构 R&D 经费内部支出中的基础研究支出 780 万元，应用研究支出 3 793 万，试验发展研究支出为 7 675.9 万元，占比分别为 6.37%、30.97%和 62.67%。到了 2018 年，基础研究支出 2.07 亿元，应用研究支出 2.89 亿元，试验发展研究支出为 6.97 亿元，占比分别为 17.34%、24.22%和 58.43%。这期间，基础研究支出占比提高了 10.97 个百分点，应用研究支出占比相对变化不大，而试验发展研究支出占比一直保持在 50%以上，但占比有所下降。

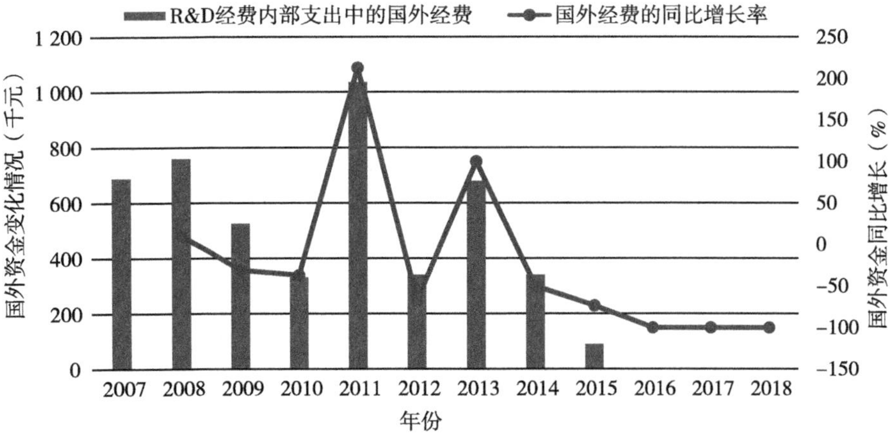

图 8-17　2007—2018 年山东省农业科研机构 R&D 经费内部支出中的国外资金变化情况

数据来源：农业部科技教育司《全国农业科技统计资料汇编（2018）》

（5）山东省农业科研机构课题数和课题投入经费强度在增加，课题数量和课题总经费在全国排名靠前，但课题资助强度并不大。2007—2018 年，山东省农业科研机构的科技课题数逐年增加，从 946 个增加到 2018 年的 2 044 个，年均增加课题 99.82 个；科技课题资助经费从 2007 的 1.33 亿元增

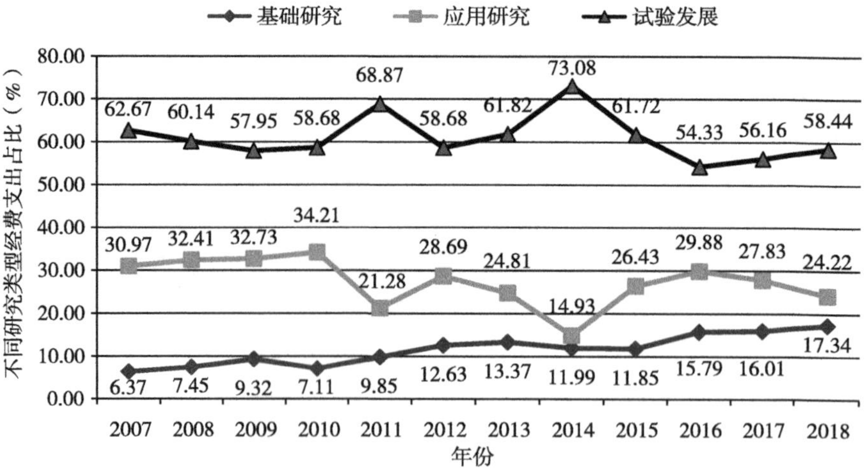

图 8-18　山东省农业科研机构不同研究类型 R&D 经费内部支出占比

数据来源：农业部科技教育司《全国农业科技统计资料汇编（2018）》

加到 2018 年 7.45 亿元，每个课题的资助强度由 2007 年的 14.16 万元/个提高到 2018 年的 36.47 万元/个；同时，人均课题经费（课题内部经费支出/课题人员折合全时工作量）也有大幅增长，2007 年为 5.8 万元/(人·年)，2018 年为 21.23 万元/(人·年)，以 2007 年为基础，扣除物价上涨因素外，年均实际增长率为 9.03%。从省际比较看，2018 年山东省科技课题数量在全国排名第五，仅次于北京、江苏、浙江、广东。课题经费内部支出排名第三，落后于北京和江苏；但在课题资助强度上，山东省并不占优势，在全国只是居于中间水平（表 8-7）。

表 8-7　山东省农业科研机构科技课题数和科技课题经费投入及强度

年份	课题数合计（个）	经费内部支出（万元）	经费内部支出政府资金（万元）	课题人员折合全时工作量（人/年）	课题资助强度（万元/个）	课题人均资助强度（万元/人）
2007	946	13 392.19	11 805.27	2 300.4	14.16	5.82
2008	1 095	17 415.9	15 755.6	2 194.1	15.90	7.94
2009	1 114	20 470.95	16 860.85	2 142.5	18.38	9.55
2010	981	27 285.47	25 595.17	2 151.9	27.81	12.68
2011	1 328	45 024.01	40 758.01	2 649.1	33.90	17.00
2012	1 439	49 970.62	42 254.07	2 928.6	34.73	17.06
2013	1 675	59 052.24	50 575.66	3 031.8	35.26	19.48

（续表）

年份	课题数合计（个）	经费内部支出（万元）	经费内部支出政府资金（万元）	课题人员折合全时工作量（人/年）	课题资助强度（万元/个）	课题人均资助强度（万元/人）
2014	1 788	55 198.65	44 591.58	3 123.1	30.87	17.67
2015	1 966	61 592.18	48 299.95	3 156.8	31.33	19.51
2016	1 787	56 107.1	48 413	3 285	31.40	17.08
2017	1 877	72 357.2	62 532.2	3 349.7	38.55	21.60
2018	2 044	74 541.4	64 320.3	3 510.9	36.47	21.23

数据来源：农业部科技教育司《全国农业科技统计资料汇编（2018）》

（6）山东省农业科技创新能力条件不断改善，科研成果丰富，仅次于北京。一是，山东省农业科技创新能力条件不断改善。以重点实验室为例，山东省“十三五”农业部重点实验室（站）共有32个，其中：综合性重点试验站2个，16个专业性/区域性重点实验室，14个农业科学观测实验站。二是，山东省农业科研机构的科研成果丰富，2007—2018年，发表科技论文从1 333篇增加到2 473篇，其中国外发表论文从42篇增加到496篇，增长了10.81倍；专利授权中的发明专利2018年达到371件，国外授权专利2018年达到12件。从省际比较来看，山东省农业科研机构的科研成果在全国处于较高的水平。以2018年为例，山东省农业科研机构发表的科技论文总数、国外发表科技论文数量、专利授权中的发明专利数、专利授权中的国外授权数以及拥有发明专利总数都在全国排名第二，仅次于北京。

4. 山东省农业科学院资源

（1）与江苏省农业科研机构主要集中在江苏省农业科学院不同，山东省农业科研资源相对分散。与江苏省农业科学院在整个江苏省农业科研机构当中占有绝对主导地位不同，山东省农业科学院在山东省农业科研机构中的分量与作用相对要小。2018年，山东省农业科学院的科技活动人员、科技活动经费、R&D人员、R&D经费支出、科技课题数、课题经费内部支出分别为2 064人、9.98亿元、1 880人、6.40亿元、1 108个、4.13亿元，在整个山东省农业科研机构当中的占比分别为40.69%、48.37%、47.66%、53.72%、54.21%、55.41%，与江苏省各指标占比超过60%相比，相对较低一些（图8-19）。

（2）山东省农业科学院的科技课题数量和科技课题经费迅速增长。一是从科技课题数量和经费上看，山东省农业科学院科技课题数从2007年的588

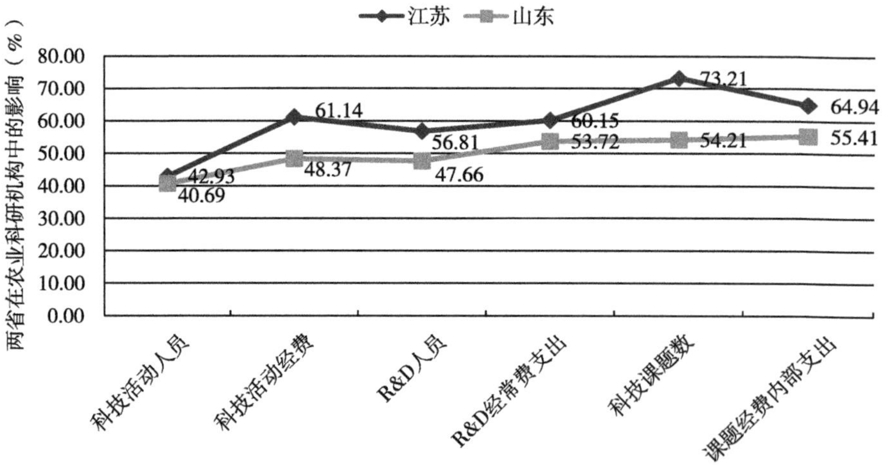

图 8-19　江苏省农业科学院和山东省农业科学院在两省农业科研机构中的影响

来源：《江苏省农业科学院年鉴》和《山东省农业科学院年鉴》

个增加到 2018 年的 1 108 个，课题经费内部支出从 7 097. 41 万元增加到 2018 年的 41 301. 9 万元，以 2007 年为基础，扣除物价影响因素后，年均实际增长率为 13. 73%；从课题的资助强度上看，2007 年分别是 12. 07 万元/个和 7. 4 万元/(人 · 年)，到 2018 年则分别增加到 37. 28 万元/个和 24. 10 万元/(人 · 年)。以 2007 年为基础，扣除物价影响因素后，年均实际增长率分别为 7. 36%和 7. 88%。二是从全国各省市的农业科学院比较来看，以 2016 年为例，山东省农业科学院的课题数仅次于江苏省农业科学院（1 666 个）和福建省农业科学院（1 191 个）；山东省农业科学院课题经费内部支出仅低于北京市农林科学院（5. 49 亿）和江苏省农业科学院（3. 99 亿）；但课题资助强度并不占优势。三是在新上科研项目来源和立项经费方面，以 2017 为例，山东省农业科学院新上项目 600 余项，立项经费 5. 95 亿元，可支配财政经费达到 4. 55 亿元。其中：主持国家重点研发项目 3 项，立项总经费 7 132 万元；国家产业技术体系 26 个岗位、17 个试验站，经费 2 670 万元；国家自然科学基金项目 21 项，经费 770 万元；主持中央引导地方科技发展专项、省重大科技创新工程、农业良种工程等省级科研项目 120 余项，立项经费超过 6 000 万元。

（3）围绕山东乃至黄淮海区域农业发展所需的 50 个学科领域，加强科研基础条件和科研平台建设。一是，山东省农业科学院主要研究领域覆盖山东乃至黄淮海区域农业发展所需的 50 个学科。具体包括：粮经作物、果树、蔬菜、畜禽、蚕桑、资源环境、植物保护、农产品质量安全、农产品精深加工、农业微生物、农业生物技术、信息技术、农业机械等。二是，山东省农业科学院基本科研条件建设投入不断加大，其工作环境和工作条件大大改善。基本建设投资实际完成额从2009年的1 268.4万元增加到2016年的4 545.2万元，增长了2.58倍，基本都用于科研仪器设备，2016年占基本建设投资额的比例为99.46%。三是，科研平台建设取得显著成效。目前，全院（含农区所）各级科研平台齐全，建有国家和省部级创新平台70个，其中国家及部级创新平台32个，省级创新平台38个，数量居全国省级农科院前列。其中：国家级创新平台9个、农业农村部重点实验室10个，农业农村部山东观察实验室7个，农业农村部检测中心7个，同时，拥有省级重点实验室13个，省级工程技术中心18个，省级工程实验室4个，已具备较为完善的科研平台条件。

（4）山东省农业科学院坚持“请进来”和“走出去”方略，扎实推进多层次、宽领域、全方位的农业科技国际合作与交流。一是，强化战略伙伴关系。已同国际玉米小麦改良中心、国际半干旱热带作物研究所等10多个国际组织和60多个国家或地区的科研机构、高等院校建立了科技合作关系。如2016年，与6个“一带一路”沿线国家签订了合作协议，形成“济南共识”，并组织多个团组前往印尼、马来西亚、老挝、以色列等国家项目考察和调研。二是，国际合作平台建设运行良好。与美国、澳大利亚、俄罗斯、乌克兰、印尼、英国、国际半干旱热带作物研究所、欧盟药敏试验委员会、国际生物应用中心东亚中心等建立11个联合实验室；在苏丹建立了第一个海外农业研究中心，与埃及国家研究中心达成共建“中国—埃及农业机械装备研发中心”合作意向，并与俄罗斯科研机构成立“落叶果树生物技术联合实验室”。2008年山东省农业科学院成为科技部国际科技合作基地，建有11个山东省引智技术示范推广基地。三是，农业科技国际合作与交流深入推进。举办各种大型国际会议、引智观摩会、学术专题研讨会和国际培训班等50多次。有14名外国专家被省政府授予“齐鲁友谊奖”，2名专家荣获“山东省改革开放40周年最具影响力的外国专家”称号，1名专家荣获山东省国际科技合作奖。其中，2016年，选派出国（境）考察学习人员52批、131人次，接待来自国外考察团组46批、226人次，举办学术报告会25场；2017年，举办了“中国山东—中亚五国农业科技合作论坛”，填补了与中亚国家合作空白。四是，国际合作项目。2016年组织申报各类国际合作项目20余项，获批17项，立项经费近793.1万元。开拓与欧非5个国家和1个国际组织合作新途径。2017年，国际合作项目有进一步提高，立项经费突破1 500万元。

六、小　结

本部分在梳理省级农业科研系统构成、管理部门、目标任务和研究重点的基础上，从宏观层面对中国省级农业科研资源现状及特点进行了分析，同时从微观层面以江苏省和山东省为例，对省农业科研的具体情况进行深入系统的研究，得出以下主要结论。

（1）省级农业科研资源基本特点。中国省级农业科研资源丰富，科研体系完备，是中国农业科研资源中不可或缺的重要组成部分，是中国农业科技创新中的中坚力量，以服务地方农业发展为重任，注重地方特色农业的研究与应用。省级农业科研系统包括公共部门农业科研单位和私人部门农业科研单位，以公共部门机构为主，私人部门机构为辅，主要由省科技厅和省农业农村厅、省教育厅等共同负责管理。纵观省级农业科研机构的发展历程，中国省级农业科研机构具有数量相对稳定、以研究种植业为主导、科技活动人员数量质量实现双提升，R&D 人员配比低于部属机构等基本特点。省际比较看，江苏省和山东省在中国农业科研的大省地位相对稳定，农业科研体系完备，农业科研管理先进，农业科研资源丰富，两省在各类科研资源投入力度、科研成果产出等方面都处于全国领先地位，如江苏省涉农科研机构占全国所有涉农机构的近 1/10；山东省农业科研机构研究生学历人数占比在全国排名第二，仅低于北京；山东省和江苏省农业系统所属科研机构科研成果分别在全国排名第二和第三，仅次于北京。省内分布看，各省农业科学院在省农业科研当中发挥举足轻重的作用，省农业科学院各类科研资源的投入在整个农业系统内科研机构中占有较大的比例，且各类科研资源增长速度显著快于全省平均水平。

（2）省级农业科研科经费状况。省级农业科研机构科技经费投入总量逐年增大，政府资金是其主要来源，占科技活动总经费的比例保持 85%以上；国外资金来源非常有限，2010—2018 年，国外资金投入占科技活动收入比例平均仅为 0. 05%，与部属机构存在明显差距，平均每家部属机构的国外资金是省属的 25 倍多，在各省之间的分配极不均衡，并主要集中在北京、上海和云南等几个省（区、市）；R&D 经费快速增长，增长速度快于部属机构，而且主要集中在北京、浙江、山东、广东和江苏五省（市），R&D 经费支出之和占全国的比例高达 38. 09%。从省际的比较看，江苏省 2018 年农业部门所属机构课题资助强度处于全国领先水平，人均资助强度为 44. 29 万元/(人·年)。

（3）省级农业科研项目经费及来源。中国省属机构课题经费投入强度逐年增加，由2007年的15.45万元/个提高到2018年的36.32万元/个，增长速度慢于部属机构，两者差距越来越大，从2007年省属机构比部属的少13.18万元/个到2016年差距扩大到24.89万元/个，2018年差距缩减至14.06万元/个。各省根据实际，设立了支持本省农业科研发展的各类项目，如省重点研发计划（现代农业）、省政策引导类计划（苏北科技专项）、省现代农业产业技术体系、省农业科技自主创新资金等为江苏省农业科研提供了充足的资金保障；山东省农业科研省级项目来源主要有省软科学研究计划、省重点研发计划、省农业科技发展资金、省自然科学基金、省农业良种工程、省海洋与渔业科技创新计划和省财政农业重大应用技术创新项目。省属农业科研机构科研项目可以分为国家级、省级和地市级项目，以省级项目为主，主要来源渠道是省科技厅项目、省教育厅项目以及来源于各个渠道的国际合作项目。

（4）省级农业科研国际合作和交流。通过以江苏省农业科学国际合作为例的研究，发现我国省级农业科研国际合作成绩斐然：省级农业科研国际合作活动整体呈上升态势，经历了萌芽发展期、波动发展期、持续增长期；省级农业科研国际合作范围较广，涉及全球各大洲的大部分国家，但主要集中在美国、加拿大、澳大利亚等发达国家以及与中国相邻的日本、韩国等地，与这些国家的合作次数占全部国际合作的一半以上；“一带一路”倡议的实施，使中国与“一带一路”沿线国家和地区的农业科研合作与交流日益密切。但同时，我们也应该注意到当前省级国际合作面临的问题和挑战：我国省级农业科研国际合作类型以来访、合作论文、出访为主，国际合作研究项目、国际专利申请及共建合作平台等类型的国际合作相对较少，表明我国省级农业科研国际合作的深度还不够。而且在农业科研“走出去”、帮助其他发展中国家农业科技发展方面还处于刚刚起步阶段。如何进一步加强与国际农业科研机构的深度合作，如何依托国际农业组织，将中国丰富的农业科研资源为其他发展中国家所用，在科研体系建设及管理创新方面的经验为其他发展中国家提供借鉴，从而帮助他们提高本国农业科研水平，更好地发挥中国在世界农业科研当中的大国地位和责任，是中国省级农业科研下一步为之努力的方向和重点。

第九章　中国农业科学院和中国科学院的农业研发资源

一、中国农业科学院农业研发资源

中国农业科学院（CAAS）是国家级综合性农业科研机构，负责开展农业领域的基础研究、应用研究和高新技术研究，致力于克服农业发展挑战和支持地方经济发展。中国农业科学院通过与国内外农业研究机构、高校、非政府组织、基金会等进行技术交流和达成合作研究协议，促进国际国内的农业可持续发展。

就研究人员、研究所和重点实验室的数量而言，中国农业科学院是中国最庞大的农业研究机构。截至 2017 年，中国农业科学院拥有 34 个直属研究所和 9 个共建研究所，正式在编职工 7 026 人，其中包括 1 578 名管理人员、5 911 名研究人员（13 名中国科学院和中国工程院院士）、983 名技术人员和后勤人员。除 43 个研究所外，中国农业科学院还下设研究生院和中国农业科学技术出版社。从机构分布来看，60%的分支机构和共建研究所位于北京以外的 18 个省、市、自治区；103 个野外科学观测试验站广泛分布于中国 27 个省、市、自治区，占地面积 6 074 公顷，地区工作人员数量 1 250 人（《中国农业科学院 2017 年年报》，2018）。

同时，中国农业科学院在农业领域建立了完整的学科体系，范围涵盖 9 个学科集群、57 个学科领域和 302 个研究方向。其中，9 个学科集群包括作物科学、园艺科学、畜牧科学、兽医科学、植物保护科学、农业资源与环境科学、农业机械与工程科学、农产品质量与加工科学、农业信息与经济科学①。

① 中国农业科学院，2018. http：//mlzg. leshan. cn/html/2018/tongliaowang _ headlines _ 1219/512940. html.

中国农业科学院的农业研发工作以中国最为健全的农业研发设施为基础。中国农业科学院拥有 2 个国家重大科技基础设施（农作物基因资源与基因改良国家重大科学工程和国家农业生物安全科学中心），1 个国家动物疫病防控高级别生物安全实验室，6 个国家重点实验室，1 个省部共建国家重点实验室，22 个综合性农业部重点实验室，40 个农业部专业性重点实验室，30 个农业部农产品质量安全风险评估实验室以及 52 个院级重点实验室。除了上述主要的科学技术设施外，技术创新平台也是中国农业科学院研发能力的重要支撑。目前全院拥有 5 个国家工程技术研究中心、5 个国家工程实验室、2 个国家工程研究中心、22 个国家品种改良中心（分中心）、18 个国家现代农业产业技术体系技术研发中心、32 个院级工程技术研究中心。此外，中国农业科学院国家级作物种质库（圃）拥有近 48 万种长期保存的作物种质资源，居世界第二位（《中国农业科学院 2017 年年报》，2018）。

立足于其庞大的机构体系和健全的学科和基础设施，中国农业科学院在协调开展国内外农业交流与合作方面具有很强的凝聚力，这在中国所有农业研究机构中是独一无二的。推进农业领域的国际合作是中国农业科学院的重要使命之一。目前，中国农业科学院已与众多国际机构、公司、非政府组织、民间团体和国际基金会（包括 CGIAR 和盖茨基金会）建立了成功的合作协议或谅解备忘录。截至 2018 年年末，中国农业科学院已与 100 多个国家、38 个国际组织、7 个跨国公司以及基金会建立了广泛合作；与 52 个国家及 21 个国际组织签署了合作协议；13 个多双边国际机构在中国农业科学院设立驻华代表处；拥有 70 多个国际联合实验室，4 个海外联合实验室，6 个世界卫生组织、联合国粮农组织、世界动物卫生组织国际参考实验室①。

此外，中国农业科学院的农业研发资源还体现在雄厚的科研经费上，一方面承担着一系列国家资助的重点研究和开发项目，另一方面得到中央财政的大力支持。2017 年，中国农业科学院的收入为 72.1 亿元人民币（约 11.3 亿美元），其中政府拨款 35.5 亿元人民币（约 5.55 亿美元），包括用于农业科技创新计划（ASTIP）的 8 亿元（约 1.25 亿美元）专项资金（《中国农业科学院 2017 年年报》，2018），超过与 CGIAR 的年度经费总额（约 9 亿美元）②。自“十一五”（2006—2010）以来，中国农业科学院的年度项目合同资金已增长近 8 倍，从 2006—2010 年的年均 7.27 亿元增加到 2016—2017 年的年均

① 中国农业科学院国际合作局，2018. http：//caas.cn/zt/ggkf40n/ggjxs/294798.html，2018-12-07.

② CGIAR. https：//www.cgiar.org/funders/.

55.6亿元（中国农业科学院，2019）。

中国农业科学院的农业研发资金的分配是根据院战略计划和国家科学技术政策制定的。具体而言，为响应《国家创新驱动发展战略纲要》及一系列相关的国家政策计划，中国农业科学院于2016年制定了“十三五”科技发展计划（2016—2020年）及其行动计划。从执行情况来看，中国农业科学院的研究经费主要用于支持人才工程计划、科技创新工程（ASTIP）、国家农业科技创新联盟（NASTIA）、绿色增产增效技术集成模式研究与示范、重大科研新布局以及知识产权建设等方面。

1. 科技创新工程（ASTIP）

科技创新工程（ASTIP）于2013年正式启动，得到了中央政府的直接支持，在国家农业科技战略体系中有重要地位。科技创新工程是一项新的科研资助，致力于支持以科技为基础的应用型成果，在2025年之前快速有效地解决现实面临的挑战。创新工程计划分为3个阶段，分别对应“十二五”“十三五”和“十四五”时期。具体而言，2013—2015年是准备部署阶段，主要任务在于探索支持农业创新的高效组织形式。2016—2020年的第二阶段是调整推进时期，一方面将吸取第一阶段的经验教训，调整创新工作的重点内容；另一方面，创新工程框架下的国际合作、能力建设以及研究设施和基础设施建设将在这一阶段启动和基本达成。在2021—2025年的最后阶段，将进一步实现计划内容的全面发展和扩展延伸。

2. 国家农业科技创新联盟（NASTIA）

国家农业科技创新联盟（NASTIA）以农业部为指导、以中国农业科学院为依托，以深化农业科技体制改革和农业科研治理机制为目标，承担解决农业全局性重大战略与共性技术难题和区域性农业发展重大关键性技术问题的核心任务。自2014年成立以来，国家农业科技创新联盟集聚全国农业科研优势资源和力量，在全国范围内积极构建统一高效的农业科技协同创新机制，确定农业科研领域的优先任务，进而提出解决关键农业问题的综合方案。同时，联盟还为包括绿色增产增效技术集成模式在内的关键研发项目制定提案，建设由10个农业科学技术数据分中心和1个主要中心共同构成的农业科技基础数据网络，进而开展长期的基础农业科技研发工作。

中国农业科学院在农业科技创新领域组织和开展了大量的国际合作、学习和研究项目，在国内外拥有良好的声誉。具体而言，中国农业科学院积极开展

“一带一路”合作，向亚洲、非洲、美洲和欧洲超过 150 个国家出口了 60 余项技术及产品，同时还倡议通过联盟促进中国的农业科技“走出去”，在全国范围内整合了农业技术创新力量，并且与国际农业研究磋商组织（CGIAR）、非洲生物多样性研究中心（CABI）、欧盟（EU）、G20 国家、APEC 农业技术工作组、国际原子能机构（IAEA）、盖茨基金会（BMGF）等许多国家政府机构、国际组织和基金会合作，取得了显著成果。其中，自 1984 年建立合作以来，与 CGIAR 的伙伴关系一直是中国农业科学院国际农业研发合作的重要组成部分。二者之间的合作主要有 3 种机制，包括中国农业科学院向 CGIAR 的捐款、建立联合实验室或中心以及开展合作项目。另外，盖茨基金会已成为中国农业科学院在农业研发（特别是种质资源培养）、合作研究、人才培训和联合实验室开发方面十分重要的直接合作伙伴。在盖茨基金会的支持下，中国农业科学院为亚洲和撒哈拉以南非洲的众多发展中国家开发了 64 个绿色超级稻品种，到 2017 年年底播种面积超过 200 万公顷（《中国农业科学院 2017 年年报》，2018）。

此外，中国农业科学院积极与科技部、农业农村部进行沟通，以推动或发起以中国为主导的重大科学项目，包括牵头建立了中非农业科学研究机构“10+10”合作机制，截至 2017 年年末签署了 8 项相关协议。中国农业科学院还努力将学院的大科学项目与 CGIAR 的重点项目、欧盟的特殊农业和食物项目、法国农业科学院的大科学计划、澳大利亚联邦科学与工业研究机构（CSIRO）的旗舰项目以及中英牛顿基金国际合作项目进行对接，进一步促进农业科技“引进来”和“走出去”（《中国农业科学院 2017 年年报》，2018）。

二、中国科学院农业研发资源

中国科学院是中国科研体系中最大的国家级研究机构，由国务院直接管辖，并由科技部进行实际监督。相对于专注于农业科研的中国农业科学院，中国科学院则主要致力于基础、全面和前沿的自然科学研究和技术研发，旗下许多分支机构也积极从事农业研发和相关的国际合作。

中国科学院由 114 个研究单位、12 个分院、3 所大学（中国科学院大学、中国科学技术大学和上海科技大学）、4 个支撑机构组成。这些中国科学院直属机构分布在北京以外的 23 个省、直辖市、自治区。中国科学院及其附属机构共计拥有 100 多个国家重点实验室和工程中心、超过 200 个机构重点实验室和工程中心以及 200 余个野外台站。

长期以来，地理科学与自然资源研究所（IGSNRR）、遗传与发育生物学研究所（IGDB）、亚热带农业生态研究所（ISA）、植物研究所（IOB）、动物研究所（IOZ）及其他中国科学院研究所基于其主要研究领域，为农业研发做出了重要贡献。除 20 余所研究所涉及农业相关专业，众多非农的中国科学院附属研究机构同样在农业研发领域具有影响力。例如，自动化研究所在农业智能设备研究方面取得了有效进展。

中国科学院在其《“十三五”发展规划纲要》中，针对农业科研提出了聚焦重大科学问题、攻克共性关键技术以及开展区域农业产业发展技术集成示范 3 个重点。具体而言，中国科学院的农业研发优先领域包括：植物定向发育机制；饲料转化效率和产品质量；具有高生产性能的水产品新品种；优化农业生态系统；设计育种的流程化、信息化，提高作物育种效率，缩短育种周期；减轻农业生产对生态环境的压力、降低资源成本和合理配置农业资源；实现农业信息化和智能化（段子渊和申泽丹，2017）。

根据《2018 年中国科学院统计年鉴》，2017 年中国科学院有 71 038 名正式员工，其中 61 468 人属于中国科学院的科研机构，总体专业技术人员占比超过 84%。在技术科学、数学与物理学、生物科学、地球科学、化学与化学工程在编人员在科研机构正式员工中占比分别为：33.7%、20.0%、18.5%、13.7%和 13.6%。2017 年，中国科学院课题参加人员全时当量（FTE）为 78 711 人/年。从科技活动内容来看，38 614 人/年致力于应用研究，35 171 人/年从事基础研究，4 926 人/年侧重于试验发展。

充足的研究经费是中国科学院在一系列科学领域中具有压倒性竞争力的重要支撑。政府财政拨款和中国科学院自有的事业收入是研发资金的两个主要来源，分别约占 50%和 40%。根据《中国科学院 2018 年度部门决算》，2018 年中国科学院年收入为 729.4 亿元，包括财政拨款 389.9 亿元、事业收入 276.6 亿元、经营收入 10.3 亿元、附属单位缴款 6.55 亿元，此外还有其他收入 46.02 亿元。大部分资金作为科学技术支出流向研发机构（图 9-1）。

“引进来”和“走出去”是中国科技研发国际合作的两种核心形式。“引进来”在一段时间内一直是中国科技国际合作的主要形式，但最近 10 年，科技“走出去”得到了极大发展。到目前为止，中国科学院加入了 36 个国际组织，包括联合国粮食及农业组织（FAO），国际热带生态系统和生物多样性协会（IATEB），国际山地综合开发中心（ICIMOD），国际动物学会（ISZS）等，与许多组织机构建立了合作关系。多个国家的农业部（部门）已与中国科学院建立了合作关系。同时，随着与世界农林业中心（ICRAF）和国际畜牧研究所（ILRI）的成功交流，国际农业研究磋商组织成为中国科学院日益重要的合作伙伴。

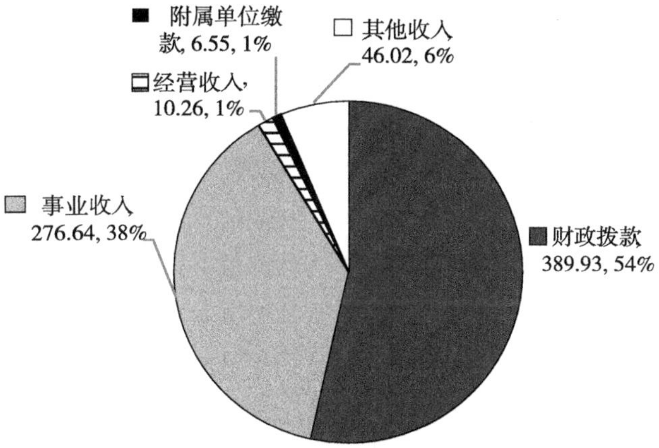

图 9-1　2018 年中国科学院收入构成（亿元，%）

来源：《中国科学院 2018 年度部门决算》，2018

1. 中非联合研究中心（SAJOREC）

中国科学院中非联合研究中心（SAJOREC）成立于 2013 年，在生物多样性保护与可持续利用、水资源与生态环境保护、地理科学与遥感控制、微生物与流行病防控、现代农业技术集成与示范 5 个重点领域，开展了超过 45 个联合研究计划，组织了 50 多次联合田野调查。截至 2017 年，中非联合研究中心已支持出版 6 部学术专著，发表 162 篇经同行评审的期刊文章；为非洲 149 名（其中大多数来自肯尼亚）攻读硕士学位和博士学位的学生提供了奖学金；组织了 15 个培训课程和研讨会，对来自 13 个非洲国家的 160 多名科学家和高级技术人员进行了培训①。中非联合研究中心将继续深化科技创新人才培养合作，并向非洲国家学生提供 150 项奖学金②。此外，中非将共同建立以粮食安全为重点的现代农业研发中心和以公共卫生服务为重点的传统医药研发中心。中非联合研究中心同样也与世界农林业中心（ICRAF）和国际畜牧研究所（ILRI）建立了合作关系。其中，自 2016 年起，国际畜牧研究所与中非联合研究中心在现代农业和畜牧业相关的动物、植物和病毒微生物研究方面开展了密

① 中非联合研究中心，2018. http：//www. sinafrica. cas. cn/zxdt/zhxw/201812/t20181227_470894. html.

② 新华社，2018. https：//www. sohu. com/a/281604144_267106.

切合作。

2. 地理科学与资源研究所（IGSNRR）

中国科学院地理科学与资源研究所是一所多学科研究机构，致力于自然地理和全球变化、人文地理和区域发展、自然资源和环境、地理信息系统和地表模拟、陆地水循环和水资源、生态系统网络观测和建模以及农业政策研究。

从人员构成情况来看，地理科学与资源研究所2019年共有在编职工658名，其中，科研人员468名，包括9名中国科学院院士、3名中国工程院院士、3名发展中国家科学院院士、1名欧洲科学院（EURASC）院士，170名研究员及正高级专业技术人员以及265名副研究员及副高级专业技术人员。在国际合作方面，2019年，地理科学与资源研究所共有在研项目/课题1 414项（新增项目/课题655项），包括国际（地区）合作与交流项目20项，科技部国际合作项目2项，国家自然科学基金委员会国际（地区）合作与交流研究项目15项（新增1项），新争取国际合作经费达到1 233. 1万元①。

3. 遗传与发育生物学研究所（IGDB）

遗传与发育生物学研究所面向中国农业和人口健康的重大战略需求和生命科学前沿，重点开展基因组结构与调控规律、动植物发育分子机理、重要农艺性状的功能基因组学、神经发育与疾病分子机制、农业生态可持续发展等领域的研究。

遗传与发育生物学研究所具有强大的科学研发能力，拥有90个研究小组、5个研究中心和7个关键实验室②。根据《2018年中国科学院统计年鉴》，2017年遗传与发育生物学研究所正式在编人员有534人，其中专业技术人员465人，3名中国科学院院士。

国际合作与交流同样是遗传与发育生物学研究所发展战略的重要方面，目前已与许多国家的机构、大学和公司在遗传学和发展生物学前沿领域开展了合作。

① 中国科学院地理科学与资源研究所，2019. http://www. igsnrr. cas. cn/gkjj/

② 中国科学院遗传与发育研究所，2019. http://www. genetics. cas. cn/yjsjs/yjsgk/

第十章　中国农业科技国际合作

一、引　言

改革开放40年来，中国农业科技国际合作取得显著成绩。本部分在对中国农业科技国际合作的现状和进展进行分析的基础上，全面梳理中国农业科技国际合作战略和相关政策的演进历程，系统呈现农业科技合作的管理部门结构及其职责，分析国际合作项目开展具体情况，并重点从两个维度来深入探讨我国农业科技国际合作的案例。一是以中国—FAO南南合作框架下的农业科技合作、中非农业科技合作、中国和“一带一路”沿线国家的农业科技国际合作等为例，分析中国农业科技对外“走出去”的情况；二是以中国和CGIAR的国际合作为例，分析中国与国际农业机构的国际合作情况。

二、中国农业科技国际合作概况

在经济全球化的大背景下，中国积极参与国际合作交流，加速提升中国农业科技创新水平和产业竞争力。改革开放40年来，中国农业科技国际交流合作不断加强，特别是进入21世纪以来，中国农业科技国际合作活动迅速增长。目前，中国已同世界140多个国家（地区）和主要的国际组织、区域组织以及国际农业研究机构建立了长期稳定的合作关系。

在生物育种、植物保护等领域，与有关国家和国际组织建立了联合实验室、研发中心等一批国际农业科技合作与交流平台，开展了多层次、多形式、多领域的农业科技深度合作与交流，国际合作项目不断增多，“引进来”和“走出去”相结合的格局已经形成。在“引进来”方面，中国从国际上引进了消化地膜覆盖、保护性耕作、节水灌溉、设施农业等许多先进农业技术，同时还引进了大批优良的动植物品种资源、先进技术和管理经验，提高了农业的科研水平，增强了农业综合生产能力和农产品的竞争力①。在农业“走出去”方面，中国出口了许多技术，包括：杂交稻、棉花、玉米和蔬菜等农作物种子，动物疫病防控技术与疫苗生产，农作物病虫害综合治理技术，设施园艺技术，饲料生产技术和农业机械及沼气技术等。与此同时，在非洲、亚洲等发展中国家援建了水稻、玉米农场、试验站或技术推广站，帮助这些国家开展培训培养农业科技人才。

三、中国农业科技国际合作战略和政策

国际科技合作是增进国际关系的重要途径，不仅有利于加强多边外交，推动国际体系和全球治理改革，还有利于提升中国国际影响力。中国国际科技合作的战略目标是：确保国家科技领域外交主张、倡议和承诺落地，坚定中国作为大国的责任；推动构建全球创新合作网络建设，提升政府间应对全球性和区域性重大共性问题能力，促进经济社会的发展。

改革开放以来，中国坚持以全球视野谋划和推动社会发展领域的科技创新，积极主动融入全球创新网络、促进全球创新成果共享，加快技术学习、适应再创新的进程，提高科技创新水平。随着国力的不断增强，中国应采取更为积极主动的科技创新合作战略，全面提升在全球创新中的地位，力争成为若干重要领域的引领者和重要规则制定的参与者。中国坚持“引进来”与“走出去”相结合原则，遵循“互利互惠、合理分享”的国际惯例，紧密围绕国家科技、经济和社会发展需求，积极应对经济全球化带来的各种机遇和挑战，营造更加开放包容的环境，在更大范围、更广领域、更高层次积极参与对外科技合作与交流，使国际科技合作工作取得了明显的进展，有力地促进了国家科技发展总体目标的实现，初步形成了政府引导、民间参与、机构互动、产学研结合的对外合作架构，一个全方位、多层次、宽领域的国际科技合作态势已经呈现。

2017 年，为促进国际合作与交流，科技部制定了《“十三五”国际科技创新合作专项规划》，提出了推动国际科技创新合作与交流的重要任务和政策方向。主要包括：一是继续完善政府间科技合作框架，建立创新合作机制，设立双（多）边“创新基金”支持技术创新与应用合作。二是加强与“一带一路”沿线国家的科技合作，引导和鼓励中国高新技术产业开发区和自主创新

① 新华网，2012. http：//www. xinhuanet. com/politics/2012-11/21/c_113752246. htm.

示范区主动与“一带一路”沿线国家和地区对接，积极开展重大科学问题、共性关键技术和应对共同挑战的合作研究。三是积极参与并牵头组织国际大科学计划和大科学工程，加大国家科技计划（专项、基金等）的开放力度，支持外国专家牵头或参与战略研究、指南编制、项目实施、项目评审和验收等工作，鼓励外国在华研发中心参与国家科技计划项目。四是丰富完善对外科技援助机制，以联合实验室、联合研究中心、技术示范与推广基地、技术转移中心以及科技园区为引领，带动提升发展中国家的整体科技创新能力，以技术转移中心为支撑，解决发展中国家产业发展和社会发展中的实际问题。

中国对国际合作的需求主要体现在优良的种质遗传资源的培养和人才的培养上，通过充分利用全球资源，提升农业生产水平，保障国家粮食安全。在“走出去”方面，中国主要是为更多低收入国家提供资金和技术支持，帮助发展中国家实现粮食安全和增加收入，同时提升中国在国际上的地位。改革开放以来，中国从发达国家引进了许多先进的农业技术，并在适用与实用技术领域总体上领先于其他发展中国家。随着世界经济一体化和“一带一路”倡议的实施，中国应发挥农业科技在农业“走出去”中的重要支撑作用，加强农业先进技术、农业技术装备、农业科技服务输出和产能的合作。这不仅是中国农业发展的现实需求，也是中国整体外交战略和经济发展的战略要求，对开拓农业生产技术和农产品国际市场、促进区域内农业科技创新要素跨境流动具有积极作用①。

当前，中国寻求进一步推进农业科技“走出去”，提升国际化水平，提高国际影响力和服务能力。农业农村部制订的《“十三五”农业科技发展规划》中重点提出了五项措施：一是利用中非、中阿、中拉、中欧等农业国际合作平台，加强与“一带一路”沿线国家和地区的农业技术合作；二是引导积极参与大型国际合作计划，应对全球气候变化、跨国动植物疫病等共同挑战；三是鼓励农业企业、科研院校在国外建立联合研发、技术转移、示范服务平台；四是支持农业科技人员到国际学术组织任职；五是鼓励企业建立国际化创新网络，提高企业利用国际创新资源的能力。

四、中国农业科技国际合作主要管理机构和科技项目

与国内科技项目管理类似，农业科技国际合作项目也主要由科技部、财政

① 农业部，2015. http：//jiuban. moa. gov. cn/zwllm/zcfg/nybgz/201508/t20150828_4808826. htm.

部和农业农村部等部门共同管理，但考虑到国际合作项目的特殊性，于是单独成立了国际合作机构专门负责国际合作项目。2018 年，国家国际发展合作署（CIDCA）成立，专门负责援外事务，并新设立了南南合作基金等国际合作项目。下面分别介绍各个部委的科技合作项目管理机构及其管理的科技国际合作项目。

1. 科技部国际合作

（1）科技部国际合作项目管理部门及职责。科技部的国际合作项目主要由国际合作司、引进国外智力管理司、外国专家服务司 3 个司负责。其中，科技部国际合作司的职责主要是拟订科技对外交往、科技交流及创新能力开放合作的规划、政策和措施并推动落实，实施“一带一路”科技创新合作行动计划，协调推进国际大科学计划和大科学工程。引进国外智力管理司负责拟订引进国外智力规划和政策，拟订出国（境）培训总体规划、政策和年度计划并监督实施，组织实施重点出国（境）培训项目；提出科技人才队伍建设规划和政策建议，承担相关科技人才计划实施工作，推动高端科技创新人才队伍建设。外国专家服务司拟订外国专家管理办法，推动建立外国顶尖科学家、团队吸引集聚机制和重点外国专家联系服务机制，承担重点外国专家服务工作。

（2）科技部国际合作项目类型及情况。

国际科技合作专项

目前，科技部国际合作司主要直接负责国际科技合作专项，专门设立了国家国际科技合作专项办公室来管理。国际科技合作专项设立于 2001 年，旨在通过统筹、整合中国产学研的科技力量，广泛、深入地开展国际科技合作与交流，有效利用全球科技资源，提高科技创新能力，最终推进全人类科技进步的科技计划。本专项重点支持 3 类项目：①政府间合作协定或者协议框架下项目；②符合国家对外科技合作政策目标和国内重大需求的项目；③与国外一流科研机构、著名大学、企业开展实质性合作研发。

国家重点研发计划

另外，正如全国农业科研资源章节所介绍的，科技部管理的中央财政科技计划中，国家重点研发计划和国家自然科学基金项目均相应设立了国际合作项目。这里，我们先来介绍国家重点研发计划，它设置了专门用于支持重大国际科技交流与合作的重点专项。目前，政府间国际科技创新合作重点专项和战略性国际科技创新合作重点专项已陆续启动。国家重点研发计划的主要目的是落实双（多）边政府间科技合作协定（协议）和国家领导人外交承诺的任务部署，促进科技外交、推动开放创新、提升利用全球科技创新资源能力。科技部会同有关部门遵循国家重点研发计划项目形成机制，编制形成了国家重点研发计划政府间国际科技创新合作/港澳台科技创新合作重点专项。本着平等合作、互利互惠、成果共享、尊重知识产权的原则，资助中国同其他国家、国际组织开展政府间科技创新合作项目，推动开展了实质性科技创新合作。国家重点研发计划“战略性国际科技创新合作”目标旨在推动实施创新驱动发展战略以及“一带一路”建设，推动国际科技创新资源流动和共享，推动科技创新合作应对全球共同挑战，更好地实现联合国2030年可持续发展议程目标，促进企业深度参与国际科技创新合作，更好地完善创新、创业的国际化环境。目前，该国际合作项目重点支持农业、能源、信息通信、资源、环境、海洋、先进制造、新材料、医药健康、防灾减灾、交通运输等领域，年资助项目数量约30项，年资助规模2.4亿元。

国家自然科学基金项目

国家自然科学基金项目也专门设立海外及港澳学者合作研究基金项目，资助国际前沿研究。2018年共资助项目22项，总规模3 960万元。其中，国际（地区）合作研究与交流项目主要资助实质性国际（地区）合作研究与学术交流，主要分为3类项目：①重点国际（地区）合作研究项目，资助中国迫切需要发展的研究领域、具有创新性思想的重点合作研究项目，注重成果共享和知识产权保护。每年资助数量约100余项，总额度25 700万元。②组织间国际（地区）合作研究与交流项目，在国家自然科学基金委员会组织间协议框架下，与境外基金组织（或研究机构和国际科学组织）共同组织和资助科学技术人员开展多（双）边合作研究项目。目前，国家自然科学基金委员会与境外49个国家（地区）的91个对口资助或研究机构签署了合作协议或谅解备忘录，由双方同时在各自的网站上发表项目指南，支持科研人员进行申报。其中，国家自然科学基金委员会与CGIAR达成共识，共同资助双方科学家开展科学研究。2018年，资助项目数量17项/年，每项200万元。③外国青年学者研究基金项目，支持外国青年学者在国家自然科学基金资助范围内自主选题，在中国开展基础研究工作。年资助规模约4 500万元，资助外国青年学者人数约140~150人。

2. 国家国际发展合作署

（1）国家国际发展合作署成立背景、职责。国家国际发展合作署（CIDCA）成立于2018年4月，负责拟订对外援助战略方针、规划、政策，统筹协调援外重大问题并提出建议，推进援外方式改革，编制对外援助方案和计划，确定对外援助项目并监督评估实施情况等。当前主要援外工作机制有："一带一路"倡议，2030年可持续发展议程，南南合作与发展学院、南南合作援助资金、紧急人道主义援助、医疗援助。南南合作与发展学院是习近平主席2015年9月在联合国成立70周年系列峰会上对外宣布的重大援外承诺，于2016年4月在北京大学挂牌成立，旨在总结分享中国及广大发展中国家的治国理政成功经验，帮助发展中国家培养政府管理高端人才，是中国推动南南合作、促进共同繁荣的重要举措。

（2）南南合作援助基金。

基金情况

2015年9月26日，习近平主席在联合国发展峰会上发表了题为《谋共同永续发展　做合作共赢伙伴》的重要讲话，宣布设立南南合作援助基金，首期提供20亿美元。2017年5月，习主席在"一带一路"国际合作高峰论坛开幕式上宣布向南南合作援助基金增资10亿美元。南南合作援助基金旨在汇聚中国和国际资源，推动南南合作，支持发展中国家平等参与全球经济治理，帮助发展中国家落实2030年可持续发展议程设定的各项目标，消除贫困、保障民生，实现经济、社会、环境协调发展，实现人与社会、人与自然和谐相处。南南合作援助基金是中国政府支持2030年可持续发展目标，支持其他发展中国家可持续发展的重要工具之一，是中国政府重视南南合作、支持南南合作的具体行动。南南合作援助基金合作伙伴包括国际组织、社会组织、智库等，以人道主义援助、农业发展与粮食安全、卫生健康、扶贫、教育培训、可持续工业发展、生态环保、贸易促进、贸易投资便利化等为优先领域，以实施小微型民生项目为主①。

基金管理机构

中国国际经济技术交流中心作为南南合作援助基金项目受托管理机构，负责组织南南合作援助基金项目申报、接收申报材料、组织项目初核与立项评估工作、与项目实施机构商签项目实施合同、开展项目执行管理工作。南南合作援助基金项目处负责具体业务工作。2017年，南南合作援助基金已经向多个国际组织提供资金支持，在非洲、中东、东南亚、拉丁美洲等地区开展数十个指定用途项目，受益人口达数千万人。未来，作为中国对外援助的组成部分，南南合作援助基金项目可能支持其他发展中国家农业科学研究，帮助实现可持

① 国家国际发展合作署，2018. http：//www.cidca.gov.cn/2018-08/24/c_129939202.htm.

续发展目标。

3. 农业农村部的农业科技国际交流合作

中国农业科技双边、多边合作主要由农业农村部发起和主导，与外国政府或国际合作组织签订合作协议并组织落实。农业农村部是中国—FAO 南南合作、中非合作论坛等多边机制在农业相关承诺方面的落实单位。国际合作主要以开展联合研究项目、成立联合研发机构、开展科研人员交流与农业科技培训为主。双边合作侧重于两国的实际需求，针对性较强；多边合作侧重于区域或地区农业合作，综合性较强，规模大，影响力大，持续时间长。目前，中国主要与东南亚、欧洲、北美洲国家建立了双边合作机制，以亚洲开发银行、上海合作组织、FAO、非洲联盟等平台为依托建立了多边合作机制。其中一些直接由农业农村部，特别是对外经济合作中心管理，承担农业国际交流与合作专项管理工作、开展与涉农国际组织和国际金融组织合作，承担农业援外项目管理工作。2019 年，农业国际交流与合作项目主要资助三方面的研究内容①：一是农业“走出去”供应链渠道建设项目；二是“一带一路”农业产能合作项目；三是加强农业多双边合作，与涉农组织合作和技术联合研发项目，项目经费共计约 1 000 万元。

五、中国和 CGIAR 的农业科技合作

中国与 CGIAR 的合作交流日益密切。中国最早与 CGIAR 的合作始于 20 世纪 60 年代，并于 1984 年正式加入 CGIAR。迄今为止，双方已经建立了良好的合作伙伴关系，并制定了一套互相增强的目标，如提高农业生产率、增加收入和减少贫困以及保护生物多样性等。中国农业科学院、中国热带农业科学院、山东省农业科学院、广东省农业科学院等其他农业科学院系统等院系都与 CGIAR 各中心建立了合作伙伴关系，国家自然科学基金与 CGIAR 签订了合作协议共同致力于农业科学研究，国家留学基金管理委员会也与 CGIAR 的下属机构签订了合作协议加强人才培养。中国与 CGIAR 的合作集中在粮食作物（水稻、小麦、玉米和马铃薯）、水土管理、牲畜、林业、渔业和粮食政策方面，重点合作领域主要包括种质资源交换与新品种培育、合作研究、人才培养、高层决策、重大国际活动、国际平台建设等诸多方面。随着双方合作的深度、广度不断加强，

---

① 农业农村部网站，2019. http：//www. gjs. moa. gov. cn/tzgg/201905/t20190516_6306226. htm.

合作层次逐步提升，合作成果愈发显著。在本部分，我们将介绍中国对 CGIAR 的资助情况、CGIAR 与中国农业科学院、国家自然科学基金和国家留学基金管理委员会的主要合作方式和内容以及双方合作的主要成就。

1. 中国对 CGIAR 资助规模的变化态势

中国自 1984 年开始正式成为 CGIAR（国际农业研究磋商组织）的成员国，并开始为其提供年度捐赠。1984—2018 年，中国对 CGIAR 的捐款额度逐年增加，由 50 万美元增加到 500 万美元，累计捐款 4 430 万美元（表 10-1）。中国对 CGIAR 的捐款主要由农业部报财政部，由财政部决定最终捐赠额度，然后通过中国农业科学院对 CGIAR 进行捐款。目前，中国政府主要是通过窗口 3 捐款，即直接投入研究中心和各个项目的资金，不经过 CGIAR 总部分配。2017 年，资助 CGIAR 572 万美元，其中窗口 3 资助金额为 404 万美元，双边资助 168 万美元。由于国际马铃薯中心（CIP）在中国建立了亚太中心，相当一部分资金用于支持该中心的工作。据 CGIAR 统计，2017—2021 年，中国政府通过窗口 3 向 CIP 的捐款金额为 930 万美元，约占中国通过该渠道捐赠总额的 36%。IFPRI（国际食物政策研究所）和 CIMMYT（国际玉米小麦改良中心）分别占 12%和 10%，Bioversity（国际生物多样性中心）和 IRRI（国际水稻研究所）约占 8%，ILRI（国际家畜研究所）占 7%，ICRAST（国际半干旱热带作物研究所）和 ICARDA（国际干旱地区农业研究中心）各约占 5%，CGIAR 的其他中心占比较小。

表 10-1　1984—2018 年中国对 CGIAR 捐款

年份	时间（年）	年捐款数额（万美元/年）	捐款小计（万美元）
1984—1986	3	50	150
1987—1991	5	30	150
1992—1998	7	50	350
1999—2004	6	70	420
2005—2006	2	80	160
2007—2009	3	120	360
2010—2011	2	160	320
2012	1	280	280
2013	1	300	300
2014	1	300	300
2015	1	290	290
2016	1	350	350

（续表）

年份	时间（年）	年捐款数额（万美元/年）	捐款小计（万美元）
2017	1	500	500
2018	1	500	500
合计			4 430

来源：CGIAR 网站

2. 中国农业科学院与 CGIAR 的农业科技合作

（1）CGIAR 下属国际机构在中国农业科学院的办事处。中国农业科学院（CAAS）负责协调 CGIAR 与中国的合作。CGIAR 下属的国际玉米小麦改良中心（CIMMYT）、国际马铃薯中心（CIP）、国际食物政策研究所（IFPRI）、国际家畜研究所（ILRI）、国际植物遗传资源研究所（IPGRI）、国际水稻研究所（IRRI）和世界渔业中心（World Fish）等研究中心（研究所）在中国农业科学院设立了办事处，中国农业科学院为这些办事处提供了办公场所（表 10-2）。

表 10-2　中国农业科学院内设的 CGIAR 下属研究所办事处

CGIAR 下属组织名称	设立时间
国际马铃薯中心	1985 年
国际植物遗传资源研究所	1989 年
国际食物政策研究所	1996 年
国际玉米小麦改良中心	1997 年
国际水稻研究所	1997 年
国际家畜研究所	2001 年
国际农业和生物研究中心	2002 年
世界农用林业研究中心	2007 年

来源：中国农业科学院

（2）中国农业科学院和 CGIAR 下属研究所组建的联合实验室。中国农业科学院与 CGIAR 下属的一些研究所共同组建了 10 个联合实验室，例如与 ILRI 建立了“中国农业科学院—国际家畜研究所畜禽牧草遗传资源联合实验室”，与 IWMI 联合建立了“中国农业科学院—国际水管理研究所农业水管理联合实验室”，与国际干旱地区农业研究中心（ICARDA）和国际半干旱地区热带作物研究所（ICRISAT）三方共建了“中国农业科学院—国际干旱地区农业研究中心—国际半干旱地区热带作物研究所旱地农业联合实验室”，详见表 10-3。这些联合实验室都在国际合作与人才培养方面发挥着重要的作用。例如，中国农业科学院和国际家畜研究所（International Livestock Research Institute，ILRI）

依托北京畜牧兽医研究所联合在 2004 年建立的中国农业科学院和国际家畜研究所畜禽牧草遗传资源联合实验室（以下简称 CAAS-ILRI 联合实验室），旨在充分利用与 ILRI 合作的契机和资源，引进国外先进技术和优良遗传资源，吸收和利用全球科技资源与社会资源，促进畜禽和牧草品种改良、生物多样性保护和资源的合理利用。CAAS-ILRI 联合实验室主要开展中国与东亚及东南亚地区畜禽和牧草遗传资源领域的合作研究、学术交流和技术培训，根据需要为 ILRI 在亚洲开展的有关生物技术综合领域的项目提供研究设备和技术支持，已经成为国际家畜研究所在中国乃至亚太地区开展遗传资源研究与人才培训的重要平台（徐哲，2017）。ILRI 和中国农业科学院的科学家在这个联合实验室密切配合，运用先进的技术收集、识别和保护中国以及东南亚本土的牲畜和饲料基因资源。通过联合实验室这个研究平台，该地区的生物技术以及基因能力必将获得极大提升。

表 10-3　中国农业科学院与 CGIAR 联合实验室

联合实验室	设立时间	对应
反刍动物疫病联合实验室	2015 年	兰州兽医研究所
农业与畜牧业可持续发展联合实验室	2014 年	北京畜牧兽医研究所
花生黄曲霉防控国际联合实验室	2013 年	油料作物研究所
中美小麦品质与抗病性联合实验室	2010 年	作物科学研究所
农业水资源管理中心	2010 年	农业环境与可持续发展研究所
旱地农业联合实验室	2009 年	农业环境与可持续发展研究所
农业生物多样性中心	2005 年	作物科学研究所
畜禽及牧草遗传资源联合实验室	2004 年	北京畜牧兽医研究所
国际农业农村发展研究中心	2003 年	农业经济与发展研究所
国际原子能机构环境放射性分析实验室	2002 年	农业环境与可持续发展研究所
小麦品质联合实验室	1999 年	作物科学研究所

资料来源：中国农业科学院

（3）中国农业科学院与 CGIAR 的合作领域。CGIAR 将中国政府的一部分捐款应用于人才培养和能力建设（表 10-4）。目前，CGIAR 和 CAAS 的短期交流培训项目已常态化，CAAS 每年派 60~70 人 · 月赴 CGIAR 交流培训，不仅提升了 CAAS 科技研究人员的科研能力，而且促进了双方的科研合作。其中，共 11 位 CGIAR 科学家以及 CIMMYT、IRRI 两个 CGIAR 下属中心分别以个人和团体名义获得了中国政府颁发的“友谊奖”（中国农业科学院国际合作局，2015）。

表 10-4　2019 年中国农业科学院派出 CGIAR 培训人员计划

CGIAR 中心	人数、月份数	培训地点	培训内容
CIMMYT	6 人、4 个月	墨西哥或肯尼亚	小麦或玉米育种、栽培、生理、保护性耕作、应用生物技术
IFPRI	3 人、3 个月	美国华盛顿	农业经济管理和营养学
Bioversity	3 人、6 个月	意大利和法国	多样性监测指数、营养健康、生物抗性、种质资源基因挖掘
ILRI	3 人、3 个月	肯尼亚	牧草抗逆性、非洲猪瘟疫苗研究
ICRAF	2 人、3 个月	肯尼亚	土壤监测，非洲饲料资源收集与营养评价

资料来源：中国农业科学院

3. 国家自然科学基金委员会（NSFC）与 CGIAR 合作

（1）合作基本情况。CGIAR 与 NSFC 签署了国际合作协议。2011 年之前，NSFC 分别与 CIMMYT、IRRI 和 Bioversity 签订了单独的合作协议。2011 年 CGIAR 完成改革后，NSFC 通过设立“国家自然科学基金委员会与国际农业研究磋商组织合作研究项目”与 CGIAR 共同资助合作研究，并且与 CGIAR 下属的 5 个研究中心（研究所）共同资助 7 个合作研究项目。2013 年，NSFC 与 CGIAR 的框架协议签署完成并生效。该协议涵盖了 CGIAR 下属所有的 15 个研究中心（研究所），重点推动 CGIAR 核心研究计划（CRPs）的合作。NSFC 与 CGIAR 将共同资助双方科学家开展合作研究。优先资助领域由 NSFC 和 CGIAR 所属研究中心共同确定，项目的受理、评审和管理由 NSFC 负责。NSFC 与 CGIAR 合作以“基础性、前瞻性、战略性、全局性”重大问题和关键技术为重点方向，研究项目周期通常为 5 年。中方科技人员与 CGIAR 科技人员共同提出项目申请。NSFC 对得到批准的合作项目提供科研和人员交流经费。

（2）合作项目情况。2011—2017 年，NSFC-CGIAR 合作研究项目的申请数量、批准数量以及与国家自然科学基金委员会进行合作的 CGIAR 下属研究中心（研究所）数量均呈现明显的增长趋势，双方合作力度明显加强（表 10-5）。2018 年，共有 16 个项目与 9 个 CGIAR 中心合作获得了资助，每个项目大约 200 万元，总研究经费共计约 3 200 万元。合作研究项目主要集中在国家自然科学基金委员会的生命科学部和管理科学部。CIMMYT 和 IRRI 与国家自然科学基金委员会的合作最为密切，2011—2017 年 CIMMYT 和 IRRI 获得资助项目分别为 21 项和 14 项，占资助项目总数的 40.7%。

表 10-5　2011—2018 年 NSFC-CGIAR 合作研究项目申请与资助情况

年份	合作研究中心（研究所）	申请数量	批准数量	每项基金金额（百万元）
2011	5	20	7	200~300
2012	8	—	10	80~200
2013	8	20	9	80~200
2014	10	35	13	200~300
2015	10	34	13	200~300
2016	11	43	17	200
2017	11	51	17	200
2018	9	—	16	200

资料来源：国家自然科学基金委员会

4. 国家留学基金管理委员会与 CGIAR 合作

国家留学基金管理委员会分别与 CIMMYT、IRRI 签署了合作备忘录，设立了联合奖学金，共同资助中国学者赴 CIMMYT 和 IRRI 进修。双方建立了长期良好的合作关系，每年资助约 10 人到 CIMMYT 和 IRRI 完成学位论文或开展合作研究，留学时间为 24 个月。对于奖学金获得者，CIMMYT 和 IRRI 将免收学费，并负担在该研究所的研究费用。国家留学基金管理委员会提供按照中国政府奖学金标准确定的生活费（包含海外健康保险）、一次性经济舱往返国际机票及签证申请费。

5. 中国—CGIAR 合作成就

30 多年来，中国与 CGIAR 开展了广泛的合作，共同资助了大量项目，内容涉及种质资源评价和利用、生物多样性保护、作物品种改良与选育、有害生物综合治理与生物防治、生物技术、资源管理与可持续发展、扶贫、农产品加工与利用、农业经济发展政策等。CGIAR 为中国提供了大量的遗传资源，并培养了一大批科研和管理业务骨干，这产生了巨大的经济效益和社会效益。引进 CGIAR 的种质资源对中国育种事业的发展来说意义非常重大，尤其是在各国纷纷对本国种质资源输出采取限制措施的情况下，作用尤为突出。CGIAR 下属中心受公共利益所托负责种质资源的保存与管理，因此这些种质资源在性质上属于公共物品，更容易获取。而且，CGIAR 拥有完善的信息系统和卫生检疫系统，这使生物安全方面存在的风险较小，更便于使用。

（1）在品种选育方面的合作。联合国粮农组织的研究表明，中国虽然是世界 8 个地理多样性中心之一，但中国人的食物供应对世界种质资源的依赖程度仍然高达 46%～55%。CGIAR 各中心对于中国引进种质资源、保障粮食安全具有重要意义。根据王富有（2012）的研究，国家农业科学数据共享中心的“国外引进作物种质资源数据库”的数据信息表明，在其收集的 31 576 份种质资源中，有 7 504 份来自 CGIAR 各中心，占该数据库收集品的 23.8%。其中，国际水稻研究所的水稻占比最大，占到数据库内水稻种质资源的 70.9%；其次，为国际玉米小麦改良中心（CIMMYT）和国际半干旱地区热带作物研究中心（ICRISAT）的高粱，合计占到 58.4%；国际半干旱地区热带作物研究中心的花生占 56.9%；国际玉米小麦改良中心的小麦占 25.9%；国际玉米小麦改良中心与国际热带农业研究所（IITA）的玉米占 16.0%。显然，中国从 CGIAR 各中心获取的种质资源占引进该类国外种质资源的大部分，尤其是水稻、小麦、玉米、高粱、食用豆、花生等作物。另外，中国与 CGIAR 的合作日益密切，在 1973 年至 1983 年，中国从中引进了近 300 份种质资源。1984 年我国正式加入 CGIAR 之后，从 CGIAR 各中心获取了诸如水稻、小麦、玉米、甘薯、马铃薯、木豆等大量种质资源，引进数量升至每年 406 份，到 1985 年超过了 500 份。根据国际水稻研究所（IRRI）的记录，自 2005 年以来，中国每年从 IRRI 获取的种质资源已超过 2 000 种。

水稻品种培育。水稻是中国最重要的粮食作物之一。早在与 CGIAR 正式合作之前，中国研究人员就已经开始使用 IRRI 研制的高产水稻品种。自 1997 年 IRRI 在北京设立办事处以来，IRRI 与中国科学家的合作更为密切。中国是国际水稻研究所水稻种质资源的利用大国。根据王富有（2012）的研究结果表明，中国在利用对 IRRI 的水稻种质资源利用的数量占其全球分发总数的比例逐年增加，2007 年为 13.0%、2008 年为 13.6%、2009 年为 16.6%。在年度利用数量上，中国一直位居全球第 2 位，3 年利用的总数量则位居全球第 1 位（其次是印度、美国和菲律宾）。另外，从 IRRI 引进的种质资源对中国水稻的种植产生了深远的影响：大约 90%的中国杂交水稻品种（约占中国水稻产量的一半）含有 IRRI 的水稻种质，37 个 IRRI 培育的现代品种在中国得到应用推广。

小麦和玉米品种培育。小麦是中国第二大粮食作物，仅次于水稻，占粮食总量的 25%（姜丽华等，2006）。CIMMYT 正帮助中国应对未来多个地区的小麦需求增长。1989—2009 年，中国自国际玉米小麦改良中心申请引入了 52 750 份麦类种子，其中大部分是面包用小麦（44 989 份，占 86.3%），这与中国面包用小麦品种缺乏有关，目前中国优质的面包用面粉仍然依靠进口。1982—2010 年，共有 265 个国际玉米小麦改良中心的小麦品种在中国推广应用，其中65个成为主导品种（王富有，2012）。与中国自有的种质相比，CIMMYT的小麦品种具有高产潜力、抗病能力强、品质好等优点。目前，CIMMYT和中国建立了信息和种质交流机制，中国有60多家机构参与其中。赵其国和黄季焜（2015）研究CIMMYT的小麦种子资源对于中国小麦生产力的影响评估结果表明，1982—2011年期间，中国小麦育种持续利用CIMMYT的种子资源来培育新的小麦品种，在主要的小麦品种中，中国农民直接种植CIMMYT小麦品种的比例大约为2%，作为第一代种质资源的比例为5%，第二代或更高的比例约为10%，按照每种品种种植面积加权和相关折算方法，预计在中国，CIMMYT贡献了约7%的小麦种子。他们还发现，CIMMYT种质资源的影响逐渐增强，在2000年后，在所有的主要小麦品种中，大约26%的小麦种子含有CIMMYT的种子资源，显著增强了中国小麦品种的表现，包括单产水平、加工质量、抗虫性和早熟。而且引进CIMMYT的种质资源提高了小麦的全要素生产力，TFP提高5%~14%，相当于年均增长0.17%~0.45%，约增加了380万~1 070万吨的粮食，按照2011年价格，约值12亿美元到34亿美元。他们的研究结果进一步表明，CIMMYT的种质资源在中国的一些地区优点更加突出，主要集中在春小麦生产地区，尤其是北方春小麦和北方春冬小麦交叉的地区，包括北方、黄淮河地区和长江中下游地区。在黑龙江和内蒙古，接近38%的小麦品种包含CIMMYT种子资源，即使按照严格的折算方法计算，在黑龙江和内蒙古，CIMMYT种子资源比例分别达到11%和24%。另外，CIMMYT种质在西南冬小麦中也应用广泛，比例高达36%。主要原因是云南等地容易受到小麦条锈病的影响，而CIMMYT品种具有抗条锈病，比较适合云南等地区种植。1986—2009年，中国自国际玉米小麦改良中心引入了7 626份玉米种质资源，其中自交系6 538份，地方品种9份，杂交种318份，种质库材料577份，种群67份，国际玉米小麦改良中心构建的综合群体35份，综合种74份，特殊试验材料8份（套），主要是以自交系为主，占到85.7%，因为玉米主要为杂交育种，而自交系主要用作杂交亲本（王富有，2012）。

马铃薯和甘薯品种培育。据卢肖平和谢开云（2014）介绍①，在过去的30多年，中国从国际马铃薯中心（CIP）引进了7 000多份马铃薯种质资源，大大丰富了国内薯类种质资源的基础，并在此基础上，中国科学家选育出了100多个薯类新品种。在马铃薯常用的100多个品种中，约有30%的品种有着国际

① 农民日报，2015. https：//new. nongyao001. com/show-63249. html.

马铃薯中心的亲缘背景，而这些品种占全国每年生产种植面积的20%左右。中国在马铃薯和甘薯种质和育种材料的改良，病虫害的防治和检测，田间管理和收获后的加工和利用等方面受益显著。1987年以来，国际马铃薯中心开始与中国科学家合作研发预防甘薯病毒的新技术。这些技术包括识别甘薯根部病毒的新方法以及繁育抗病毒改良新品种的更好体系。截至20世纪90年代早期，这些研究成果使中国甘薯增产30%，山东省的种植面积扩大到60多万公顷。1990—2009年，中国从国际马铃薯中心引进甘薯种质资源525份（王富有，2012）。2015年7月28日，国际马铃薯中心亚太中心在北京市延庆县揭牌成立。30多年来，国际马铃薯中心在中国开展了50多项薯类科研合作项目，提供了不低于500万美元的科研经费，引进了大约15项新技术或技术组合，加速了国内相关技术水平的提升，极大促进了中国马铃薯和甘薯种薯质量的提高（卢肖平和谢开云，2014）。

（2）人才培训和科研能力建设。CGIAR对中国科研人员的能力建设也做出了重要贡献，为中国培养了大量的博士和硕士，资助大量的访问学者到国外学习培训、参加会议和合作研究。例如，CIMMYT为中国学者提供了大量的培训机会，包括访问学者、培训课程、博士生和博士后奖学金等。根据黄季焜等（2014）年对CIMMYT对中国培训项目研究表明，在1977—2012年，超过350名中国的学者参加了CIMMYT小麦培训项目，培训次数达到417项，并且，其中年轻人和女性越来越多。研究发现，这些受过培训的学者在科研方面的能力表现突出，能发表更多的中英文文章、获得更多的专利以及更多的奖励。中国学者和CIMMYT合作发表论文300多篇，举办国际会议等20多次，培养300多名科技骨干，8名CIMMYT科学家获中国政府“友谊奖”。据中国农业科学院国际合作局（2013）统计，自1984年加入CGIAR以来，20余位CGIAR科学家获得中国政府颁发的“友谊奖”。国际马铃薯中心为中国培养了大批薯类方面的专业人才。在2008年农业部成立的马铃薯产业技术体系的24名岗位专家中，有6人得到过国际马铃薯中心资助出国学习，有11人参与过国际马铃薯中心的项目工作；在甘薯产业技术体系的16名岗位科学家中，有6人得到过国际马铃薯中心的资助出国学习，有10人参与过国际马铃薯中心的项目工作（卢肖平和谢开云，2014）。

（3）发表论文。在过去十年里，中国与CGIAR合作发表学术论文大约1 500多篇，每年发表的论文量从十年前的不足100篇已经增加到200多篇，总体呈现增长趋势。中国论文在CGIAR总发文中的占比从2012年以前的6%~7%，提升至10%以上。在近十年CGIAR与中国合作论文中，大约有

62.63%的论文来自中国农业科学院和中国科学院，前者占比35.75%，后者占比29.92%。

六、中国和FAO南南合作

南南合作（SSC）是指全球南方国家之间就知识、经验和良好做法、政策、技术和资源等发展方案进行相互交流与分享的合作。联合国粮农组织（FAO）于1996年开始促进南南合作。中国是最早参与的国家之一，之后一直积极参与，推动了全球公认的南南合作先锋模式。自1996年以来，通过FAO南南合作项目，20多年时间里（截至2018年年底），中国向非洲、亚洲、南太平洋、拉丁美洲和加勒比地区等37个国家和地区派遣了1 057名农业专家和技术员。其中，接受中国专家的国家政府包括了巴哈马、孟加拉国、巴巴多斯、库克群岛、刚果（金）、埃塞俄比亚、斐济、加蓬、加纳、利比里亚、马拉维、马里、毛里塔尼亚、密克罗尼西亚、蒙古国、纳米比亚、尼日利亚、纽埃、萨摩亚、塞内加尔、塞拉利昂、苏里南、汤加、特立尼达和多巴哥、乌干达及瓦努阿图。派遣的这些专家和技术人员在灌溉、园艺、畜牧、农业、作物生产、农林复合经营、农业机械化、食品加工、农产品销售、农业机械制造等技术领域做出了巨大贡献。

中国是第一个与FAO建立南南合作战略联盟的国家，2006年5月签署了意向书。2008年，中国在FAO设立3 000万美元的信托基金支持 中国—FAO南南合作项目（一期）。基于中国—FAO南南合作（一期）的伟大成果，2014年10月15日国务院总理李克强访问FAO罗马总部时强调，中国愿意通过双边和多边合作关系，继续加强与其他发展中国家农业技术、经验和发展解决方案的分享。他还宣布向FAO捐款5 000万美元用于支持中国—FAO南南合作项目，以改善发展中国家的粮食安全、促进可持续农业发展。南南合作主要有5种模式：部署中国专家和技术人员、知识共享与实践培训、技术示范与适应、考察、政策对话。

截至2015年4月，中国—FAO南南合作项目已支持南南合作11个国家项目和两个全球项目，其中287名中国专家已在蒙古国（一期和二期）、埃塞俄比亚、利比里亚、马拉维、马里、纳米比亚、尼日利亚、塞内加尔、塞拉利昂和乌干达（第一和第二阶段）开展农业技术援助和推广工作。中国—FAO南南合作项目（一期）支持了在中国开展的8项能力建设活动，以及在尼日利亚举行的非洲南南合作高级别论坛。中国—FAO南南合作项目还为中国—尼日利亚南南合作项目提供了支持，由 FAO—尼日利亚单边信托基金（UTF）资助。截至 2019 年 6 月，在中国—FAO 南南合作项目（二期），已与马达加斯加和斯里兰卡签署了两个南南合作 TPA。有关管理单位和全球能力建设的两个全球项目，以及关于加强能力建设中缔约方在澜沧江—湄公河沿岸实施《国际植物保护公约》《海外越境动物疾病控制》的两个区域项目已启动。在中国举办了 6 次关于发展中国家能力需求评估、食品系统、海产品市场准入、农村能源与农药风险管理的讲习班和培训，有 140 多人参加。

中国—FAO 南南合作项目取得了显著的成效。一是向受援国转让了 400 多项实用型农业技术，试验了 268 种合适的农作物、蔬菜和其他品种，设计了 174 套农机具；二是在 80 多个项目地开展了 237 个示范试点；三是编制并提交了 408 份研究报告和建议；四是开展田间培训 1 300 余次，有近 2 万名当地农民和农业技术人员接受了田间培训，其中 70%采用了新技术，受益者超过 65 000 人。

中国政府分两期捐助了共计 8 000 万美元设立中国—FAO 信托基金为中国与全球南方国家开展知识和经验交流提供支持。自信托基金成立以来，中国已成功实施了 14 个国别项目，包括刚果民主共和国、埃塞俄比亚、利比里亚、马拉维、马里、蒙古国（一期和二期）、纳米比亚、尼日利亚、塞内加尔、塞拉利昂、乌干达（一期和二期）、斯里兰卡和马达加斯加。中国专家在多个技术领域开展了知识共享，包括水产养殖、作物生产、灌溉、家畜育种、农林兼作、病虫害防治、禽类养殖及农业价值链开发等。

中国开始创新和探索南南合作及三方合作模式。为进一步加强南南合作及三方合作，2018 年 2 月，中国向 IFAD（国际农业发展基金）捐赠约 1 000 万美元，设立了中国—IFAD 南南合作及三方合作基金，这是 IFAD 成立以来首个专门用于南南合作及三方合作的基金。该基金旨在在交流全球南方国家之间的发展经验，整合专门知识和资源，加速农村地区减贫，提高农村生产率，促进农村转型，并增加对发展中国家的投资。该基金的重点是小农发展，旨在提高农业生产力、农村地区穷人的收益，消除贫穷和营养不良，并促进发展中国家农村青年的就业。IFAD 将为全世界的小农发展提供优惠贷款和赠款。2016 年世界粮食计划署中国卓越中心成立以来，以南南合作及三方合作为重点，就可持续发展目标 2（零饥饿）和目标 17（促进目标实现的伙伴关系）开展了一系列活动，通过政策对话、技术培训和交流、专家派遣、政策研究、在线培训、培养青年创业者和农民等方式，帮助其他发展中国家分享中国在粮食安全、营养改善和扶贫方面的成功经验。分享衔接小农和市场的价值链建设、供应链管理、气候变化应对，灾害风险控制，抗灾能力建设以及其他领域的经验，以实现零饥饿和营养改善。2017年，世界粮食计划署中国卓越中心举办了一次关于“通过价值链管理提高小农抗风险能力”的研讨会，并于2018年在喀麦隆、加纳、肯尼亚、尼日利亚和塞内加尔开展了实践培训。

中国部分企业也为南南合作做出了贡献。就像一场歌剧，政府搭台，而私营企业唱戏。2018年，中乌南南合作三期项目启动实施，重点仍将放在农业和促进技术合作在工业发展中的应用。在FAO“粮食安全特别计划”框架下，该项目已在省、县一级实施。四川省已委派39名专家和技术人员，在园艺、粮食、水产品、畜牧业等领域为乌克兰提供技术支持。2014年，四川科虹集团联合仲衍种业、川龙拖拉机、绿科禽业等6家川企组建成立四川友豪恒远农业开发有限公司，注册了科虹乌干达实业发展有限公司，并在乌干达创建了中国—乌干达农业合作产业园。2016年4月26日，该产业园正式开园①。FAO已证明该项目是南南合作可持续发展的典范。

七、中国和非洲的农业科技合作

1. 中非合作论坛

（1）中非合作论坛农业援助方式。2000年10月中非合作论坛正式成立，会议通过了《北京宣言》和《中非经济和社会发展合作纲领》两个历史性文件，建立了中非合作论坛机制。中非合作论坛后续机制建立在3个级别上：部长级会议每3年举行一届；高官级后续会议及为部长级会议做准备的高官预备会分别在部长级会议前一年及前数日各举行一次；非洲驻华使节与中方后续行动委员会秘书处每年至少举行两次会议（表10-6）。

表10-6　中非合作论坛后续行动计划中农业援助的方式

发布计划	涉及农业援助方面的具体内容
2006年中非合作论坛北京行动计划（2007—2009年）	向非洲派遣100名高级农业技术专家，在非洲建立10个有特色的农业技术示范中心，加强与非洲在农业实用技术和农业人力资源开发方面的合作，加强与非洲国家在联合国粮农组织“粮食安全特别计划”框架内的合作

① 中国经济网，2018. http：//intl. ce. cn/sjjj/qy/201812/02/t20181202_30921074. shtml.

（续表）

发布计划	涉及农业援助方面的具体内容
2009年中非合作论坛—沙姆沙伊赫行动计划（2010—2012年）	向非洲国家派遣50个农业技术组，为非洲国家培训2 000名农业技术人员，将为非洲国家援建的农业技术示范中心数量增至20个，继续办好已经建立的援非农业技术示范中心，落实好向联合国粮农组织捐款3 000万美元设立信托基金的工作，积极利用上述信托基金支持中国在联合国粮农业组织“粮食安全特别计划”框架下，与非洲国家开展南南合作
2012年中非合作论坛北京行动计划（2013—2015年）	继续向非洲国家派遣农业技术组，加强非洲农业技术人员培训，向非洲国家派遣农业职业教育培训教师组，帮助非洲建立农业职教体系，增加援非农业技术示范中心，继续发挥援非农业技术示范中心的功能和作用，共同开展生产示范和技术推广，在粮食种植、储存、加工和流通领域，帮助非洲国家提高自主发展能力，并提供技术支持，积极支持联合国粮农组织在非洲开展的农业发展项目，在联合国粮农组织“粮食安全特别计划”框架下，与非洲国家和地区组织开展粮食安全相关合作
2015年中非合作论坛约翰内斯堡行动计划（2016—2018年）	支持实现农业现代化，推动农业升级，改善农业基础设施调试农业机械适应非洲本土情况，实施50个农业援助项目，向非洲受灾国家提供10亿元人民币紧急人道主义粮食援助，向非洲派遣500名高级农业专家，培养农民致富带头人，实施高级农业技术人员互派项目，培养青年农业发展带头人，建立中非绿色农业发展研究中心，加强与非洲棉花生产国合作，全面提升非洲棉花产业规划、品质标准、生产加工、储运贸易能力
2018年中非合作论坛北京行动计划（2018—2020年）	通过开展专家交流向非方进行技术转移，开发新的农业研究成果，包括分子级别植物疾病检测与识别、病虫害分析、种子检测认证、生物安全级别高危物质隔离检疫等，探讨家禽养殖废物处理技术合作，深化中非农业领域人力资源合作和农业科研机构技术转移，开发合作，帮助非方培养青年农业科研领军人才

资料来源：根据 www. focac. org 网站资料整理

2006年11月，国家主席胡锦涛在中非合作论坛北京峰会上宣布了支持中非合作的8项重要举措，包括建立10个有特色的农业技术示范中心；2009年11月，国务院总理温家宝在中非合作论坛第四届部长级会议上宣布中非合作8项新的举措，包括2000—2010年内将中非合作中心从10个增至20个；2010年9月，国务院总理温家宝在联合国千年发展目标高级别会议上宣布，中国承诺在未来5年内为发展中国家建立30个农业技术示范中心。

（2）中非农业技术示范中心情况。目前，已建成的和在建的示范中心数量共26个，其中15个示范中心经监测评估（马达加斯加一个中心未检测评估）后已建成，并已开始技术合作活动。另外11个处于不同的筹备阶段。非洲农业技术示范中心项目已成为覆盖非洲25个国家（毛里塔尼亚建2个示范中心），集粮食与经济作物种植、畜禽与水产养殖、农业机械与农产品加工等主要内容为一体的创新型农业援助模式，并已成为当前中国援非农业工作的关键模式（表10-7）。

表 10-7　中非农业技术示范中心情况

国家	实施单位及联系人	主要示范领域	建设情况
坦桑尼亚	重庆市种子集团	水稻、玉米、蔬菜、组培、蛋鸡饲养	进入技术合作期、已监评
卢旺达	福建农林大学	水稻、旱稻、桑蚕、菌草草种、菌草菇	进入技术合作期、已监评
埃塞俄比亚	广西八桂农业科技有限公司	玉米、小麦、蔬菜、牧草、花卉、食用菌	进入技术合作期、已监评
乌干达	四川省凤凰华侨集团	水产养殖	进入技术合作期、已监评
贝宁	中国农业发展集团	玉米、蔬菜、蛋鸡	技术合作期已结束、已监评
多哥	江西省华昌国际经济技术公司	水稻、玉米、蔬菜	进入技术合作期、已监评
利比里亚	湖南省隆平高科集团	水稻、玉米、蔬菜、生猪养殖	进入技术合作期、已监评
赞比亚	吉林省粮食集团	玉米、大豆、小麦、花生、施肥、作物植物保护	进入技术合作期、已监评
莫桑比克	湖北省联丰农业公司	杂交水稻、玉米、蔬菜、苗木培育、种子生产、畜禽养殖	进入技术合作期、已监评
南非	中国农业发展集团	淡水养殖、繁殖技术	进入技术合作期、已监评
津巴布韦	中农机美诺公司	马铃薯、玉米、小麦、大豆、高产栽培技术、机械化高产栽培、农技培训	进入技术合作期、已监评
苏丹	山东省外经集团	玉米、小麦、棉花、花生、油葵、大豆	进入技术合作期、已监评
喀麦隆	陕西省农垦总公司	水稻、玉米	进入技术合作期、已监评
刚果（布）	中国热带农业科学院	木薯、蔬菜	进入技术合作期、已监评
马达加斯加	湖南省农业科学院	水稻	技术合作期已结束
马里	江苏紫荆花纺织公司	黄红麻、水稻、玉米、棉花	进入建设期
毛里塔尼亚 1	黑龙江燕林科技公司	水稻、玉米、小麦、蔬菜、沼气	进入建设期
毛里塔尼亚 2	宁夏羊福来公司	高产奶牛养殖、饲草种植与加工、乳品加工、太阳能发电	进入建设期
安哥拉	新疆生产建设兵团	水稻、玉米、肉牛	进入建设期
马拉维	青岛瑞昌棉业公司	水稻、玉米、棉花	进入建设期
刚果（金）	中兴能源有限公司	水稻、蔬菜、旱粮、棕榈	进入建设期

（续表）

国家	实施单位及联系人	主要示范领域	建设情况
中非	山西外经集团	玉米、旱稻、木薯、蔬菜、蛋鸡养殖、沼气	进入建设期
赤道几内亚	江西赣粮实业公司	水稻、香蕉、蔬菜、甘薯、木薯	进入建设期
科特迪瓦	待定	水稻、玉米、蔬菜	已可行性考察
厄立特里亚	待定	玉米、谷子、甘蓝型油菜、果蔬高产栽培	已可行性考察
布隆迪	待定	水稻、玉米、园艺	已可行性考察

资料来源：农业农村部对外经济合作中心（中国—欧洲联盟农业技术中心）http：//www. fecc. agri. cn/

（3）中非科研“10+10”。中非致力于共同应对非洲国家农业生产中遇到的粮食安全、农民增收、产业链建设等突出问题，利用中国农业科技发展的优势，进一步加大对农业领域科技研发与创新的多元投入，更加精准和高效地对接农业科技合作，开展留学生教育、农业科技培训、国际化农业科技人才队伍建设等全面合作，定期召开中非农业合作论坛（研讨会），建立中非农业科研机构“10+10”合作机制，推动落实2015年中非合作论坛约翰内斯堡峰会共识，继续深化在联合国粮农组织、世界粮食计划署、国际农业发展基金会框架下的合作，充分发挥非盟的协调作用，帮助非洲发展农业科技并提高农业生产力。已签署13项合作协议（表10-8）。

表10-8　中非农业科研机构“10+10”已签署协议

中方合作单位	非方合作单位	合作内容
湖北省农业科学院	马拉维农业部作物司	农业技术研究和示范合作
吉林农业大学	赞比亚大学	农业生产可持续发展技术合作
中地海外农业发展有限公司	尼日利亚农业研究委员会	加强农业技术合作
中国农业科学院哈尔滨兽医研究所	埃及开罗大学兽医学院	兽医合作
中国农业科学院	苏丹国家农业研究中心	农业研究与发展合作
中国热带农业科学院	科特迪瓦共和国国家农业研究中心	农业研究中心科技合作
重庆市农业科学院	坦桑尼亚农牧渔业部千里马农科所	农业科研机构合作

资料来源：http：//gh. caas. cn/hzdt/126661. htm

（4）中非高校“20+20”。2010年，中非高校合作正式启动，致力于提升中方学校国际化水平，增加中国高校对非洲高校管理制度、课程体系方面的了解，增强非洲高校学科建设、能力建设，培养高素质教师，提高他们的学术、科研和社会服务水平。归口管理部门：教育部国际合作司。

2018 年 6 月，“一带一路”南南合作农业教育科技创新联盟成立。该联盟由中国农业大学发起，首批加入联盟的包括中国农业大学、西北农林科技大学等中国 40 所农林院校及吉尔吉斯斯坦国立农业大学、以色列希伯来大学等“一带一路”沿线国家和地区的 30 所院校。联盟将通过搭建合作平台、资源共享，促进“一带一路”沿线国家（地区）和南南合作国家农业教育与科技的进步和发展。这是全球农业南南合作领域首个以农林院校为主体的合作机制，计划以农业产业提升为切入点，合作建设海外农业发展品牌中心和技术示范基地，推广中国农业发展经验，服务当地农业发展。成立大会上，共 9 所院校签署了 5 个双边和多边合作协议，共建农业教育科技合作创新中心①。

2. 三方合作机制

（1）中英非三方合作。国际社会已认识到中国农业技术在非洲的适应性日益重要，希望通过三方合作的方式推动中国农业技术的转移。2009 年，中英两国就加强农业合作达成了共识，帮助非洲发展中国家提高农业生产力，共同应对全球粮食危机的挑战。中英非三方各有特点和优势，中方拥有丰富实用的农业技术和专家，英方资金雄厚，非方有发展农业的自然资源，三方合作比双边合作增加了更多的资源，并且比双边合作更有效率。中国的参与能够带来更适用于非洲农业发展的技术和管理模式。目前，中英双方已经确定在马拉维和乌干达开展中英非三方农业合作试点项目，并相继派遣了农业技术专家到马拉维和乌干达开展相关的技术推广工作。

（2）其他第三方发展伙伴。除了上述框架下的发展合作，中非在农业合作方面还积极尝试和探索了与其他发展伙伴，包括发达国家的援外机构和民间非营利组织。例如，盖茨基金会（BMGF）和国际农业研究磋商组织（CGIAR）、非洲水稻中心，正在积极寻求与其在中国和非洲各成员国的合作伙伴建立三方合作伙伴关系。他们期望通过与中国农业科研机构、在非洲的中国农业技术示范中心、中国派驻非洲的农业技术专家组合作，引进、吸收与利用中国的杂交稻技术、旱稻技术、再生稻技术、常规水稻及各种抗逆稻技术，并充分利用非洲水稻中心现有技术和平台，在 12 个非洲主要产稻国（尼日利

① 新华网，2018. http：//www. xinhuanet. com/2018-06/22/c_1123021825. htm.

亚、塞内加尔、塞拉利昂、马达加斯加、埃塞俄比亚、坦桑尼亚、莫桑比克、科特迪瓦、马里、乌干达、布基纳法索、利比里亚）进行品种选育与改良、试验、示范与推广，逐步改善当地的水稻产量，促进非洲的自给自足，加强非洲农民尤其是小农家庭抵御极端天气、干旱、洪涝等灾害的能力。该项目的实施，将有助于非洲消除贫困、消除饥饿和实现粮食安全等目标的实现，加快非洲农业转型的步伐。

八、中国和“一带一路”沿线国家的农业科技合作

1.“一带一路”技术合作政策

“一带一路”倡议提出以来，中国与“一带一路”沿线国家和地区在双多边合作机制下积极开展农业领域合作。合作领域不断拓展，链条不断延伸，合作主体和方式不断丰富，并取得了显著成效。自改革开放以来，中国农业农村发展方面取得了巨大的成就，为世界粮食安全做出了重大贡献。中国愿在力所能及的范围内承担更多责任义务，在国际粮农治理体系建设中贡献中国智慧，与沿线国家分享中国经验，为全球农业发展和经济增长做出更大贡献。为进一步加强“一带一路”农业合作的顶层设计，围绕“一带一路”沿线国家共同发展需求和优势，制定了《共同推进“一带一路”建设农业合作的愿景与行动》，建议在以下领域加强合作。

（1）构建农业政策对话平台。加强政策对话，完善沿线国家多层次农业政策沟通机制，建立政府、科研机构和企业的政策对话平台，就农业发展战略充分交换对接，共同制定推进农业合作的规划和措施，协商解决合作中的问题，共同为务实合作和大型项目实施提供政策支持。

（2）强化农业科技合作交流。在“一带一路”沿线国家和地区共建国际联合实验室、技术试验示范基地和科技示范园区，开展动植物疫病疫情防控、种质资源交换、共同研发和成果示范，促进品种、技术和产品合作交流；共建“一带一路”农业合作公共信息服务平台、技术咨询服务体系、高端智库和培训基地，推动区域农业物联网技术发展，提升“一带一路”沿线国家和地区的农业综合发展能力。重点支持“一带一路”沿线国家和地区开展粮食安全、农业政策交流等相关活动。支持开展优质农产品示范，建设合作园区，交换种质资源，帮助发展中国家提高农业生产能力和农业技术水平。同时，提倡与周边国家开展跨境动植物疫病联防联控技术合作，建立防控监测站或实验室。制

定中国与“一带一路”沿线国家和地区的农业合作规划。

（3）发挥重大会议论坛平台作用。充分利用中非合作论坛、博鳌亚洲论坛、“10+3”粮食安全圆桌会议、中国—东盟博览会、中国—南亚博览会、中国—亚欧博览会、中国—中东欧经贸论坛、中国—中东欧进出境动植物检疫暨农产品质量安全合作论坛、中国—阿拉伯博览会等重大会议平台，加强“一带一路”农业合作交流。在“一带一路”国际合作高峰论坛框架下，逐步建立“一带一路”农业合作对话机制、农业规划研究交流平台，依托“一带一路”网站建立农业资源、产业、技术、政策等信息共享平台。

（4）共建境外农业合作区。推动“一带一路”国家企业合作共建农业产业园区，形成产业集群和平台带动效应，降低农业合作成本，增强风险防范能力。引导和支持企业参与农业合作园区建设和运营，围绕种植、养殖、深加工、农产品物流等领域加强基础设施建设，优化农业产业链条，为实现经济走廊和海上通道互通互联提供支撑。结合伙伴国的意愿和需求，共建一批农业合作示范区，构建“一带一路”农业合作的新模式。

未来，中国将继续推进“一带一路”农业合作，积极参与区域性农业国际交流合作平台建设，支持多双边涉及农国际贸易投资协定谈判，共同编制双边农业投资合作规划，增强对最不发达国家农业投资，推进实施“中非十大合作计划”，积极利用南南合作援助基金，开展农业领域南南合作，支持发展中国家落实2030年可持续发展议程，创新与发展中国家农业合作方式，全面构建新型农业国际合作关系，推动全球实现农业可持续发展。

下一步，中国将积极推动境外农业合作示范区和境内农业对外开放合作试验区建设，内外统筹，与“一带一路”沿线国家和地区在金融、税收、保险、动植物检验检疫等方面开展务实合作，加强人才交流和信息互通，共享农业技术和经验。中国将与“一带一路”沿线国家和地区共同规划和实施区域粮食综合生产能力提升、农业科技合作与示范、动植物疫病联合防控，农产品产业一体化建设、贸易基础设施强化、农业研发培训综合平台、农业信息化体系建设等七大重点工程。

2. 中国与“一带一路”沿线国家（地区）合作情况

在“一带一路”沿线国家和地区开展境外农业合作示范区试点。中国已在长江沿岸地区开展农业合作区对外开放试点，同时为了在国内外建立两种试点，建立了促进农业对外合作的双向机制。“试验区”目标是支持具有自身特色的产业园区建设，同时，建设过程中此区域内产业链关联的海外企业，力图为入驻企业提供服务，搭建境外农业投资驱动平台、检验境外投资政策和模式、开展境外投资项目示范，建设国际投资新规则平台、农业对外合作政策综合试点平台、农业对外合作服务平台、外国农业投资、情报、技术支撑平台。同时，还将支持跨国农业企业集团，支持农业技术示范中心、联合实验室、联合研究中心、联合工程中心，以及农机对外销售、维修和培训服务站等技术平台的建设。

开展农业合作公共服务，支持第三方机构对“走出去”企业进行信用评级，建立农业“走出去”企业信用评价体系，开展农业国际合作人才培训。

2000年，中越签署《新世纪全面合作联合声明》，明确指出应积极推动两国农、林、渔业的互利合作，鼓励和支持两国有关企业和部门在农作物、家畜家禽良种培育、农林产品加工、农业机械制造、海洋捕捞、水产养殖等方面加强交流和合作（唐家璇和阮一念，2001）。2013年“一带一路”倡议提出后，越南方面在2015年明确表示将积极参与“一带一路”倡议的建设，希望加强与中国在农业等领域的合作。2016年，两国政府就“一带一路”倡议和“两廊一圈”概念达成了共识（金丹，2018年），标志着两国合作关系新的里程碑。近年来，两国政府、地方政府、农业机构在农作物生产与品种推广、农业机械生产、农产品加工、农业人力资源开发、动植物疫病防控、渔业等领域不断加强合作，已签署了《中华人民共和国农业部与东南亚国家联盟各成员国农业部关于食品与农业合作谅解备忘录》《中国与越南农业合作谅解备忘录》《动植物检疫合作协议》《北部湾渔业资源增殖放流与养护合作的谅解备忘录》《中国广西壮族自治区与越南广宁、谅山、高平省农业合作备忘录》等合作文件，具备良好的合作基础。

近年来，中越间不断完善的合作机制使农业科技领域的合作得以迅速发展，成立了中越科技合作联合委员会、中国—东盟创新合作会议、南亚农业科技创新协会和中越农业合作联合委员会。通过构建农业科技平台，加快科技成果与农业科技人员的交换，创造交流培训机会，共同开发农业科技项目，促进实用技术的出口，中越双方现有的农业科技合作与交流将进一步加强。

近年来，中越两国政府、当地科研机构和高校的合作主要集中在农作物种植技术的推广和示范、种质资源的引进和示范、动植物病害、渔业防治等方面。越南对中国农业科技的三大需求是农机（43.98%）、农作物种子（23.31%）和化肥（13.91%）（杨文桓，2018），主要包括农业机械研发技术、农作物种子技术、有机肥研发技术。此外，中国的畜牧业技术和农产品加工技术在越南越来越受欢迎，这可以作为未来中越两国合作的重点领域。

第十一章　合作路径倡导和建议

本章将进一步分析中国与盖茨基金会的优势，探讨中国与盖茨基金会未来的合作机会、重点合作领域、合作方式和途径，为加强双边合作提供政策建议。在“一带一路”倡议背景下，中国的国际合作步伐明显加快，科技国际合作是国际合作的重要内容。基于中国农业技术优势和国内农业技术需求，我们提出了8个可能的重点合作领域：作物育种、畜禽重大疫病防控与高效安全养殖、水产品养殖技术、动物疫病防控、灌溉技术、土壤和化肥技术、农业机械技术、绿色发展技术以及数字工具和技术。考虑到中国农业科技管理的多层级，我们探索了中国与盖茨基金会在不同层次上可能的合作途径，包括国家和省级科技管理以及与科研院所和大学的直接合作。同时，加强与科技部、国家自然科学基金委员会、农业农村部和国家国际发展合作署等行政管理部门之间的关系也非常重要。盖茨基金会和省级农业科技管理部门也存在很多合作机会。虽然目前省级农业科研机构开展的农业科研合作相对较少，但发展迅速，国际合作的意愿和能力显著增强。省级农业科研机构具有许多优势，例如在农业技术应用和推广上具备丰富经验、特色产品研究上具备明显优势。而且许多省份位于边境，与其他国家交往频繁。盖茨基金会与省级农业科研机构的重点合作领域主要包括特色农业技术研发、农业技术推广、科技人才能力建设等各个方面。此外，本章以中国农业科学院、中国科学院、中国农业大学、南京农业大学的国际合作为例，探讨如何直接在科研机构和大学层面开展合作研究，并提出一些建议。在盖茨基金会、中国和国际农业研究磋商组织之间良好的合作基础上，探讨通过现有合作渠道开展三方合作的机会和合作途径。最后，总结了合作面临的各种挑战。

一、引　言

中国农业科研机构拥有丰富的专业知识和创新技术，可以通过作物改良、动物疫苗、新型农业生产模式等帮助当地居民改善粮食安全与营养状况，提高居民收入。中国农业科技走出国门，帮助发展中国家发展农业，取得了明显效果，成为一张靓丽的“中国名片”。但目前受资金有限等方面的约束，中国农业科技“走出去”尚处于刚起步阶段，农业技术转移规模仍然比较小。中国政府非常愿意积极探索政府、非营利部门和商业部门全面协作的创新模式，积极推动中国的农业科技及其研发产品服务世界，为实现全球粮食安全和减少贫困、加强欠发达国家和地区的科技力量做出贡献。盖茨基金会认为，农民掌握更多知识、工具和技术，可以提高收入和改善生活，脱离贫困。盖茨基金会非常看重中国农业科研机构在长期实践中积累的专业知识和创新技术，认为中国的农业科学技术也可以帮助非洲及其他发展中国家解决粮食安全问题，摆脱贫困和增加收入。盖茨基金会开始着手与中国政府、私营部门和金融机构合作，并和科技部、农业农村部、商务部、中国农业科学院等建立了良好的合作关系，在开发并转让发展中国家最迫切需要的技术、方案和模式，帮助农民种植营养更丰富的粮食作物，推动撒哈拉以南非洲地区的农业转型方面已经做出了一定的贡献。

本部分基于对中国国家级和省级农业科研资源条件、中国农业科技“走出去”目标，结合盖茨基金会和中国双方在推进农业发展方面的目标，进一步分析中国和盖茨基金会双方的优势，深入探讨未来中国与盖茨基金会的合作机会、重点合作领域、合作方式和合作路径，为加强双边合作提供政策建议。

二、中国与盖茨基金会双方合作基础

中国和盖茨基金会已经和政府部门、科研机构等开展了富有成效的农业科技国际合作，与科技部、商务部和农业农村部等部委签订了合作备忘录，开展了实质性合作，另外与中国农业科学院等科研单位开展了具体的合作项目，共同推动非洲等发展中国家的农业发展。

1. 政府部门和盖茨基金会的合作

（1）科技部和盖茨基金会的合作。2011 年 10 月 26 日，科技部副部长张来武与盖茨基金会联席主席比尔·盖茨在美国西雅图签署了《中华人民共和国科学技术部与比尔和梅琳达·盖茨基金会战略合作谅解备忘录》，双方将在现代农业和全球健康领域开展合作，开发质优价廉的作物和动物品种、生物药物及疫苗等产品，在中国及其他资源稀缺的发展中国家和地区推广应用。根据备忘录，科技部与盖茨基金会将本着相互尊重、优势互补等原则，通过建立联合工作委员会和合作基金机制的战略合作方式，推动相关领域的科技进步与成果转化。双方将共同投入财力、人力等资源，探索合作项目库等新型模式，提高项目管理水平和技术开发效率。研发的成果将应用于包括中国、南亚和非洲在内的发展中国家和地区，旨在减少全球贫困和疾病，促进人类发展和共同进步①。2012 年 5 月 29 日，科技部与比尔及梅琳达·盖茨基金会战略合作项目库正式启动。

（2）商务部和盖茨基金会的合作。中国商务部和盖茨基金会于 2013 年 4 月签署谅解备忘录，建立正式合作伙伴关系，并同意在农业和卫生等领域探讨合作机会。2015 年 9 月 22 日，在中国国家主席习近平访美期间，中国商务部和盖茨基金会（BMGF）在美国西雅图签署了《关于发展合作的谅解备忘录》，进一步规定了双方合作的具体领域，并为未来合作的开展提供了明确的政策支持。双方携手进一步推动国际发展合作具有建设性的行动，体现了双方合作履行各自在促进全球发展方面承诺的态度。商务部和基金会将充分借鉴双方在对非发展合作领域的经验、结合各自优势，以中国援建的农业技术示范中心为依托，开展农业合作试点，大力推进非洲的农业技术研究、示范与推广，提高农业生产能力，打造农业产业链②。2016 年，盖茨基金会与中国商务部联合启动了一个项目，依托中国在莫桑比克和赞比亚的两家农业技术示范中心，发挥中方和盖茨基金会的各自优势，在科研、农牧业技术示范推广、能力建设、当地小农户对接、农产品加工、产业链搭建等方面开展合作③。该项目希望利用中国在发展援助方面的资源和面向小农户的适宜技术，支持当地农业技术升级，从而使农户长期受益④。

（3）农业农村部和盖茨基金会的合作。2017 年 3 月 24 日，盖茨基金会与农业部签署谅解备忘录，建立农业合作伙伴关系，旨在支持中国将其农业发展资源、经验与技术与撒哈拉以南非洲分享，发挥中国对非洲国家农业转型的重要影响力。双方将在适应非洲当地需求、有助于提高农业生产力、培育可持续发展农业产业链各个环节开展合作，通过推进非洲相关国家农业可持续发展帮助其实现减贫目标⑤。

---

① 中国科技部网 . http：//www. most. gov. cn/kjbgz/201110/t20111027_90495. htm.

② 北京商报网，2015. http：//www. bbtnews. com. cn/2015/0923/121956. shtml.

③ 国际在线，2018. http：//news. cri. cn/20180214/ab9952eb-7fe5-d6a2-57c1-f72d7de91904. html.

④ 腾讯网，2019. https：//new. qq. com/omn/20190102/20190102A05895. html.

⑤ 人民网，2017. http：//world. people. com. cn/n1/2017/0327/c1002-29172051. html.

2. 科研机构、大学和盖茨基金会合作基础

2008年以来，盖茨基金会先后资助中国农业科学院、华中农业大学、上海农业生物基因中心等多家科研机构开展国际合作项目，其中“为非洲、东南亚和我国西南脱贫培育绿色超级稻”项目，目标是帮助科研机构培育出一种能够广泛适用于灌溉和雨养地区生态环境，并具有氮磷高效利用、抗病、抗虫、高产、优质、抗逆（干旱、盐碱）等特性的水稻新品种，两期总经费达3 324.3万美元，是中国最大的农业国际合作科研项目。项目完成了全球最大的植物基因组重测序，培育出一批抗旱、耐盐、耐涝、养分高效的水稻新品种，提高了18个“一带一路”沿线国家和地区的水稻生产能力，创造了巨大的社会经济效益。未来几十年，这些技术创新在抗击贫困、饥饿方面将发挥关键作用。另外，盖茨基金会还支持过其他农业相关项目，如支持中国农业大学动物医学院研发控制反刍动物体内寄生虫药物、支持中国农业机械化科学研究院开发小型埃塞俄比亚画眉草规模生产机械设备等，这些项目均致力于提高中国及亚非国家贫困地区小农户人群的生产及生活质量。

三、中国与盖茨基金会双方农业科技合作潜力

1. 双方共同目标

在中国对外实施“一带一路”合作倡议背景下，科技部积极调整对外合作战略目标。2017年科技部发布了《“十三五”国际科技创新合作专项规划》，指出“十三五”国际科技创新合作的主要目标主要包括：一是，构建面向全球的科技创新体系，支撑和引领中国经济社会发展的重大需求。二是，初步建成具有国际影响力和吸引力的科技创新聚集地，不断提高国家创新体系开放程度。三是，形成互利共赢、共同发展的国际科技创新合作新局面，推动形成深度融合的国际科技创新合作共赢新格局，参与全球科技创新合作治理，推动科技援外工作，深化与发展中国家合作。四是，支持企业深度参与国际科技创新合作。在农业方面，中国农业科技国际合作的主要具体目标是配合国家外交战略大局，广泛参与多双边农业合作，加强“一带一路”农业合作，不断提高中国农业对外开放的质量和水平；积极履行农业国际责任，强化国际农业合作技术支撑和全球农业科技合作，增强中国农业国际竞争力和影响力，提升农业自主创新能力，促进农业增效和农民增收。

盖茨基金会注重帮助发展中国家实现包容性的农业转型，让小农户受益，给妇女赋权和改善营养。盖茨基金会希望农业科技取得重大突破，建立全球现代育种体系从而能够为小农户提供农民和市场所需要的品种，同时，建立和加强高质量且低成本的服务体系，将科研成果应用到农民的田间地头。盖茨基金会重点支持国家层面的作物改进和育种计划，加快发展中国家的品种更新换代，尤其是保障女性农民能够和男性农民一样获得先进的种子。

显然，中国和盖茨基金会双方的目标高度一致，都希望通过农业科学技术研究和推广来帮助发展中国家实现联合国的可持续发展目标，增加收入和减少贫困。

2. 双方优势互补

（1）中国的农业科技合作优势。改革开放 40 多年来，中国一直高度重视农业科技，坚持把农业科技创新作为农业现代化的引领力量，在技术创新和推广应用方面积累了大量经验，具备科研实力。首先，改革开放以来，中国高度重视农业科研投资，推动农业科技发展，尤其是 2000 年后，农业科研投资迅速。2010 年后，中国的公共农业科研投资规模已经追上美国等发达国家。其次，中国拥有丰富的先进农业技术成果。与其他发展中国家不同，中国的大部分农业技术都是来自国内自主研发。突破了杂交水稻、杂交玉米、转基因抗虫棉等重大核心技术，主要农作物基本实现良种全覆盖，农作物耕种收综合机械化率超过 67%，农业科技进步贡献率达到 57.5%。中国农业科技成就和成果积累可为非洲等发展中国家提供丰富多样的技术选择，有助于开展农业品种、技术和装备联合攻关，创新应用模式，促进农业发展提质增效、转型升级。最后，中国在农业科技对外合作方面已经开展了一些工作，搭建了很多平台，取得了不少经验，包括派遣农业专家，邀请非洲农民来华培训，建立农业示范中心等。

（2）盖茨基金会的优势。盖茨基金会作为全球最大的慈善基金会，不仅拥有雄厚的资金，而且拥有一流的管理人才。其次，盖茨基金会已经在全球健康、全球发展和全球政策和倡导等方面做了大量的工作，取得了卓越成效，具有丰富的项目管理经验；最后，在非洲发展中国家等建立了很好的国际合作网络，具有广泛的国际资源。

（3）双方优势互补。首先，技术经费互补，中国在农业技术方面具有一定实力，同时增加了农业科技对外合作经费，但总体上，中国政府在“走出去”方面的经费相对较少，而且由于各种规定，能用于走出国门和科技人员工资绩效方面的就更少，限制了国际科技合作的规模和范围。目前技术项目合作比较小，影响力较小。

其次，使国际农业科研合作项目更加可持续，农业技术的研发和推广需要相对较长的时间，持续的投入才可能取得明显的效果，但现实中，受到经费的限制和科研项目管理制度的限制，主要以 1~3 年项目为主，追求短平快，缺乏长远战略规划。中国和盖茨基金会都比较注重长期目标，制订长远合作规划，建立长期合作机制，共同推进项目的可持续性和扩大项目的影响力。

最后，管理经验互补，中国有许多农业专家，拥有丰富的经验，但在国际项目管理方面的人才缺乏，影响合作效果。盖茨基金会拥有一流的管理团队，擅长公关协调，在国际项目管理方面经验丰富，可以相互补充，取长补短，提高项目管理效率和项目影响力。

3. 双方合作的机遇

2017 年科技部完成了科技计划改革，科研资金和科研管理更加聚焦，2019 年开始计划制定“十四五”（2021—2025）科技发展规划，是加强双方合作的好时机。未来 10 年，是中国全面建设小康社会的重要发展时期，是深入实施国家创新驱动发展战略的重要时期，也是深入实施“一带一路”倡议时期。以更加积极的姿态融入经济和科技全球化进程中，统筹规划，协调布局，提高科技创新的能力和水平，为建设创新型国家、推进全人类的科技进步做出积极贡献。中国将全面提升国际科技合作的层次和规模，以更加宽阔的视野，扩大和深化对外科技合作与交流，在开放中创新，在合作中共赢，促进知识、技术、人才的国际流动，合理分享知识产权，提高全球创新资源的效率和效益。

随着中国农业科技的迅速发展，中国农业科技国际合作正在逐渐从引进为主向引进和输出双向流动转变，尤其在实施国家创新驱动发展战略和“一带一路”倡议背景下，农业科技“走出去”逐步提上日程，国际科技合作意愿增强，国际合作投入显著增长。中国政府采取了一系列支持农业国际合作与交流的政策和措施。首先，国务院在 2018 年新成立了国家国际发展合作署，专门加强对外援助工作。其次，科技部也采取更加开放的态度，制定了更加积极的支持政策，支持国际合作：一是加大了国家科技计划（专项、基金等）的开放力度，支持外国专家牵头或参与战略研究、指南编制、项目实施、项目评审和验收等工作，鼓励在华外资研发中心参与承担国家科技计划项目；二是鼓励和支持科研人员积极参与并牵头组织国际大科学计划和大科学工程，在中国有优势的重点领域，围绕全球性重大科学问题，研究提出中国可能组织发起的国际大科学计划和大科学工程的方向；三是提出丰富完善科技援助内涵与方式，以联合实验室、联合研究中心、技术示范与推广基地、技术转移中心以及科技园区为引领，带动提升发展中国家的整体科技创新能力，以技术转移中心为支撑，解决发展中国家产业发展和民生改善中的实际问题；四是，优化形成覆盖创新全链条的国际科技合作平台网络，支持设立一批国际联合研究中心和海外研发基地，建立若干具有专业特色，符合区域合作需求的国际产学研联盟，依托各类平台推动可持续的合作研发。

四、中国和盖茨基金会的重点合作领域

世界第一次绿色革命的重点是培育和推广高产粮食品种，增加化肥施用量，加强灌溉和管理，使用农药和农业机械，以提高单位面积产量，增加粮食总产量。随着经济发展和居民生活水平的提高，农业科技发展不仅要满足吃饱的基本需求，而且需要支撑生产更多营养丰富的食物和支持食物系统可持续发展。未来的农业科技发展不仅重视主粮，还注重蔬菜、水果、畜产品和水产品的研究，注重环境友好型农业生产方式。中国的农业发展也正在经历向可持续发展转型，提出了绿色发展理念，不断推进农业供给侧结构性改革，解决农业生产效率、质量安全和环境可持续发展等问题，这些都对农业科技在节本、高效、智能、绿色等方面提出了更高的要求。这里主要通过回顾总结中国在农业科技方面的成就、优势领域和将来的重点研究领域的基础上，建议中国和盖茨基金会双方在作物育种、动物疫病防控、灌溉技术、农业机械技术、绿色发展等 5 个可能的领域重点开展合作。

1. 作物育种

改革开放以来，中国品种选育水平显著提升，成功培育并推广了超级杂交稻、紧凑型玉米、优质专用小麦、转基因抗虫棉、“双低”油菜等一大批突破性优良品种，主要农作物良种覆盖率达到 96%，良种在农业增产中的贡献率达到 43%以上。良种供应能力也稳步提高，建立了一批良种繁育基地，主要农作物商品化供种率提高到 60%，其中杂交玉米和杂交水稻全部实现商品化供种。显然，中国科学家在作物育种方面积累了丰富的经验。但是，随着社会经济的发展和人们生活水平的提高，人们对作物育种提出了更高的要求，如希望农产品质量更高和多样化，满足不同人群的需求，同时通过育种来积极应对

诸如气候变化等极端天气变化和病虫害侵袭的挑战。针对农业发展和气候环境变化等新挑战和新要求，中国政府和科学家高度重视农作物的育种工作，其中在重点研发项目中，设有“七大作物育种”项目，支持主要作物的育种研发。未来，中国和盖茨基金会作物育种领域可以重点支持以下方向：主要农业种质资源重要性状精准鉴定与基因型鉴定的技术研究；应用转基因技术、全基因组选择、基因组编辑等新兴的技术方法与常规技术组装集成的高效精准分子育种技术研究；培育资源高效利用、高产、高效、优质等突破性农业新品种，帮助作物抵抗极端天气变化和病虫害侵袭的研究等。

2. 畜禽重大疫病防控与高效安全养殖

随着全球范围内养殖模式和生态环境的改变以及世界经济一体化进程的加快，动物疫病不断增多，疫情传播速度和范围明显扩大，人畜共患病危害日益加深，影响不断加大，已对全球社会经济和公共卫生安全造成严重威胁。畜产品是非洲等发展中国家的收入和资产的重要来源，但疫病是影响畜禽生产的重要因素。中国一直致力于动物疫病防控的研究，也取得了显著成绩。与作物育种类似，中央财政计划设置重点研发计划支撑“畜禽重大疫病防控与高效安全养殖综合技术研发”。畜禽养殖方面的合作重点包括：动物疫病检测与防控，开发改善动物健康且成本低廉产品；畜禽品种资源的保护和开发利用、通过家畜遗传育种与繁殖培育出符合市场需求的高产、低耗、高品质、适应环境的新品种和品系；在畜禽安全健康养殖工艺与环境控制、畜禽养殖设施设备、养殖废弃物无害化处理与资源化利用、饲料产业、草食畜牧业、草原生态保护和草牧业全产业链提质增效等方面开展技术研发，为世界畜牧业发展提供技术支撑。

3. 水产品养殖技术

中国的渔业发展迅速，渔业科技发展成就显著，并在资源养护与生态修复、遗传育种、健康养殖、病害防治、水产品加工、节能环保、渔业装备升级、渔业信息化等渔业基础研究和关键技术研发方面取得了显著成效，高效、健康、节能、安全的技术模式已得到广泛应用。中国的水产养殖和遗传育种领域的科技综合竞争力已达到国际先进水平。许多发展中国家拥有丰富的渔业资源。“一带一路”涵盖了世界主要渔业国家，水产品产量约占世界总产量的80%以上。推进中国与“一带一路”沿线国家的渔业合作，推广中国渔业成功经验，引导中国渔业“走出去”，不仅能帮助提升“一带一路”沿线国家渔业发展水平，同时有助于提高中国的国际地位和影响力。建议水产品养殖方面的合作重点领域包括：构建水产种质资源保存、保护和科学评价利用体系，解析重要养殖种类的基因组结构特征和经济性状遗传基础，建立现代水产育种理论方法与技术体系，培育具有优良复合型经济性状的水产新品种；研发环境友好型高效配合饲料，大大提高养殖品种配合饲料使用率，建立养殖品种品质调控技术；加强病害诊断技术研究和疫苗新渔药研发，建立水产养殖健康生物安保与病害防控技术体系；集成优质高效水产养殖技术和生态养殖模式，实现资源的循环利用和节能减排目标。

4. 灌溉技术

中国的人均水资源量仅为世界平均水平的1/4，而且地区分布不平衡，北方地区缺水严重，地下水被过度开采，土地退化严重。再加上城镇化和工业化发展又加剧了农业用水的紧张。但是，有效的灌溉是保障优良作物品种能够获得高产的重要条件之一。2016年，中国耕地灌溉率为54.2%（中国国家统计局，2017）。中国政府非常重视节水灌溉技术，提高灌溉效率，包括渠道防渗、喷灌、微喷灌、渗灌和滴灌等，目前，节水灌溉面积比例约占1/4。灌溉技术的合作重点包括：节水灌溉，尤其是水肥一体化的灌溉方式；小型水利工程、小型水泵等灌溉设施。

5. 土壤和化肥技术

化肥和有机肥也是农作物获得高产的重要因素。2015年以来，科技部按照中央部署，深入开展化肥农药使用量零增长行动，促进化肥农药减量增效，取得了显著成效。根据科学计算，2017年中国水稻、玉米和小麦的肥料利用率为37.8%，比2015年提高2.6个百分点，农药利用率为38.8%，比2015年提高2.2个百分点。目前，全国农药使用量连续3年出现负增长，化肥使用量实现了零增长。到2020年，提前3年实现了化肥和农药使用量零增长的目标①。

肥料利用率提高带来的经济和生态效益显著，主要体现在3个方面：一是节本增效。据专家测算，化肥利用率提高2.6个百分点，相当于减少尿素用量130万吨（实物量），减少生产投入约26亿元。农药利用率提高2.2个百分点，相当于减少农药使用量3万吨（实物量），减少生产投入约12亿元。二

① 人民日报，2017. http：//news.cnr.cn/native/gd/20171222/t20171222_524071703.shtml.

是提质增效。通过化肥、农药使用量零增长行动的开展，在减少化肥、农药用量的同时，提升了作物品质，创响了绿色品牌。特别是采取生态控制、生物防治、物理防治等绿色防控技术，减少农药残留，改善农产品产地环境，保障农产品质量安全。三是减排增效。化肥利用率提高 2.6 个百分点，减少的化肥投入相当于减少氮排放接近 60 万吨、节省 130 万吨燃煤或 90 万立方米天然气。农药投入的减少也利于节能减排和资源节约①。

中国是化肥生产第一大国，有力促进了农业生产。目前，中国的研究重点是如何实现减肥增效。建议合作的重点包括：土壤肥料生产技术、生物化肥、作物高效施肥技术、测土配方和化肥使用效率等。

6. 农业机械

中国的农业机械数量增长迅速，机械化水平提高很快。2018 年全国农业机械化工作取得了明显成效，农机总动力突破 10 亿千瓦，农作物耕种收综合机械化率超过 68%。但大部分非洲发展中国家的农业机械化水平比较低。提高农业机械化水平是提高农业生产效率的关键之一。建议农业机械方面的合作重点是：根据发展中国家当地的情况改造成本低效率高的农业机械，致力于提高农业劳动生产效率和农业机械的普及率。突破决策监控、先进作业装置及其制造等关键核心技术，研发高效环保农林动力、多功能与定位变量作业、设施种植和健康养殖精细生产、农产品产地处理与干燥、林木培育、采收加工、森林灾害防控等技术与装备，形成农林智能化装备技术体系，支撑全程全面机械化发展。

7. 绿色发展技术

尽管在过去几十年中，中国的化肥农药在农业生产中发挥了重要作用，但是，化肥农药的过量使用也带来了严重的环境和食物安全问题。为此，中国政府决定改变这种发展模式，推进农业绿色发展，贯彻新发展理念，大力推进化肥减量提效、农药减量控害，积极探索产出高效、产品安全、资源节约、环境友好的现代农业发展之路。2018 年，农业农村部进一步发布了《农业绿色发展技术导则（2018—2030 年）》，提出要加快支撑农业绿色发展的科技创新步伐，提高绿色农业投入品和技术等成果供给能力，按照“农业资源环境保护、要素投入精准环保、生产技术集约高效、产业模式生态循环、质量标准规范完

① 搜狐网，2018. https：//www.sohu.com/a/254917944_655755.

备”的要求，到2030年，全面构建以绿色为导向的农业技术体系，在稳步提高农业土地产出率的同时，大幅度提高农业劳动生产率、资源利用率和全要素生产率，引领农业走上一条产出高效、产品安全、资源节约、环境友好的农业现代化道路，打造促进农业绿色发展的强大引擎。

绿色发展技术方面具体合作重点包括：①研制绿色投入品，如高效优质多抗新品种、环保高效肥料、农业药物与生物制剂、节能低耗智能化农业装备等；②研发绿色生产技术，如耕地质量提升与保育技术、农业控水与雨养旱作技术、化肥农药减施增效技术、农业废弃物循环利用技术、农业面源污染治理技术、重金属污染控制与治理技术、畜禽水产品安全绿色生产技术、水生生态保护修复技术、草畜配套绿色高效生产技术；③发展绿色产后增值技术，如农产品低碳减污加工贮运技术、农产品智能化精深加工技术；④创新绿色低碳种养结构与技术模式，如作物绿色增产增效技术模式、种养加一体化循环技术模式；⑤绿色乡村综合发展技术与模式，如智慧型农业技术模式、乡村人居环境治理技术模式；⑥加强农业绿色发展基础研究，如重大基础科学问题研究，包括开展生物固氮机理、植物纤维分解机制、作物高光效机理、动植物机器系统互作机理等重大科学研究，突破一批制约农业绿色发展的重大科技问题，形成一批原创性成果，开辟绿色发展新前沿新方向；⑦加强颠覆性前沿技术研究，开展信息技术、生物技术、环境技术、新材料技术、新能源技术、纳米技术、智能制造等应用基础和关键核心技术研究，推动以绿色、智能、泛在为特征的群体性重大技术变革，培育一批新产业新业态①。

8. 数字工具和技术

以物联网等为代表的信息技术已向农业生产、加工、销售等各个环节广泛渗透，加快了推动农业领域数字化转型。2019年中央一号文件提出实施数字乡村战略。深入推进“互联网+农业”，推进重要农产品全产业链大数据建设，加强国家数字农业农村系统建设。中共中央办公厅、国务院办公厅印发了《数字乡村发展战略纲要》，提出“发展农村数字经济，夯实数字农业基础，推进农业数字化转型，加快推广云计算、大数据、物联网、人工智能在农业生产经营管理中的运用，促进新一代信息技术与种植业、种业、畜牧业、渔业、农产品加工业全面深度融合应用，打造科技农业、智慧农业、品牌农业。”数

① 农业部网站，2018. http：//www. moa. gov. cn/nybgb/2018/201807/201809/t20180912_6157155. htm.

字工具和信息技术也为发展中国家带来了新的机遇，数字经济作为农业现代化的助推器，提高了农业生产效率，促进了产销精准对接，为农民提供科学的决策支持。建议双方合作的领域包括：互联网、物联网、智能手机、智慧农业、无人机技术、数字支付等技术的普及和在农业领域中的应用。研发农林动植物生命信息获取与解析、表型特征识别与可视化表达、主要作业过程精准实施等关键技术和产品，构建大田和果园精准生产、设施农业智能化生产及规模化畜禽水产养殖信息化作业等现代化生产技术系统，建立面向农业生产、农民生活、农村管理以及乡村新兴产业发展的信息服务体系①。

五、中国与盖茨基金会合作路径

尽管中国和盖茨基金会的合作机会多，合作潜力大，但由于中国的农业科技管理层级较多，科技资源较为分散，为了提高合作效率，突出合作重点，这里建议多种可能的合作路径选择，梳理不同合作路径和可能的科研资源，探讨合作潜力、重点合作领域和合作方式。

1. 盖茨基金会与中国国家级农业科技管理部门的合作

中国的科技经费主要通过中央科技计划来进行分配，其中农业的中央科技计划主要来自重点研发计划和国家自然科学基金项目，农业科技国际合作项目主要来自科技部管理的国际合作专项和农业农村部的农业国际交流与合作项目。另外，国家国际发展合作署将来可能会包括部分与农业科技有关的援外基金。因此，加强盖茨基金会与中国的合作，首先需要加强与中国的科技管理部门，包括科技部、国家自然科学基金委员会、农业农村部和国家国际发展合作署等部委的对接。

（1）科技部。科技部是科技管理的最主要的部门，负责管理中央科技计划，同时负责国际合作专项。中央科技计划方面，重点研发计划是农业科研经费的重要来源，其中有一部分经费可以支持国际合作研究；另外，国际合作专项是国际合作的专项经费，应用于各个领域的国际合作项目。因此，盖茨基金会和科技部的可能合作机会包括重点研发计划和国际合作专项。近几年，重点研发计划重点关注作物遗传育种、畜禽重点疾病防控和高效安全养殖、化肥减施增效等农业绿色技术等。这些领域与盖茨基金会的关注领域基本一致。

---

① 国务院网站，2016. http：//www. gov. cn/zhengce/content/2016-08/08/content_5098072. htm.

在国际合作方面，2018 年国务院发布了《积极牵头组织国际大科学计划和大科学工程方案》，鼓励中国科学家牵头组织和参与国际大科学计划，并提出完善财政投入机制，充分利用现有资源和资金渠道，更好发挥财政资金在中国牵头组织大科学计划过程中的引导作用，吸引地方、企业、外国及国际组织的投入。根据实际需求，测算和编制项目经费概算，鼓励社会资本参与，建立多元化投入机制。充分借鉴国际经验，通过有偿使用、知识产权共享等多种方式，吸引国内外政府、科研机构、高等院校、科技社团、企业及国际组织等参与支持大科学计划的建设、运营及管理。科技部从 2018 年开始在国家重点研发计划“战略性国际科技创新合作”重点专项中专门设置国际大科学计划和大科学工程培育项目，为解决世界性重大科学难题贡献中国智慧、提出中国方案、发出中国声音。另外，科技部计划结合“一带一路”沿线国家和地区的重大科技发展需求、科研基础条件与合作意愿，建设一批新的联合实验室。因此，国际大科学计划等国际合作项目和建立联合实验室可能是盖茨基金会和中国科技部双方的合作方式选择。科技部的国际合作司和农村科技司是负责农业科技国际合作的重要业务部门。

（2）国家自然科学基金委员会。国家自然科学基金委员会主要资助基础研究和前沿研究，和多个国家（地区）、国际机构等建立合作关系，分门别类设有各种国际（地区）合作研究与交流项目，资助国内外学者开展国际合作研究。合作方式主要是国际合作项目。合作部门主要是国际合作局和生命科学部。其中，国际合作局主要负责拟定外事工作规划、年度计划及国际合作项目管理办法，综合协调外事经费分配，研究、拟定自然科学基金对外合作的国别政策，同时与国外科技机构、国际组织建立联系，组织、协调包括双边和多边协议项目在内的重大国际合作项目。生命科学部是学术性管理机构，重点资助生物学、农业科学和基础医学，涉及资源、环境与生态、人口与健康等领域，负责组织管理生命科学部国际合作交流项目。因此，国际合作局和生命科学部主要负责开展农业方面的国际合作项目，着重关注重大基础研究和颠覆性技术成果的研究开发。

（3）农业农村部。农业农村部和科技部共同负责农业科技项目的管理工作，但为了履行农业国际责任，强化国际农业合作技术支撑和全球农业科技合作，增强中国农业的国际竞争力和影响力，提升农业自主创新能力，农业农村部也专门设置了农业国际交流与合作项目，这些项目更加注重农业科技推广示范和推进应用性合作。另外，农业农村部承担对外农业技术援助工作，在非洲发展中国家等建立农业技术示范中心，和 FAO 开展南南合作，注重人员交流和科技人员培训工作。因此，双方合作重点是应用科技推广示范，合作方式侧重农业技术示范中心、南南合作、人员交流、科技人员培训等方面，合作部门主要是农业农村部的科技教育司、国际合作局、农业农村部对外经济合作中心。目前，为了农业示范中心的可持续发展，政府部门鼓励很多私人企业参与示范中心的建设和管理，私人企业在新品种培育和新产品研发方面做得比较好，但是，面临如何将这些好的品种和技术推广扩散的问题，建议盖茨基金会可以加强和私人企业合作，加强示范中心的技术合作推广。盖茨基金会可以充分发挥盖茨在非洲政府和各种机构的沟通协调能力和合作网络，例如非洲绿色革命联盟等渠道，将示范中心培育的优良品种、栽培方法等推广扩散到周边的小农户，加强示范中心的推广效果。

（4）国家国际发展合作署。国家国际发展合作署是新成立的专门负责对外援助的部门，其中，南南合作援助基金是中国政府支持 2030 年可持续发展目标，支持其他发展中国家可持续发展的重要工具之一，以人道主义援助、农业发展与粮食安全、卫生健康、扶贫、教育培训、可持续工业发展、生态环保、贸易促进、贸易投资便利化等为优先领域，以实施小微型民生项目为主。国家国际发展合作署的成立说明中国以更加积极的姿态开展对外国际合作，承担大国责任，助力发展中国家共同发展。设立南南合作援助基金是对外援助的重要举措。将来，南南合作援助基金的一部分资金可能用于农业科技研发和推广，需要和国家国际发展合作署进行沟通和协调，争取相关支持，应用于支持国际合作项目研究、科技人员交流和培训，促进农业发展和改善粮食安全。合作部门主要是国际合作司（图 11-1，表 11-1）。

表 11-1　盖茨基金会与中国国家级农业科技管理部门的合作

部委	合作机会	合作重点领域	合作方式	联系部门
科技部	重点研发计划、国际合作专项	基础应用研究：作物遗传育种、畜禽重点疾病防控和高效安全养殖、农业绿色技术等	国际大科学计划、联合实验室、国际合作项目	国际合作司、农村科技司
国家自然科学基金委员会	国际（地区）合作研究与交流项目	基础研究和前沿研究	国际合作项目	国际合作局、生命科学部
农业农村部	农业国际交流与合作项目	应用推广研究	农业技术示范中心、南南合作、人员交流、科技人员培训	科技教育司、国际合作局、农业农村部对外经济合作中心

（续表）

部委	合作机会	合作重点领域	合作方式	联系部门
国家国际发展合作署	南南合作援助基金	农业发展与粮食安全	国际合作项目、科技人员交流和培训	国际合作司

来源：作者整理

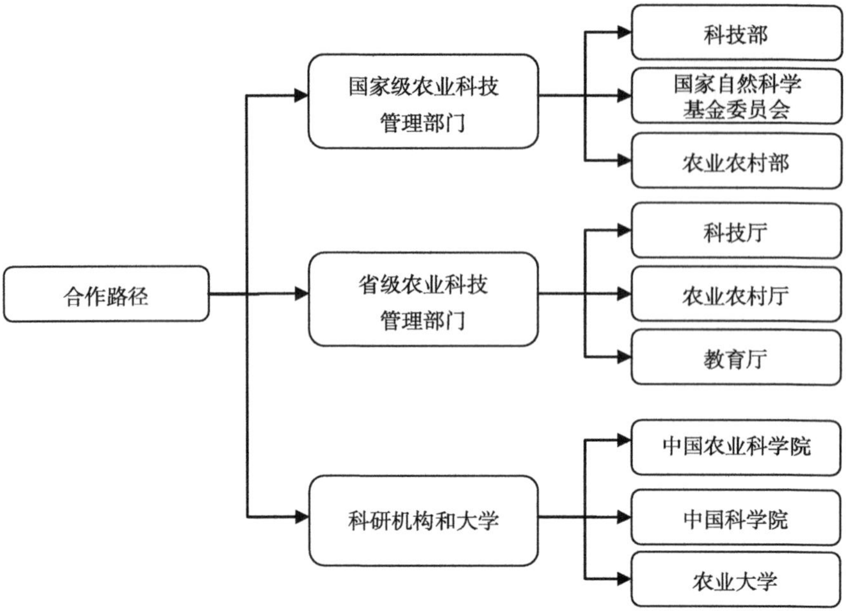

图 11-1　中国与盖茨基金会的合作路径

来源：作者整理

2. 盖茨基金会与省级农业科技管理部门的合作

尽管目前省级农业科研机构的国际合作相对较少，尤其支持农业科技"走出去"方面的研究经费更少，以申请科技部和农业农村部等部委的科技合作项目为主。但是，在"一带一路"倡议背景下，很多省份开始非常重视国际合作工作。例如，浙江、天津、上海等省（市）制定了推进"一带一路"建设科技创新合作专项规划、计划、实施方案等，天津、上海、江苏、广东、甘肃等省（市）探索设立面向"一带一路"的国际科技合作项目专项经费，鼓励与"一带一路"沿线国家和地区共建联合研发中心和实验室。各省市还支持科技型企业以独资新建、收购兼并、合资合作等方式，在海外设立联合实验室、分支研究机构或技术推广中心等。未来盖茨基金会和省级农业科技管理部门也存在很多的合作机会。

（1）省级农业科研机构特点。第一，每个省的财政资金中有专项资金支持科技发展和农业科研，经费增长迅速。近些年，各个省级政府高度重视农业科研，省级农业科研经费增长迅速，快于国家级农业科研机构，尤其是经济发达的一些省份，财政实力雄厚，对农业科研的支持力度明显增大。

第二，省级农业科研人才的学历和研究水平迅速提升，人才质量明显提高。尽管目前省级农业科研单位开展的农业科研合作相对较少，但增长速度快，国际合作意愿和国际合作能力显著增强。

第三，省级农业科研机构比国家级科研机构更加注重应用推广研究，在农业技术应用和推广方面具有丰富经验，也更加愿意参与农业技术示范与推广“走出去”的工作。目前，大部分中非农业技术示范中心由省级农业科研机构负责，在农业技术的应用和推广方面积累了丰富的经验。

第四，中国跨区域大，省级农业科研机构对一些特色产品研究具有明显优势。中国地域辽阔，地貌多变，气候跨度大，既有温带也有热带，不少省份还处于边境，与其他国家交流频繁。例如，江苏、浙江、福建和山东等临海省份在水产养殖研究方面具有显著优势，而水产品是许多发展中国家居民蛋白质和经济收入的重要来源；海南、广东、广西和云南在热带作物研究方面独具特色，与邻近的东南亚国家开展了广泛而深入的国际交流，同时，与非洲热带地区的国际交流也较为频繁，双方开展学术活动、科研人员交流互访，交流讨论各种热带水果和热带作物的种植经验和科研成果，共同攻克热带作物方面的难题。东北三省和俄罗斯、蒙古国、朝鲜等接壤，地大物博，在农业机械化使用和研究等方面走在全国前列；内蒙古和新疆在畜牧业和草原等方面的研究独具特色。

（2）盖茨基金会与省级农业科研机构合作领域、合作模式。盖茨基金会和省级农业科研机构的合作重点领域可以主要包括特色农业技术研发、农业技术推广、科技人员能力建设等各个方面，结合各省的农业科研优势和目标国家的农业科研实际需求，选择相应的省份进行合作。中国政府在对非农业技术援助时，采取了独特的省级负责制“一省包一国”，由各省份自主选择适合的技术援助国家，采取综合措施和规划，打包提供各种技术推广工作。这种合作模式有利于各省和相应的受援国建立良好的合作关系，更好地了解受援国农业发展实际情况和农业科技实际需求，有针对性地提供受援国所需要的农业技术。盖茨基金会可以参考这种合作模式，重点选择经济实力和科研实力比较强、国际合作意愿强、过去在对外合作中成绩显著的省份开始试点合作。合作方式可以采取支持人员交流、举办科技人员培训、联合设立国际合作项目、共建联合实验室等多种方式。省级农业科技管理主要由省科技厅、农业农村厅和教育厅等共同负责，科技厅负责省的科技政策和科技资源分配，农业农村厅配合科技厅做好农业方面的科研资源分配和管理的工作，教育厅主要侧重在高校农业科研和科技人才教育培训方面（表 11-2）。

表 11-2 盖茨基金会与中国省级农业科技管理部门的合作

合作单位	合作机会	合作重点领域	合作方式	联系部门
科技厅	省属国际合作项目	特色农业技术研发、农业技术推广、科技人员能力建设等	人员交流、科技人员培训、国际合作项目、联合实验室	国际合作局、农村科技处
农业农村厅	农业科技园区、农业示范研究中心等	农业技术推广、科技人员能力建设等	人员交流、科技人员培训、联合实验室	国际合作处
教育厅	农业大学	科技人员能力建设等	人员交流、科技人员培训	对外合作与交流处、科学技术与产业处

来源：作者整理

3. 盖茨基金会与农业科研机构和大学的合作

中国的农业科研机构和大学是中国农业科学研究的主体，和盖茨基金会直接开展了多项具体的合作研究，建立了良好的合作关系和合作基础。在“一带一路”倡议背景下，不少农业科研机构和大学，尤其是国家级农业科研机构和大学，更加重视国际农业研究，并成立了专门的国际农业合作研究团队和机构，国际科技合作经费明显增加，用于支持国际科技合作研究。例如，中国的许多科研机构和大学新成立了不少“一带一路”“南南合作”“中非”等研究中心/机构、联合实验室等，搭建了中非高校“20+20”、中非农业科研机构“10+10”等国际合作平台。中国农业科学院成立了海外农业研究中心和全国农业科技“走出去”联盟等。显然，未来，盖茨基金会与科研机构和大学等科研单位也存在许多直接合作的机会和空间。这里分别以中国农业科学院、中国科学院、中国农业大学和南京农业大学的国际合作作为例子，探讨如何在科研机构和大学层面直接开展合作研究。

（1）盖茨基金会与中国农业科学院的合作。中国农业科学院是中国国家级的农业研究机构，主要从事农业重大基础研究、应用研究和高新技术研究，拥有 34 个直属研究所与 9 个共建研究所，学科门类齐全，形成了作物、园艺、畜牧、兽医、资源与环境、工程与机械、质量安全与加工、信息与经济等9个学科集群、130多个学科领域、300多个研究方向的学科体系，其中，不少学科研究为全国领先水平，部分研究处于世界领先水平。目前，中国农业科学院已与83个国家、38个国际组织、7个跨国公司及盖茨基金会建立了广泛的科技合作关系，有13个国际机构在中国农业科学院设立了驻华办事处，共建联合实验室/联合研究中心62个，以禽流感疫苗、沼气、杂交水稻以及小型农机具为代表的一大批新材料、新技术、新设备纷纷走出国门。中国农业科学院组织开展了一系列的重大国际合作项目，其中，最大的国际合作项目就是盖茨基金会资助的为非洲和亚洲资源贫瘠地区培育绿色超级稻。中国农业科学院是中国农业科技对外国际合作的窗口。近些年，顺应国家"一带一路"倡议研究发展需要，中国农业科学院建立了海外研究中心，成立了全国农业科技"走出去"联盟，牵头中非农业科研合作机构"10+10"，搭建了很好的国际合作平台。中国农业科学院聚集了全国农业科技方面的优秀人才，高级职称的科技研究人员超过4 000人。在资金上，一方面，在中国农业科学院承担的各类国家财政项目中，很多项目都设有国际交流合作专项费用；另一方面，中国农业科学院对非竞争性研究经费有一定的支配权力，如科技创新工程和中央公益性科研院所基本业务费。目前，中国农业科学院的科技创新工程和中央公益性科研院所基本业务费的年度经费分别约为10亿元人民币和1亿人民币。在科研条件方面，拥有良好的实验室和科研平台，其中国家级实验室和科技基础条件平台等42个、部级综合重点实验室和风险评估实验室等科技平台323个，院级169个。另外，中国农业科学院拥有研究生院，为发展中国家培养许多农业科技人才，2008年开始招收留学生以来，留学生人数逐年增加，分布57个国家，2018年增加到528人，培养了114名留学生博士。中国农业科学院的发展目标是建成世界一流农业科研院所，实现服务产业重大科技需求、跃居世界农业科技高端。

基于中国农业科学院的发展目标和科研资源条件，以海外研究中心为平台，以中非农业科研机构"10+10"为契机，建议双方加强合作，重点围绕共同推进发展中国家农业科技发展和实现小农增加收入的目标，探讨双方都非常感兴趣有意义的课题，建立合作机制，包括经费来源、规模和分配机制，组织农科院专家承担相应的科研任务。以国际合作项目研究为主的合作方式，同时，考虑科技人员交流、人才培训和联合实验室等多种方式，加强发展中国家的科研能力建设，建立和完善发展中国家的农业科研体系。合作部门主要包括中国农业科学院国际合作局和科技局、海外研究中心等（表11-3）。

表 11-3　盖茨基金会与中国科研机构和大学的合作

合作单位	合作机会	合作重点领域	合作方式	联系部门
中国农业科学院	农业科技人员、科研平台、科技创新工程等科研经费、中非农业科研合作机构“10+10”项目	基础前沿研究和应用研究、科技人员能力建设等	国际合作项目、人员交流、科技人员培训、联合实验室	国际合作局、科技局、海外研究中心等
中国科学院	农业科技人员、科研平台、“一带一路”国际科技合作计划	灾害防控、气候变化及水资源和环境生态保护	重大国际合作计划、创新合作中心、人员交流、科技人员培训	国际合作局和重大科技任务局、科技促进发展局、发展规划局和前沿科学与教育局等
中国农业大学	农业大学自有资金、中非高校“20+20”国际合作机制	人才培养、基础研究和应用研究	国际项目、科研人才培养、实验室示范园区等	校国际合作局和科研管理部门和相关的学院

来源：作者整理

（2）盖茨基金会与中国科学院的合作。为了配合“一带一路”倡议的实施，中国科学院非常重视为国家“一带一路”倡议的实施提供科技保障和支撑服务，在 2016 年初启动实施《中国科学院“一带一路”国际科技合作行动计划》。2017 年，中国科学院建立起战略咨询长效机制，完成了《“一带一路”科研合作态势报告》，成立“一带一路”科技组织联盟，为政府和“一带一路”沿线国家提供双向战略科技咨询建议。中国科学院组织了“一带一路”沿线国际合作研究计划，针对“一带一路”沿线国家和地区重大共性科技需求和挑战，牵头启动 20 多项重大国际合作计划。同时，针对沿线国家的实际需求，转移转化适用科技成果，既服务“一带一路”沿线国家和地区的民众生产生活，又促进当地新兴市场的发展①。

2018 年，中国科学院与来自世界各地的 36 个国际科学和教育机构共同成立了国际科学组织联盟（ANSO），遵循“共商、共建、共享”原则，致力于通过推动和实施科学领域的具体国际合作举措，促进共同发展，可持续发展，技术与创新与能力建设（STIC）。ANSO 寻求推动和发起重大国际科学计划，特别关注包括农业和粮食安全在内的可持续发展领域，并热衷于与希望在国际科技计划中开展合作的组织建立合作伙伴关系，这为中国科学院与盖茨基金会未来的合作提供了机会。

农业是中国科学院对外国际合作的重要领域，盖茨基金会和中国科学院在

① 新华网，2017. http：//www. xinhuanet. com/2017-05/09/c_1120944094. htm.

农业科技国际合作方面具有很多合作机会。盖茨基金会和中国科学院可以基于中国科学院的科研资源，以“一带一路”国际科技合作行动计划为契机，推进双方农业科技国际合作，致力于农业基础研究和应用研究，包括分子模块设计育种创新体系、病虫害防控、现代农业技术集成、土壤、资源环境和气候变化等方面的研究，共同资助重大国际合作计划国际项目，与“一带一路”沿线国家和地区共建“创新合作中心”；并以此为合作平台和网络支点，积极探索开展集“科学研究、技术创新、人才培养和成果转化”于一体的战略合作。中国科学院还拥有优秀的教育资源，如中国台湾“国家科学院”（TWAS）平台、境外科教机构和 CAS-TWAS 卓越中心，可以继续加大力度为“一带一路”沿线国家和地区培养硕士、博士，科研和管理专业技术人才。中国科学院体系庞大，农业研究分散在各个研究所，包括遗传与发育生物学研究所、地理科学与资源研究所和动物研究所等。农业科技国际合作对接的机构主要包括中国科学院的院机关部门，包括国际合作局和重大科技任务局、科技促进发展局、发展规划局和前沿科学与教育局等科技项目管理部门。

（3）盖茨基金会与中国的农业大学的合作。近些年，中国的农业大学科研经费增长迅速，科研实力明显增强，在国家农业科研中发挥的作用越来越大。在“一带一路”倡议背景下，许多大学都纷纷重视对发展中国家的研究，并开展了一些实质性的合作研究。例如，中国农业大学利用高校教学、科研和社会服务等各种资源和学科优势，基于其在非洲、亚洲和太平洋地区长期工作的基础，致力于在农业领域推动实施“一带一路”倡议和新型南南合作。南京农业大学与肯尼亚埃格顿大学合作也是其中的一个典范，不仅帮助提高了肯尼亚高校的教学和科研能力，还使农户的收益技能得到了提升，促进农业发展。目前，农业科技对外合作的资金来源以学校支持为主，同时申请科技部等国际合作项目基金，资金非常有限。显然，中国的农业大学在农业技术“走出去”、帮助更多的发展中国家方面具有很强的合作意愿，也有一定的基础。盖茨基金会和中国的农业大学之间存在很多的合作机会，合作方式不仅包括国际项目研究，而且在科研人员培养、共建实验室、示范园等提升科研能力多方面具有很多的合作潜力。中国的农业大学学科门类齐全，在不少领域都有很大的合作空间，不光农作物和园艺，还有动物科技方面，都具有很大的合作机会。例如，2018 年，中国农业大学组织成立“一带一路”动物科技创新联盟，中外 44 所农林院校动科畜牧学院、20 家饲料畜牧企业加入了这个动物科技的产学研合作平台。合作部门主要是学校的国际合作局、科研管理部门和相关的学院。

中国农业大学南南农业合作学院和“一带一路”南南合作农业教育科技创新联盟

中国农业大学积极推进与“一带一路”沿线国家和地区的农业合作，积极参与南南合作，成立了中国首个“一带一路”农业合作学院，与西北农林科技大学合作成立了南南农业合作学院，在特立尼达和多巴哥建立了“中特农业创新园”，在坦桑尼亚创建了村级减贫学习中心和中坦联合研究中心，与泰国农业大学合作建立了“中泰农业与食品科学与技术研究中心”，援建了马拉维科技大学。

2018 年 6 月，“‘一带一路’南南合作农业教育科技创新联盟”成立，是目前国内外最大的农业全领域教育科技合作平台，首批加入联盟的包括中国农业大学、西北农林科技大学等国内 40 所农林院校和吉尔吉斯斯坦国立农业大学、以色列希伯来大学等“一带一路”沿线国家和地区的 30 所院校，将以资源互补、务实合作、协力推动、民生发展、文化交融、绿色可持续为主题，以综合民生发展为目标，以农业产业提升为切入点，以国内农林院校联合“一带一路”沿线国家（地区）和南南合作的农业院校建设海外科技合作中心、技术示范基地为抓手，建立一批具有实效性、影响力、可持续的“一带一路/南南合作”农业发展品牌中心和基地，服务中国农业“走出去”企业和当地农业发展，显著推动“一带一路/南南合作”农业和民生发展。

（来源：中国农业大学，http：//news. cau. edu. cn/art/2018/6/22/art_8769_574923. html.）

南京农业大学与肯尼亚埃格顿大学合作案例

南京农业大学从 1994 年开始在埃格顿大学建立了“生物技术实验室”和“中肯园艺技术合作中心”，建立起合作联系。2012 年 10 月，双方合作建设了全球首家农业特色孔子学院，致力于开展农业技术示范和推广、农业技术培训、农业教育与科研等一系列农业合作活动。2013 年 6 月，南京农业大学自筹经费在埃格顿大学建设“中肯农业示范园区”，作为农业孔子学院的重要建设项目和展示平台，总占地约 10 公顷，生产和展示中国的优良作物品种和先进实用的农业技术；在园区周边地区进行示范推广适合肯尼亚和东非国家种植推广的优良品种和农业技术，与中国的涉农企业合作，推进优良品种和实用技术的产业化。2014 年 5 月，“中肯作物分子生物学联合实验室”获科技部立项批准，国务院总理李克强见证了合作协议的签署。2016 年 2 月，“中肯作物分子生物学联合实验室”在肯尼亚埃格顿大学投入运行，作为目前整个东非地区最先进的分子生物学科研实验室，它致力于在分子水平上帮助提升肯尼亚园艺作物及其他农作物遗传改良水平。根据合作协议，中肯作物分子生物学联合实验室项目计划在未来5年培训1 000名非洲专业人才。2019年6月，与埃格顿大学共同申报的中国-肯尼亚作物分子生物学“一带一路”联合实验室获得科技部批准建立。

（来源：南京农业大学．http：//news. njau. edu. cn/2017/0302/c70a85507/page. htm.）

4. 盖茨基金会、中国与CGIAR合作

（1）盖茨基金会、中国和CGIAR相互间具有良好的合作基础。首先，盖茨基金会是CGIAR的重要资助方，帮助CGIAR协调地区间的育种网络，建立现代育种信息系统，减少育种成本。2011—2019年，盖茨基金会共捐助了6.505亿美元，占CGIAR总捐款的15.24%，仅次于美国。其次，中国是CGIAR的成员国之一，每年向CGIAR捐款。CGIAR的许多下属研究中心都在中国设立了办事处，加强在中国及亚洲等地区的农业研究。最后，盖茨基金会、CGIAR分别和国家自然科学基金委员会建立了良好的合作关系，设立了联合资助项目，共同资助中国和CGIAR、中国和世界其他国家的农业科技国际合作。

（2）盖茨基金会、中国和CGIAR三方具有很强的合作潜力。作为世界农业科学研究院，CGIAR许多研究中心的研究处于国际顶尖水平，是世界农业科研创新的领导者。CGIAR的大多数研究中心都设立在发展中国家，在世界各地都建有广泛的合作网络，是全球最大的农业科技创新体系，对当地及世界的农业科技发展都产生了重要影响。目前，CGIAR的年度科研经费大约9亿美元，11 000名员工分布在全球70多个国家。CGAIR在农业推广方面也具有丰富的经验，比较了解发展中国家农民对农业技术的需求和当地自然环境条件，能够更加因地制宜地提供相关的农业技术。另外，CGIAR属于中立的非营利性国际机构，与各国政府、其他国际组织、多边组织以及私人基金会等都建立了非常良好的合作机制，和许多国家联系密切，使其更容易开展科研工作，更加容易被发展中国家和国际社会广泛认可。CGIAR是中国与世界农业科技合作的一座独特的桥梁。CGIAR在过去的几十年当中，已经和中国开展了深入的农业科研合作，为中国的农业科技发展做出了突出贡献。

中国是以小农户为主的发展中国家，且地域广阔，农业科技更加符合发展中国家多样化的技术需求，与CGIAR在许多研究领域具有很强的互补性。中国可利用CGIAR的国际网络，推动区域和全球农业科技创新合作以实现互利共赢的新型国际关系，宣传中国取得的农业发展成就，促进我国农业技术和成

果“走出去”，帮助发展中国家提高农业科技水平。显然，如果盖茨基金会能够采取措施，联合 CGIAR 和中国实现强强联合，共同致力于发展中国家的农业科技合作研究，必将能显著提高工作效率，将更加有助于加快推在中国和发展中国家的科研合作，共同推动南南合作。

（3）盖茨基金会、中国和 CGIAR 三方可能的合作方式和路径。通过梳理农业资源可以发现，盖茨基金会可以通过现有合作渠道，大力推动与中国和 CGIAR 的三方合作路径。

第一，建议建立盖茨基金会和中国科技部的有效合作机制，尤其重点资助中国农业科学家与 CGIAR 科学家共同主持或参与国际大科学计划，加强关键技术、前沿技术、农业现代工程技术、颠覆性技术的联合攻关，进一步提高科技进步对农业发展的贡献率，解决农业发展的瓶颈问题。中国科技部高度重视国际大科学计划项目，一方面，联合各个国家共同解决人类面临的农业发展问题，贡献中国科技力量，同时提高中国在全球农业研究中的地位和影响力；另一方面，通过国际大项目的国际协作和联合攻关平台，科学家们可以相互学习，有助于培养国际化人才和科研队伍，推动中国相关领域的研究进展。CGIAR 方面拥有国际一流的专家，同时在大科学计划方面也做了很多积极的探索。2008 年以来，CGIAR 为了实现愿景和战略目标，制定了《战略与成果框架》，发起了一系列 CGIAR 重大科研项目（CRPs），集中整合 CGIAR 各研究中心和合作伙伴的研究、资源和人才优势，开展大规模、多机构参与的项目，着眼于解决地区或全球性农业问题。目前，已批准和实施了包括旱地农业系统、湿热带系统、小麦、玉米、水稻、基因库等多个重大科研项目，取得了很多重大成果。中国农业科学院也组织了全国 20 多个省（市、区）的农业科研与教学单位参加了“国际农业研究磋商组织（CGIAR）挑战计划”。

第二，建立盖茨基金会、CGIAR 和国家自然科学基金委员会三方合作机制，共同资助现有渠道的中国农业科学家和 CGIAR 的国际项目合作，提升国际合作的深度和质量。国家自然科学基金委员会每年资助中国和 CGIAR 的合作项目约 20 个，每个项目约 200 万元，周期约 5 年，合作经费约 4 000 万元人民币。目前，这些项目激发了中国科学家和 CGIAR 的合作积极性，但因为经费少，而且规定这些经费不能转到 CGIAR 账户，大多数项目只能用于支持双边科研人员互访交流，因此，对 CGIAR 的科学家激励作用很小，参与该项目的积极性不高，影响合作效果。一方面，加强 CGIAR 和国家自然科学基金委员会的沟通，找到共同关注问题是关键，CGIAR 可以通过盖茨基金会等不同渠道获得资助，中方可获得国家自然科学基金方面的资助，推动双方朝共同方向努力，加强合作效果，提升研究质量。另一方面，建立盖茨基金会和国家自然科学基金委员会对 CGIAR 和中方科学家合作的专项基金，共同决定选题，在同一个研究框架下设计 CGIAR 和中方科学家的合作内容、任务分工和资助额度等，建立更为紧密的合作关系。

第三，建立盖茨基金会、CGIAR 和农业农村部关于南南合作方面的合作机制，共同推进南南合作。中国政府分两期捐助了共计 8 000 万美元设立中国—FAO 信托基金为中国与全球南方国家开展知识和经验交流提供支持。自信托基金成立以来，中国已成功实施了 14 个国别项目，在多个技术领域开展了知识共享项目，包括水产养殖、作物生产、灌溉、家畜育种、农林兼作、病虫害防治、禽类养殖及农业价值链开发等。但是目前，中国对 FAO 捐赠的南南合作基金几乎耗尽，下一步计划尚不明朗。中国与 FAO 开始创新南南及三方合作模式。2018 年 2 月，为进一步加强南南及三方合作，中国向 IFAD 捐助了 1 000 万美元用于设立新的中国—IFAD 南南及三方合作基金，这是 IFAD 机构历史上设立的第一个致力于南南及三方合作的基金。该基金旨在交流南方国家发展经验，整合专业知识和资源，加速农村扶贫，提高农村生产力，促进农村转型。当前扩大南南合作规模的一个最大制约因素是资源匮乏，因此有必要深入推动南南合作，拓展三方合作，充分利用中国政府、FAO、CGIAR 在非洲等发展中国家的农业示范中心和科研机构的教育培训资源、政策资源，充分运用 CGIAR 的科技平台和庞大专家队伍，加大农业技术推广和援外培训力度，为发展中国家提供支持农业发展和粮食安全领域的关键技术和资源，提高政策影响力。

第四，加强盖茨基金会、CGIAR 与国家国际发展合作署南南合作援助基金的合作机制。许多发达国家的援外经验表明，技术援助是最有效的方式，建议国家国际发展合作署的南南合作援助基金中设立专门的技术援助基金，尤其是农业技术援助基金，加强对发展中国家的农业技术研发和推广。从目前南南合作援助基金资助的对象和范围来看，国内及受援国社会组织、国内外智库及国际组织等都可以提出项目申请，CGIAR 符合项目申请条件。建立盖茨基金会会、CGIAR 和国家国际发展合作署三方合作机制，建议中方与 CGIAR 合作共同申请南南合作援助基金项目，拓宽 CGIAR 的资助渠道，充分发挥 CGIAR 在发展中国家的农业科技研究优势，共同执行大型项目、共享合作资源等，有效利用 CGIAR 各个研究中心及其所在国的优势资源，全方位加强同其所在国和研究目标国的合作关系，使合作效果最大化。

第五，加强盖茨基金会与中国农业科学院、中国 CGIAR 办公室的联系与合作，加大中国对 CGIAR 的捐赠，立足中国，拓展支持周边国家。中国政府对 CGIAR 的捐款主要通过中国农业科学院向农业农村部申请，农业农村部报财政部审批。2016 年 CGIAR 开展了新一轮改革，改革后理事会制定了一项新的理事会成员遴选方案，以年度捐款加权平均数 1 000 万美元的标准将中国排除在常任席位之外，如需继续担任常任理事，需改变目前对窗口 1、2、3 的捐款策略（黄丹丹，张学福，2019）。因此，建议中国农业科学院加强与农业农村部、财政部的沟通协调，争取增加 CGIAR 对中国的捐款，以维持常任理事国的职位，履行大国责任。另外，CGIAR 中国办公室中，其实很多是区域办公室，不仅为中国的农业科技合作取得联系，而且服务于周边的亚洲地区，尤其是东南亚国家。但近年来，由于整个 CGIAR 系统经费紧张，CGIAR 中国办公室的职能并没有充分发挥出来。CGIAR 的中国办公室非常了解中国国内的研究情况，同时，一直保持着与国际上的沟通协调，比较了解国际情况和研究进展，能够更好地架起中国与发展中国家沟通协作的桥梁，宣传中国的农业技术，同时针对发展中国家的具体情况研究推广适合的农业技术。

5. 农业科技合作的挑战

（1）中国政府目前支持农业科技“走出去”的科技经费仍然非常有限。随着经济的发展，农业在国民经济中的占比显著下降，农业科技在科技总支出中的占比仍然比较小。尽管在农业科技经费中，国际合作经费增长显著，但现阶段，仍然以“引进来”为主——从发达国家引进和学习新的技术，农业科技“走出去”还处于起步阶段，主要以商务部和农业农村部支持的农业科技援助为主，更多注重农业科技推广方面。农业科技“走出去”的研究经费非常有限，以科技部国际合作专项和重点研发计划以及国家自然科学基金项目资助的一些零散的国际合作项目为主。这些项目大多数都是竞争性经费，农业与其他行业的国际科技合作通常放在统一的项目申请框架下，相互之间存竞争关系，很难确定真正用于农业方面的国际科技合作支出。

（2）国际科技合作的可持续性。由于农业生产周期长，农业科技“走出去”也面临周期长的问题，如农作物从试种到筛选出苗头品种到通过品种审定至少需要 3~5 年，此后通过当地国家品种审定后进入商业化阶段又需要多年时间，需要大量的资金投入，但中国的农业科技国际合作项目大部分为短期项目，资助强度较小，并且大部分项目都是竞争性项目，通过第三方评估确定立项，项目非常分散，缺乏连续性支持。因此，不少农业科技“走出去”项目存在一些短期行为，缺乏可持续性，面临的资金压力比较大。比如，一些农业技术示范中心和联合实验室通过国际合作项目建好以后，没有持续的经费和项目支持，持续运转面临不少问题，造成各种设施设备的浪费。应该进一步加强与私人企业的合作，找到既能解决目标国家面临的重大农业技术问题，又具有广阔市场前景的国际科技合作项目非常重要，让企业参与技术示范中心的运转。对于联合实验室，在建设之前就做好一些长期的发展规划，包括项目经费来源和长期合作运转机制，以保证联合实验室能真正发挥作用，实现预期目标。

（3）农业科技“走出去”的信息资源不足。目前由于科研机构和企业在农业科技“走出去”之前对于目标国家的农业资源、农业经济、政策和法律以及农业技术需求等方面的信息了解不够，容易造成在中国农业科技“走出去”过程中，因信息把握不准而出现政策导向偏差，造成中方被动的局面；同时也难以高效服务中国农业“走出去”的整体布局，不利于推广适销对路的农业科技产品，影响农业科技走出去的效果。

（4）政策、文化和语言差距。从事农业合作项目的中国人员有时缺乏对当地文化、社会规范、政策和法规的充分了解。以非洲的合作项目为例，一些非洲国家复杂的经济和社会情况，对中国员工与当地社区和组织发展关系的能力提出了挑战。此外，受教育背景的限制，许多中国员工在与当地合作伙伴、员工和居民沟通时面临语言障碍。

（5）多方合作将增加项目管理的复杂性。显然，中国的农业科技管理部门和农业科研机构都对国际合作保持开放态度，愿意与各方加强国际合作，发挥各自的优势，从而更好实现目标。但在现实中，多方参与却也面临诸多挑战。例如，多方合作可能增加了项目管理的复杂性和相互之间的协调成本，如果处理不当，可能反而起不到合作效果。因此，如何建立良好的合作协作机制保障项目顺利实施非常重要。需要加强合作规划、合作项目的设计和管理协调机制，尽量简化项目的行政管理，减少项目管理的复杂性，保证合作项目的高效运转。

参考文献

蔡立湘，1992. 省级农业科研单位的主要任务［J］. 科技导报（4），58-60.

程长林，任爱胜，柳萌，等，2017. “一带一路”背景下中国农业科技国际合作现状与模式研究［J］. 农业展望，13（8）：107-111.

动源君，2019. 2016—2018 年国家重点研发计划项目概况分析［EB/OL］.［2019-10-10］. 科研数据会说话. https：//www. sciping. com/22624. html.

段子渊，申泽丹，2017. 科技促进农业供给侧改革——对中国科学院“十三五”规划农业科技发展布局的解读［J］. 中国科学院院刊，32（10）：1059-1065.

樊胜根，陈志钢，张玉梅，等，2017. 中国农业体制改革研究和国际经验［R］. 农业部报告.

樊胜根，钱克明，2005. 农业科研与贫困［M］. 北京：中国农业出版社.

高云才，2018. 中国积极参与农业南南合作带动项目地区农作物增产［EB/OL］.［2019-7-20］http：//intl. ce. cn/sjjj/qy/201812/02/t20181202_30921074. shtml.

郭静利，盛彩娇，李思经，2017. “一带一路”农业科技走出去的政策思考［J］. 中国农业科技导报，19（11）：1-7.

国家自然科学基金，2018. 国际（区域）合作研究和交流计划［EB/OL］.［2019-8-21］. http：//www.nsfc.gov. cn/nsfc/cen/xmzn/2018xmzn/11/index. html.

国家自然科学基金，2019. 国家自然科学基金国际（地区）合作研究项目管理办法［EB/OL］.［2019-8-20］. http：//www. nsfc. gov. cn/publish/portal0/tab475/info70247. htm.

国家自然科学基金国际合作局，2018. 国家自然科学基金委与国际农业研究咨询组织 2018 年合作研究项目指南［EB/OL］.［2019-8-21］. http：//www. nsfc. gov. cn/publish/portal0/tab442/info72805.htm.

国家国际发展合作署，2018. 南南合作援助基金简介［EB/OL］.［2019-7-20］. http：//www. cidca. gov. cn/2018-08/24/c_129939202. htm.

国家统计局社会科技和文化产业统计司，科学技术部战略规划司，2001—2019. 中国科技统计年鉴［M］. 北京：中国统计出版社.

国务院，2014. 国务院关于改善和加强中央科研项目和资金管理的意见［EB/OL］.［2019-8-21］. http：//www. gov. cn/zhengce/content/2014-03/12/content. htm.

国务院，2018. 国务院关于印发国际大科学计划和大科学工程计划的通知［EB/OL］.［2019-7-30］. http：//www. gov. cn/zhengce/content/2018-03/28/content_. htm.

韩昕儒，严艳，王秀东，2018. 中国国际农业科研合作咨询组织核心研究项目的运行机制［J］. 中国农业科技导刊，20（11）：20-27.

胡瑞法，时宽玉，崔永伟，等，2007. 中国农业科研投资变化及其与国际比较［J］. 中国软科学，53-58，65.

黄丹丹，张学福，2019. 中国与 CGIAR 合作效果评价研究［J］. 中国农业科技导报，21（4）：8-15.

黄季焜，胡瑞法，Scott Rozelle，2003. 中国农业科研挑战与展望［M］. 北京：中国财政经济出版社.

黄季焜，胡瑞法，王晓兵，等，2014. 农业转基因技术研发模式与科技改革的政策建议［J］. 农业技术经济（1）：4-10.

江苏省科学技术厅，2018. 江苏科技年鉴（2017）［M］. 北京：科学技术文献出版社.

姜丽华，张宏斌，杨晓蓉，2006. 共同促进农业研究与发展伙伴关系——中国与国际农业研究磋商组织［J］. 世界农业（5）：58-59.

金丹，2018. "一带一路"背景下中越产能合作研究［J］. 技术经济与管理研究（8）：118-123.

科技部，2017. 科技部关于印发国际科技创新合作"十三五"规划的通知［EB/OL］.［2019 - 7 - 20］. http：//www. most. gov. cn/mostinfo/xinxifenlei/fgzc/gfxwj/gfxwj2017/201705/t2017052_. htm.

科技部，2011. 科学技术部与盖茨基金会签署了战略合作谅解备忘录［EB/OL］.［2019-8-21］. http：//www. most. gov. cn/kjbgz/201110/t20111027_90495. htm.

科技日报，2013. 迈向农业科技国际合作共赢——科技部副部长张莱武谈中国与联合国农业科技合作［EB/OL］.［2019-7-20］. http：//www. most. gov. cn/kjbgz/201308/t20130827_. htm.

李寅秋，付长亮，2014. 农业科研单位开展农技推广服务的思考——以江苏省农业科学院为例［J］. 农业科技管理（04）：15-17.

刘爱群，王杰新，张志，2003. 以农业科研单位为主体构建省级农业科技创新体系［J］. 农业科技管理（4），24-25.

卢肖平，谢开云，2014. 国际马铃薯中心在中国：30 年友谊、合作与成就［M］. 北京：中国农业科学技术出版社.

卢垚，黄丹丹，王婷，2019. 基于文献计量学的 CGIAR 对全球农业贡献研究［J］. 生物技术进展，9（1）：89-97.

罗海荣，张振华，吴长付，2018. 省级农科院科研平台运行态势及对策分析——以江苏省农业科学院为例［J］. 农业科技管理（1），59-61，77.

农民日报，2017. 共同推进"一带一路"建设农业合作的愿景与行动［EB/OL］.

[2019 - 7 - 20]. http://jiuban. moa. gov. cn/zwllm/zwdt/201705/t20170512_5604724. htm.

农业部办公厅，2017. 农业部综合办公室关于印发和分发《2017年农业国际交流与合作项目任务指南》的通知［EB/OL］.［2019-10-20］. http://www. moa. gov. cn/nybgb/2017/dsanq/201712/t20171228_. htm.

农业部办公厅 . 关于公布“十三五”农业部重点实验室及科学观测实验站建设名单的通知［EB/OL］.［2019 - 10 - 10］. http://www. gdaas. cn/tzgg/201701/t20170105_814649. htm.

农业农村部，2019. 中国化肥和农药的利用率稳定增长［EB/OL］.［2019-8-21］. http://tj.people. com. cn/n2/2019/1219/c375366-33645606. html.

人民网，2016. 盖茨基金会启动了新项目，以继续加深与中国的伙伴关系［EB/OL］.［2019-8-21］ http://world. people. com. cn/n1/2017/0327/c1002-29172051. html.

王富有，2012. 中国作物种质资源引进与流出研究——以国际农业研究磋商组织和美国为主［J］. 植物遗传资源学报，13（03）：335-342.

王节萍，李响，朱方林，等，2017. 科研院所实施国家重大农技推广项目试点机制创新与成效——以江苏省农业科学院为例［J］. 农业科技管理，36（04）：33-36.

王涛，2018. 比尔·盖茨和他的妻子发布了2018年的信，以珍视中国的农业技术和经验［EB/OL］.［2019-8-21］. http://news. cri. cn/20180214/ab9952eb-7fe5-d6a2-57c1-f72d7de91904. html.

新华社，2012. 科技部：中国农业国际科技合作取得了长足进步［EB/OL］.［2019-7-20］. http://www.gov. cn/jrzg/2012-11/21/content_2272170. htm.

新华社，2018. 中国科学院与肯尼亚签署备忘录，深化科研合作［EB/OL］.［2019-8-21］. http://www.sinafrica. cas. cn/zxdt/zhxw/201812/t20181227_470894. html.

徐长春，郑戈，熊炜，等，2016.“十三五”时期中国农业科技“走出去”的战略思考［J］. 世界农业（4）：18-22.

徐继峰，罗江月，贾焰，2014. 中日对非洲农业援助比较［J］. 世界农业（6）：39-44.

徐哲，2017. CAAS-ILRI畜禽牧草遗传资源联合实验室科技创新发展探析［J］. 现代农业科技（21）：251-252+259.

杨文桓（DUONG VAN HOAN），2018. 基于越南需求视角的越中农业技术合作研究［D］. 南宁：广西大学.

游雯，刘倩，王金辉，2018. 依托热作优势资源　搭建中非农业合作之路——中国热带农业科学院援非工作综述［J］. 紫光阁（10）：66-67.

俞建飞，徐钰娇，王永春，等，2018.“一带一路”视角下中国农业科技国际合作的战略定位与发展对策——基于中巴机制的比较［J］. 科技管理研究，38（7）：57-62.

张合成，2018. 我国农业科技发展40年回顾与展望［J］. 中国农村科技（12）：6-9.

张江娜，2013. 农业科研院所组织结构问题解析——以江苏省农业科学院为例［D］. 南京：南京农业大学.

张雪，蒋昌顺，2011. 热带农业科技国际合作区域发展战略研究［J］. 热带农业工程，35（5）：65-67.

赵其国，黄季焜，2015. 未来至2020年农业领域科技发展新趋势新特点［J］. 中国果业信息，32（10）：9-11.

中华人民共和国教育部科学技术司，2002—2019. 高等学校科技统计资料汇编［M］. 北京：高等教育出版社.

中国科学院院刊，2017. 中国科学院共同制定了"一带一路"国际科技合作行动计划［EB/OL］.［2019-8-21］. http：//www. cas. cn/zt/sszt/roadbelt_cas/mtbd/201705/t20170509_4600077. shtml.

中国农业科学院国际合作局，2015. 中国与国际农业研究磋商组织战略合作三十年［M］. 北京：中国农业科学技术出版社：117-118.

中国农业科学院国际合作局，2018. 砥砺奋进40年国际合作硕果累累，扬帆启航，两个一流建设再谱新篇［EB/OL］. http：//caas. cn/zt/ggkf40n/ggjxs/294798. html.

中国政府网，2017.《中国农业知识产权创造指数报告（2017年）》发布［EB/OL］.［2019-7-20］. http：//www. gov. cn/xinwen/2017-08/26/content_5220627. htm.

朱月季，胡晨，李佳莲，2018. "一带一路"倡议下中国与东盟国家农业技术合作模式研究［J］. 世界农业（9）：28-33，57，247.

CGIAR，2018. 国际农业研究磋商组织信托基金捐助者［EB/OL］. https：//www. cgiar. org/funders/.

BABU S C，HUANG J K，VENKATESH P，et al.，2015. A comparative analysis of agricultural research and extension reforms in China and India［J/OL］. China Agricultural Economic Review，7（4）：541-572，http：//dx. doi. org/10. 1108/CAER-05-2015-0054.

BEINTEMA N M，NIN-PRATT A，STADS G，2020. ASTI Global update，2020，ASTI program Note Septembor 2020［EB/OL］. Washington，DC：International Food Policy Research Institute（IFPRI）. http：//doi. org11024991p15738c0112r34029.

CHEN K Z，HSU C，FAN S G，2014. Steadying the ladder China's agricultural and rural development engagement in Africa［J］. China Agricultural Economic Review，6（1）：2-20.

CHEN K Z，FLAHERTY K，and ZHANG Y，2012. China：Recent Developments in Agricultural Research［R］. Agricultural Science and Technology Indicators：Country Note. Washington，DC：International Food Policy Research Institute.

CHEN K Z，ZHANG Y，2011. Agriculture R&D as an Engine of Productivity Growth：China［R］. UK Government's Foresight Project on Global Food and Farming Futures. UK Government Office for Science：London，UK.

FAN S G，QIAN K M，and ZHANG X B，2006. China：An unfinished reform agenda [M] //PARDEY P G，ALSTON J M，and PIGGOTT R R，Agricultural R&D in the Developing World：Too Little，Too Late? Washington D. C.：International Food Policy Research Institute.

HUANG J，HU R，and ROZELLE S，2004. China's Agricultural Research System and Reforms：Challenges and Implications to the Developing Countries [J]. Asian Journal of Agricultural Development，1 (1)：98-112.

HUANG J and ROZELLE S，2014. Agricultural R&D and Extension [M] //FAN S G，KANBUR R，WEI S，and ZHANG X. The Oxford Companion to the Economics of China，London：Oxford University Press.

OECD，2016. The US agricultural innovation system [M] //Innovation，Agricultural Productivity and Sustainability in the United States，Paris：OECD Publishing.

PALACIOS X F，1998. Contribution to the estimation of countries/interdependence in the Asia of plant genetic resources [R]. Background Study Paper，7 (1)，FAO，Rome：14.

WANG X and LIU Q，2012. China-Africa cooperation：a new approach to improve development effectiveness [C] //Working Paper Series 5，Beijing：International Poverty Reduction Center in China.

World Bank，2012. Agricultural Innovation Systems：An Investment Sourcebook [M]. Washington D. C.：World Bank.

Acronyms and Abbreviation

AGRA	Alliance for the Green Revolution in Africa
APEC	Asia Pacific Economic Cooperation
ASTIP	Agricultural Science and Technology Innovation Program
BMGF	Bill & Melinda Gates Foundation
CAAS	Chinese Academy of Agricultural Sciences
CABI	Centre Agriculture and Bioscience International
CAE	Chinese Academy of Engineering
CAFS	Chinese Academy of Fishery Sciences
CAS	Chinese Academy of Sciences
CATAS	Chinese Academy of Tropical Agricultural Sciences
CEDA	Center of Excellence for Dry Land Agriculture
CEWMA	Center of Excellence for Water Management in Agriculture
CGIAR	Consultative Group on International Agricultural Research
CIDCA	China International Development Cooperation Agency
CIMMYT	International Maize and Wheat Improvement Center
CIP	International Potato Center
EURASC	European Academy of Sciences
FAO	Food and Agriculture Organization of the United Nations
FECC	Foreign Economic Cooperation Center
FOCAC	Forum on China–Africa Cooperation
FTE	full–time equivalent
IAEA	International Atomic Energy Agency
IATEB	International Association for Tropical Ecosystem and Biodiversity
IBCAS	the Institute of Botany of Chinese Academy of Sciences
ICARDA	International Center for Agricultural Research in the Dry Areas

ICIMOD	International Centre for Integrated Mountain Development
ICRAF	World Agroforestry Centre
ICRISAT	International Crop Research Institute for the Semi-Arid Tropics
IFPRI	International Food Policy Research Institute
IGDB	Institute of Genetics and Developmental Biology
IGSNRR	Institute of Geographic Sciences and Natural Resources Research
IOZ	the Institute of Zoology
IRRI	International Rice Research Institute
ISA	Institute of Subtropical Agriculture
ISZS	International Society of Zoological Sciences
IWMI	International Water Management Institute
MARA	Ministry of Agriculture and Rural Affairs
MOE	Ministry of Education
MOF	Ministry of Finance
MOC	Ministry of Commerce
MOST	Ministry of Science and Technology
NAIDC	National Agency for International Development Cooperation
NASTIA	National Agricultural Science and Technology Innovation Alliance
NGOs	Non-Governmental Organizations
NIDCA	National International Development Cooperation Agency
NKPs	National Key R&D Programs
NSFC	National Natural Science Foundation of China
OECD	Organization for Economic Co-operation and Development
R&D	research and development
S&T	science and technology
SAJORECD	Sino-Africa Joint Research Center
SSC	South-South Cooperation
STI	science, technology and innovation
TWAS	World Academy of Sciences

Acknowledgement

This report is based on research project "Scoping Advocacy Opportunity in China's Agricultural R&D" supported under the Bill & Melinda Gates Foundation for the period from November 2018 to August 2020. We would like to acknowledge Ammad Bahalim, Kaiyuan Wang, Jane Zhang, Qinghua Zhu, and Sue Park from the Bill & Melinda Gates Foundation for the guidance and support throughout the project. We would like to extend a special thank to Shenggen Fan, Chair Professor from China Agricultural University for his guidance. We are grateful to Jane Silverthorne (Senior Science Advisor from Supporters of Agricultural Research (SoAR) Foundation) for her valuable comments. We would also like to thank Xiongnian Yang (Director General of Development Center for Science & Technology, MARA), Yahui Zhang (Director General of Department of International Cooperation of CAAS), Weiping Hao (Deputy Director General of Department of International Cooperation of CAAS), Dr Zhonghu He (CIMMIT), Dr Zongwen Zhang (Bioversity International), and Xiaoping Lu (CIP) for their valuable comments. We wish to express our sincere thanks to Dr Guiyin Shen and Dr Feng Zhang, Dr Xiaolong Sun from Jiangsu Academy of Agricultural Sciences (JAAS) who provided great supports to our field visits. IAED of the CAAS provided a great support to the implementation of the project, so special thanks go to Longjiang Yuan (Director General), Sijing Li (Secretary), Shiping Mao (Deputy Director General), Xiangdong Hu (Deputy Director General), Shuping Jin, and Ningning Zhang.

The report benefited from fruitful discussions with those we interviewed from MARA, the Ministry of Science and Technology (MOST), China Offices of Several CGIAR Centers, the Chinese Academy of Agricultural Sciences (CAAS), the Chinese Academy of Sciences (CAS), China Agricultural University (CAU), the Jiangsu Academy of Agricultural Sciences (JAAS), and Nanjing Agricultural

University (NAU). Particularly, we would like to acknowledge the valuable comments and suggestions from the experts who participated the inception, mid-term, and closing workshops as well as Bill & Melinda Gates Foundation meeting of "Multi-stakeholder Convening for Agricultural R&D funding advocacy from the US, EU, China".

The completion of this report would not have been possible without the support from research assistants and students in our respective offices. Particularly, we would like to express our sincere thanks to Yunyi Zhou from Zhejiang University, Liwen Zhang and Yue Zhan from East and Central Asia Office of IFPRI, Xinran Hu, Xiangyang Zhang, and Fangfang Sheng from Graduate School of CAAS, and Qian Cai from Hainan University. We are also grateful for the students who help translate into English version.

The research team consists of the following members:

Yumei Zhang (Team Leader), Senior Research Fellow, Institute of Agricultural Economics and Development (IAED), CAAS.

Kevin Z. Chen, Qiushi Chair Professor and International Dean, China Academy for Rural Development, Zhejiang University; Director, Zhejiang University-IFPRI Center for International Development Studies, Zhejiang University; Senior Research Fellow, East and Central Asia Office, International Food Policy Research Institute.

Jimin Wang, Deputy Director General, Institute of Food and Nutrition Development, MARA.

Shiping Mao, Deputy Director General, Institute of Agricultural Economics and Development (IAED), CAAS.

Yun Gao, Associate Research Fellow, Institute of Agricultural Economics and Development (IAED), CAAS.

Linhong Xie, Associate Research Fellow, Institute of Agricultural Economics and Development (IAED), CAAS.

Summary

Since the reform and opening up, the Chinese government has attached great importance to the development of agricultural science and technology. Agricultural science and technology has developed rapidly and made a significant contribution to agricultural productivity, food security and poverty reduction in China. Meanwhile, China has transformed itself from agricultural technology importer to exporter, extending technologies to other developing countries. The Bill & Melinda Gates Foundation (BMGF) trusts that China's innovative knowledge, technology and tools can help small farmers improve their lives and lift them out of poverty in Africa and other developing countries. In 2011, BMGF and the Ministry of Science and Technology (MOST) signed a memorandum of strategic cooperation to jointly promote human development. In recent years, BMGF and China have conducted fruitful cooperation in agricultural science and technology. The main purpose of this book to identify the status of agricultural research resources in China, explore future cooperation opportunities and cooperation pathways between the two sides, and make greater contribution to agricultural development and poverty alleviation of small holders in developing countries.

This book includes five major parts. The first part analyzes the Chinese agricultural research system and its management organization, the research funding and its allocation mechanism. The second part introduces the provincial agricultural research resources. The third part analyzes the research resources of the most important agricultural research institutions – the Chinese Academy of Agricultural Sciences (CAAS) and the Chinese Academy of Sciences (CAS). The fourth part summarizes the current situation of China's international cooperation in agricultural science and technology. The fifth part discusses the future cooperation opportunities and pathways between China and BMGF in agricultural research.

The major findings from the book are summarized by to the following four areas.

Area 1: China's National Agricultural Research Resources

1) China has a complex agricultural research system, mainly composed of public research institutes and universities, and ranks the first in terms of the number of researchers in the world. In 2018, there were 1,158 agricultural research institutes and 94 agricultural universities. China has established top-down agricultural research institutions at the national, provincial and prefectural levels. The share of researchers in research institutions affiliated to the ministry, province and prefecture was 14.30%, 51.10% and 34.60%, respectively.Crop research institutes are dominant, followed by agricultural services, forestry, animal husbandry and fishery research institutes, respectively. The total number of employees in agricultural research institutes is 87,000, and R&D personnel are 56,000, accounting for 12% of all industries. Full-time equivalent R&D person was about 64,000 in 2018. The researchers have good education background. In 2018, there were 10,126 doctors, 18,016 masters, and 18,617 undergraduates, accounting for 18%, 32%, and 33%, respectively.

2) The National Science and Technology Leading Group is the highest institution of science and technology management. MOST takes charge of science and technology development. After the reform in 2018, the National Natural Science Foundation of China (NSFC) is affiliated to MOST instead of the State Council before, but its operation is relatively independently. The Department of Science and Education of the Ministry of Finance (MOF) undertakes the S&T budget and management. The department of Rural Science and Technology of the MOST is responsible for the formulation of S&T plans and policies for agricultural and rural development, while the S&T and Education Department of the Ministry of Agriculture and Rural Affairs (MARA) is mainly responsible for the management of agricultural S&T projects. The Department of Science and Technology of the Ministry of Education (MOE) is mainly responsible for the administration of S&T in universities. Rural Technology Development Center of MOST and The Development Center for Science and Technology of MARA are professional management organizations of agricultural research projects. The Foreign Economic Cooperation Center (FECC) of MARA is

responsible for the administration of foreign aid projects of MARA. China International Development Cooperation Agency (CIDCA) mainly deals with foreign aid.

3) The central government S&T programs are important ways to support S&T innovation activities. The State Council reformed the central government S&T program since 2014, and built a new management system since 2017. After the reform, the central government S&T program has been merged into five categories: the National Natural Science Foundation of China (NSFC), the National S&T Major Project (Mega Projects), the National Key R&D Programs (NKPs), the Technology Innovation Guiding Fund (s), and the Bases and Talents Program. All the programs are managed through an integrated open and unified national science and technology management platform.

4) Research funding sources of China's agricultural research institutes include core funding and project funding. The core funding is mainly used as the salary and welfare of agricultural research institutes, which is decided by the financial department. The project fund mainly comes from the research projects. There are two kinds of research project: core and competitive funding projects. Funds for basic scientific research, special funds for scientific and technological innovation projects and the national modern agricultural industrial technology system are the most important three kinds of core funding projects, which are directly allocated by the Ministry of Finance. Competitive funding mainly refers to the funding of the central government S&T program and other projects, which is an important way for the government to support S&T innovation activities.

5) China's public expenditure on agricultural research has grown rapidly, which became one of the countries with the largest public investment in agricultural research. The S&T activities revenue of agricultural research institutes and agricultural universities grew rapidly, reaching or surpassing some OECD countries since 2010, accounting for about 16% of the global total (Beintema et al., 2020). The intensity of agricultural S&T investment is relatively low, but shows an upward trend, rising from 0.30% in 2001 to 0.83% in 2017. Government funds are the main source of funding, which accounted for 89% of the total funds of agricultural research institutes and 79% of the total funds of agricultural universities. China's agricultural R&D expenditure increased from 2.2 billion CNY in 2002 to 24.1 billion CNY in 2017, with a real growth rate of 13%, 18.26 billion CNY were used by agricultural

research institutes and 5. 86 billion CNY were used by agricultural universities in 2017. The R&D expenditure of universities increased faster than that of research institutes, and the share of R&D expenditure increases from 21. 6% in 2002 to 24. 3% in 2017. The R&D investment on basic agricultural research has been growing rapidly. In 2017, the share of R&D expenditure on basic research reached 16. 6%, which increased by 9 percentage points compared with 2002. Agricultural colleges and universities pay more attention to basic research, and the share of basic research funds in 2017 was 35. 5%. The R&D expenditure of China's agricultural research institutions is still mainly supporting crops research, but the research expenditure of animal husbandry, fishery and agricultural services grows rapidly. In 2018, the shares of R&D expenditure of crop, forestry, animal husbandry, fishery and agricultural services were 57%, 8%, 7%, 6% and 21%, respectively.

6) The Life Science Department of the National Natural Science Foundation of China, the National Key R&D Program, the modern agricultural technology industrial system, the National Innovation Project and the basic operating expenses are the most important sources of agricultural S&T funding. In 2018, the total fund for the key R&D programs were 2. 5 billion CNY, for Life science projects of the NSFC was 3. 1 billion CNY, for modern agricultural technology industrial system was 1. 6 billion CNY, and for the science and technology innovation projects were about 800 million CNY. The total funding of all these programs were about 8 billion CNY.

Area 2: China's Provincial Agricultural Research Resources

1) Chinese provincial agricultural research institutes focus on applied research, serve for the local agricultural development, undertake the division task of the National Agricultural Science and Technology Innovation Alliance, and also play important role in international cooperation and exchange of agricultural science and technology, providing important support for the development of agricultural S&T. The provincial department of science and technology, the provincial department of agricultural and rural affairs and the provincial department of education are jointly responsible for the management of provincial agricultural research. The research projects of provincial agricultural research institutes are from national, provincial and prefectural projects. The research projects of the provincial science and technology

department are the main source of the provincial agricultural research projects, including the provincial basic research program, the provincial key R&D program, the provincial special fund project for the transformation of S&T achievements, and the provincial policy guidance program. Each province has some special research projects according to the agricultural characteristics and development goals. Provincial research projects are also divided into core and competitive research projects. The core project funds mainly include the basic scientific research operating expenses for provincial universities and research institutes, construction funds for scientific research conditions, infrastructures (key laboratories, platforms).

2) Provincial agricultural research institutes are also dominated by public agricultural research institutes. In 2018, the number of provincial agricultural research institutes was 411. Both the quantity and quality of scientific and technological activities personnel at the provincial level have been improved. By 2018, provincial agricultural research institutes have a total of 40,051 employees and 33,915 staff engaged in S&T activities. Among them, 48 percent of them have PhD or Master degree. The distribution of scientific and technological activities personnel is imbalanced, which are mainly concentrated in Beijing, Shandong and Henan, with 6,433, 4,456 and 4,054 employees, respectively, accounting for 21% of the national total employee.

3) The total funding for S&T activities in provincial agricultural research institutes increases year by year. The total S&T activity revenue of provincial research institutes increased from 4.99 billion CNY in 2007 to 15.16 billion CNY in 2018, with the average annual real growth rate was 7.2%. In 2018, provincial and prefectural level agricultural research institutes accounted for 49 percent and 21 percent of the national total agricultural S&T revenue, respectively. The regular expenditure on provincial level R&D increased from 1.80 billion CNY to 9.99 billion CNY, with an average annual real growth rate of 13.21%, which is faster than the growth rate of national level R&D expenditure. Provincial level R&D spending is mainly concentrated in Beijing, Zhejiang, Shandong, Guangdong, and Jiangsu, which accounted for 38% of the national total. Government funding is the main source of research funds, accounting for more than 85% of the total funding for S&T activities. The government funding is mainly from the allocation from financial department directly, followed by undertaking government projects, and the share of

local government funding is relatively small. In 2018, the share of fiscal allocation, undertaking government projects, and local government funding was 67%, 30% and 2.6%, respectively. Foreign sources of funding is limited. Provincial scientific research institutes focus on experimental development, with exceeding two-thirds of the total R&D expenditure.

Area 3: Agricultural Research Resources of the Chinese Academy of Agricultural Sciences and the Chinese Academy of Sciences

1) The Chinese Academy of Agricultural Sciences (CAAS) is the country's largest state-level comprehensive agricultural research organization, responsible for basic and applied research as well as research on new technologies. CAAS has a large number of researchers, affiliated research institutes and key laboratories, covering crop sciences, horticulture sciences, animal sciences, veterinary medicine, agricultural natural resources and environment, agricultural mechanization and engineering, quality safety and processing of agricultural products, and agricultural information and economy. It has 34 directly affiliated scientific research institutes, 9 joint scientific research institutes and 7,026 employees, including 5,911 scientific research personnel in 2017. The research revenue of CAAS was 7.21 billion CNY ($1.13 billion) in 2017, including 3.55 billion yuan as government subsidies. CAAS has a long-term preservation of crop germplasm resources of 480,000 pieces, ranking the second in the world.

2) CAAS has a strong cohesiveness in agricultural S&T cooperation in domestic and abroad. At present, CAAS has set up 27 joint laboratories or research centers in cooperation with other countries and international organizations, and 13 international organizations and foreign agricultural research institutes have set up liaison offices. BMGF is an important cooperation partner of the CAAS in the fields of germplasm resources cultivation, cooperative research, personnel training, and joint laboratory. CAAS led the establishment of the "10+10" cooperation mechanism between Chinese and African agricultural research institutes. CAAS has also established the Center for International Agricultural Research and the National Alliance for Agricultural Science and Technology to further strengthen international cooperation. CAAS is also actively promoting major international cooperation projects.

3) The Chinese Academy of Sciences (CAS) is the largest national research

organization in China's R&D system. It is affiliated with the State Council and under the actual supervision of MOST. CAAS consists of 104 research institutes, 12 branches, 3 universities and 11 supporting institutes in 23 provincial-level regions. The Institute of Geographic Sciences and Natural Resources Research (IGSNRR), the Institute of Genetics and Developmental Biology (IGDB), the Institute of Subtropical Agriculture (ISA), the Institute of Botany (IBCAS), the Institute of Zoology (IOZ) and many other institutes of CAS have always contributed to agricultural research.

4) CAS has established cooperative relationships with a number of research institutes, including the Food and Agriculture Organization of the United Nations (FAO), the International Association for Tropical Ecosystems and Biodiversity (IATEB), the International Centre for Integrated Mountain Development (ICIMOD) and the International Society for Zoological Science (ISZS). CAAS has partnerships with agricultural ministries of many countries. CAS has also established a good partnership with the Consultative Group on International Agricultural Research (CGIAR). The CAS has set up a China-Africa joint research center to address major problems of African countries, such as food shortage and environmental pollution, and improve their scientific and technological level and talent training capacity. CAS has established Alliance of International Science Organizations (ANSO) in "the Belt and Road" Region to promote S&T cooperation with the countries and regions along "the Belt and Road".

Area 4: International Cooperation in Agricultural Research in China

1) China's international cooperation in agricultural S&T forms a pattern combining "bringing in" and "going global". China has established international cooperation and exchange platforms in agricultural S&T with relevant countries and international organizations, such as joint laboratories and R&D centers in the fields of biological breeding and plant protection, and carried out in-depth cooperation and exchange in agricultural S&T through various forms. The scales of cooperation have been expanding, and major international cooperation projects have been increasing year by year. At present, the exported agricultural technologies include crop seeds such as hybrid rice, cotton, corn and vegetables, animal disease prevention and

control technology and vaccine production, integrated crop disease and insect pest control technology, facility horticulture technology, feed production technology, agricultural machinery and biogas technology, etc.

2) Under the background of innovation-driven development strategy and "the Belt and Road" cooperation initiative, the Chinese government actively encourages S&T international cooperation, increases the international cooperation research funding, makes the more open international cooperation policies, such the openness of the Central Government S&T Program, the supports for scientific research personnel to participate in the international organization and the international mega science plans, mega science and engineer plans, improve the technology aid modes, upgrade the technological innovation capability of developing countries, and help solve practical problems of industrial development and improve the people's well-beings.

3) International cooperation projects of agricultural S&T are mainly managed by international cooperation departments of MOST, MOF and MARA. International cooperation projects of MOST are mainly in the charge of the Department of International Cooperation. Both the national key R&D programs and the NSFC projects have set up international cooperation projects. MARA is mainly responsible for bilateral and multilateral cooperation in agricultural S&T.

4) China maintains close cooperation relationship with CGIAR. As a member of CGIAR, China has significantly increased its contributions to CGIAR. CAAS, CAS, the Chinese Academy of Tropical Agricultural Sciences, Shandong, Guangdong and other provincial agricultural sciences academies have carried out extensive and deep cooperative research with CGIAR. NSFC has signed a cooperation agreement with CGIAR and provides funding to support the joint international cooperation projects of Chinese scientists and CGIAR. China Scholarship Council and CGIAR has signed talent training cooperation agreements.

5) China takes an active in South-South Cooperation (SSC). China has dispatched 1,057 agricultural experts and technicians to SSC countries, accounting for 60 percent of the total number of experts dispatched by the FAO SSC program during 1996 to 2018. China is the first country to establish a strategic alliance for South-South cooperation with the FAO. The Chinese government has donated a total of US $80 million to set up the China-FAO Trust Fund in two phases to support the

exchange of knowledge and experience between China and countries in the south of the world. So far, China has successfully implemented 14 national projects and achieved remarkable results. China has started to explore new ways of SSC and triangular cooperation, set up the China – IFAD fund for SSC and triangular cooperation.

6) China and Africa have conducted diversified cooperation in agricultural science and technology. The bilateral dialogue and communication were strengthen through the FOCAC mechanism, established 26 agricultural technology demonstration centers, set up the "20+20" cooperation mechanism between Chinese and African universities, and the "10+10" cooperation mechanism between Chinese and African agricultural research institutes. BMGF has worked with China to extend Chinese rice technologies to African countries to improve local rice production and increase the self-sufficiency rate of African rice.

7) Agricultural S&T cooperation between China and "the Belt and Road" countries are making steady progress. In May 2017, MARA and other three ministries jointly issued "Vision and Action on Jointly Promoting Agricultural Cooperation on the Belt and Road". Considering the national requirements and the S&T status, Chinese government will enhance the cooperation with the "the Belt and Road" countries through building joint international laboratories, technology experiment demonstration station, S&T demonstration park, preventing and controlling the animal and plant disease and epidemic, exchanging germplasm resources, and joint researching and demonstrating the achievement, promoting the international cooperation and exchange in the varieties, technology and products. China has set up six joint agricultural research laboratories until 2019.

China has rich agricultural science and technology resources, and most agricultural technologies come from domestic research institutes. A significant number of Chinese technologies have the potential to be applied to other countries. China is formulating the 14th Five-year S&T Plan and a new medium-and long-term development program. China will continue to play an active role in international exchanges, bear its responsibilities as a large country and serve the international community. As the largest charitable foundation in the world, BMGF not only has significant amount of funds, but also has a wide cooperation network in developing countries and the first-class management team. The cooperation between BMGF and China are highly complementary to further the progress of agricultural science and technology in China and other developing countries. Based on the above findings of China's agricultural research resources, the following five main recommendations to promote the cooperation between BMGF, China, and other developing countries are made.

Recommendation 1 taking the potential cooperation opportunities. The funding for international cooperation is expected to grow even faster in the future under the background of the innovation driven development strategy and all-facet opening-up policy. MOST has formulated more active supporting policies to promote international cooperation, including increasing the openness of the National S&T Program, supporting researchers to actively participate in and take the lead in international mega S&T projects. The new National S&T programs become more concentration and transparent, which will be more conducive to communicate and cooperation. MOST is planning the *14th Five-year Plan (2021-2025) for S&T Development and the Medium-and Long-term Plan for S&T Development*. It's a right time to advocate future S&T development plan, and keep pace with the cycle of China's S&T development plan.

Recommendation 2 promoting the cooperation of the key areas in the countries and regions along the "the Belt and Road" and Africa. Key Cooperation areas include crop breeding, prevention and control of major epidemic diseases of livestock and poultry, efficient and safe breeding, aquaculture technology, irrigation technology, soil and fertilizer technology, agricultural machinery technology, green development technology and digital tools and technologies.

Recommendation 3 promoting the agricultural S&T cooperation of BMGF and the MOST, NSFC, MARA and CIDCA. The key cooperation areas of BMGF and MOST include national key R&D program, special international cooperation projects, international mega science projects and joint laboratories. Cooperation with NFSC can focus on basic research and cutting-edge research. Cooperation with MARA can be on the technology extension and demonstration, focusing on agricultural technology demonstration centers, South-South cooperation, personnel exchange and S&T training. The cooperation with CIDCA focuses on the Fund for South-South Cooperation.

Recommendation 4 promoting the cooperation of BMGF and the provincial agricultural S&T management departments. The main cooperation organizations at provincial level mainly include the department of provincial science and technology, the department of provincial agricultural and rural affairs and the department of education. The key cooperation areas include technology research and extension of characteristic agriculture and promoting the S&T personal capacity building. Considering both the provincial agricultural scientific research advantages and the S&T demands of targeted countries and regions, BMGF can select the appropriate provinces as cooperation partners.

Recommendation 5 promoting direct cooperation between BMGF and research institutes and universities. In the context of "the Belt and Road Initiative", many agricultural research institutes and universities have set up research teams and centers for international agricultural S&T cooperation. As a result, the funding for international scientific and technological cooperation increases significantly and there are ample cooperation opportunities with the common concern and important S&T issues.

Recommendation 6 promoting the tripartite cooperation among China, BMGF and CGIAR. There have been a good cooperation and great cooperation potential between BMGF, China and CGIAR. The strengthen of the tripartite cooperation and the joint efforts would be helpful for improving agricultural science and technology in developing countries. Cooperation may include: Funding Chinese agricultural scientists and CGIAR scientists to co-host or participate in international mega science programs, strengthen joint tackling of key technologies, cutting-edge technologies and disruptive technologies, and solve technical bottlenecks in agricultural development; Establishing trilateral cooperation mechanism among BMGF, CGIAR and NSFC and jointly funding international project cooperation between Chinese agricultural scientists and the CGIAR through existing channels to improve the depth and quality of international cooperative research; Jointly promoting South-South cooperation through establishing cooperation mechanisms among BMGF, CGIAR, MARA and CIDCA. In particular, efforts need to be made to strengthen the cooperation between BMGF and research institutes such as CAAS, BMGF and CGIAR Branch Office in China.

Chapter 1

Synthesis: China Agricultural R&D Landscape-Pathway for International Cooperation

1 Introduction

Over the past four decades, the Chinese government paid a high attention to agricultural research. Its agricultural S&T expenditure has grown rapidly and became one of the largest investing countries on agricultural public research in the world. According to OECD statistics, by 2010, an amount of agricultural public research investment in China matched that of developed countries such as the United States using purchasing power parity and was much higher than that of developing countries such as India and Brazil. In 2016, China's agricultural public research investment accounted for about 16% of the total global agricultural public research investment, higher than India (9%) and Brazil (6%) (Beintema et al, 2020). With increasing investments, China has made great achievements in agricultural S&T development with rich outputs. Most of the technologies adopted in China originates from domestic research, which has effectively promoted agricultural economic growth and rural poverty reduction. In 2019, a contribution rate of agricultural S&T in agricultural outputs in China reached 59.2% agricultural production and harvest mechanization rate is over 70 percent, more than 95 percent of major crops varieties were from independent breeding research. The coverage rate of improved crop varieties increased to more than 96%, and the contribution rate of improved varieties to the growth of agricultural production to more than 43% (MOA, 2018). Agricultural GDP grew with an annual average rate of 4.4% during last four decades. During 1978 to 2019, agricultural labor productivity increased by 7.6 times, while the poverty rate in rural areas decreased from 97.5% in 1978 to 0.6%, in 2019 using national official rural poverty line of 2,300 CNY per year at 2010 constant price (NBS, 2018).

In recent years, China has begun to transform from an agricultural S&T importing country to an agricultural S&T exporting country. It has strengthened South-South cooperation, helped other developing countries develop their agricultural sectors, upgraded international agricultural S&T service capacity, and helped partner countries solve key technologies, and achieve the UN's 2030 Sustainable Development Goals. China is implementing the national innovation driven development strategy and the "the Belt and Road Initiative". China has been active to be involved in the economic and technological globalization process, make overall planning, improve the S&T innovation capability, build Innovative country, and make the positive contribution to the human science and technology progress.

The Bill & Melinda Gates Foundation (BMGF) attaches great importance to China's achievements and experience in agricultural S&T development. BMGF believes that China's innovative knowledge, technologies and tools can help small farmers in Africa and other developing countries improve their living standards and lift themselves out of poverty and achieve inclusive agriculture growth. The BMGF has carried out a number of agricultural S&T research cooperation projects with China. And the potential of cooperation between the two sides is enormous. We hope to further explore how the two sides can deepen bilateral cooperation in the future and work together to promote global agricultural development, to alleviate poverty of small farmers and to achieve their income growth.

The main objective of this book is to sort out the current situation, funding allocation mechanism and management of China's agricultural research resources. Based on the current situation of China's agricultural research resources, possible cooperation pathways between China and BMGF in agricultural research are explored, recommendations are made for making agricultural S&T cooperation strategies with China, so as to help small farmers in developing countries increase their incomes to the greatest extent.

The contents of this book are as follows: 1) Sorting out the national agricultural research system, analyzing agricultural research funds sources, total amount and distribution mechanism, etc. 2) Analyzing provincial agricultural research framework system, provincial agricultural S&T management, and selected typical provinces of Jiangsu and Shandong as examples, this paper deeply analyzes provincial agricultural research funds sources, distribution mechanism and management. 3) Identifying agricultural research resources of China's largest agricultural research institutes: the Chinese Academy of Agricultural Sciences and the Chinese Academy of Sciences.

4) Providing overview of international cooperation, international cooperation policies, cooperation institutes and projects, bilateral and multilateral cooperation research, including agricultural cooperation between China and CGIAR, FAO, Africa, etc.

5) Exploring cooperation opportunities, pathways and mechanisms of BMGF and China, and propose cooperative pathway advocacy and suggestion between BMGF and China in the field of agricultural S&T going global.

2 China's Agricultural R&D Resources

2.1 China's Agricultural R&D System

1) China maintains the largest public agricultural research system over the world in terms of the number of researchers. According to the *2018 China Statistical Yearbook on Science and Technology*, in 2018, the number of agricultural research institutes amounted to 1,069, which took up 1/3 of all kinds of institutes in China. Around 87,552 research staff work in agriculture, accounting for 12.1% of researchers in all industries, wherein 56,327 were for agricultural R&D in particular.

2) The agricultural R&D system of China is overwhelmingly complex due to its nested and miscellaneous institutional structure. A spectrum of agricultural research institutes and universities ranging from the national to the local level are devoted to agricultural R&D. Numerous comprehensive research institutions and universities are also engaged in agricultural research. For example, many research institutes affiliated to the Chinese Academy of Sciences (CAS) play an important role in agricultural research; a number of researchers in Peking University and Tsinghua University also focus on agricultural R&D. In 2018, School of Modern Agricultural Science was established in Peking University with a focal point on agricultural science and technology (S&T) as well as agriculture-related researches. Whereas the statistical data of personnel and inputs for agricultural R&D from comprehensive research institutes and universities lacks, this study will refer only to the status of agricultural R&D at agricultural institutes and universities.

3) Research is institutionally separated from education China, as agricultural research institutes dominate the national agricultural R&D system and meanwhile

agricultural universities commit to education and developing human resources in agriculture. 94 universities (academies) of agriculture and (or) forestry are distributed in each province of China. In 2017, the agricultural universities employed 54,203 teaching staff (or researchers), 24,459 for R&D in particular, which were about 14,672 full-time equivalent (FTE) R&D personnel (MOE, 2019). The FTE personnel of all R&D researchers in the agricultural research institutes and universities was 64,234, there into the ratio of FTE agricultural R&D researchers in institutes and in universities was 77% versus 23%.

4) China's agricultural R&D system is highly decentralized according to its administrative structure that is categorized into three levels, namely the national, the provincial and the prefectural. National agricultural research institutes cover the Chinese Academy of Agricultural Sciences (CAAS), the Chinese Academy of Fishery Sciences (CAFS), the Chinese Academy of Tropical Agricultural Sciences (CATAS), and their affiliated research institutes. In 2018, national, provincial and municipal agricultural research institutes accounted for 5%, 44% and 50.85% respectively. The employees in the agricultural research institutes affiliated to the Ministry of Agriculture and Rural Affairs (MARA), provinces and municipalities accounted for 18%, 48% and 34%, respectively.

5) Agricultural research institutes that focus on crop farming are still the mainstream in China's agricultural R&D system. Those with emphasis on agricultural services and forestry take a moderate share, whereas relatively few institutes commit to R&D in animal husbandry and fishery. According to statistics from the Ministry of Science and Technology (MOST), in 2018, there were 508 research institutes engaged in the researches regarding crop farming, 173 in forestry, 71 in animal husbandry, 49 in fisheries, 268 in agricultural services. The number of research institutes of crop farming, forestry, animal husbandry, fishery and agricultural services accounted for around 48%, 16%, 7%, 5% and 25% respectively of the total research institutes. Among all the staffs in agricultural research institutes, 48,128 were in the employ of the research institutes of crop farming, with a share of 55%; 9,705 were for forestry, taking up 11%; 6,809 were for animal husbandry, taking up 8%; 4,038 were for fishery, accounting for 5%; and 18,872 were for agricultural services, accounting for 22%.

6) China's agricultural R&D system is underpinned by well-educated human

resources. In 2018, the R&D group in agricultural institutes consisted of 10,126 doctors, 18,016 masters and 18,617 bachelors, accounting for 18%, 32% and 33%, respectively. Among them, 8,868 were basic researchers, 11,150 were applied researchers, and 29,035 were experimental development researchers. The proportion in respective of researchers in basic research, applied research and experimental development was 18%, 23% and 59%, respectively.

2.2 China's S&T Management System

1) The National Science and Technology Leading Group is the highest institution of science and technology management. Its office, located in the MOST, undertakes the routine work. Its main responsibilities are: to research and review the national science and technology development strategies, plans and major policies; to discuss and consider major national science and technology tasks and major projects; and to coordinate major issues concerning science and technology between various departments of the State Council and between departments and localities.

2) MOST is the competent department responsible for national S&T development. Its main functions include formulating S&T development policies, coordinating the construction of national innovation system and national major S&T decision-making and consultation system, coordinating and managing the central financial S&T plan (special projects, funds, etc.) and supervising its implementation, optimizing the S&T resources allocation, developing a diversified system of S&T input, formulating plans, policies and regulations for external exchanges and cooperation on S&T, etc. In 2018, the National Natural Science Foundation of China (NSFC) began to be managed by MOST instead of the State Council. It operates relatively independently and is responsible for the implementation of funding plans, project setting and evaluation, project establishment and supervision.

3) The main functions of the Department of Science and Education of the Ministry of Finance (MOF) are to undertake budgetary work of departments in science, technology and education; to study and formulate policies for financial support for the reform and development of science and education undertakings, and

to put forward suggestions for optimizing the structure of public expenditure; to formulate a general financial management system for public institutions, and to take the lead in formulating (revising) the Financial Rules for Public Institutions; to be responsible for the comprehensive organization for the coordination mechanism of science and technology funds, to administer the central civic science and technology funds, and to administer major special funds for science and technology in accordance with regulations.

4) The functions of the Ministry of Education (MOE) in science and technology include: planning and guiding the natural sciences, philosophy, and social science research of the higher education institutes, coordinating and guiding the participation of higher education institutes in the construction of national innovation systems and the implementation of various national science and technology major projects as well as other scientific and technological plans, guiding the development and construction of the school's science, technology and innovation (STI) platform, and guiding the combination of informationization with production, education and research. In particular, the work of the Department of Science and Technology includes: planning and guiding the science and technology work of higher education institutions; coordinating and guiding the participation of higher education institutions in the construction of national innovation systems and the implementation of various science and technology programs of national science and technology major projects; guiding the development and construction of the innovation platform; guiding the combination of informationization with production, education and research. In addition, the Department of International Cooperation and Exchange is responsible for guiding and coordinating the implementation of international cooperation and exchange projects.

5) The National Agency for International Development Cooperation (NAIDC) is responsible for formulating strategic guidelines, plans and policies for foreign aid, coordinating major foreign aid issues and making recommendations, promoting the reform of foreign aid methods, formulating foreign aid programs and plans, identifying foreign aid projects and monitoring and evaluating the implementation. The specific implementation of foreign aid is still undertaken by the relevant departments under MOST, MARA, etc (Fig. 2-1).

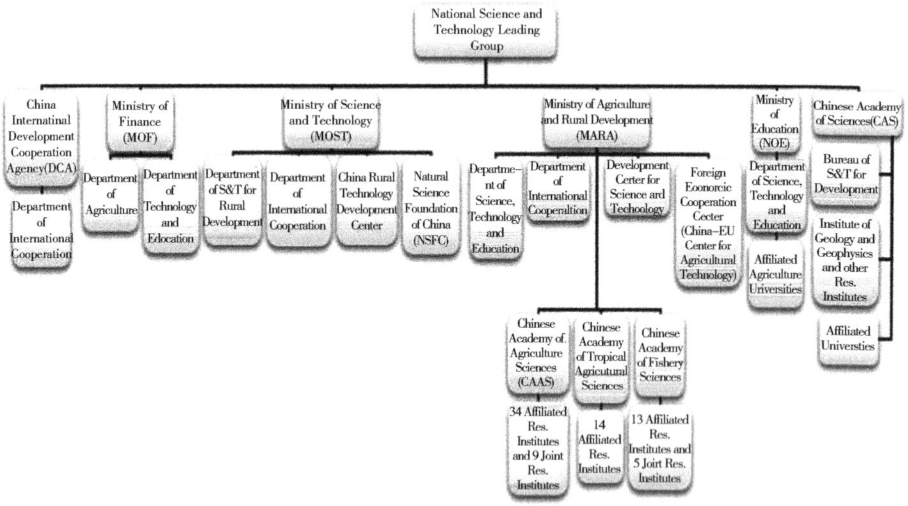

Fig. 2-1 Main Actors in National Agricultural S&T System in 2019

Source: *Authors*

2.3 Management of Central S&T Programs

1) The central budget founded science and technology (S&T) programs have experienced a holistic reform. In 2014, the central government began to optimize the research fund management system, and reformed the system of nearly 100 programs (special projects, funds, etc.) managed by more than 40 ministries and commissions. Since 2017, the science and technology plans (special projects, funds, etc.) have been fully synthesized and operating on the basis of five categories, i. e. the National Natural Science Foundation of China (NSFC), the National S&T Major Project (Mega Projects), the National Key R&D Programs (NKPs), the Technology Innovation Guiding Fund(s), and the Bases and Talents Program. In particular, NSFC supports basic research and scientific frontier exploration, facilitates talent and team building, and enhances the source innovation ability. The National S&T Major Project focuses on the country's major strategic products, industrialization goals and solutions of bottleneck problems. NKPs commit to conducting major social public researches concerning national economy and people's livelihood; solving major scientific and technological issues concerning the core competitiveness of the industry, the overall independent innovation capability

and national security; and breaking through the technical bottlenecks in the main areas of national economic and social development. The Technology Innovation Guiding Funds lead special funding for technical innovations of the enterprises. The Bases and Talents Program, largely supports the construction of scientific research bases, facilitates R&D activities of innovative talents and excellent teams, and promotes the opening up and sharing of scientific and technological resources.

2) After the reform, the management of central budget funded S&T program underpins by "One institution, three pillars and a set of systems". It establishes an open and unified national science and technology management platform and integrates the central financial science and technology plan (special projects, funds, etc.) into the unified national science and technology management platform, which is implemented in accordance with the new management methods and organizational mechanisms. "One institution" refers to the Joint Inter-ministerial Committee for national science and technology management. "Three pillars" refers to the special invitation of consultative and evaluation committees, the selection and reconstruction of professional institutions, the supervision and evaluation system and the construction of scientific research credit system. "A set of system" refers to the information systems for the national S&T management (Fig. 2-2).

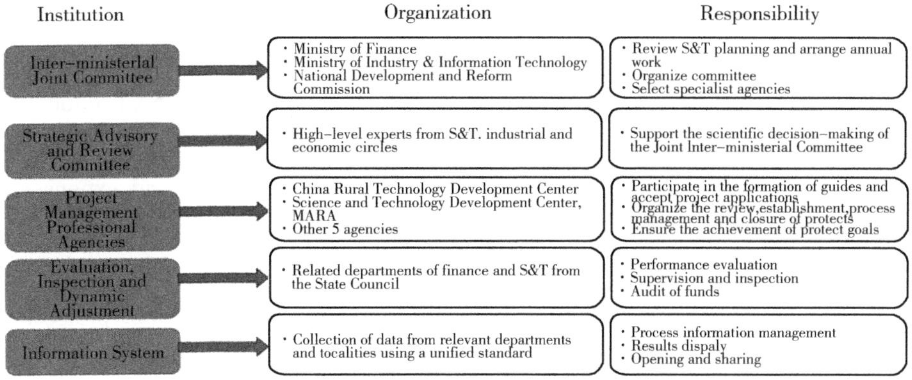

Fig. 2-2 Management Mechanism of Central S&T Programs

Source: Author

2.4 Administrative Mechanisms of Agricultural S&T in China

MOST is the competent authority over agricultural S&T. The Department of Rural

Science and Technology of MOST is responsible for formulating plans and policies for S&T to promote agricultural and rural development, putting forward major tasks and supervising their implementation, promoting key technologies, guiding rural scientific and technological progress and county innovation - driven development, promoting poverty alleviation by S&T development, and supporting the construction of socialized S&T service system in rural areas. The Department of Life Sciences of the National Natural Science Foundation of China (NSFC) is responsible for organizing and formulating development strategies, priority funding areas and project guidelines in the field of life sciences; accepting, evaluating and managing various life sciences funding projects; organizing and managing international cooperation and exchange projects of the Department of Life Sciences; organizing and building expert evaluation systems; and undertaking consultation on important scientific issues and other matters.

The Department of Science, Technology and Education of the Ministry of Agriculture and Rural Affairs (MARA) is mainly responsible for agricultural S&T development. Particularly, its functions including organizing and drawing up the development strategies, policies and measures, programs and plans for agricultural S&T; to be responsible for the selection, implementation, supervision and management of major S&T extension projects and the importation of major technologies as well as projects of science and technology industrialization; to undertake the external exchanges and cooperation on agricultural S&T education, resource and environment and renewable energy, and the implementation of related treaties; to administer centrally the agricultural scientific research and expenses for science undertakings.

The Rural Technology Development Center of China of MOST and the Science and Technology Development Center of MARA are project management professional agencies. Foreign Economic Cooperation Center (FECC) is responsible for the cooperation with international agricultural organizations and international financial organizations, and undertakes the management of agricultural foreign aid projects. The Chinese Academy of Agricultural Sciences (CAAS), the Chinese Academy of Fishery Sciences and the Chinese Academy of Tropical Agricultural Sciences are research institutes directly under the jurisdiction of MARA.

2.5 The Size of China's Agricultural R&D Funding

1) The overall characteristics of China's scientific and technological expenditure are as follows: the scale of scientific and technological expenditure increases rapidly, the intensity of scientific and technological investment increases continuously; enterprises are the main body of scientific and technological activities, but the scientific and technological expenditure of universities increases rapidly; the proportion of scientific and technological support in national financial expenditure increases continuously, especially in local financial science and technology support. According to the statistics from MOST, in 2018, the national R&D expenditure was near 2 trillion CNY, the R&D intensity was 2.19%, and the per capita expenditure was 449 thousand CNY. The expenditure of enterprises, government-affiliated research institutes and universities accounted for 77.4%, 13.7% and 7.4% respectively, whereas the universities' research expenditure grew fastest. The fiscal expenditure on science and technology accounted for 4.31% of the overall state expenditure in 2018, with an increase of 0.18 percentage points over the previous year. The state expenditure on science and technology was 951.82 billion CNY, with an increase of 113.46 billion CNY (around 13.5%) over the previous year. Thereinto, the central financial expenditure on science and technology was 373.85 billion CNY, with an increase of 9.3%, accounting for 39.3% of the overall financial expenditure on science and technology. In addition, local financial expenditure on science and technology increased 16.5% to 577.97 billion CNY, accounting for 60.7%.

2) The investment in agricultural science and technology has a relatively small share amid the overall investment in all industries. Based on the statistics of the R&D expenditure of research institutes, the proportion of agricultural R&D expenditure was small but gradually rising, from 5% in 2001 to 7.2% in 2018.

2.6 Sources and Distribution Mechanisms of Agricultural S&T Funds

1) Funds for agricultural research institutes in China include the core fund and

the project fund. The core fund is mainly used for salary and welfare, of which the allocation is determined by the central and local financial departments of the government at all levels and by the Ministry of Finance. The project fund mainly comes from the research projects undertaken. According to the allocation mechanism, the project funds are divided into stable research funds and competitive research funds.

2) The stability funds basically consist of the operation funds for the national and local research institutes. In specific, it includes the basic scientific research business expenses for universities and public research institutes, the construction funds for better scientific research conditions and bases (key laboratories and platforms), the special funds for the renovation and purchase of central scientific institutes, the special funds for scientific and technological innovation projects and

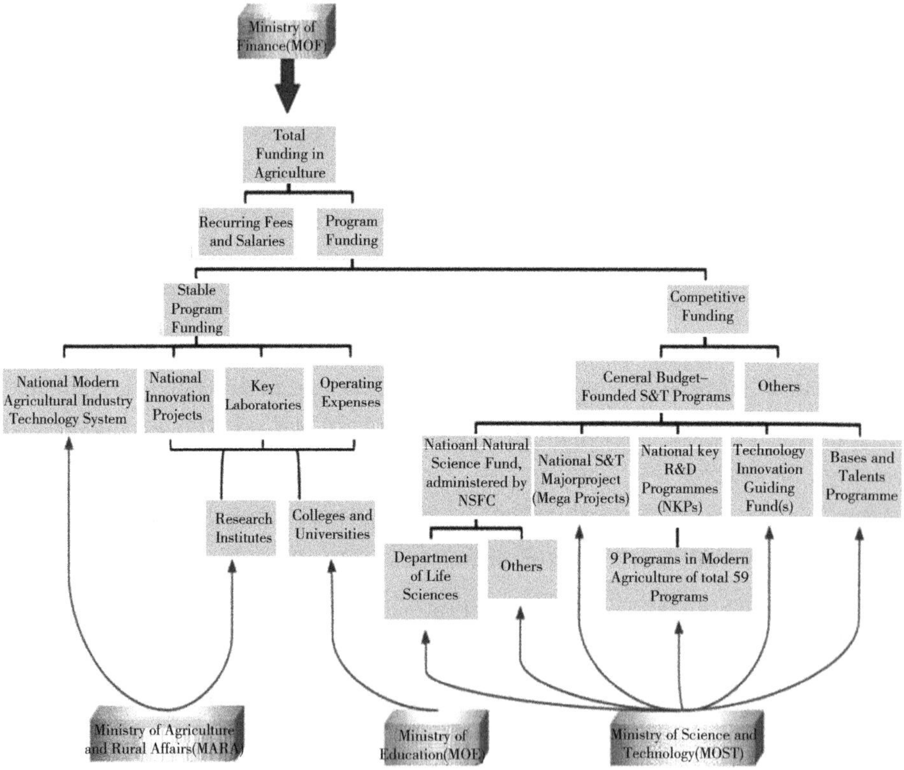

Fig. 2-3 Funding Allocation Mechanism for Agricultural R&D at National Level

Source: Authors

the agricultural industry technology system. Funds for basic scientific research, special funds for scientific and technological innovation projects and the national modern agricultural industrial technology system are the most important three kinds of stable funds. The relatively large amount of funds is directly allocated by the Ministry of Finance. The Department of Science, Technology and Education of MARA and the Ministry of Finance (MOF) are jointly responsible for the management of the basic operating expenses of the central research institutes, the special funds for renovation and purchase of central research institutes, the special funds for scientific and technological innovation projects and the national modern agricultural industrial technology system. The Ministry of Education and the Ministry of Finance jointly manage the basic operating expenses of central universities (Fig. 2-3).

3) The competitive funds are the funding for various national science and technology programs (special projects, funds, etc.), which are vital means for the government to support science, technology and innovation activities.

2.7 Funding Scale of Agricultural S&T

1) Government funds are the chief channel of China's agricultural R&D funding. In 2017, 89% of the R&D funds received by agricultural research institutes were from the government, while 82.5% of agricultural universities' R&D funds came from the government.

2) China's agricultural R&D funds are allocated through many channels. Given data accessibility, this study defines the agricultural R&D funds as the R&D funds of agricultural research institutes and agricultural universities. In 2017, R&D funds flowing to agricultural research institutes were 18.26 billion CNY and took up 76%, while the R&D funds for the agricultural universities was 5.86 billion CNY, accounting for 24% (Fig. 2-4). R&D expenditure increased from 2.21 billion CNY in 2002 to 24.12 billion CNY in 2017, with an average annual nominal growth rate of 17.4% and an actual annual growth rate of 12.9%. The R&D expenditure growth of agricultural universities was faster than that of agricultural research institutes, with average annual real growth rate of 13.8% during 2002 to 2017.

3) The agricultural S&T intensity remains low, yet the overall trend is growing. As showed in Fig. 2-2 the ratio of agricultural S&T revenue to agricultural

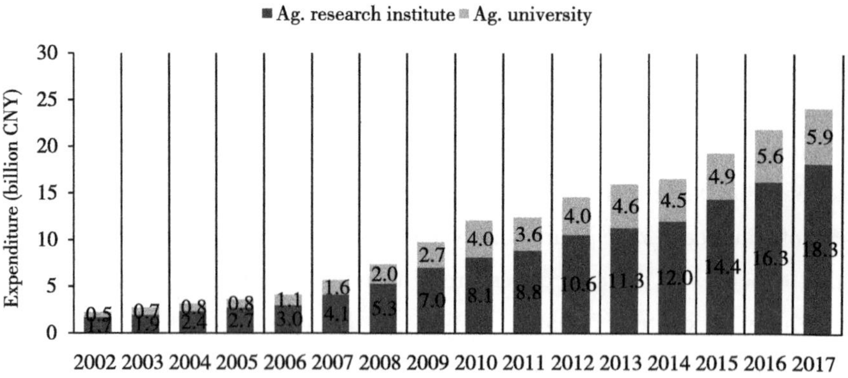

Fig. 2-4 China Agricultural R&D Expenditure

Source: *MOST*, *China Statistical Yearbook on Science and Technology* (*CSYST*) *and MOE*, *University of Science and Technology Statistics* (*USTS*)

GDP increased from 0.3% in 2001 to 0.83% in 2017. The ratio of agricultural R&D expenditure to agricultural GDP increased from 0.14% in 2002 to 0.47% in 2017 (Fig. 2-5, Fig. 2-6).

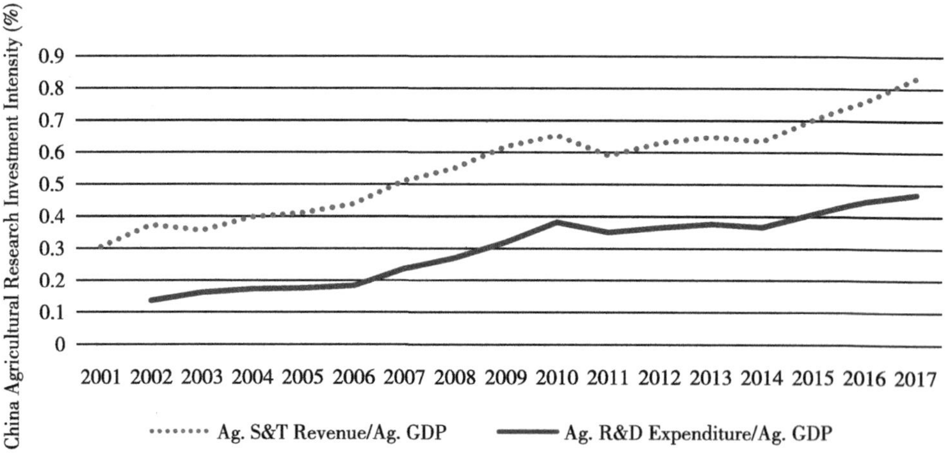

Fig. 2-5 China Agricultural Research Investment Intensity (%)

Source: *MOST*, *China Statistical Yearbook on Science and Technology* (*CSYST*) *and MOE*, *University of Science and Technology Statistics* (*USTS*); *MARA*, *National Statistics of Agricultural Science and Technology* (*NSAST*)

4) In recent years, the situation of low investment in basic research of agricultural science and technology has been significantly improved. In 2002, the ratio of R&D funds for basic research, applied research and experimental

development in both agricultural research institutes and universities was 10 : 34 : 56. In 2017, the proportion structure of three types of research transformed to 21%, 33.5% and 45.5% wherein the share of basic research increased by 11 percentage points. The agricultural universities pay high attention to basic research, and the share of R&D expenditure used for basic research is relatively high, with 34.8% in 2017. Meanwhile, the R&D expenditure share for applied research and experiment was 56.8% and 8.4%, respectively. Among the R&D expenditure of agricultural research institutes, 16.6% was for basic research, 26.1% was for applied research, and 57.4% was for experiment and development.

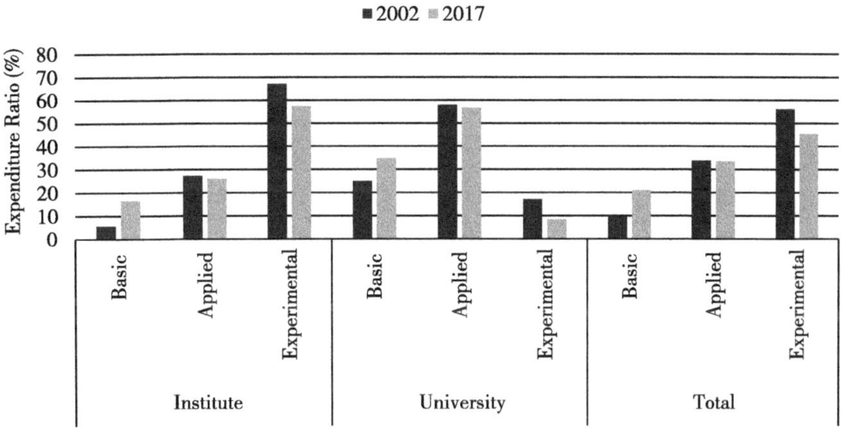

Fig. 2-6 China's Agricultural R&D Expenditure Ratio—by Research Type

Source: MOST, China Statistical Yearbook on Science and Technology (CSYST) and MOE, University of Science and Technology Statistics (USTS)

5) The allocation of research funds in China's agricultural research institutes gradually shifted from crop farming and forestry to animal husbandry, fisheries and agricultural services. The R&D expenditure of crop farming increased relatively slowly, from 1.068 billion CNY in 2002 to 11.076 billion CNY in 2018 (Fig. 2-7). The annual nominal and actual growth rates were 15.7% and 11.5%, respectively. The share of R&D expenditure on crops among total agricultural R&D expenditure decreased from 61.8% in 2002 to 57.4% in 2018. The R&D expenditure trend in forestry was similar to that in crop farming, which accounted for 8.4% in 2018. The R&D expenditure in animal husbandry, fishery and agricultural services increased rapidly from 2002 to 2018, which was 1.33 billion, 1.14 billion and 4.14 billion

CNY, accounting for 6.9%, 5.9% and 21.4% of the overall agricultural R&D fund in 2018, respectively.

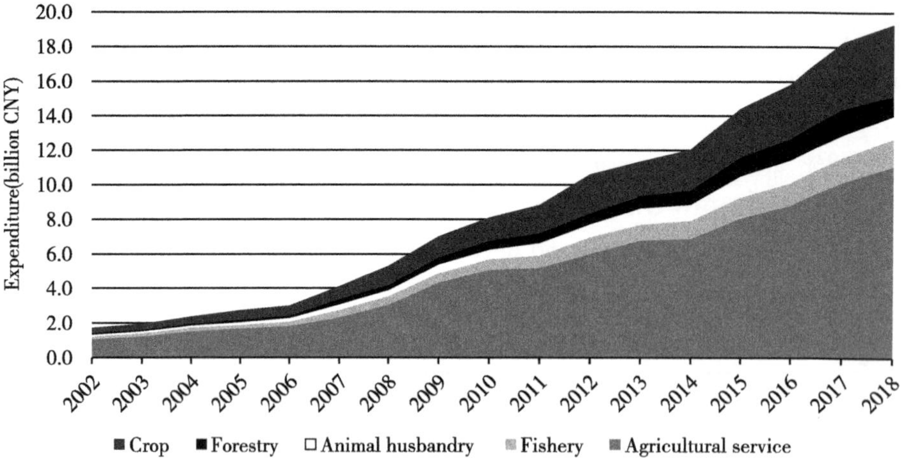

Fig. 2-7 The R&D Expenditure of China's Agricultural Research Institutes by Subsector

Source: *MOST*, *China Statistical Yearbook on Science and Technology* (*CSYST*)

6) Agricultural R&D project funding and its per capita project funding increased remarkably. Nonetheless, it remains significantly lower than the industrial average. From 1.12 billion CNY in 2001 to 9.51 billion CNY in 2018, the annual nominal growth rate was 13.4%. However, the number of project participants fluctuates greatly. In 2018, the total number of project participants was 40,463. The per project funding increased from 3.59 thousand CNY in 2001 to 23.51 thousand CNY in 2018. However, the per project funding in agriculture was still much smaller than that of overall industry of 524,700 CNY in 2018 (Tab. 2-1).

Tab. 2-1 Project Expenditure and Personnel of China's R&D Institute

Year	Total S&T			Agricultural S&T			The share of agriculture in total funding (%)	The share of agriculture in total personnel (%)
	Total funding (100 million CNY)	Personnel (person year)	Per project funding (10 thousand)	Total funding (100 million CNY)	Personnel (person year)	Per project funding (10 thousand)		
2001	218.26	200 932	10.87	11.18	31 146	3.59	5.12	15.5
2002	254.34	207 309	12.29	15.97	35 613	4.48	6.28	17.18
2003	337.4	220 735	15.27	18.24	36 860	4.95	5.41	16.7

(continued)

Year	Total S&T			Agricultural S&T			The share of agriculture in total funding (%)	The share of agriculture in total personnel (%)
	Total funding (100 million CNY)	Personnel (person year)	Per project funding (10 thousand)	Total funding (100 million CNY)	Personnel (person year)	Per project funding (10 thousand)		
2004	341.44	215 075	15.88	20.31	37 058	5.48	5.95	17.23
2005	441.93	228 417	19.38	24.04	38 436	6.25	5.44	16.83
2006	451.72	260 242	17.37	26.711	43 527	6.14	5.91	16.73
2007	543.39	280 229	19.41	35.82	45 804	7.82	6.59	16.35
2008	647.33	289 746	22.31	44.22	47 617	9.29	6.83	16.43
2009	579.82	236 991	24.46	35.23	29 122	12.1	6.08	12.29
2010	681.47	253 719	26.86	41.84	33 209	12.6	6.14	13.09
2011	807.05	273 374	29.52	42.92	33 959	12.64	5.32	12.42
2012	1 078.3	310 505	34.73	56.2	36 882	15.24	5.21	11.88
2013	1 221.66	327 466	37.31	57.13	37 977	15.04	4.68	11.6
2014	1 272.69	339 874	37.45	61.8	39 666	15.58	4.86	11.67
2015	1 513.79	348 699	43.41	71.05	41 160	17.26	4.69	11.8
2016	1 592.54	343 624	46.35	79.55	39 741	20.02	5	11.57
2017	1 720.77	359 411	47.88	86.34	38 776	22.27	5.01	10.79
2018	1 930.20	367 883	52.47	95.12	40 463	23.51	4.93	11
Annual nominal growth rate (%)	13.68	3.62	9.70	13.42	1.55	11.69		
Annual actual growth rate (%)	9.75	3.62	5.91	9.50	1.55	7.83		

Source: MOST, China Statistical Yearbook on Science and Technology (CSYST)

2.8 Major Agricultural R &D Funding Projects and Its Allocation

1) NationalKey R&D Programs

A) The National Key R&D Programs (NKPs) commits to tackling major scientific and technological bottlenecks in key development areas such as modern agriculture, energy conservation and new energy sources, industrial transformation and upgrading, resources and environment, and population health, so as to fostering new momentum for innovation and development. For the projects of NKPs, tasks (topics) can be set according to different characteristics of the projects, and guides are collected in the form of a project. NKPs has been initiated in 2016. In 2017, MOST allocated 19.9 billion CNY to the key R&D program (China Science and Technology Statistical Yearbook, 2019).

B) Special projects for key agricultural areas has been launched during 2016–2018, with emphasis on: Breeding of seven species (agriculture); R&D of technologies for reducing the utilization and increasing the efficiency of chemical fertilizers and pesticides; S&T innovation for increased productivity of food grains technology and devices for modern food processing, grains storage and transportation; R&D of technologies for prevention and control of animal diseases, and efficient and safe breeding; R&D of technologies for prevention and restoration of agricultural lands polluted by heavy metals or diffuse sources; Technology innovation for the cultivation and highly-efficient utilization of forestry resources; S&T innovation in increasing the quality, yield, and industrial quality and efficiency of main cash crops; "Blue Granary" S&T innovation, see tab. 2-2. Projects cycle in the nine aspects were about 3 to 5 years.

C) During 2015–2018, 8.32 billion CNY was invested in NKPs. Thereinto, two aspects, namely breeding of seven species (agriculture) as well as R&D of technologies for reducing the utilization and increasing the efficiency of chemical fertilizers and pesticides, took up the lions share and in respective accounted for 27.3% and 28% of the total funding for NKPs. Meanwhile, projects in other respects in respective accounted for less than 10%.

Tab. 2-2 National Key R&D Programs (NKPs) in Agriculture during 2016–2018

Program	2016 (million CNY)	Cycle (year)	2017 (million CNY)	Cycle (year)	2018 (million CNY)	Cycle (year)	Total funding (million CNY)
Breeding of seven species (agriculture)	1 562	5	533	4	174	3	2 269
R&D of technologies for reducing the utilization and increasing the efficiency of chemical fertilizers and pesticides	780	5	929	4	620	3	2 329
S&T innovation for increased productivity of food grains			587	4	29	3	616

(continued)

Program	2016 (million CNY)	Cycle (year)	2017 (million CNY)	Cycle (year)	2018 (million CNY)	Cycle (year)	Total funding (million CNY)
Technology and devices for modern food processing, grains storage and transportation			330	4	248	3	578
R&D of technologies for prevention and control of animal diseases, and efficient and safe breeding			439	4	292	3	730
R&D of technologies for prevention and restoration of agricultural lands polluted by heavy metals or diffuse sources			247	4	127	3	374
Technology innovation for the cultivation and highly-efficient utilization of forestry resources			406	4	98	3	504
S&T innovation in increasing the quality, yield, and industrial quality and efficiency of main cash crops					365	3	365
"Blue Granary" S&T innovation					549	5	549
Total Annual Funding	2 342		3 470		2 502		8 315

Source: *MOST*, https://fuwu.most.gov.cn/html/

2) The Department of Life Sciences of the National Natural Science Foundation of China (NSFC) supports disciplines such as biology, agricultural sciences and preclinical medicine, with relation to areas of resources, environment and ecology, population and health, etc. The funding from the Department of Life Sciences increased from about 2.82 billion CNY in 2015 to 3.15 billion CNY in 2018. In 2018, research funds in agricultural sciences accounted for about 70% of the Department of Life Sciences, while the research funds for other fields accounted for about 30% of total funds (Fig. 2-8).

3) the National S&T Major Project. In agriculture, the National S&T Major Project mainly support genetically modified organisms breeding, established a special funding for genetically modified. The objective is to gain a group of gene, which has important application value and independent intellectual property rights, foster a batch of new varieties of major genetically modified organisms with resistance to

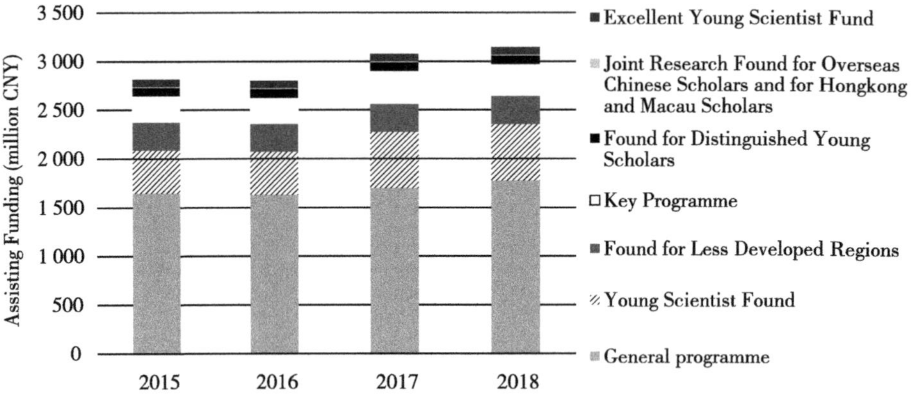

Fig. 2-8 NSFC Funding for Life Sciences in 2015-2018

Source: NSFC Life sciences: biology, agricultural sciences and basic medicine, covering resources, environment and ecology, population and health

diseases and pests, stress resistance, high quality, high yield and high efficiency, improve the ability of agricultural genetically modified organisms research and industrial development, provide technology supports for ensuring national food security, ecological security, green development. GM projects are mainly managed by Development Center for Science and Technology of MARA.

4) National Modern Agricultural Industry Technology System

A) In 2007, the Ministry of Agriculture and the Ministry of Finance jointly launched the construction of 50 modern agricultural industry technology systems, such as rice, rapeseed, pig and block freshwater fish. Agricultural products are taken as the unit and industry as the main line, gathering central and local superior S&T resources, and playing an important role in promoting technological progress. The national modern agricultural technology system is managed by the Department of Science, Technology and Education of the Ministry of Agriculture and Rural Affairs (MARA).

B) Since 2017, the central government has increased the annual funding for the modern agricultural industry technology system to 1.6 billion CNY, aiming to support the collaborative innovation of scientists in 50 agricultural industrial systems.

C) The 13th Five-year Plan focuses on solving major issues including the mechanization of rice production, efficiency and productivity improvement of soybean, quality and safety of dairy industry, reduction of soil heavy metal pollution, and providing scientific and technological support for structural reform of agricultural supply side.

5) Basic R&D Operating Expenses

A) The purpose of the Basic R&D Operating Expenses of the public research institutes at the central level (hereinafter referred to as the basic research fee) is to increase the support for the national level public research institutes, establish a stable and sustained support mechanism, and promote the continuous innovation ability of the research institutes.

B) The Ministry of Finance is responsible for determining the annual budgetary quota of basic R&D operating research expenditure of research institutes according to the characteristics of research institutes. The annual budgetary quota of basic R&D operating expenditure of research institutes is distributed to the research institutes through the project budget. Research institutes are responsible for the management of the allocation, use and assessment of basic research fee, and regularly submit summary reports to the administrative departments.

C) The Ministry of Finance set up a special support of Basic R&D Operating Expenses and the standard fees per R&D innovation staff was 30,000 CNY in 2006, and increased to 40,000 CNY in 2012, doubled to 80,000 CNY since 2016. For example, the Basic R&D Operating Expenses for CAAS increased to 228 million CNY in 2016 from 114 million CNY in 2012.

D) Basic R&D Operating Expenses in central universities are jointly managed by the Ministry of Finance and the Ministry of Education. The purpose is to strengthen the stable support for independent R&D in national level universities, and to enhance the ability of national level universities to serve national development strategies, independent innovation and high-level personnel training. Basic R&D Operating Expenses of national level universities is supported to carry out research on independent-selected topics.

3 Provincial Agricultural R&D Resources

Agricultural R&D resources at provincial level are indispensable parts of China's agricultural research resources, and play important roles in promoting national agricultural technology innovation. China has established a comprehensive and agricultural research system with various levels and different natures. Provincial agricultural research resources serve as a connection between national and prefectural level resources. Provincial agricultural research institutes focus on applying research and support local agricultural development, and undertake the tasks of the national agricultural S&T (Science and Technology) innovation alliance. With the rise of China, China not only introduces and learns the world's advanced agricultural technologies, but also improves its international impacts. As an important part of international cooperation and exchange of agricultural S&T in China, provincial agricultural research institutes play an important role in "bring in and go abroad" too. However, China's agricultural R&D resources are still at the early stage of "go abroad" to help other developing countries. How to fully play China's status and responsibility as a major country in the world agricultural research has become an important issue.

This part is mainly based on sorting out the composition of provincial agricultural research system, clarifying the management departments and responsibilities, objectives, tasks and research priorities of provincial agricultural research. The statistics of National Compilation of Agricultural Science and Technology Statistics (2009-2018) issued by Department of Science and Technology Education, Ministry of Agricultural and Rural Affairs (MARA) which only covers the agricultural research institutes affiliated by MARA and provincial Agricultural Department is used here to analyze the provincial agricultural research system. The basic characteristics, R&D intensity and the S&T fund allocation structure, project funds sources, and research conditions and other resources. We also take Jiangsu and Shandong provinces as examples to show the details of provincial agricultural R&D resources. Both the provinces have significant characters in China's agricultural research and international cooperation. The possible provincial agricultural R&D resources used for "bringing in and going abroad" and the possible cooperation pathways with Gates Foundation in the future are also explored.

3.1 Provincial Agricultural Research System

1) Similar to the national agricultural research system, public research institutes are the main parts of provincial agricultural research system. There was 411 provincial agricultural research institutes in 2018 and the number was almost no change during 1993 to 2018. Regarding the number of agricultural research institutes in each province (autonomous regions and municipalities), the top three are Guangdong, Heilongjiang and Shandong, with a number of 81, 60 and 60 respectively.

2) Provincial agricultural research institutes are mainly engaged in crop research. The number of crop research institutes was 273 in 2018, accounting for nearly two-thirds (66.4%) of the total research institutes.

3) Both the quantity and quality of provincial agricultural S&T staffs were improved. There were 40,051 staffs in provincial agricultural research institutes, and 33,915 of them were engaged in S&T activities in 2018. Among them, the proportion of postgraduates and senior professional titles was 48.37% and 69.39%, respectively. Across the whole country, the distribution of S&T staffs was extremely uneven. They were mainly concentrated in Beijing, Shandong and Henan, with 6,433, 4,456 and 4,054 staffs respectively. The S&T activities of these three provinces accounted for 21.08% of the country. The top ten provinces in total accounted for 52.62% S&T staffs of the country (Tab. 3-1).

A) Provincial agricultural S&T is mainly co-managed by the Provincial S&T Department, the Agriculture and Rural Affairs Department, and the Education Department. The S&T Department is responsible for the management of agricultural research and projects, such as: formulating S&T policies on promoting agriculture and rural development; organizing and implementing agricultural S&T support

Tab. 3-1 R&D Personnel of Provincial and National Agricultural Research Institutes

Year	Provincial level				National level	
	R&D personnel (person)	R&D personnel share in total R&D staff (%)	Average R&D personnel per institute (person)	The ratio of R&D personnel in total staffs (%)	Average R&D personnel per institute (person)	The ratio of R&D personnel in total staffs (%)
2009	22 930	57.39	50.73	48.83	133.22	59.43
2010	24 328	56.34	52.09	51.29	143.56	62.50
2011	24 825	55.89	52.71	51.59	150.78	65.15
2012	25 684	54.33	56.08	56.99	162.31	69.70
2013	26 465	54.44	57.28	58.06	167.63	71.84
2014	26 890	54.65	58.08	59.32	163.57	70.57
2015	27 560	54.48	59.52	48.83	170.04	59.43
2016	27 886	55.41	63.96	51.29	178.37	62.50
2017	27 848	46.29	56.93	66.07	161.41	76.97
2018	27 451	50.24	66.79	68.65	168.66	78.38

Source: *Ministry of Agriculture*, "*National Agricultural S&T Statistics Collection* (2007–2018)"

program; guiding the application demonstration of major agricultural S&T output, and the construction of agricultural science and technology parks and industrial bases. The projects managed by provincial S&T Department are the main channels of provincial agricultural research projects. It mainly includes provincial basic research program, provincial key R&D program (including industrial foresight and key common technologies, modern agriculture and social development), provincial special fund project for transformation of scientific and technological achievements, provincial policy guidance plan (reward and subsidy fund for socialized service of agricultural science and technology, international scientific and technological cooperation, soft science research, etc.). Each province will also set up research projects according to regional characteristics and agricultural research development goals (Fig. 3-1).

B) The Agriculture and Rural Affairs Department is mainly responsible for guiding the construction of agricultural industrial technology system and agricultural technology extension system, and organizing research on high technology, applied technology, application of S&T outputs and technology extension. The Department of Education is responsible for planning and guiding scientific research in agricultural universities, coordinating agricultural institutes to implement national agricultural S&T programs, various provincial agricultural S&T programs and other agricultural research projects.

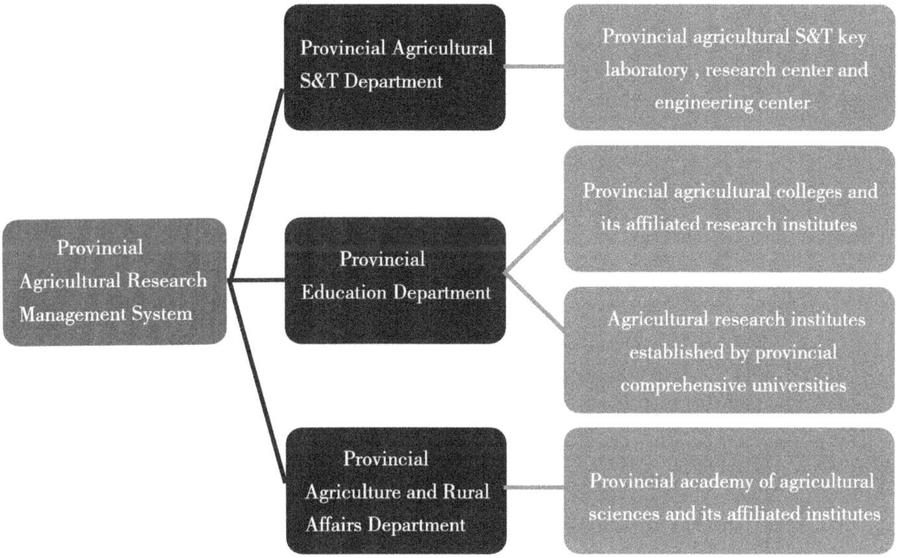

Fig. 3-1 Provincial Agricultural Research Management System

Source: Authors

3.2 S&T Funds of Provincial Agricultural Research Institute

The provincial and prefectural agricultural research institutes' S&T funds accounted for 48.94% and 21.46% of the total funds for all agricultural research institutes in 2018, respectively. The total provincial S&T funds increased from 4.99 billion CNY in 2007 to 15.16 billion CNY in 2018, with an average annual real growth rate of 7.20%.

R&D expenditure of provincial institutes has grown rapidly, with a faster growth rate than the national institutes. In terms of R&D expenditure, the largest five provinces are Beijing, Zhejiang, Shandong, Guangdong, and Jiangsu, respectively. These five provinces in total accounted for 38.05% of the total R&D expenditure for all provinces. R&D expenditure increased from 1.80 billion CNY in 2007 to 9.99 billion CNY in 2018, and the government funds for R&D expenditure also increased from 1. 49 billion CNY in 2007 to 8. 09 billion CNY in 2018. Both the growth rates of R&D expenditure and government funds in provincial institutes exceeded those of national institutes, increased by 1. 96 and 2. 02 times, respectively (Fig. 3-2).

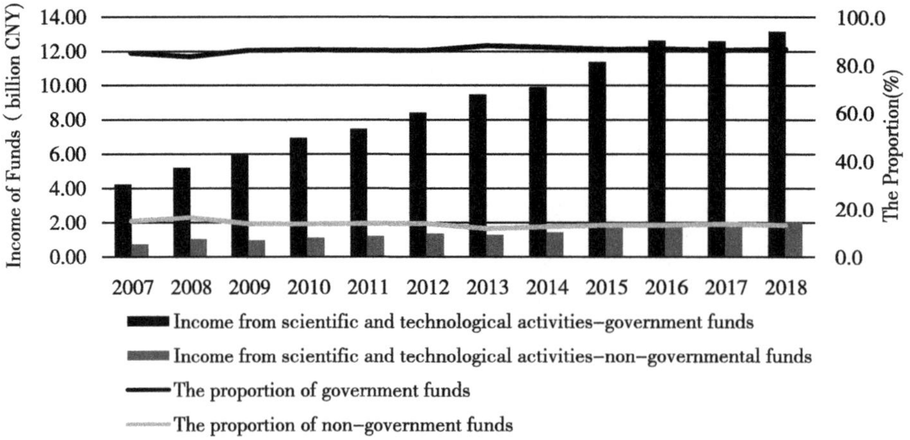

Fig. 3-2　S&T Activities Funds of Provincial Agricultural Research Institutes, 2007-2018

Source: *Ministry of Agriculture*, "*National Agricultural S&T Statistics Collection* (2007-2018)"

1) Government funds are the main source, accounting for more than 85% of the total funds for S&T activities. Government funds increased from 4. 25 billion CNY in 2007 to 13. 14 billion CNY in 2018, accounting for 86. 7% of the total funds for S&T activities. Fiscal budget is the main part of government funds, followed by government projects, and the proportion of local government projects is relatively small. In 2018, the financial budget, government projects and local government projects were 8. 83 billion CNY, 3. 97 billion CNY and 343 million CNY, accounting for 67. 20%, 30. 20% and 2. 61% of the total government funds, respectively.

2) Foreign funding sources are very limited. The proportion of foreign funding for S&T activities averaged only 0. 07% in 2010-2018. The distribution among provinces were unbalanced and mainly concentrated in Beijing and Shanghai. The proportion of foreign funding in these two provinces was as high as 71. 54% (Tab. 3-2).

Tab. 3-2 Foreign Funds for Provincial and National Level Agricultural Research Institutes

Year	Provincial level			National level		
	Foreign funds (10,000 CNY)	The share of foreign funds in total S&T activity revenue (%)	Average foreign funds per institute (10,000 CNY)	Foreign funds (10,000 CNY)	The share of foreign funds in total S&T activity revenue (%)	Average foreign funds per institute (10,000 CNY)
2010	1 024. 8	0. 13	0. 22	1 345. 2	0. 31	2. 28
2011	811. 5	0. 09	0. 17	2 436. 2	0. 53	4. 20
2012	981. 2	0. 10	0. 21	3 029. 8	0. 60	5. 14
2013	828. 6	0. 08	0. 18	3 675. 8	0. 67	6. 23
2014	753. 8	0. 07	0. 16	3 261. 9	0. 61	5. 62
2015	540. 5	0. 04	0. 12	2 743. 8	0. 42	4. 81
2016	824. 4	0. 06	0. 19	1 764. 2	0. 24	3. 39
2017	530. 2	0. 04	1. 2	1 295. 9	0. 15	18. 3
2018	511. 0	0. 03	1. 2	799. 7	0. 09	11. 4
Average	756. 2	0. 07	1. 7	2 261. 4	0. 40	3. 85

Source: *Ministry of Agriculture*, "*National Agricultural S&T Statistics Collection* (2010-2018)".

3) Provincial level focuses on applied research and experimental development, pays attention to the local characteristics of agriculture research and application. The R&D expenditure of provincial agricultural research institutes included 1. 04 billion CNY, 1. 98 billion CNY and 6. 06 billion CNY for basic research, applied research and experimental development in 2018, respectively. Among them, the R&D expenditure exceeded 2/3 of the total expenditure, 46. 12% higher than that of national agricultural research institutes.

4) S&T projects funding intensity of provincial institutes have increased over the years. The number of S&T projects of provincial institutes increased from 12,271 in 2007 to 19,367 in 2018, and the average number of projects per institutes increased from 27. 03 to 47. 12. The S&T projects funding increased from 1. 90 billion CNY in 2007 to 7. 03 billion CNY in 2018, and the average funding per project increased from 0. 15 million CNY in 2007 to 0. 36 million CNY in 2018. The per capita project funding (the internal expenditure of projects/ full-time equivalent personnel) increased from 86,100 CNY per year in 2007 to 267,000 CNY per year in 2018 (Fig. 3-3).

5) The research projects of provincial agricultural research institutes can be divided into national, provincial and prefectural projects according the funding

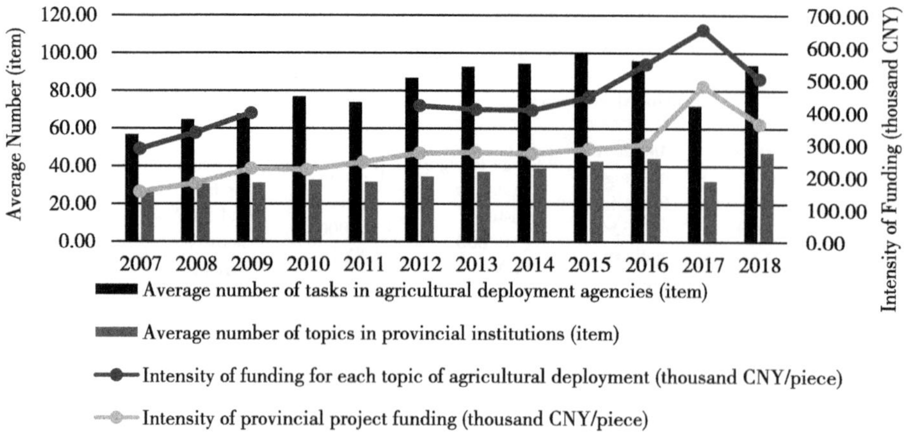

Fig. 3-3 The Project Number and Funding of Provincial and National Agricultural Research Institutes

Source: *Ministry of Agriculture*, "*National Agricultural S&T Statistics Collection* (2007-2018)".

sources. Provincial funds are the main sources. Provincial funds can also be divided into stable and competitive research project funds according to the funding allocation mechanism. The stable funds mainly include the basic R&D research operating expenses for provincial universities and provincial research institutes, funding for the construction of research conditions, special funding for the repairing and purchasing of bases (key laboratories and platforms) and provincial research institutes, which are directly allocated by the Ministry of Finance. Most of provincial agricultural research projects are managed by the Provincial S&T Department, such as provincial basic research program, provincial key research and development program, provincial special fund project for transformation of scientific and technological achievements, provincial policy guidance program, etc. Each province will also set up relevant research projects according to its own agricultural research characteristics and development goals.

6) The detailed current construction status of China's agricultural research platforms are as follows: 125 key discipline laboratories have been built during the "12th Five-year Plan" period. Among them, there were 18 comprehensive laboratories, 46 professional laboratories, and 98 regional laboratories. During the "13th Five-year Plan" period, 165 key subject laboratories were planned to be constructed. 111 agricultural science observation experimental stations have been built

during the "12th Five-year Plan", and 138 are under planning during the "13th Five-year Plan". Agricultural scientific observation and experimental stations have formed a network covering the whole country, 30 comprehensive agricultural science experimental bases and 131 specialized agricultural science experimental bases are under planning to be constructed (Fig. 3-4).

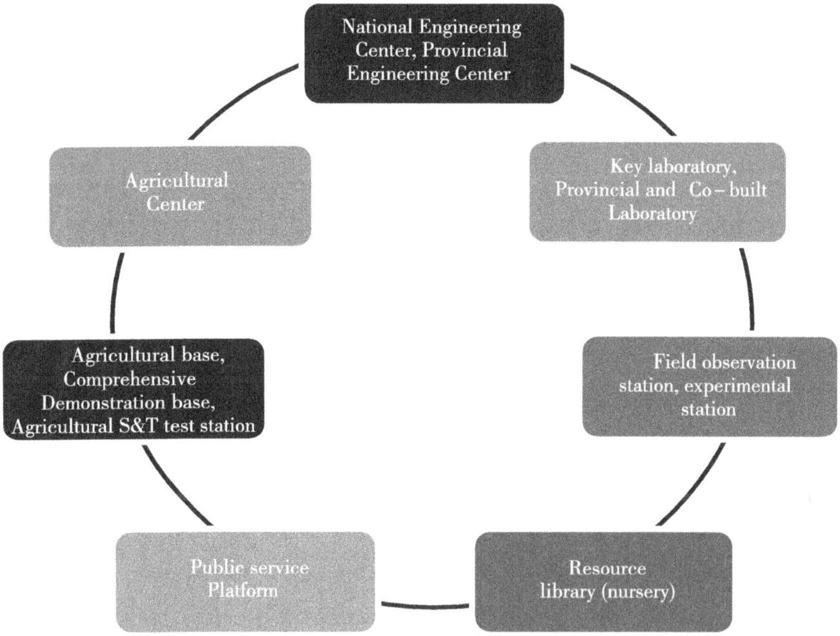

Fig. 3-4 The Provincial Agricultural Research Platforms

Source: Author

3.3 Agricultural Research in Jiangsu and Shandong Provinces

1) The status of Jiangsu and Shandong provinces in China's agricultural research is relatively stable. They have completed agricultural research system, advanced management system, and abundant agricultural research resources. Jiangsu and Shandong are in leading position in input of various R&D resources and achievements. For example, agricultural research institutes in Jiangsu account for nearly 1/10 of total agricultural research institutes in China. Shandong and Jiangsu's agricultural research institutes ranked the second and third in the country, respectively, next to Beijing.

2) Provincial academies of agricultural sciences play an important role in provincial agricultural research. The R&D resources of provincial academy of agricultural sciences occupies for a large proportion in the provincial agricultural system, and their R&D resources increase significantly and were faster than the provincial average level. For example, there were 1,713 and 1,327 S&T personnel and R&D personnel in Jiangsu Academy of Agricultural Sciences (JAAS), which accounted for 53.75% and 56.81% of the total agricultural S&T personnel and R&D personnel in Jiangsu province in 2018. JAAS's expenditures on S&T activities, R&D recurrent expenses and project funds are 1.10 billion CNY, 0.57 billion CNY and 0.83 billion CNY respectively, accounting for 58.67%, 60.15% and 64.91% of the total S&T expenditure of Jiangsu province in 2018.

3) Jiangsu is a big and strong agricultural province in China. Modern agriculture has accelerated. In 2018, the contribution rate of agricultural scientific and technological progress reached 68.2% and the level of agricultural mechanization reached 84%, nearly 10 percentage points and 16 percentage points higher than the national average level, respectively.

4) Jiangsu had 110 agricultural science and technology institutes, 4,408 agricultural scientists and technicians, 6 provincial key laboratories in the field of modern agriculture, 169 engineering and technical research centers (5 at the national level), and 1,139 provincial level and provincial-ministerial level projects, and total funding was 574 million CNY in 2017 (Tab. 3-3).

Tab. 3-3 Topics of Agricultural Related Scientific Research Institutions in Jiangsu Province in 2017

Item	Number of topics (item)	Total internal expenditure of project funds (million CNY)	Number of R&D topics (item)	Internal expenditure of R&D project funds (million CNY)	New planned projects in 2017 (item)	National, provincial and ministerial planned projects (item)	Total planned project funds in 2017 (million CNY)	Total national, provincial and ministerial project funds (million CNY)	Number of side way projects in 2017 (item)	Funds of side way projects in 2017 (million CNY)
Total	2 608	1 390	1 805	961	2 010	1 139	752	574	956	59
Ministrial	276	239	239	204	266	131	63	45	97	28
Provincial	2 146	1 048	1 466	696	1 646	970	631	513	301	35
Municipal or County	127	78	77	43	66	20	20	10	550	5

(continued)

Item	Number of topics (item)	Total internal expenditure of project funds (million CNY)	Number of R&D topics (item)	Internal expenditure of R&D project funds (million CNY)	New planned projects in 2017 (item)	National, provincial and ministerial planned projects (item)	Total planned project funds in 2017 (million CNY)	Total national, provincial and ministerial project funds (million CNY)	Number of side way projects in 2017 (item)	Funds of side way projects in 2017 (million CNY)
Public Sector	2 549	1 365	1 782	943	1 978	1 121	714	568	948	69
Private Sector	59	25	23	18	32	18	8	6	8	1

Data source: Jiangsu Provincial Department of Science and Technology, *Jiangsu Science and Technology Yearbook* (2017), Science and Technology Literature Press

5) Jiangsu's agricultural research projects: the provincial key R&D plan (modern agriculture) aims to take the lead in agricultural modernization innovation, focusing on strengthening agricultural excellent varieties and future - looking technological innovation, and breaking through major common key technologies and equipment. Provincial government allocated 102. 3 million CNY according provincial policy guidance plan (the North Jiangsu Science and Technology Project) to accelerate the transformation and upgrading of the development mode of the characteristic industries around the development needs of the North Jiangsu characteristic industries in 2017. In 2017, around the action plan of 36 counties (cities and districts) in northern Jiangsu Province, "Gathering innovative resources and cultivating special industries", the special plan organized and implemented 214 projects of enriching people and strengthening counties through science and technology, and arranges for provincial funds of 92. 5 million CNY. The output value of characteristic industries in 36 counties increased by more than 10% annually. Provincial modern agricultural technology system has built 22 leading industries such as rice, wheat, special grain, vegetables, watermelon, grapes, strawberries, flowers, tea, peaches, pears, pigs, sheep, broilers, laying hens, waterfowls, dairy cattle, fisheries. The technology system of substitute agriculture industry has identified 22 industrial technology integration and innovation centers, 128 industrial technology innovation teams and 244 industrial technology extension and demonstration bases. Focusing on the major scientific and technological issues in the development of agriculture and rural economy in the whole province, provincial agricultural science and technology independent innovation fund has carried out

research and public relations on major public welfare technology and industrial common technology, integrated demonstration of a number of new products, new technologies and new modes. The special funds were 15 million CNY in 2007, 100 million CNY in 2011 and 140 million CNY in 2015. During "the 12th Five-year Plan" period, a total of 650 million CNY was invested for 1,338 projects.

3.4 International Cooperation and Exchange of Provincial Agricultural Research

1) International cooperation in agricultural scientific research at provincial level is on the rise as a whole. The scope of international cooperation is relatively wide, involving most countries on all continents of the world. It mainly concentrates on the developed countries such as the United States, Canada, Australia, Japan and Korea. After the implementation of the international cooperation strategy of "the Belt and Road", the cooperation and exchange of agricultural research with the countries along the "the Belt and Road" increased significantly.

2) The types of international cooperation in provincial agricultural research are mainly visiting, cooperative publishing papers. International cooperation in research projects, international patent applications and cooperation platforms are relatively rare.

3) Provincial agricultural research is still in its infancy in helping other developing countries develop agricultural science and technology. In the future, China will further strengthen its in-depth cooperation with international agricultural research institutes, relying on the International Agricultural Organization, and making use of China's agricultural research resources for other developing countries. China's experience in research system building and management can also be used as reference by other developing countries to help them improve their agricultural research. China will play more important role and take more responsibility in the world's agricultural research.

4 Agricultural R&D Resources of CAAS and CAS

4.1 Agricultural R&D Resource of Chinese Academy of Agricultural Sciences (CAAS)

CAAS is a national, integrative agricultural research organization with responsibility for carrying out both basic and applied research, as well as research into new technologies. It is dedicated to overcoming a broad range of challenges impacting agricultural development and support of the local rural economy. CAAS promotes sustainable agriculture within and outside China, extending its reach through technology exchange and cooperative research agreements with domestically and internationally agricultural research institutions, universities, NGOs, foundations, including CGIAR and BMGF.

1) CAAS is the largest national agricultural research institution in terms of its numbers of researchers and affiliated institutes and key laboratories. It has 34 direct affiliated research institutes, 9 joint ones, and 7,026 employees, including 1,578 managerial personnel, 5,911 researchers, 983 technicians and logistics workers. Amid the 7 thousand employees, 13 are academicians of the Chinese Academy of Sciences and the Chinese Academy of Engineering. CAAS possesses 1 graduate school and 1 agricultural publisher besides the 43 institutes (both the affiliated and the joint). 60% of the affiliates and joint institutes distribute in over 18 provinces, municipalities or autonomous regions outside Beijing. Its overall 103 field stations locate in 27 provinces, municipalities or autonomous regions in China, with 6,074 hectares land area and 1,250 field staff.

2) CAAS has a complete set of disciplines in the field of agriculture. The gamut

of its R&D work has been categorized as 8 disciplinary clusters, 134 focused fields, and 309 research focuses. The 8 disciplinary clusters include crop sciences, horticulture sciences, animal sciences, veterinary medicine, agricultural resources and environment, agricultural mechanization and engineering, agro - product quality, safety and processing, and agricultural information and economics.

3) It bases on the most comprehensive facilities for agricultural R&D in the country. In particular, CAAS has 2 major national key scientific facilities (the National Key Facility for Crop Gene Resources and Genetic Improvement, and the National Center of Agricultural Biosafety), 1 national high-level biosafety laboratory for prevention and control of epidemics of animal diseases, 6 state key laboratories, 1 state key laboratory jointly built with provincial governments, 22 comprehensive key laboratories under the jurisdiction of the Ministry of Agriculture and Rural Affairs (MARA), 40 special key laboratories under MARA, 30 agro-products quality & safety risk evaluation laboratories under MARA, and 52 academy - level key laboratories. In addition to the above - mentioned major S&T facilities, the major technology innovation platforms are fundamental to CAAS's R&D capacity as well. CAAS now has 5 national engineering technology research centers, 5 national engineering laboratories, 2 national engineering research centers, 22 national centers (subcenters) for the improvement of varieties, 18 national agricultural industry technology research and development centers, 32 academy - level engineering technology research centers. The academy boasts 480, 000 accessions of crop germplasm resources under long-term preservation, which ranks the second in the world.

4) CAAS has a strong rallying point in coordinating and conducting domestic and international exchanges and cooperation in agriculture, which is inimitable amongst all agricultural research institutes. International cooperation is an essential part of the mission of CAAS. It has set up successful cooperative agreements or memoranda of understanding with numerous international institutions, organizations, and companies as well as non - governmental organizations, civil societies, and international foundations, including BMGF and CGIAR. There are 27 joint laboratories and research centers set up in cooperation with various countries and international organizations and 13 international organizations and foreign agricultural institutions have established liaison offices within the academy until 2019.

5) CAAS has ample research funds. It undertakes state funded key research and development projects and possesses a solid funding source reinforced by the central finance. The revenue of CAAS in 2017 was 7.21 billion CNY ($1.13 billion). The government grant was 3.55 billion CNY ($555 million), which included a special fund of 800 million CNY ($125 million) for the agricultural Science and Technology Innovation Program (ASTIP). The annual project contract funds of CAAS has nearly octuple since "the 11th Five-year Plan" (2006-2010), from an average annual 727 million CNY during 2006-2010 to an average annual 5.56 billion CNY during 2016-2017.

6) The allocation of agricultural R&D funding is according to the strategic plans of CAAS and in accordance with China's national S&T policies. CAAS published its Science and Technology Development Plan for "the 13th Five-year Plan" (2016-2020) and its implementation action in 2016, in response to the National Innovation-Driven Development Strategy and related series of national plans. In practice, the overall funding of CAAS has been allocated mainly through the Talent Project, the Agricultural Science and Technology Innovation Program (ASTIP), the National Agricultural Science and Technology Innovation Alliance, the Research and Demonstration Program on Integrated Technology-based Green Production, major new scientific projects, and the intellectual property strengthening.

7) The Agricultural Science and Technology Innovation Program (ASTIP) officially begins in 2013 and is directly supported by the Chinese central government. ASTIP is a new funding paradigm dedicated to supporting four specific objectives over the next thirteen years. The goal of ASTIP is to produce science-and technology-based applications that can be rapidly applied to solving real world problems. Currently, three phases are planned for ASTIP, paralleling China's 12th, 13th, and 14th "five-year plans" until to 2025. Such coordination with the central "five-year plans" indicates the importance of ASTIP in the nation's strategic planning. From 2013 to 2015, the first phase of ASTIP focuses on the exploration of a new and more efficient organization to support agricultural innovation. The second phase, from 2016 to 2020, will be the review and adjustment period in which lessons learned in the first phase will be applied to fine-tune priorities. Additionally, international cooperation, capacity building, and the enhancement of research facilities and infrastructures will reach their peak. Finally, the final phase from 2021

to 2025 will be to continue the expansion of all parts of the program.

8) CAAS established the National Agricultural Science and Technology Innovation Alliance (NASTIA) 2014. NASTIA has actively explored to improve the working mechanism to serve China's major demands for agriculture and the major tasks of MARA. NASTIA has actively fostered and helped to form a new integrated mechanism for agricultural research nationwide, identified prioritized research tasks involving the entire industry, and explored integrated comprehensive solutions for a batch of key agricultural issues. NASTIA also formulated proposals for key research and development projects included in the Regional Green Technology System for Increasing Agricultural Efficiency, and constructed 10 data sub-centers of agricultural science and technology and one principle center, which all together comprise a basic data network platform of agricultural science and technology, launched long-term fundamental agricultural science and technology work.

9) CAAS is a nationally and internationally recognized institute that offers an abundance of international collaborative learning and research opportunities in the field of agricultural STI. CAAS has actively taken part in the country's "the Belt and Road" Initiative and exported more than 60 kinds of technologies and products to over 150 countries in Asia, Africa, the Americas and Europe. The academy also proposed the setting up of a national alliance for agricultural technology to go global. CAAS has integrated the agricultural technology innovation forces nationwide and cooperated with many international organizations and foundations such as CGIAR, CABI, the European Union, G20, APEC Agricultural Technology Working Group and IAEA, BMGF, which has achieved remarkable outcomes. In particular, the partnership between CAAS and CGIAR has always been a part of importance in the international agricultural R&D cooperation of CAAS since 1984. The cooperative partnership was built on three blocks: donations from CAAS to CGIAR; joint laboratories or centers; and cooperative projects.

10) BMGF has becoming a progressively important direct partner to CAAS in agricultural R&D, especially in germplasm resources cultivation, cooperative research, talents training, and joint laboratories development. For example, the academy has developed 64 varieties of green super rice for African and Asian countries, which were benefited from the cooperation with BMGF and have been sown in an area of more than 2 million hectares until the end of 2017, which has

benefited a number of developing countries in Asia and Africa South of Sahara.

11) CAAS also led the establishment of the China-Africa Agricultural Research Institutes "10+10" Cooperation Mechanism and inked 8 related agreements. The academy actively communicated with the Ministry of Science and Technology and Ministry of Agriculture and Rural Affairs to push forward or initiate big science projects in which China is playing the leading role. CAAS has also made efforts to dock big science projects proposed by the academy with key projects of CGIAR, special agriculture and food projects of the European Union, big science plans of the INRA in France, flagship projects of the Common - wealth Scientific and the Industrial Research Organization in Australia and projects of the Newton Fund between China and the UK.

4.2 Agricultural R&D Resources of Chinese Academy of Sciences (CAS)

1) The Chinese Academy of Sciences (CAS) is the largest national research institution in China's R&D system. It is under the jurisdiction of the state council and in effect supervised by the MOST. While CAAS focuses on agriculture in particular, CAS dedicates to basic, comprehensive and frontier R&D in technology and natural sciences, with many affiliates active in agricultural R&D and the international cooperation.

2) CAS comprises 104 research institutes, 12 branch academies, three universities (University of Chinese Academy of Sciences, University of Science and Technology of China, and Shanghai Tech University) and 11 supporting organizations in 23 provincial-level areas throughout the country. These institutions are home to more than 100 national key labs and engineering centers as well as nearly 200 institutional key labs and engineering centers. CAS comprises around a thousand domestic sites and stations at present.

3) The Institute of Geographic Sciences and Natural Resources Research (IGSNRR), the Institute of Genetics and Developmental Biology (IGDB), the Institute of Subtropical Agriculture (ISA), the Institute of Botany (IBCAS), the Institute of Zoology (IOZ) and many other institutes of CAS have always contributed to agricultural R&D on the strength of their main research areas. Besides around 20

institutes specialized in agriculture, many other institutes of CAS also have competitive agricultural R&D capacity. For example, the Institute of Automation has made progress in agricultural intelligent equipment.

4) In terms of agricultural research, CAS has prioritized three pillars in its "13th Five-year Plan" (2016-2020), including major scientific issues that need focus, common critical technologies within development, and integrated demonstration of regional agricultural development technology. In particular, agricultural R&D priorities comprises: mechanism of plant orientation development, feed conversion efficiency and product quality, new varieties of water-producing products with high production performance, optimization of agro-ecosystems, routing and informationalization of design breeding, and efficiency improvement of crop breeding, reducing the pressure of agricultural production on the eco-environment, reducing resource costs and rationally allocating agricultural resources, agricultural informationization and intelligentization.

5) CAS had 70,023 regular staff in 2016. By system, 60,834 people worked in the research institutes of CAS, wherein over 87% were professional and technical staff. Regular staff were distributed in the unit of technological sciences, mathematics & physics, biological sciences, earth sciences, chemistry & chemical engineering, and others, with a proportion of 33.2%, 20.2%, 18.9%, 13.7%, 13.5% and 0.5% respectively. The total full-time equivalent (FTE) of R&D personnel in CAS was 76,604 person per year in 2016. In particular, 39,786 FTE personnel contributed to applied researches, while 32,173 FTE personnel devoting to basic researches, and 4,645 FTE personnel for experimental development.

6) Ample funding sources makes CAS overwhelmingly competitive in a spectrum of scientific fields. Fiscal appropriation from the government and the undertaking revenue from CAS per se are two pillaring sources of R&D funding, accounting for around 50% and 40%, respectively. According to open data access, in 2018, the annual revenue of CAS was 72.94 billion CNY, consisted of fiscal appropriation (38.99 billion CNY), undertaking revenue (27.66 billion CNY), operating revenue (1.03 billion CNY), turnover delivery from the affiliates (0.66 billion CNY), and others (4.60 billion CNY), as shows in fig. 4-1. Most of the funds flow to R&D institutes as expenditure on S&T.

7) "Bringing in" and "going global" are two forms of China's R&D

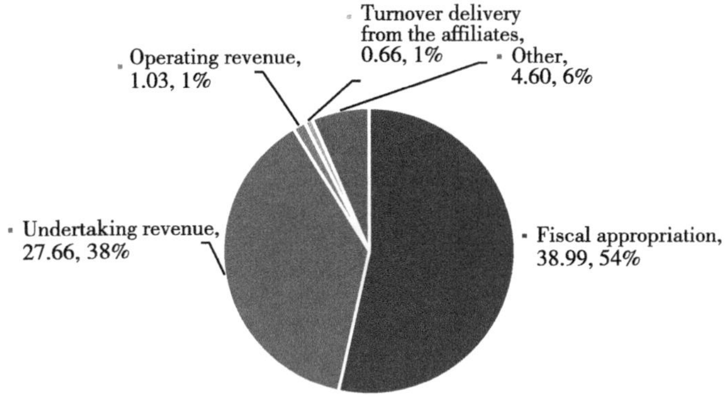

Fig. 4-1 Revenue Structure of CAS (billion CNY, %), 2018

Source: "*Chinese Academy of Sciences* 2018 *Departmental Final Accounts*", 2018.

international cooperation. While the former had been the mere form of China's international cooperation on S&T for a period, in the latest decade, "going global" has been vastly developed. So far, CAS has developed cooperative relationships with a large number of institutions and participated in 36 international organizations, including Food and Agriculture Organization of the United Nations (FAO), International Association for Tropical Ecosystem and Biodiversity (IATEB), International Centre for Integrated Mountain Development (ICIMOD), International Society of Zoological Sciences (ISZS), etc.

8) The Ministry (Department) of Agriculture of many countries has established cooperative relationships with CAS. Meanwhile, CGIAR becomes an increasingly important partner of CAS, as the World Agroforestry Centre (ICRAF) and the International Livestock Research Institute (ILRI) has had successful exchanges with the institutes of CAS.

9) The Sino - Africa Joint Research Center (SAJOREC): Since its establishment in 2013, SAJOREC have put forward more than 45 joint research programs focusing on biodiversity investigation, pathogenic microorganism detection, geographic science and remote sensing, high-yield and high-quality crop cultivation demonstration, and land and water resources management. Since 2016, the International Livestock Research Institute (ILRI) has established partnerships SAJOREC, which is a China-aided research center and works closely with CAS, in the fields of modern agriculture and animal husbandry related to animals, plants and

viral microorganisms. SAJOREC scientists have led more than 50 times of joint field survey. The center has already supported the publishing 162 peer-reviewed journal articles. So far, SAJOREC has provided scholarships to over 149 students from Africa to pursue master's degrees and PhD, most of them are from Kenya. Over 160 scientists and senior technicians from 13 African countries have been trained through the organization of 15 training courses and seminars. According to reports, in the next three years (2019-2021), SAJOREC will continue to deepen the cooperation in the cultivation of talents for scientific and technological innovation and provide 150 scholarships to students from African countries. China and Africa will jointly set up a modern agricultural R&D center focusing on food security and a traditional medicine R&D center focusing on public health services.

10) Institute of Geographic Sciences and Natural Resources Research (IGSNRR)

A) IGSNRR is a multidisciplinary research institute focusing on physical geography and global change, human geography and regional development, natural resources and environment, geographical information systems and surface simulation, terrestrial water cycle and water resources, ecosystem network observation and modeling, and Chinese agricultural policies.

B) At present, the institute has 639 staff members, with 442 research personnel that incorporate eight academicians of CAS, 3 academicians of the Chinese Academy of Engineering (CAE), 3 academicians of the World Academy of Sciences (TWAS), one academician of the European Academy of Sciences (EURASC), 160 researchers & senior technicians, and 250 associate researcher & deputy senior technicians.

C) For international cooperation, in 2018, IGSNRR had a total of 1457 research projects/programs (711 new), including two international cooperation projects from the Ministry of Science and Technology (MOST), and 13 international/regional cooperation and exchange projects (2 new) from the National Natural Science Foundation of China (NSFC), with 21.61 million CNY of the annual international cooperation funds.

11) Institute of Genetics and Developmental Biology (IGDB)

A) IGDB devotes to exploiting the frontiers of life sciences and fulfilling the national strategic needs of agricultural development and population health. IGDB have already made significant contributions to biosafety, water-saving agriculture and agronomics. In the last ten years, the institute has bred 82 new wheat, rice, soybean and corn cultivars, with an estimated value of $1.8 billion.

B) IGDB has strong scientific R&D capability with 82 research groups, five research centers and six key laboratories. In 2016, the institute had 536 regular staff, including 467 professional and technical staff (Statistical Yearbook of Chinese Academy of Sciences, 2017). Amid the researchers in IGDB, three are CAS academicians.

C) International cooperation and exchanges have been considered as a significant pillar in the development strategy of IGDB and are successfully pursued in the frontiers of genetics and developmental biology with institutions, universities, and companies from many countries around the world.

5 International Cooperation in Agricultural S&T

During the past 40 years of reform and opening up, China has made remarkable achievements in the international cooperation of agricultural science and technology (S&T). This chapter introduces the status quo and progress of China's agricultural S&T international cooperation, analyzes China's strategies and related policies, and sorts out chief international cooperation projects and the competent departments of agricultural S&T. In the context, this chapter is focalized on analyzing the "going global" policy of agricultural S&T by presenting China's cooperation with the Food and Agriculture Organization (FAO), African countries and other countries along the "One Belt and One Road" under the South-South cooperation framework. A case study of the cooperation between China and CGIAR is underlined to explore the cooperation between China and international agricultural research institutes.

5.1 Overview of China's International Cooperation in Agricultural S&T

1) China has continuously developed international cooperation in agricultural S&T during the past years with a rapid growth of cooperative activities. "Bringing in" and "going global" are two mutually reinforced patterns of China's international cooperation in agricultural S&T. China has established long - term and stable partnerships with more than 140 countries, major international organizations, regional organizations and international agricultural research institutes. China has built a number of cooperation platforms with partner countries and international organizations in the fields of biological breeding and plant protection, including joint laboratories and research centers. China has carried out different forms of cooperative

activities in major agricultural fields at various levels, with an increasing number of projects.

2) In terms of "bringing in", China has been introduced many advanced agricultural technologies from the international community, such as digestive plastic film mulching, conservation tillage, water - efficient irrigation and protected agriculture. At the same time, China also introduced a number of improved animal and plant varieties management experience, which has improved agricultural research capacity and enhanced production competitiveness.

3) In terms of "going global", China has exported a number of technologies including hybrid rice, cotton, maize and vegetable seeds, animal epidemic prevention and control technology, vaccines, integrated management technology of crop diseases and insects, protected horticulture technology, feed production technology, and agricultural machinery and biogas technology. At the same time, China has helped developing countries in Africa and Asia to build rice farms, corn farms, experimental stations and technology promotion centers, as well as in training talents in the field of agricultural S&T.

5.2 China's International Cooperation Strategy and Policies in Agricultural S&T

1) Since the reform and opening up, China has promoted S&T innovation in social development from a global perspective and has actively participated in the global innovation network to promote the sharing of global achievements. China has accelerated the learning process of technology introduction, adaptation and re - innovation, with improved ability of S&T innovation. China is in the process to adopt a more proactive cooperation strategy in scientific and technological innovation, for enhancing its position in global innovation and to lead the development of important fields and the formulation of criterions.

2) China seeks to further promote the "going global" of agricultural S&T, and to enhance the quality of internationalization to improve international impacts and service capabilities. The Ministry of Agriculture and Rural Affairs has put forward five key actions in the 13th Five - year Plan for Agricultural Science and Technology Development: First, to strengthen agricultural technical cooperation with countries

along "the Belt and Road" through international agriculture cooperation platforms in Africa, Arab, Latin America and Europe and other regions. Second, to lead and actively participate in large-scale international cooperation programs which respond to common challenges of global climate change, transnational animal and plant diseases, etc. Third, to encourage agricultural enterprises and research institutes to establish platforms abroad for joint research and development, technology transfer and demonstration services. Fourth, to support agricultural scientists and technicians to work in international academic organizations. Fifth, to encourage enterprises to establish international innovation networks and enhance the ability of utilizing international innovation resources (MARA, 2017).

5.3 Management Department and its International Cooperation Projects

Similar to domestic S&T projects management, international cooperation projects are also managed by the Ministry of Science and Technology (MOST), the Ministry of Finance (MOF) and the Ministry of Agriculture and Rural Affairs (MARA). The ministries set up international cooperation departments to manage international cooperation projects in respective. In the following sections, we will introduce the international cooperation management departments at various ministries and S&T projects under their management.

1) International Cooperation of MOST. The international cooperation projects of MOST are jointly managed by the Department of International Cooperation, the Department of Foreign Expert Services, and the Department of Overseas Intellectual Resources Cooperation. According to the central budget funded programs, both the National Key R&D Programs (NKPs) and the National Natural Science Foundation of China (NSFC), supervised by MOST, have set up international cooperation projects.

NKPs has set up special projects to support major international S&T exchanges and cooperation. key projects of intergovernmental international S&T innovation cooperation and strategic international S&T cooperation have been launched. The main purpose of these cooperation is to implement bilateral (multilateral) intergovernmental agreements and diplomatic commitments of government leaders. It seeks to promote scientific and technological diplomacy and innovation, and to enhance the ability to utilize global S&T innovation resources. The National Key R&D Program has an objective of "strategic international cooperation in S&T innovation", which aims to promote the implementation of the innovation driven development strategy and the "One Belt and One Road" construction and to support the sharing of international S&T innovation resources. It also aims to promote scientific and technological innovation cooperation to tackle the global common challenges, to achieve the goals of the United Nations Sustainable Development Agenda in 2030, to promote private enterprises to participate in international S&T innovation, and to further improve the international environment for innovation and entrepreneurship. At present, the international cooperation projects are focused on areas of agriculture, energy, information and communication, resources, environment, oceans, advanced manufacturing, new materials, medicine and health, disaster prevention and mitigation, and transportation. The number of projects is about 30 each year, with an annual funding scale of 240 million CNY.

The National Natural Science Foundation of China (NSFC) has also set up a research fund for overseas cooperative projects to support international frontier research. There are mainly three categories of projects. First, key international (regional) cooperative research projects, which support research fields in urgent development need in China, and key innovative cooperation projects. They have a focus on results sharing and intellectual property protection. Annual number of projects is around 100, with a total funding amount of 257 million CNY. Second, inter-organizational international (regional) cooperative research and exchange projects, under the framework of the inter-organizational agreement of the Scientific Fund Committee, co-funded with overseas funds (or research institutions and international scientific organizations). The Natural Science Foundation Committee has signed cooperation agreements or memorandums of understanding with 91 partner institutes in 49 countries (regions) abroad. Both sides will publish project guidance on their respective websites to support applications from researchers. Among them, the Science Foundation Committee and CGIAR reached a consensus to co-sponsor scientists from both sides to carry out scientific research. In 2018, 17 projects were funded, with an amount of 2 million CNY each project. Third, the Research Fund for Foreign Young Scholars supports foreign young scholars to select topics proposed by the Science Foundation and to carry out research in China. The annual funding scale is about 45 million yuan, and it has supported about 140–150 foreign young scholars.

2) International Development Cooperation Agency. The South – South Cooperation Assistance Fund of International Development Cooperation Agency is one of China's key actions to support developing countries in achieving the 2030 sustainable development goals. The Fund managed by Agency's International Economic and Technological Exchange Center, who is responsible for project applications, project rating and evaluation, project contracts and project implementation management. The South–South Fund Project Office is responsible for specific operational works.

3) International Cooperation of the Ministry of Agriculture and Rural Affairs. China's bilateral and multilateral cooperation in agricultural science and technology is mainly led by MARA. Cooperation agreements are signed and jointly implemented with foreign governments or international cooperation organizations. The Ministry is also responsible for the implementation of agricultural related commitments under multilateral mechanisms such as FAO South–South Cooperation and China–Africa Cooperation Forum. Some of China's cooperation projects are directly managed by the Ministry, specifically, its Foreign Economic Cooperation Center (FECC). It undertakes the management of agricultural international cooperation and agricultural foreign aid projects, and cooperates with international agricultural and financial organizations. In 2019, the total cooperative project funding is about 10 million CNY.

5.4 Agricultural Science and Technology Cooperation between China and CGIAR

China has taken increasing cooperation and exchange activities with CGIAR. China's earliest cooperation with CGIAR starts in the 1960s, and it became an official member of CGIAR in 1984. China's contribution to CGIAR has increased year by year, from \$0. 5 million in 1984 to \$5 million in 2018, and \$44. 3 million in total during 1984–2018. MARA submits the budget to MOF, MOF decides the final contribution amount, and then CAAS transforms the money to CGIAR. The Chinese government's donation is mainly allocated to research centers and research projects directly, instead of CGIAR headquarter. In 2017, China contributes $5.72 million to CGIAR, of which $4.04 million was through Window 3 and $1.68 million was allocated through bilateral contribution. A considerable funding was used to support the work of Asia–Pacific Center of by International Potato Center (CIP) in China (Tab. 5–1).

Tab. 5–1 China's Contribution to CGIAR from 1984 to 2018

Particular year	Time (year)	Annual contributions ($10,000/year)	Contributions subtotal ($10,000)
1984–1986	3	50	150
1987–1991	5	30	150
1992–1998	7	50	350
1999–2004	6	70	420
2005–2006	2	80	160
2007–2009	3	120	360
2010–2011	2	160	320
2012	1	280	280
2013	1	300	300
2014	1	300	300
2015	1	290	290
2016	1	350	350
2017	1	500	500
2018	1	500	500
Total			4 430

Source: CGIAR website

Chinese Academy of Agricultural Sciences, Chinese Academy of Tropical Agricultural Sciences, Shandong Academy of Agricultural Sciences, Guangdong Academy of Agricultural Sciences and other academies have already established partnerships with CGIAR centers. The National Natural Science Foundation and CGIAR have signed cooperation agreements to jointly contribute to agricultural research. China Scholarship Council also signed cooperation agreements with CGIAR's research centers to strengthen training for agricultural talents.

China's cooperation with CGIAR focuses on food crops (rice, wheat, maize and potatoes), soil and water management, livestock, forestry, fisheries and food policy. The key areas of cooperation include germplasm resources exchange and new varieties cultivation, cooperative research, talents training, high–level decision–making, major international activities and international platform construction.

CAAS is responsible for coordinating the cooperation between China and CGIAR. Research centers (institutes) under CGIAR such as CIMMYT, IRRI, CIP, IFPRI, ILRI and IWMI have established offices inside CAAS. CAAS provides office space.

CAAS and some research centers under CGIAR have established 10 joint laboratories, such as the "Joint Laboratory of Animal and Poultry Herbage Genetic Resources of the Chinese Academy of Agricultural Sciences—International Institute of Livestock Research" established with ILRI, the "Joint Laboratory of Agricultural and Water Management of the Chinese Academy of Agricultural Sciences—International Institute of Water Management" jointly established with IWMI, the "Joint Laboratory of Dryland Agriculture of the Chinese Academy of Agricultural Sciences, the International Centre for Agricultural Research in Arid Areas and the International Institute of Tropical Crops in Semi-arid Areas" jointly established with International Center for Agricultural Research in the Dry Areas (ICARDA) and the International Crop Research Institute for the Semi - Arid Tropics (ICRISAT). These joint laboratories play important roles in international cooperation and talents training (Tab. 5-2).

Tab. 5-2 Institutional Offices of CGIAR Built-in in CAAS

Center/Institute	Establishment time
International Potato Center	1985
International Food Policy Research Institute	1996
International Maize and Wheat Improvement Center	1997
International Rice Research Institute	1997
International Livestock Research Institute	2001
Bioversity International	2002
World Agroforestry Center	2007

Source: *CAAS*

CGIAR devotes part of the Chinese government's donation to talent training and capacity building activities. Currently, CGIAR and CAAS frequently conduct short-term exchange training programs. CAAS dispatches around 60-70 people per month to CGIAR for trainings and personnel exchanges every year, which improves the CAAS researchers' scientific research ability, and promotes the scientific cooperation between the two sides. Among them, 11 CGIAR scientists and two

CGIAR subordinate centers—CIMMYT and IRRI, were awarded the "Friendship Award" by the Chinese Government (Tab. 5-3, Tab. 5-4).

Tab. 5-3 CAAS and CGIAR Joint Laboratory

Cooperation Lab	Counterpart	Establishment time
CAAS-ILRI Joint Lab on Ruminant Disease Control	Lanzhou Veterinary Research Institute	2015
CAAS-ICRAF Joint Lab on Agroforestry and Sustainable Animal Husbandry	Institute of Animal Sciences	2014
CAAS-ICRISAT Joint Lab for Groundnut Aflatoxin Management	Oil Crops Research Institute	2013
CAAS-CIMMYT Joint Center for Wheat Variety Improvement	Institute of Crop Sciences	2010
CAAS-IWMI Center of Excellence for Water Management in Agriculture (CEWMA)	Institute of Environment and Sustainable Development in Agriculture	2009
CAAS - ICRISAT - ICARDA Joint Center of Excellence for Dry Land Agriculture (CEDA)	Institute of Environment and Sustainable Development in Agriculture	2009
CAAS - Bioversity Centre of Excellence for Agrobiodiversity Research and Development	Institute of Crop Sciences	2005
CAAS-ILRI Joint Laboratory on Livestock and Forage Genetic Resources	Institute of Animal Sciences	2004
CAAS-IFPRI International Center for Agricultural and Rural Development	Institute of Agricultural Economics and Development	2003
CAAS - IAEA The Analytical Laboratory for Monitoring Environmental Radioactivity	Institute of Environment and Sustainable Development in Agriculture	2002
CAAS - CIMMYT Joint International Research Center for Genomics Research and Molecular Breeding	Institute of Crop Sciences	1999

Source: CAAS

Tab. 5-4 CGIAR Training Program for CAAS in 2019

CG Center	Number of persons, months	Training venue	Training contents
CIMMYT	6 persons, 4 months	Mexico or Kenya	Breeding, cultivation, physiology, conservation tillage and applied biotechnology of wheat or maize
IFPRI	3 persons, 3 months	Washington, USA	Agricultural Economic Management and Nutrition
Bioversity	3 persons, 6 months	Italy and France	Diversity Monitoring Index, Nutritional Health, Biological Resistance and Gene Mining of Germplasm Resources

(continued)

CG Center	Number of persons, months	Training venue	Training contents
ILRI	3 persons, 3 months	Kenya	Study on Herbage Stress Resistance and African Swine Fever Vaccine
ICRAF	2 persons, 3 months	Kenya	Soil Monitoring, Feed Resource Collection and Nutrition Assessment in Africa

Source: *CAAS*

Cooperation between CGIAR and NSFC. CGIAR and NSFC has signed an international cooperation agreement to co-fund collaborative researches of scientists from both sides. The NSFC and CGIAR affiliated centers jointly determine the priority areas for project funding, and NSFC is responsible for project acceptance, evaluation and management. From 2011 to 2017, the number of applications and approved projects and the number of CGIAR research centers (research institutes) cooperating with NSFC have increased significantly, and the cooperation between the two sides was strengthened. In 2018, 16 projects were funded in cooperation with 9 CGIAR centers, with an average funding of 2 million CNY (Tab. 5-5).

Tab. 5-5 Application and Funding for NSFC-CGIAR Cooperative Research Projects from 2011 to 2018

Year	Number of cooperative research center	Number of application	Number of approval	Amount of each project (million CNY)
2011	5	20	7	2~3
2012	8	-	10	0. 8~2
2013	8	20	9	0. 8~2
2014	10	35	13	2~3
2015	10	34	13	2~3
2016	11	43	17	2
2017	11	51	17	2
2018	9	-	16	2

Source: *National Natural Science Foundation*

Cooperation between CGIAR and China Scholarship Council. The China Scholarship Council has signed memorandums of cooperation with CIMMYT and IRRI respectively, established joint scholarships and co-funded Chinese scholars to CIMMYT and IRRI for further education. Each year, about 10 students/researchers are funded to CIMMYT and IRRI to complete their dissertations or carry out cooperative researches.

China-CGIAR Cooperation Achievements. For more than 30 years, China and CGIAR have cooperated extensively, with a large number of co-funded projects. The cooperation covers various fields. CGIAR has provided a large number of genetic resources for China and has trained a large number of scientific research and management talents, which leads to huge economic and social benefits. China has published more than 1,500 academic collaborative papers with CGIAR in the past ten years during 2008-2017. The share of the papers cooperated with Chinese in CGIAR's total published papers increased from 6%-7% before 2012 to more than 10% in 2017. About 62.63% of CGIAR's collaborative papers with China in the past decade came from the Chinese Academy of Agricultural Sciences and the Chinese Academy of Sciences, accounted for 35.8% and 29.9%, respectively (Lu, et al., 2019).

5.5 China-FAO South-South Cooperation

FAO began facilitating South-South Cooperation (SSC) since 1996. China was one of the first countries to participate and has been actively involved ever since, promoting a pioneer model of SSC that was globally recognized. Since 1996, China has dispatched 1,057 agricultural experts and technicians to the fields by end of 2018, accounting for 60% of the total number of experts dispatched through FAO South-South Cooperation projects.

The Chinese government established the China-FAO Trust Fund and has contributed a total amount of $80 million in two phases to support the knowledge and experience exchange between China and the global South. Since its establishment, China has successfully implemented 14 cooperation projects. Chinese experts have carried out knowledge sharing in many technical fields, including aquaculture, crop production and irrigation, livestock breeding, agroforestry, pest control, poultry breeding and agricultural value chain development, etc.

The FAO-China SSC Program has achieved significant results. First, over 400 agricultural technologies were transferred to partner countries, 268 suitable crops, vegetables and other varieties were tested, and 174 sets of agricultural machinery tools were designed; Second, 237 demonstration pilots in more than 80 project sites were conducted. Third, 408 research reports and recommendation briefs were prepared and submitted. Fourth, over 1,300 training activities were organized in the field. Nearly 20,000 local farmers and agricultural technicians received field training benefiting more than 65,000 people, 70 percent of which have successfully adopted the technologies (FAO, 2019).

5.6 Agricultural S&T Cooperation between China and Africa

China confirmed its long-term commitment to a "new type of strategic partnership" with Africa in the twenty-first century— "featuring political equality and mutual trust, economic win-win cooperation" at 2006 Beijing Summit of the Forum on China and Africa Cooperation (FOCAC) (FOCAC, 2006). China can offer new opportunities for mutual. China's increased engagement in Africa in terms of trade, investment, aid, and knowledge exchange, including in the area of agriculture, merits special attention (Chen, et al., 2014). China's agricultural engagement abroad strives to ensure long-term global food output and security (Brautigam, 2012a). In the area of agriculture, Chinese aid in past decades has moved away from large-scale state-owned farms to support for smallholder farmers, and currently involves agricultural infrastructure construction, food production, livestock breeding, agricultural technology exchange and assignment, and the storage and transport of agricultural products (Wang and Liu, 2012).

The Forum on China-Africa Cooperation (FOCAC) was officially established in October 2000. This Forum announced two important policy documents: the Beijing Declaration and the Cooperation Guidance on Economic and Social Development between China and Africa. The forum established the mechanism of future China-Africa Cooperation dialogues based on three levels: The ministerial conference is held every three years; Senior officials meet one year before the ministerial conference, they also hold a pre-conference several days before the ministerial conference; The meeting between the African Ambassadors in China and the

Secretariat of the Chinese Cooperation Follow-up Committee is held at least twice a year (Tab. 5-6).

Tab. 5-6 Modalities of Agricultural Assistance in The Follow-Up Plan of the Forum on China-Africa Cooperation

Release plan	Specific contents related to agricultural assistance
The 2006 Beijing Action Plan of the Forum on China-Africa Cooperation (2007-2009)	To dispatch 100 senior agricultural technology experts to Africa, establish 10 distinctive agricultural technology demonstration centers in Africa, strengthen cooperation with Africa in agricultural practical technology and agricultural human resources development, and strengthen cooperation with African countries within the framework of the Food Security Special Plan of FAO.
The 2009 Forum on China-Africa Cooperation, Sharmel-Sheikh Action Plan (2010-2012)	To dispatch 50 agricultural technology teams to African countries and train 2,000 agricultural technicians for African countries, increase the number of agricultural technology demonstration centers in African countries to 20, continue to operate the established agricultural technology demonstration centers in Africa, implement the work of establishing a trust fund by donating US $30 million to FAO, and actively use the trust fund to support China's South - South Cooperation with African countries under the framework of FAO Special Plan for Food Security.
The 2012 Beijing Action Plan of the Forum on China-Africa Cooperation (2013-2015)	Continue to dispatch agricultural technology teams to African countries, strengthen the training of agricultural technicians in Africa, dispatch agricultural vocational education and training teachers to African countries, help Africa establish an agricultural vocational education system, increase agricultural technology demonstration centers in Africa, continue to play the role of agricultural technology demonstration centers in Africa, jointly carry out production demonstration and technology promotion. More ever, help African countries improve their self-development capacity in the fields of food cultivation, storage, processing and circulation, and also provide technical supports. Actively support the agricultural development projects carried out by FAO in Africa, and cooperate with African countries and regional organizations in food security under the framework of FAO Special Plan for Food Security.
The 2015 Johannesburg Plan of Action of the Forum on China - Africa Cooperation (2016-2018)	Supporting the modernization of agriculture, promoting agricultural upgrading, improving agricultural infrastructure and adjusting agricultural machinery to suit the African local conditions, implementing 50 agricultural assistance projects, providing 1 billion yuan of emergency humanitarian food aid to African affected countries, dispatching 500 senior agricultural experts to Africa, training farmers to become rich leaders, and implementing the project of mutual assignment of senior agricultural technicians, and training young leaders in agricultural development. Establish China - Africa Green Agricultural Development research Centers, strengthen cooperation between China and African cotton producing countries, and comprehensively enhance African cotton industry planning, quality standards, production, processing, storage and transportation trade capacity.

(continued)

Release plan	Specific contents related to agricultural assistance
The 2018 Beijing Action Plan of the Forum on China-Africa Cooperation (2018-2020)	Through the exchange of experts and the transfer of technology to non-parties, to the development of new agricultural research achievements, including molecular-level plant disease detection and identification, pest and disease analysis, seed testing and certification, biosafety-level high-risk substances isolation and quarantine. Explore technical cooperation in poultry farming waste treatment, deepen human resources cooperation in the field of agriculture, and build the cooperation mechanism of Chinese and African agricultural research institutes to help Africans train young agricultural researchers.

Source: According to www.focac.org

At present, China has built 26 agricultural technology demonstration centers (ATDCs), of which 15 have been completed after monitoring and evaluation and have started technical cooperation activities (one of the centers in Madagascar has not been evaluated yet) until 2019. The other 11 demonstration centers are in different preparation stages. The project of Agricultural Technology Demonstration Center for Africa has become an innovative agricultural aid model covering 25 countries in Africa (Mauritania has established two demonstration centers), which integrates food and economic crop cultivation, livestock and aquaculture, agricultural machinery and agricultural products processing. It has become the key model of China's current agricultural assistance to Africa work. The effectiveness of ATDCs has not been systematically assessed by a third-party independent evaluation. Nevertheless, a few initial results have been achieved. China's rice planting demonstration projects in countries such as Sierra Leone, Tanzania and Madagascar have improved rice yields significantly compared to local varieties. Under the training and guidance of Chinese experts, local technicians and farmers have begun to master high-yield cultivation techniques for hybrid rice. Through experimental research, technical training, and demonstration and promotion, a significant number of practical Chinese agricultural technologies have been demonstrated and promoted in Africa. A considerable number of agricultural management personnel, technical personnel, and local farmers have been trained, and a number of crop and livestock varieties suitable for the local environment in Africa have been selected and promoted in China's aid projects. The deployment of agricultural technology in the demonstration centers has played a positive role in promoting the development of agricultural industry in Africa and in advancing the agricultural and rural economic development of the recipient countries

(Chen, et al., 2018). However, as many African countries do not possess the financial and administrative capacity necessary to fully leverage such aid efforts, the likelihood that China's foreign experts and demonstration centers will be able to solve Africa's deep-rooted agricultural development problems is dubious. It is imperative that aid-recipient African countries integrate the realization of the long-term benefits from the demonstration centers into their agricultural, technological and fiscal policies (Chen, et al., 2014) (Tab. 5-7).

Tab. 5-7 Status Quo of China-Africa Agricultural Technology Demonstration Center

Country	Implementation Organization and Contacts	Major demonstration areas	Construction stage
Tanzania	Chongqing Seed Group	Rice, Corn, Vegetable, Tissue culture, Laying hen raising	Having started technical co-operation and having been monitored and evaluated
Rwanda	Fujian Agricultural and Forestry University	Rice, Early rice, Silk-worm, Fungus straw and mushroom	Having started technical co-operation and having been monitored and evaluated
Ethiopia	Guangxi Bagui Agricultural Technology Co., Ltd.	Corn, Wheat, Vegeta-bles, Forage, Flowers, Edible fungi	Having started technical co-operation and having been monitored and evaluated
Uganda	Sichuan Phoenix Overseas Chinese Group	Aquaculture	Having started technical co-operation and having been monitored and evaluated
Benin	China Agricultural De-velopment Group	Corn, Vegetables, Lay-ers	Technical cooperation conclu-ded and monitored
Togo	Jiangxi Huachang Inter-national Economic and Technological Company	Rice, Corn and Vegeta-bles	Having started technical co-operation and having been monitored and evaluated
Liberia	Hunan Longping Hi-Tech Group	Rice, Corn, Vegetable and Pig breeding	Having started technical co-operation and having been monitored and evaluated
Zambia	Jilin Food Group	Maize, Soybean, Wheat, Peanut, Fertilization, Crop plant protection	Having started technical co-operation and having been monitored and evaluated
Mozambique	Hubei Lianfeng Agricultural Company	Hybrid rice, Maize, and Vegetables, Seedling cul-tivation, Seed production, Livestock and poultry breeding	Having started technical co-operation and having been monitored and evaluated

(continued)

Country	Implementation Organization and Contacts	Major demonstration areas	Construction stage
South Africa	China Agricultural Development Group	Freshwater aquaculture and reproduction technology	Having started technical co-operation and having been monitored and evaluated
Zimbabwe	China Agricultural Machinery Minor Co.	Potato, Corn, Wheat, Soybean, High - yield cultivation techniques, Mechanized high - yield cultivation, Agricultural technology training	Having started technical co-operation and having been monitored and evaluated
Sultan	Shandong Foreign Economic Group	Corn, Wheat, Cotton, Peanut, Sunflower, Soybean	Having started technical co-operation and having been monitored and evaluated
Cameroon	Shaanxi Agricultural Reclamation Corporation	Rice and Maize	Having started technical co-operation and having been monitored and evaluated
Congo (Bulgaria)	Chinese Academy of Tropical Agricultural Sciences	Cassava and Vegetables	Having started technical co-operation and having been monitored and evaluated
Madagascar	Hunan Academy of Agricultural Sciences	Rice	Conducted technical cooperation
Mali	Jiangsu Bauhinia Textile Company	Jute, Kenaf, Rice, Corn, Cotton	Started Construction
Mauritania 1	Heilongjiang Yanlin Science and Technology Company	Rice, Corn, Wheat, Vegetables, Biogas	Started Construction
Mauritania 2	Ningxia Yangfulai Company	High - yield dairy cattle breeding, Forage cultivation and Processing, Dairy processing, Solar power generation	Started Construction
Angola	Xinjiang Construction Corps	Rice, Corn, Beef Cattle	Started Construction
Malawi	Qingdao Ruichang Cotton Company	Rice, Corn and Cotton	Started Construction
Congo (Kinshasa)	ZTE Energy Co., Ltd.	Rice, Vegetables, Dry Grain, Palm	Started Construction
Central African	Shanxi Foreign Economic Group	Maize, Dry Rice, Cassava, Vegetables, Egg Raising, Biogas	Started Construction

(continued)

Country	Implementation Organization and Contacts	Major demonstration areas	Construction stage
Equatorial Guinea	Jiangxi Ganliang Industrial Company	Rice, Banana, Vegetable, Sweet Potato, Cassava	Started Construction
Cote d'Ivoire	Undetermined	Rice, Corn and Vegetables	Feasibility study
Eritrea	Undetermined	High Yield Cultivation of Corn, Millet, Brassica napus and Fruits and Vegetables	Feasibility study
Burundi	Undetermined	Rice, Corn, Horticulture	Feasibility study

Source: *www.fecc.agri.cn*

China-Africa Research Cooperation "10+10" Mechanism: China and Africa committed to jointly respond to challenges of food security, increasing farmers' income and constructing agricultural industrial chain of African countries. It will make use of China's advantages in agricultural S&T development, further increase diversified investments in S&T research and innovation in agriculture and conduct more precise and efficient agricultural S&T cooperation. It will carry out comprehensive cooperation activities such as student exchange, training agricultural S&T talents. The China-Africa Cooperation Forum will be regularly held. China and Africa will establish a "10 + 10" cooperation mechanism between two size of agricultural research institutes, this work is led by Chinese Academy of Agricultural Sciences. By 2019, 13 cooperation agreements have been signed (Tab. 5-8).

Tab. 5-8 Cooperation Agreements under "10+10" Cooperation Mechanism of China-Africa Agricultural Research Institutes

Chinese Cooperative Units	Non-Party Cooperative Units	Cooperation Contents
Hubei Academy of Agricultural Sciences	Crops Department, Malawi Ministry of Agriculture	Agricultural technology research and demonstration cooperation
Jilin Agricultural University	University of Zambia	Technical cooperation on sustainable development of agricultural production
Zhongdi Overseas Agricultural Development Co., Ltd.	Nigerian Council for Agricultural Research	Strengthening agricultural technical cooperation

(continued)

Chinese Cooperative Units	Non-Party Cooperative Units	Cooperation Contents
Harbin Institute of Veterinary Medicine, Chinese Academy of Agricultural Sciences	Veterinary College, Cairo University, Egypt	Veterinary cooperation
Chinese Academy of Agricultural Sciences	Sudan National Agricultural Research Center	Agricultural research and development cooperation
Chinese Academy of Tropical Agricultural Sciences	National Agricultural Research Center of the Republic of Côte d'Ivoire	S&T cooperation of agricultural research center
Chongqing Academy of Agricultural Sciences	Tanzania Ministry of Agriculture, Animal Husbandry and Fisheries Qianlima Institute of Agricultural Sciences	Cooperation of agricultural research institutes

Source: *CAAS*

Chinese and African Universities "20 + 20" Cooperation Mechanism: Cooperation between Chinese and African universities was officially launched in 2010 to promote the internationalization of Chinese universities. It also seeks to better understand African universities' management system and curriculums. It will strengthen the curriculum building for African universities, as well as train high quality teachers and improve their capacity in academic, research and social services. This cooperation is managed by Department of International Cooperation, Ministry of Education.

"The Belt and Road" SSC Agricultural Education Science and Technology Innovation Alliance: The alliance was launched by China Agricultural University in 2018, 40 Chinese agricultural and forestry universities participated, including China Agricultural University and Northwest Agriculture and Forestry University. 30 colleges and universities along "the Belt and Road" route participated, including Kyrgyz State Agricultural University and Hebrew University of Israel, and so on. Through the cooperation platform and resource sharing, the alliance will promote agricultural education and technology in the countries along "the Belt and Road" and other South-South Cooperation countries. At the inauguration ceremony, nine universities signed five bilateral and multilateral cooperation agreements to jointly build Cooperation and Innovation Center of Agricultural Education Science and Technology.

China - UK - Africa Trilateral cooperation: The international community has recognized the increasing importance of the China's agricultural technology's adaptability in Africa and hopes to promote the transfer through Trilateral cooperation. In 2009, China and the UK reached consensus to strengthen agricultural cooperation to help African developing countries improve their agricultural productivity and jointly respond to the challenges of global food crisis. At present, China and the UK have jointly decided to carry out pilot projects of China-UK-Africa Trilateral agricultural cooperation in Malawi and Uganda, and have dispatched experts in agricultural technology to Malawi and Uganda to carry out technology dissemination work.

In addition to the development cooperation under the above framework, China and Africa have also actively tried to include other development partners into their cooperation, including foreign aid agencies and non-profit NGOs in developed countries, including the Bill and Melinda Gates Foundation (BMGF) and the International Consultative Organization for Agricultural Research (CGIAR), the African Rice Centre. Those organizations are actively seeking establish Trilateral partnerships with their partners in China and Africa. They expect to collaborate with Chinese agricultural research institutes, the China Agricultural Technology Demonstration Centre in Africa, and the China Agricultural Technology Expert Group in Africa. They hope to introduce and utilize China's hybrid rice technology, upland rice technology, ratooning rice technology, conventional rice technology and various stress-resistant rice technologies. They hope to make full use of African Rice Center's existing technologies and platforms to carry out variety breeding and improvement, experiment, demonstration and extension in 12 major African rice-producing countries. By conducting these activities, they can gradually improve the local rice production, improve self-sufficiency in Africa, strengthen the ability of African farmers, especially small households, and better respond to extreme weather, drought, floods and other disasters.

5.7 Agricultural S&T Cooperation between China and "the Belt and Road" Countries

In order to promote the important role of technology innovation in the development of "the Belt and Road" Initiative, the Ministry of Technology, National Development and Reform Commission, Ministry of Foreign Affairs, and Ministry of

Commerce jointly proposed the Plan for Promoting Cooperation in Technology Innovation in 2016. President Xi Jinping announced that China seeks to cooperate with other countries to promote innovations at the High Level "the Belt and Road" Summit on May 14, 2017. In his speech, President Xi mentioned that China would cooperate with other countries to implement "the Belt and Road" Technology Innovation Plan, conduct technology and cultural exchange activities, build joint laboratories and industry parks, and promote technology transfers. The Ministry of Science and Technology initiated to build 50 joint laboratories in countries along the route. The Ministry will seek to strengthen cooperation with those countries and promote technology development and innovations of the south-south cooperation.

To further strengthen the design of Agricultural Cooperation between China and "the Belt and Road" Countries, the Ministry of Technology, National Development and Reform Commission, Ministry of Foreign Affairs, and Ministry of Commerce jointly published the policy document of The Vision and Action of Jointly Promoting Agricultural Cooperation of "the Belt and Road Initiative": Considering the needs of different countries, build joint laboratories, technology demonstration and extension bases and technology parks; carry out animal and plant disease prevention and control, germplasm resources exchange, joint research and demonstration, and promote cooperation and exchange of varieties, technologies and products; build a "the Belt and Road" agricultural cooperation public information service platform, a technical advisory service system, a high-level think tank and training base, and promote the development of Regional Agricultural Technology Network and enhance the comprehensive agricultural development capacity of the countries along the route.

China has identified the following 5 key cooperation areas: 1) Extensive collection and sharing of crop germplasm resources with countries along the route, joint breeding and promotion of new varieties such as rice, corn, wheat, cotton, rapeseed, vegetables, rubber, banana, cassava, forest, livestock; 2) Joint research on monitoring and control technologies for agricultural pests, agricultural meteorological disasters, and transboundary animal diseases. Joint research and promotion of anti-subduction technology, construction of agricultural information monitoring and sharing system, and monitoring and evaluation technology system for major agricultural products; 3) Efficient water-saving and energy-saving agriculture, marine agriculture, facility horticulture, organic waste management. Joint development and demonstration of technologies such as comprehensive utilization of materials, agricultural machinery and equipment to promote environmentally friendly and climate-smart agricultural development models; 4) Technical cooperation and promotion of green rural development such as resource utilization, environmental governance and ecological restoration; 5) Cooperation and promotion of efficient deep agricultural processing, halal food development and food testing system.

6 Advocacy and Suggestions: Pathways to Cooperation between China and BMGF

Since an introduction of "the Belt and Road Initiative", China's international cooperation has been accelerated significantly in the recent years. S&T cooperation is one of the most important cooperation areas under "the Belt and Road Initiative". In the recent years, MOST has actively adjusted its international cooperation strategies, formulated more open international cooperation policies, encouraged S&T stakeholders to go global and played a more important role in the international area.

6.1 Opportunities for International Cooperation

1) Under the background of the innovation driven development strategy and "the Belt and Road" cooperation initiative, the Chinese government attaches a great importance to the development of S&T innovation, and encourages international cooperation. The total size of S&T funds will continue to grow, while the funding for international cooperation is expected to grow even faster in the future.

2) With an implementation of "the Belt and Road Initiative", MOST has actively adjusted its foreign cooperation and has formulated more active supporting policies to promote international cooperation, including increasing the openness of the National S&T Plan (special projects, funds, etc.), encouraging and supporting scientific researchers to actively participate in and take the lead in organizing international large - scale science programs and large - scale science projects, enriching and improving the content and ways of S&T assistance to promote the overall S&T innovation capability of developing countries and solve practical problems in industrial development and people's livelihood improvement in developing countries. A number of international joint research centers and overseas R&D bases will be supported, while a number of professional international industry-university-

research alliances will be established to meet the needs of regional cooperation. A sustainable international R&D cooperation on various platforms will also be established such as National Alliance for Agricultural Technology to Go Global led by CAAS and the Alliance of International Science Organization (ANSO) in "the Belt and Road Region" led by CAS.

3) China has initiated and implemented a new central S&T plan with more standardized management departments and transparent processes. In 2017, the MOST has completed the reform of the central government S&T plans and merged nearly 100 decentralized scientific research plans into five categories. The research funding and research management has become more centralized in order to support major issues. The number of research projects has decreased, but a size of a single project fund has increased significantly. And the responsibilities of management departments have become clearer that the information is uniformly released by the public service platform of the national S&T management information system, and the management processes are becoming more transparent. With these new reforms, it will be more conducive to communicate and coordinate with the central S&T planning management departments.

4) MOST is now at a stage of planning the 14th Five-year Plan (2021-2025) for S&T Development and the Medium-and Long-term Plan for S&T Development through extensive expert consultation process. It's a right time to advocate future S&T development plan, formulate the corresponding strategic plan for international cooperation, and keep pace with the cycle of China's S&T development plan. China's national economic and social development formulates new planning outlines every five years to formulate goals and directions for its national economic development prospects. Based on it, China's S&T departments and agencies formulate corresponding five-year S&T development plans to clarify the overall thinking, development goals, major tasks and major initiatives for S&T innovation in the next five years. 2020 is the closing year of the 13th Five-year Plan (2016-2020). Meanwhile, the MOST will also start a process to formulate a new 15-year Medium- and Long-term Plan for S&T Development as the current National Outline for Medium- and Long-term S&T Development Plan (2006-2020) to be expired soon. Clearly, the years of 2019-2020 are the key for the preparation of the 14th Five-year Plan (2021-2025) and the National Outline Medium-and Long-term

S&T Development Plan（2020－2035）. On June 24，2019，the MOST held a launching meeting on the preparation of research on the National the Medium－and Long－term Plan for S&T Development（2020－2035）. From July 24 to 31，2019，the MOST launched a major thematic discussion，and the office of the leading group for planning work deployed more than 30 major topics，with thousands of experts participating in the discussion. In August 2019，the MOST and the National Development and Reform Commission，together with relevant ministries and commissions，began to consult with the provincial S&T departments for relevant suggestions on the National Medium－and Long－term Plan for S&T Development and the 14th Five－year Plan for National S&T innovation，including proposing thinking targets，major tasks and major initiatives of the National S&T Development in the next 15 years and the 14th Five－year Plan. The provincial S&T department will consult with local S&T bureaus，research institutes and universities，and feedback relevant suggestions to the Strategic Planning Department of the MOST by the end of September. The MOST，the MARA and other ministries and committees，on the basis of the S&T Development Plan and the Medium－and Long－term Plan for S&T Development，jointly compiled the 14th Five－year Special Plan for Agricultural and Rural Science and Technology Innovation，clarified the goals and development ideas of agricultural and rural science and technology innovation during the 14th Five－year Plan period，refined key tasks and measures，provided guidance for promoting agricultural and rural science and technology innovation in an all－round way. Provinces will also compile the Medium and Long－term Plan for S&T Development and the 14th Five－year Plan for S&T Development. The BMGF can enhance communication and discussion with the Strategic Planning Department of the MOST，the Office of the Planning Leading Group of the MOST，and relevant experts，especially the famous agricultural experts involved in the planning works，to explore common goals and advocate relevant recommendations.

5）International scientific and technological cooperation in agriculture is an important area of international cooperation in science and technology in China. On the one hand，international cooperation in agricultural science and technology is to coordinate with the overall situation of the state's diplomatic strategy，participate extensively in bilateral and multilateral agricultural cooperation，and continuously improve the quality and level of China's agricultural opening－up. On the other hand， it is to actively fulfill international responsibility for agriculture, strengthen the technical support of international agricultural cooperation and global agricultural S&T cooperation, enhance China's agriculture international competitiveness and impacts, and improve agricultural innovation ability.

6) China has a significant amount of agricultural S&T resources, which gives advantages in conducting international cooperation of agricultural S&T. After 2010, China's public agricultural research investment has caught up with developed countries such as the United States and the European Union, in terms of overall spending. China is now the main technology investor in emerging developing countries. Unlike other developing countries, most of China's agricultural technologies originates from domestic research, such as the key technologies of hybrid rice, hybrid maize and transgenic insect-resistant cotton. The main crops are now basically covered by premium crop varieties. China can provide rich and diverse technological choices for developing countries such as these in Africa, and promote agricultural development, improve quality and efficiency, and transform and upgrade. In the recent years, China has gained a lot of experiences in foreign cooperation in agricultural S&T, including dispatching agricultural experts, inviting African researchers to China for training, and establishing agricultural demonstration centers.

7) Although China's agricultural S&T has made remarkable achievements in going global, it still faces a number of challenges. Firstly, China's international cooperation in agricultural S&T is still dominated by "bringing in". China's agricultural S&T "going global" is at the very beginning stage characterized with many scattered and small projects. The projects are typically short-term cycle, lack of long-term planning and sustainability, and are very decentralized in terms of management, which limits the scale and scope of international S&T cooperation, therefore the impacts. As the largest philanthropic foundation in the world, the BMGF not only has significant funds, but also has first-class management teams. Secondly, the BMGF has done a lot of work in global health, global development and global policies and advocacy, and has achieved remarkable results with rich project management experience. Thirdly, it has established a good international cooperation network in developing countries in Africa and South Asia, with extensive international resources. Fourthly, it has a first-class management

teams, strong public relations coordination, and rich experience in international project management. Therefore, the BMGF and China have strong complementarity of skills and experience, committing to long - term goals, formulating cooperation plans, establishing cooperation mechanisms, and jointly promoting the sustainability and impacts of the project.

6.2 Key Areas of Cooperation between China and BMGF

1) The key areas of China's international cooperation in S&T are the key countries (regions) along "the Belt and Road". China would like to help improve food security along "the Belt and Road" by implementation of the demonstration centers of agricultural high quality and high yield, construction of cooperation zones and exchange of germplasm resources, and improving agricultural production capacity and agricultural technology for developing countries. At the same time, the joint technical cooperation on prevention and control of cross border animal epidemics is established with neighboring countries through the jointed control and monitoring stations or laboratories.

2) It is suggested that China and BMGF should cooperate in eight possible key areas, including crop breeding, prevention and control of major epidemic diseases of livestock and poultry, efficient and safe breeding, aquaculture technology, irrigation technology, soil and fertilizer technology, agricultural machinery technology, green development technology and digital tools and technologies.

3) Crop breeding. Since the reform and opening up, the research of variety breeding in China has been improved significantly. A large number of breakthrough varieties, such as super hybrid rice, compact maize, high-quality special wheat, genetically modified insect-resistant cotton and "double-low" rapeseed, have been successfully bred and extended. The coverage rate of major crop varieties has reached 96%, and the contribution rate of improved varieties in agricultural production has reached over 43%. The supply capacity of improved varieties has also been steadily improved, and a number of breeding bases for improved varieties have been established. The commercial seed supply rate of main crops has been increased to 60% . Hybrid maize and hybrid rice have all been commercialized. Chinese government and scientists pay high attention to crop breeding. Among the key

research and development projects, there are seven major crop breeding projects to support the research and development for major crops. In the future, China and the Gates Foundation can focus on the following directions in crop breeding: technical research on precise identification of important traits and genotype identification of major agricultural germplasm resources; Efficient and precise molecular breeding technology that integrates emerging technologies such as transgenic technology, genome-wide selection, and genome editing with conventional techniques, so as to improve breeding efficiency and cultivate new breakthrough agricultural varieties such as efficient use of resources, high yield, high efficiency and high quality, help crops resist extreme weather changes, pests and diseases.

4) Prevention and control of major epidemic diseases of livestock and poultry and efficient and safe breeding. With the change of breeding mode and ecological environment and the acceleration of the process of world economic integration, animal epidemics are increasing, the speed and scope of epidemic spread are obviously expanding, the harm of zoonosis is deepening and the impact is increasing, which has posed a serious threat to the global social economy and public health security. Animal products are important sources of income and assets in developing countries such as Africa, but epidemics are an important factor affecting livestock and poultry production. China has been devoting itself to the research of animal epidemic prevention and control, and has made remarkable achievements. The central financial plan has set up a key R&D program to support the research on "comprehensive technology research and development for prevention and control of major animal epidemics and efficient and safe breeding". Therefore, it is suggested that cooperation in livestock and poultry breeding should focus on: detection and control of animal epidemics, development and improvement of animal health and low-cost products; protection and utilization of animal breed resources, breeding of new breeds and strains with high yield, low input cost, high quality and adaptability to the environment through livestock genetic breeding and breeding; safe and healthy livestock and poultry breeding technology and environmental control; Carry out technology research and development in the fields of livestock and poultry safe and healthy farming process and environmental control, farming facilities and equipment, harmless treatment and resource utilization of farming wastes, feed industry, herbivorous animal husbandry, grassland ecological protection and improvement of

quality and efficiency of the whole industry chain of grassland animal husbandry to provide technical support for the development of world animal husbandry.

5) Aquaculture technology. China's fishery industry has developed rapidly and made remarkable achievements in fishery S&T. It has made remarkable achievements in basic fishery research and key technology research and development. China's comprehensive scientific and technological competitiveness in the field of aquaculture and genetic breeding has reached the international advanced level. Many developing countries have abundant fishery resources. "One belt and one road" covers the world's major fishing countries, and aquatic products account for more than 80% of the world's total output. It is suggested that the key areas of cooperation in aquaculture should include: building a system of conservation, protection and scientific evaluation and utilization of aquatic germplasm resources, analyzing the genome structure characteristics and genetic basis of economic traits of important aquaculture species, establishing a theoretical and technical system of modern aquaculture breeding, cultivating new aquatic varieties with excellent complex economic traits, and developing environmentally friendly and efficient cooperative feeding; significantly improving the utilization rate of formula feed for aquaculture varieties, establishing quality control technology for cultured species; strengthening research on disease diagnosis technology, vaccine new fish medicine, establishing aquaculture bio-security and disease prevention and control technology system; integrating high-quality and high-efficiency aquaculture technology and ecological culture mode to achieve the goal of recycling of resources and energy saving and emission reduction.

6) Irrigation technology. Effective irrigation is one of the important conditions to ensure high yield of good crop varieties. In 2016, the irrigation rate of cultivated land in China was 54.2%. The Chinese government attaches great importance to water-saving irrigation technology and improves irrigation efficiency, including canal seepage control, sprinkler irrigation, micro-sprinkler irrigation, seepage irrigation and drip irrigation. At present, the proportion of water-saving irrigation area is about 1/4. It is suggested that the key areas of cooperation in irrigation technology should include water-saving irrigation, especially the integrated irrigation mode of water and fertilizer; small-scale water conservancy projects, small-scale pumps and other irrigation facilities.

7) Soil and fertilizer technology. China is the largest country in chemical fertilizer

production, which has greatly promoted agricultural production. In Africa, the insufficient use of chemical fertilizers has seriously affected food production, which become a major obstacle to achieving food self-sufficiency in Africa. At present, China's research focus is on how to achieve fertilizer reduction and efficiency increase. So, it is suggested that the key areas of cooperation should include soil fertilizer production technology, biochemical fertilizer, efficient fertilization technology for crops, soil testing formula and fertilizer use efficiency, etc.

8) Agricultural machinery. The number of agricultural machineries in China has increased rapidly, and the level of mechanization has increased rapidly. In 2018, the national agricultural mechanization work achieved remarkable results, with the total power of agricultural machinery exceeding 1 billion kilowatts, the comprehensive mechanization rate of crop cultivation and harvest exceeding 68%. However, the agricultural mechanization level in most developing countries such as Africa is relatively low. Improving agricultural mechanization level is one of the keys to improving agricultural production efficiency. It is suggested that cooperation in agricultural machinery should focus on upgrading low-cost and high-efficiency agricultural machinery in accordance with local conditions in developing countries, and strive to improve agricultural labor productivity and the popularization of agricultural machinery.

9) Green development technology. Although fertilizer and pesticides have played an important role in agricultural production in China in the past decades, the excessive use of fertilizer and pesticides has also brought serious environmental and food safety problems. To this end, the Chinese government has decided to change this development model and promote agricultural green development. That is to implement the new development concept, vigorously promote fertilizer reduction and efficiency increase, pesticide reduction and pollution control, and actively explore a modern agricultural development road with high output efficiency, product safety, resource conservation and environment friendliness. Therefore, the key areas of cooperation include: developing green inputs; developing green production technologies; developing green post-natal value-added technology; green rural comprehensive development technology and model; strengthening basic research on agricultural green development, breaking through a number of major S&T problems that restrict agricultural green development, forming a number of original achievements, and opening up new frontiers and new directions of green development.

10) Digital tools and technologies. Information technology, represented by the Internet of Things, has penetrated into agricultural production, processing and marketing, accelerating the digital transformation in agriculture field. In 2019, the No. 1 document of the Central Committee put forward the strategy of "implementing digital countryside. We will further promote Internet + agriculture, promote the construction of big data in the whole industrial chain of important agricultural products, and strengthen the construction of national digital agriculture and rural system". The General Office of the Central Committee of the Communist Party of China and the General Office of the State Council issued The Outline of the Strategy for the Development of Digital Rural Areas. Put forward "Developing the Digital Economy in Rural Areas, Consolidating the Foundation of Digital Agriculture, Promoting the Digitalization of Agriculture, Speeding up the Application of Cloud Computing, Big Data, Internet of Things and Artificial Intelligence in Agricultural Production and Management, Promoting the comprehensive integration of new generation information technology and planting, seed industry, animal husbandry, fishery and agricultural product processing industry, and create S&T agriculture, smart agriculture, brand agriculture." Digital tools and information technology also bring new opportunities to developing countries. As a booster of agricultural modernization, digital economy improves the efficiency of agricultural production, promotes the precise docking of production and marketing, and provides scientific decision support for farmers. Therefore, it is suggested that the areas of cooperation between the two sides should include the popularization of Internet, Internet of Things, smart phones, smart agriculture, UAV technology, digital payment technology and their applications in agriculture.

11) Biodiversity. Biodiversity contributes to food security, supporting healthy and nutritious diets, improving rural livelihoods and strengthening households' resilience. However, biodiversity is under threat, some ecosystems are deteriorating, species are increasingly endangered and genetic resources are being lost at an accelerating pace, all of which pose threats to agricultural production and food security. In the future, research on biodiversity should be strengthened, such as strengthening the research on agricultural and grassland biodiversity resources, biodiversity application technology, policy on biodiversity conservation and utilization, monitoring of alien invasive species, and so on.

6.3 Cooperation Pathway between China and BMGF

Although China and BMGF have a significant number of opportunities for cooperation, due to multiple layers of agricultural S&T management in China, the S&T resources for international cooperation are relatively scattered. In order to improve the efficiency of cooperation and highlight the key points of cooperation, we suggest a variety of possible cooperation pathways to explore cooperation potential, key areas and ways of cooperation (Fig. 6-1).

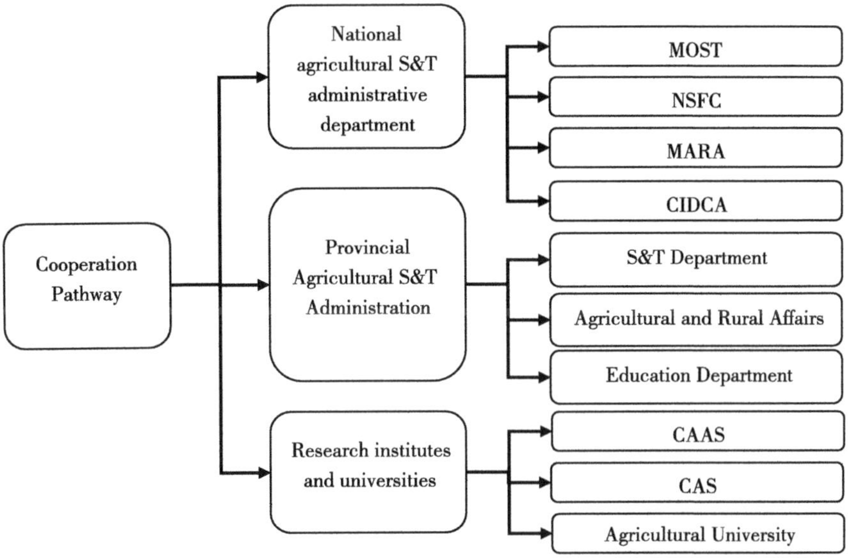

Fig. 6-1 Cooperation Pathway between China and BMGF

Source: Author

1) Cooperation between the BMGF and China's national agricultural S&T administrative departments.

A) To strengthen the cooperation between the BMGF and China, the first step is to strengthen the relationships with China's S&T administrative departments, including the MOST, NSFC (the National Natural Science Foundation of China), MARA (the Ministry of Agriculture and Rural Areas) and CIDCA (the China International Development Cooperation Agency).

B) MOST is the most important S&T management department and is responsible for the management of the central S&T plan and the special international cooperation project. In the central S&T plan, the key R&D plan is an important source of funds for agricultural scientific research, some of which can support international cooperation research. In recent years, key R&D Program have focused on crop genetics and breeding, key disease prevention and control and efficient and safe farming of livestock and poultry, fertilizer reduction and efficiency improvement, and other agricultural green technologies. These areas are basically in line with the area of concern to BMGF. Since 2018, MOST has set up international big science programs and big science programs in the key special project of the national key R&D plan "Strategic International S&T Innovation Cooperation", to contribute Chinese wisdom, propose Chinese solutions and make Chinese voices to solve the world's major scientific problems. In addition, the MOST plans to build a number of new joint laboratories based on the major S&T development needs, basic research conditions and cooperative willingness of countries along "the Belt and Road". Therefore, the emphasis of potential cooperation between the BMGF and the MOST of China is key R&D projects and special international cooperation projects. And international cooperation projects such as the international big science program and the establishment of joint laboratories may be the good choices of cooperation between BMGF and MOST. The cooperation departments of MOST are mainly the international cooperation department and the rural S&T department.

C) NSFC mainly supports basic research and frontier research. It establishes cooperative relations with many countries (regions) and international institutions, and sets up various international (regional) cooperative research and exchange projects in different categories to subsidize scholars at domestic and abroad to carry out international cooperation research. The emphasis of cooperation between the two sides is basic research and frontier research, the way of cooperation is mainly through international cooperation projects, and the cooperation departments are mainly the Bureau of International Cooperation and the Department of Life Sciences.

D) The Ministry of Agriculture and Rural Areas (MARA) mainly assists MOST in the management of agricultural S&T projects, undertakes foreign agricultural technical assistance. MARA focuses on personnel exchanges and training of S&T personnel, and specially set up agriculture international exchange and cooperation projects, pays more attention to agricultural S&T demonstration and extension. The key cooperation area between the two sides is S&T demonstration and extension, the cooperation ways can focus on agricultural technology demonstration centers, South - South cooperation, personnel exchanges, S&T personnel training, etc. , and the cooperation departments are mainly the department of S&T and education, the bureau of international cooperation, the Foreign Economic Cooperation Center. At present, for the sustainable development of agricultural demonstration centers, the government encourages many private enterprises to participate in the construction and management of demonstration centers. Private enterprises do better in cultivating new varieties and developing new products. However, facing the problems of how to extend these good varieties and technologies. We suggest that the BMGF can strengthen cooperation with private enterprises and technology, strengthen the cooperation with technology demonstration center for technology extension. The BMGF can give full play to its communication and coordination ability and cooperation network in African governments and institutes, such as the Alliance for the Green Revolution in Africa (AGRA) and other channels. It can spread the excellent varieties and cultivation methods developed by the demonstration center to the surrounding small farmers, so as to strengthen the extension effects of the demonstration center.

E) The is a newly established department dedicating to foreign aid. The establishment of NIDCA shows that China is taking a more active attitude in international cooperation with other countries, taking the responsibility and helping the common development with developing countries. The establishment of South - South Cooperation Assistance Fund is an important way for foreign aid. And the emphasis of cooperation between the two sides is the South-South Cooperation Assistance Fund. In the future, it's likely that some of funds of the South - South Cooperation Assistance Fund will be used for agricultural S&T research and extension. It needs to communicate and coordinate with NIDCA to obtain relevant supports for international cooperation projects, S&T personnel exchanges and training, to promote agricultural development and improve food security. The cooperation department is the department of international cooperation and the office of the South-South Cooperation Assistance Fund (Tab. 6-1).

Tab. 6-1 Cooperation between the Gates Foundation and China's National Agricultural S&T Administration

Ministries and commissions	Cooperation opportunities	Key areas of cooperation	Cooperation way	Contact Department
MOST	Key R&D Program and international co-operation projects	Basic applied research: crop genetics and bre-eding, prevention and control of major disea-ses of livestock and po-ultry, efficient and safe breeding, agricultural green technology, etc.	International big sci-ence program, joint laboratories, interna-tional cooperation pro-jects	Department of Inter-national Cooperation and Rural S&T
NSFC	International (reg-ional) cooperative research and exch-ange projects	Basic research and frontier research	International cooperation projects	Bureau of International Cooperation, Depart-ment of Life Sciences
MARA	International agric-ultural exchange and cooperation project	Application research and extension	Agricultural technology demonstration center, South-South coopera-tion, personnel exch-ange, S&T Personnel Training	Department of S&T and Education, Bureau of International Cooperat-ion, Center for Forei-gn Economic Coopera-tion
NIDCA	South-South Coop-eration Assistance Fund	Agricultural development and food security	International cooper-ation projects, S&T pe-rsonnel exchange and training	Department of Inter-national Cooperation

Source: Author

2) Cooperation between the BMGF and Provincial Agricultural S&T Administration. Although the international cooperation of provincial agricultural research institutes is relatively small, the S&T cooperation projects of the MOST and the MARA and other ministries. However, under the background of "the Belt and Road" strategy, many provinces has begun to pay attention to international cooperation and set up special funds for international S&T cooperation projects, encouraging to build joint R&D centers and laboratories, branch research institutes or technology promotion centers with the countries along "the Belt and Road".

In the future, there will also be many opportunities for cooperation between BMGF and provincial agricultural S&T administrative departments. The key areas of cooperation between the BMGF and provincial agricultural research institutes can mainly include various aspects such as characteristic agricultural technology R&D, agricultural technology extension, S&T personnel capacity-building, etc. Combining the advantages of agricultural research in each province and the actual needs of agricultural technology in target countries, the corresponding provinces can be selected for cooperation.

When providing agricultural technical assistance to Africa, the Chinese government has adopted a unique provincial responsibility system— "One province, one country" that each province independently chooses a suitable country for technical assistance, adopts comprehensive measures and plans, and technical packages and provides various kinds of technical extension work. This mode of cooperation is conducive to the establishment of good cooperative relations between provinces and corresponding recipient countries, to better understand the actual situation of agricultural development and the actual needs of agricultural S&T in recipient countries, and to provide targeted agricultural technology needed by recipient countries.

BMGF can focus on selecting provinces with developed economic and research, strong willingness to cooperate internationally and remarkable achievements in international cooperation in the past to start pilot cooperation. The cooperation mode can be taken by supporting personnel exchanges, organizing S&T personnel training, jointly establishing international cooperation projects, co - constructing joint laboratories, etc. The cooperation departments are mainly provincial S&T department, agricultural rural department and education department. Among them, the S&T department is responsible for provincial S&T policy and allocation of S&T resources. The agricultural and rural department cooperates with the S&T department in the allocation and management of S&T resources for agricultural projects. The education department mainly focuses on agricultural research and S&T personnel education and training in colleges and universities (Tab. 6-2).

Tab. 6-2 Cooperation between the Gates Foundation and China's Provincial Agricultural S&T Administrative Departments

Cooperation organization	Cooperation opportunities	Key areas of cooperation	Cooperation mode	Contact Department
Provincial S&T Department	Provincial International Cooperation Projects	Special agricultural technology research and development, agricultural technology promotion, capacity building of S&T personnel, etc.	Personnel exchange, S&T personnel training, international cooperation projects, joint laboratories	International Cooperation Bureau, Rural S&T Department

(continued)

Cooperation organization	Cooperation opportunities	Key areas of cooperation	Cooperation mode	Contact Department
Provincial Agricultural and Rural Department	Agricultural S&T park, agricultural demonstration research center, etc.	Agricultural technology extension, capacity building of S&T personnel, etc.	personnel exchange, S&T personnel training, joint laboratory	International Cooperation Service
Provincial Education Department	agricultural university	Capacity building of S&T personnel, etc.	Personnel exchange, S&T personnel training	Office of Foreign Cooperation and Exchange, S&T and Industry

Source: *Author*

3) Cooperation between the BMGF and Agricultural Research Institutes and Universities. Under the background of "the Belt and Road" strategy, many agricultural research institutes and universities, especially national agricultural research institutes and universities, have paid more attention to studying the international agriculture, and set up specialized international agricultural cooperative research teams and institutes, and increased funding for international S&T cooperation significantly to support international S&T cooperation research. For example, many research institutes and universities in China have newly established a number of research centers or institutions, joint research laboratories such as "One Belt, One Road", "South-South Cooperation", etc., and have built international cooperation platforms such as "20+20 of Chinese and African universities" and "10+10 of Chinese and African agricultural research institutes". The Chinese Academy of Agricultural Sciences (CAAS) has established the Center for International Agricultural Research and national alliances for agricultural S&T going global. Obviously, in the future, there will be many opportunities and spaces for direct cooperation between the BMGF and research institutes and universities. Taking the international cooperation of CAAS, Chinese Academy of Sciences, Chinese Agricultural University and Nanjing Agricultural University as examples, here discusses how to carry out cooperative research directly at the level of research institutes and universities.

A) Cooperation between the BMGF and CAAS. In terms of funds, many of the various national financial projects undertaken by the CAAS have special budget for international exchange and cooperation. In addition, CAAS has the stable funding of the S&T innovation projects and basic scientific research operating expenses of central public research institutes. Part of these stable funding can be used for international S&T cooperation research. At present, the annual funding of them are about 1 billion yuan and 100 million CNY respectively. In terms of international cooperation, in recent years, CAAS has established the Center for International Agricultural Research, set up the national agricultural technology "going global" alliance, led the cooperation mechanism of "10+10 of China-and Africa agricultural research institutes" and built a good platform for international cooperation. In terms of research conditions, it has good laboratories and research platforms, including 42 national laboratories and S&T basic platforms, 323 ministerial comprehensive key laboratories and risk assessment laboratories, and 169 college-level S&T platforms. In addition, it has a graduate school that trains many agricultural S&T talents for developing countries. Based on the development objectives and research resources of the CAAS, taking overseas research centers as a platform and "10+10 of Chinese and African agricultural research institutes" as opportunities, the cooperation should be enhanced, focusing on jointly promoting agricultural S&T development in developing countries and achieving the goals of increasing small farmers' income, to discuss topics of great interest and significance to both sides, to establish cooperation mechanisms, including funding sources, scale and distribution mechanisms, and organizing agricultural science, and to organize experts of the CAAS to undertake corresponding research tasks. The cooperation mode is mainly international cooperation project. At the same time, many ways such as S&T personnel exchanges, personnel training and joint experiments, should be considered, to strengthen the research capacity building of developing countries and establish and improve the agricultural research system of developing countries. The cooperation departments mainly include the Bureau of International Cooperation, the Bureau of S&T and the Center for International Agricultural Research, etc.

B) Cooperation between the BMGF and Chinese Academy of Sciences. In order to cooperate with the implementation of "the Belt and Road" strategy, the Chinese Academy of Sciences (CAS) attaches great importance to providing S&T guarantees and support services for the implementation of "the Belt and Road" strategy. And in early 2016, it launched the "Chinese Academy of Sciences' 'One Belt, One Road' International S&T Cooperation Action Plan". In 2017, the CAS set up a long-term mechanism for strategic consultation, completed " 'the Belt and Road' Research Cooperation Situation Report", and established "the Belt and Road" technology organization alliance, providing strategic S&T advice for the government and the countries along the route. CAS has organized "One Belt, One Road" international cooperation research plan, and has taken the lead in launching more than 20 major international cooperation programs in response to the major common technology needs and challenges along the "the Belt and Road". At the same time, according to the actual needs of countries along the "the Belt and Road", the program transfers and transforms the applicable S&T achievements, which not only serves the production and life of the people of the countries along the route, but also promotes the development of local emerging markets. Agriculture is an important field of international cooperation of the CAS. The BMGF and CAS have many opportunities for international cooperation in agricultural S&T. Based on the research resources of the CAS, the BMGF and CAS can take action program of "the Belt and Road" international cooperation research program in S&T as an opportunity to promote the international cooperation in agricultural S&T, and commit to agricultural basic research and applied research, including molecular module design breeding innovation system, pest and disease prevention and control, modern agricultural technology integration, soil, resources, environment and climate change and other aspects of research. They can co-sponsor major international cooperation projects in international projects, and build "innovation cooperation centers" with the countries along the "One Belt, One Road". And taking this as a cooperation platform and a network fulcrum, they can actively explore and carry out strategic cooperation that integrates "research, technological innovation, personnel training and achievement transformation". CAS has a huge system, and its agricultural research is relatively scattered in various research institutes, including the Institute of Genetic and Developmental Biology, the Institute of Geographic Science and Resources and the Institute of Zoology. The international cooperation docking of agricultural S&T mainly includes the departments of the CAS, the Bureau of International Cooperation and the Bureau of Major S&T Tasks, the Bureau of S&T Promotion and Development, the Bureau of Development Planning and the Bureau of Frontier Science and Education.

C) Cooperation between the BMGF and China Agricultural University. In recent years, the research funds of China Agricultural University have increased rapidly, and the research capability has been enhanced significantly, playing an increasingly important role in national agricultural research. Under the background of the strategy of "the Belt and Road" initiative, many universities have paid much attention to research in developing countries and have carried out some substantive cooperative research. At present, the funds for agricultural S&T cooperation with foreign countries is very limited, which mainly comes from the universities, meanwhile, applies for project funds, such as the MOST and other international cooperation projects. There are many opportunities for cooperation between the BMGF and the Agricultural University in China. The ways of cooperation not only include international project research, but also have a lot of potential for cooperation in training scientific researchers, co-constructing laboratories and demonstration parks and other aspects to enhance research capabilities. China's Agricultural University has a wide range of disciplines, and there is a lot of cooperation fields, not only in crop and horticulture, but also in animal S&T. The cooperative departments are mainly the school's international cooperation bureau, research management department and related colleagues.

4) Tripartite Cooperation among the BMGF, China, and CGIAR

A) BMGF, China and CGIAR Have a Good Cooperation Foundation. First, the BMGF is an important sponsor of CGIAR, which helps CGIAR coordinate regional breeding networks, establish modern breeding information systems, and reduce breeding costs. From 2011 to 2019, the BMGF contributed $650.5 million, accounting for 15.24% of CGIAR's total funding, ranked the second largest sponsors, and only to the United States. Second, China is one of CGIAR country member and contributes annually to CGIAR. Many of CGIAR's research centers have established offices in China to strengthen their researches in China and Asia. Third, the BMGF and CGIAR have established good cooperative relationships with the NSFC and established co-financing projects to jointly fund international cooperation in agricultural S&T between China and CGIAR, China and other countries in the world.

B) The BMGF, China and CGIAR Have Great Cooperation Potential. As the world academy of agricultural sciences, many of CGIAR's research centers are at the top level in the world, and are the world's leaders in agricultural research and innovation. Most CGIAR's research centers are located in developing countries, and have extensive cooperative networks all over the world. It is the largest agricultural S&T innovation system in the world, which has important impacts on local and world agricultural S&T development. Currently, CGIAR has an annual research budget of approximately $900 million, and 11,000 employees in more than 70 countries around the world. It also has rich experience in agricultural extension, and relatively understands farmers' demands for agricultural technology and local natural environment conditions in developing countries, so as to provide suitable agricultural technology according to the local conditions. In addition, CGIAR is a neutral, non-profit international institution, which has established a very good cooperation mechanism with governments, other international organizations, multilateral organizations, and private foundations. It has close linkages with many countries, which makes it easier to carry out research, and easier to be more widely recognized by developing countries and the international communities. At present, CGIAR is preparing to reform and establish a more closely integrated CGIAR. The reform of "One CGIAR" would generate profound impacts on the future work. CGIAR would focus research on the four aspects after reforming: (1) genetic resources and breeding; (2) sustainable production; (3) economic - market, finance and policy; (4) food, nutrition and health. In addition, CGIAR is planning to adopt a common board of directors to classify the research centers, and merge the 15 research centers into four categories, including crop, policy and management, animal, natural resource management and ecological regions, and sharing research and research funds among them. In this way, it will be more convenient to cooperate with national and international institutes and optimize the resources allocation. CGIAR is a very unique bridge between China and the world in agricultural S&T cooperation. In the past decades, CGIAR has carried out in-depth agricultural research cooperation with China, and has made outstanding contributions to the development of agricultural S&T in China.

China is a developing country dominated by small farmers with a vast territory, agricultural S&T is more in line with the diversified technological demands of developing countries and has strong complementarity with CGIAR in many research fields. China can make use of CGIAR's international network to promote regional and global cooperation in agricultural S&T innovation to achieve a new type of win-win international relationships, disseminate China's achievements in agricultural development, promote China's agricultural technologies and achievements to "go global", and help developing countries improve their agricultural S&T. Obviously, if the BMGF can take measures to unite CGIAR with China to achieve strong alliance, and work together on agricultural S&T research in developing countries, it will significantly improve work efficiency, and will be more conducive to accelerating research cooperation between China and developing countries, so as to jointly promote South–South cooperation.

C) Possible Pathways of Cooperation among the BMGF, China and CGIAR. Through sorting out the existing agricultural resources, it can be found that the BMGF can vigorously promote the tripartite cooperation pathway between China and CGIAR through the existing cooperation channels.

Firstly, it is proposed to establish an effective cooperation mechanism between the BMGF and the MOST of China, especially to emphasize on funding Chinese agricultural scientists and CGIAR scientists to co–chair or participate in international big science projects, and to strengthen to jointly tackle problems in key technologies, cutting – edge technologies, modern agricultural engineering technologies and subversive technologies, so as to further enhance the contribution of S&T progress to agricultural development and solve bottleneck problem of agricultural development. The MOST of China attaches great importance to the projects of International Big Science Program. On the one hand, it unites various countries to jointly solve the agricultural development problems facing mankind, contributes to China's science and technology, and at the same time improves China's position and influence in global agricultural research. On the other hand, through the international collaboration and joint research platform of the international big projects, scientists can learn from each other, which is conducive to training international researchers and research teams, and promoting research progress in China.

Secondly, a tripartite cooperation mechanism between the BMGF, CGIAR and the National Natural Science Foundation of China should be established, to co – sponsor existing cooperation channels between Chinese agricultural scientists and CGIAR international projects, so as to enhance the depth and quality of international cooperation research. The National Natural Science Foundation of China provide funding for about 20 cooperation projects between China and CGIAR each year, about 2 million CNY each project, with a period of about 5 years and the total fund is about 40 million CNY. At present, these projects have stimulated the enthusiasm of cooperation between Chinese scientists and CGIAR, but due to small funds and these funds cannot be transferred to CGIAR, most of them can only be used to support the personal exchange between bilateral researchers. Therefore, the incentives for CGIAR scientists are very limited, which affects the cooperation effects. On the one hand, it is crucial to strengthen the communication between CGIAR and the National Natural Science Foundation of China and find common interests. The BMGF and the National Science and Technology Foundation Committee should strengthen communication and recommend project topics, propose selected topics for the project. At the same time, it will be great that the BMGF can support CGIAR researchers to carry out the research on the related topics. The NSFC provide fund for Chinese researchers to carry out research on the same topics, so as to push the both sides to work in a common direction, enhance cooperation effects and improve research quality. On the other hand, it should establish a special fund for the cooperation between CGIAR and Chinese scientists by the BMGF and the National Natural Science Foundation of China to jointly decide the topics, design the cooperation content, task division and funding, so CGIAR and Chinese scientists can cooperate under the same research framework, and establish a closer cooperative relationship.

Thirdly, a cooperation mechanism for South - South cooperation between the BMGF, CGIAR and the MARA should be established, to jointly promote South - South cooperation. The Chinese government has contributed a total of US $80 million in two phases for China-FAO Trust Fund to support the exchange of knowledge and experience between China and countries in the south of the world. Since the establishment of the China-FAO Trust Fund, China has successfully implemented 14 country projects for knowledge sharing in various technical fields, including aquaculture, crop production, irrigation, livestock breeding, agroforestry, pest control, poultry farming and agricultural value chain development. But at present, China's South-South Cooperation Fund is almost exhausted, and the next plan is still unknown. China and the United Nations Food and Agriculture Organization have begun to innovate the South-South and tripartite cooperation models. But at present, China's South-South Cooperation Fund is almost exhausted, and the next plan is still unknown. China and the FAO have begun to innovate the South-South and tripartite cooperation models. At present, one of the biggest constraints in expanding the scale of South-South cooperation is the lack of resources. Thus, it is necessary to further promote South-South cooperation and expand tripartite cooperation, make full use of educational and training resources, policy resources of agricultural demonstration centers and research institutes of China, FAO and CGIAR in Africa and other developing countries, and technology platforms and many CGIAR experts, increase agricultural technology extension and foreign aid training efforts, to provide key technologies and resources to support agricultural development and food security in developing countries, and to enhance policy impacts.

Fourthly, the cooperation mechanism between the BMGF, CGIAR and the South-South Cooperation Assistance Fund of the National Agency for International Development Cooperation should be strengthened. From the current funding target and scope of South-South Cooperation Assistance Fund, domestic and recipient social organizations, domestic and foreign Think Tanks and international organizations can submit project proposals, and CGIAR is eligible for applying the projects. Establishing a tripartite cooperation mechanism between the BMGF, CGIAR and the International Development Cooperation Agency, it is suggested that China cooperate with CGIAR to apply for South - South Cooperation Assistance Fund projects, broadening the funding channels of CGIAR. Through jointly implementing large-scale projects and sharing cooperative resources, effectively utilizing the advantages resources of CGIAR research centers and their host countries, strengthening cooperative relationships with their host countries and research target countries in an all-round way, so as to maximize the cooperation effects.

Fifthly, the cooperation between the BMGF, the CAAS and the CGIAR offices in China should be strengthen, increase China's donations to CGIAR, and expand support for neighboring countries based on China. The Chinese government's donations to CGIAR is mainly implemented by CAAS, CAAS submits the application to MARA, and gets the approval from the MOF. It is suggested that CAAS should be strengthen communication and coordination with MARA and MOF, strive to increase China' contribution to CGIAR, so as to maintain its permanent membership and fulfill its responsibilities. In addition, many of CGIAR's China offices are regional offices, which not only liaise with China's agricultural S&T cooperation, but also serve the surrounding Asian regions, especially Southeast Asian countries. However, in recent years, due to the shortage of funds for the whole CGIAR system, CGIAR's China Offices can fully played their functions. CGIAR's China Offices are well aware of China's domestic research situation and has maintained communication and coordination with the international communities. So CGIAR's China Offices have a better understanding of the international situation and research progress, and can better build a bridge for communication and cooperation between China and developing countries, disseminate China's agricultural technology, and at the same time, spread suitable agricultural technology according to the specific conditions of developing countries.

Chapter 2

China Agricultural R&D Landscape: Pathway International Cooperation Theme Report

7 China National Agricultural R&D Resource

Abstract

China's agricultural research system is very large and complicated. To better understand China's national agricultural R&D resources, this chapter describes China national agricultural research system, analyzes the total funding scale for agricultural R&D and Its trends, intensity and structure, identify funding source, funding management and funding allocation mechanisms. There are 1,158 agricultural research institutes and 92 agricultural universities in 2017, and the total S&T staff and R&D researchers reached 91,000 persons, and 57,000 persons, respectively. China's agricultural research system is public dominated, highly decentralized by National, Provincial and Prefectural levels. The total agricultural R&D expenditure increased to 21.9 billion CNY in 2016 from 2.2 billion CNY in 2002. Main Actors in National Agricultural S&T System and the new Central S&T Programs are introduced. Most funds are allocated through Five-year Plans with supplementary funding for special issue arising during the period. Five kinds of projects are the main funding source, such as National Key R&D Programs (NKPs), National Modern Agricultural Industry Technology System, National Innovation Projects and Operating expense projects.

7.1 China's Agricultural R&D System

China has an overwhelmingly complex as well as the largest agricultural research and development (R&D) system in the world. A spectrum of agricultural research institutions and universities ranging from the national to the local level are devoted to agricultural R&D. Numerous comprehensive research institutions and universities are engaged in particular research in agriculture simultaneously. However, this study focuses on the status of agricultural R&D at agricultural institutions and universities, because the statistical data of personnel and inputs for agricultural R&D from comprehensive research institutions and universities are not available.

In general, China's agricultural R&D system has 5 particular features:

- The largest agricultural research system in the world
- Public-dominated
- Research institutes dominated and institutionally separated from education
- Highly decentralized
- Crop-oriented

Firstly, as above-mentioned, China's agricultural R&D system is the largest in the world in terms of its complexity and the number of researchers. China's expenditure on agricultural R&D has been swiftly expanded over recent years due to increased investments in both research and higher education institutions. The scale of agricultural R&D expenditure has been matching or surpassing that in some OECD countries, including the U. S. (OECD, 2016).

The agricultural R&D system in China is dominated by research institutes that are institutionally separated from education. According to the 2019 China Science and Technology Statistical Yearbook, the amount of agricultural research institutes was 1,069 and accounted for 1/3 of the overall institutes in 2018, according to statistics from the "2018 National Agricultural Science and Technology Statistical Data Collection", the state, provinces and prefectures and cities accounted for 6.9%, 40.4% and 52.7% respectively. The total employed person in agricultural R&D staff was 56,327 person, 87,552 persons from agricultural research institutes, 24,459 persons from agricultural universities.

The overall number of full-time equivalent (FTE) R&D personnel of agricultural researchers in China was 61,611, and the ratio of FTE agricultural researchers in institutes and in universities was 76.2% versus 23.8% in 2017. When zooming in on the status of agricultural institutes, its overall staff were 87,552 persons, among which 56,327 were for agricultural R&D in 2018. The R&D group in agricultural institutes consisted of 10,126 doctors, 18,016 masters and 18,617 bachelors, accounting for 18.0%, 32.0% and 33.1% in 2018 respectively. The number of institutes' R&D staff in agriculture accounted for 12.1% of total staff in all sectors. As to research staff in agricultural universities, there were 54,203 in total, among which 24,459 (14,672 FTE personnel) were for agricultural R&D in 2017 (MOE, 2018). In addition, the agricultural R&D system is highly decentralized according to its administrative structure that is categorized into three levels, namely the national, the provincial and the prefectural (Fan & Qian, 2005). National agricultural research institutions cover the Chinese Academy of Agricultural Sciences (CAAS) and its 34 affiliated research institutes and 9 joint ones, the Chinese Academy of Tropical Agricultural Sciences (CATAS) and its 14 affiliated research institutes, and the Chinese Academy of Fishery Sciences (CAFS) and its 13 affiliated research institutes and 5 joint ones. Those agricultural institutes, with an emphasis on basic agricultural science and technology (S&T) regarding key agricultural issues nationwide, are under the jurisdiction of the Ministry of Agriculture and Rural Affairs (MARA). In principle, the provincial government, or one of its relevant departments (Department of S&T, Department of Education, etc.), is responsible for the provincial and prefectural research institutions including the provincial academies of agricultural sciences. The provincial agricultural research institutes focus on conducting applied research in the context of local agro-ecological conditions, while extension work engrosses the prefectural institutes.

It is also important to note that China's agricultural R&D system presents a focal point on crops. Based on the data collected from the Ministry of Science and Technology (MOST), From an industry perspective, in 2018, there were 508 scientific research institutions engaged in planting research, 173 forestry, 71 animal husbandry, 49 fisheries, 268 agriculture, forestry, animal husbandry, sideline and fishery services, plantation, forestry, The scientific research institutions of animal husbandry, fishery, and agricultural service industries account for 48%, 16%, 7%, 5%, and 25% of the total number of scientific research institutions respectively. The planting industry has the largest number of employees, 48,128, accounting for 55% of the employees; 9,705 in forestry, accounting for 11%; in animal husbandry and fishery, 6,809 and 4,038, accounting for 8% and 5%, respectively, and 18,872 in agricultural services. People, accounting for 22% (2018 China Science and Technology Statistical Yearbook, 2018).

7.2 Funding Size and Trend

7.2.1 Agricultural S&T Funding Data Source

Three statistical yearbooks are the main source of China's S&T data:

- China Statistical Yearbook on Science and Technology (CSYST)
- National Statistics of Agricultural Science and Technology (NSAST)
- University of Science and Technology Statistics (USTS)

CSYST is jointly published by the National Bureau of Statistics (NBS) and the Ministry of Science and Technology (MOST), while NSAST by the Ministry of Agricultural and Rural Affairs (MARA), and USTS by the Ministry of Education (MOE). CSYST mainly records the expenditure and personnel for S&T activities of the research institutes subordinate to governmental departments. NSAST assembles data from agricultural research institutes and their affiliations under MARA in particular, while data from those institutes are not affiliated under MARA. USTS is a data compilation on the S&T activities conducted by universities under the jurisdiction of MOE. However, the agricultural S&T activities conducted by comprehensive research institutes and universities cannot be captured. The data of total agricultural R&D investment in this study only refers to the R&D expenditure on agricultural research institutes and agricultural universities.

It is worth noting that the agricultural investment has various statistical scopes and definitions in China. Prior to 2009, almost all studies employed the indicators of total spending/revenue on agricultural S&T activities as the agricultural R&D investment. However, from 2009 onwards, a narrow scope has been harnessed by MOST to report the R&D activities in CSYST, and the total spending/revenue on S&T are excluded. The definition of R&D spending/revenue is much narrower than the present definition of S&T expenditure in China.

7.2.2 Agricultural R&D Funding Scale and Intensity

China's total R&D fund for all sectors increased rapidly. According to the statistics from MOST, the national R&D expenditure was 17,606 billion CNY; the intensity of R&D expenditure to GDP reached 2.13% in 2017, and the per capita

R&D expenditure was 436 thousand CNY. Compared with 2016, the R&D fund for universities, enterprises and public research institutes increased by 18.1%, 12.5% and 7.8% respectively in 2017. The public expenditure on S&T also increased steadily and reached 838.36 billion CNY in 2016, accounting for 4.13% of the total government fiscal expenditure. About 41% of total public expenditure is from the central government, while the rest is from the local government. The fund for agricultural S&T takes a relatively small share in the total S&T fund for all sectors. Albeit difficult to have accurate number on the share of agricultural S&T fund due to discrepant statistical definitions and scopes, an increasing funding trend could be witnessed from MOST's data. Agricultural institutes' R&D expenditure increased from 1.7 billion CNY in 2002 and reached 18.3 billion CNY in 2017. The real annual growth rate was near 13% during 2002-2016. The share of Agricultural R&D expenditure in the total R&D expenditure increased from 4.9% to 7.2% during 2002-2018 (Fig. 7-1).

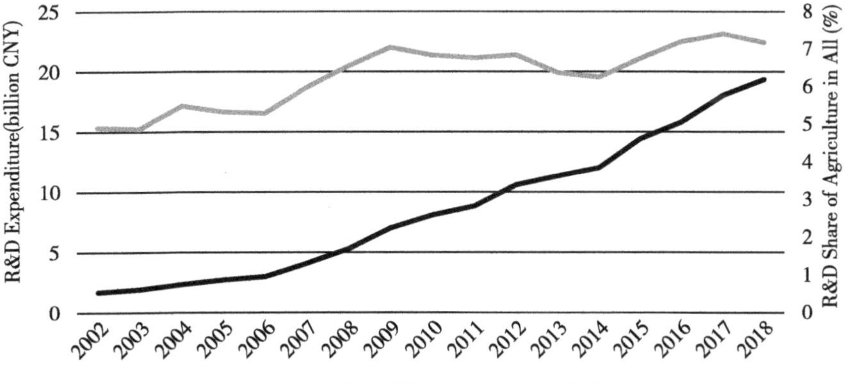

Fig. 7-1 China Agricultural Intramural R&D Expenditure in Institute and its Share in All Sectors

Source: MOST, China Statistical Yearbook on Science and Technology (CSYST)

Since 2009, MOST has unified the definition of S&T investment as R&D expenditure, abandoned the scopes of S&T revenue and expenditure. But according to statistics from MARA and MOE, the total agricultural S&T revenue for agricultural research was estimated about 44.5 billion CNY in 2017. The total S&T revenue of agricultural research institutes was about 33.3 billion CNY, and that of universities was about 11.2 billion CNY. The agricultural S&T revenue increased rapidly with its real annual growth rate exceeded 10% during 2001-2017. In addition, the total S&T

expenditure was about 30 billion CNY in 2017, lower than the revenue but swiftly increased at a similar pace (Fig. 7-2, Fig. 7-3).

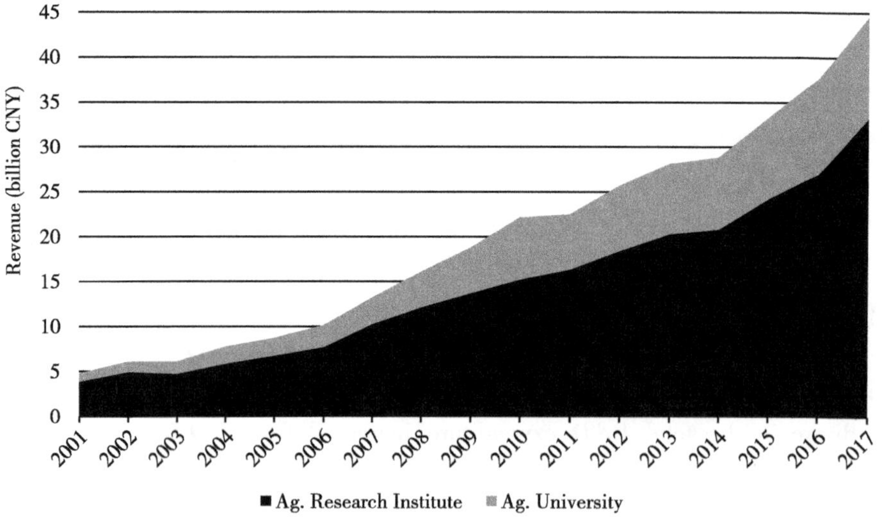

Fig. 7-2 China's Agricultural S&T Revenue

Source: MARA, National Statistics of Agricultural Science and Technology (NSAST); MOE, University of Science and Technology Statistics (USTS)

Note: Data only refers to agricultural research institutes and universities under the jurisdiction of MARA

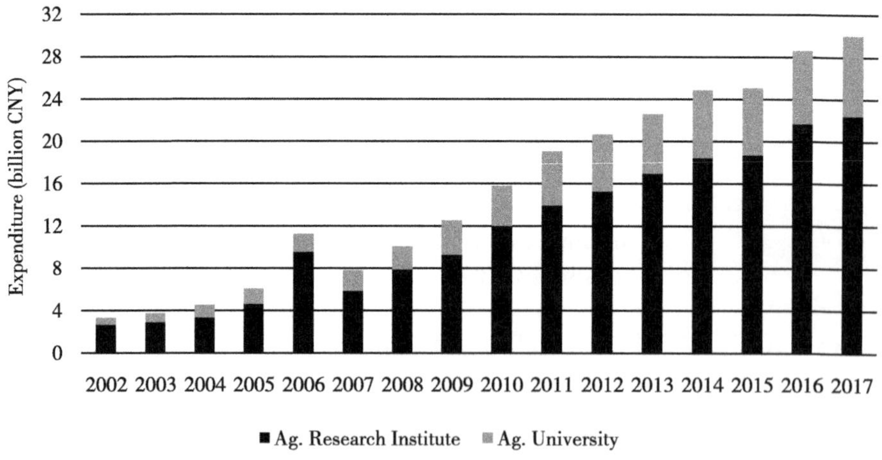

Fig. 7-3 China Agricultural S&T Expenditure

Source: MARA, National Statistics of Agricultural Science and Technology (NSAST); MOE, University of Science and Technology Statistics (USTS)

Note: Data only refers to agricultural research institutes and universities under the jurisdiction of MARA

Based on data regarding agricultural R&D expenditure, China's agricultural R&D expenditure increased from 2.21 billion CNY in 2002 to 24.12 billion CNY in 2017, with an average nominal annual growth rate of 17.3% and a real annual growth rate of 13.0%. The fastest growth rate appeared in the 11th Five-Year Plan, from 2006 to 2010, with an average real annual growth rate of 24.4%. However, during the 12th Five-year Plan (2011-2015), the growth rate slowed down significantly, and the average real annual growth rate dropped to 10.3%. R&D expenditure in agricultural research institutes increased from 1.7 billion CNY in 2002 to 18.3 billion CNY in 2017 with a nominal growth rate of 17.0%. The R&D expenditure of agricultural universities increased even faster than that of agricultural R&D institutes, reached 5.9 billion CNY in 2017 from 0.5 billion CNY in 2002. The nominal annual growth rate was 18.2% and the real annual growth rate was 13.8% from 2002 to 2017. Accordingly, the share of agricultural institutes' R&D expenditure decreased from 78.3% in 2002 to 75.7% in 2016, while the share of agricultural universities' increased from 21.7% in 2002 to 24.3% in 2017 (Fig. 7-4).

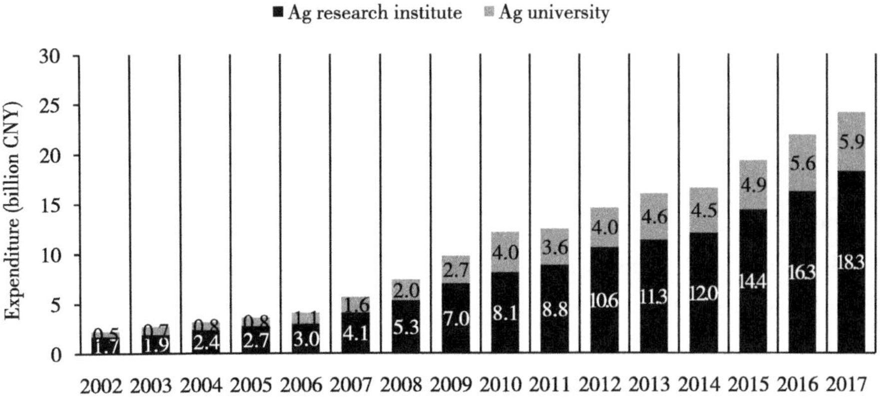

Fig. 7-4 China Agricultural R&D Expenditure

Source: MOST, China Statistical Yearbook on Science and Technology (CSYST), MOE, University of Science and Technology Statistics (USTS)

Notwithstanding the fact that the total agricultural R&D expenditure increased fast, the intensity of R&D expenditure to agricultural GDP was still low. We estimated the intensity using both definitions of S&T expenditure and R&D expenditure. The ratio of S&T expenditure in agricultural institutes and in universities to agricultural GDP increased to around 0. 83% in 2017 from 0. 3% in 2001. The ratio of R&D expenditure in agricultural institutes and in universities to agricultural GDP was lower at about 0. 47% in 2017 (Fig. 7-5).

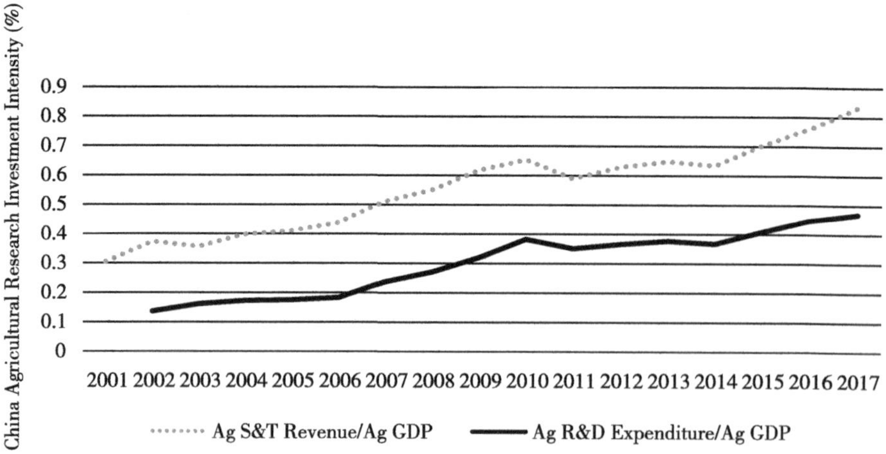

Fig. 7-5 China Ag Research Investment Intensity (%)

Source: MARA, National Statistics of Agricultural Science and Technology (NSAST); MOE, University of Science and Technology Statistics (USTS); China Statistical Yearbook on Science and Technology (CSYST)

Notice: The intensity is underestimated since recurrent fees are not included in either S&T or R&D expenditures.

7.2.3 Agricultural R&D Funding Source and Structure

Government is the principal funding source, which contributed to 89. 1% of total funding in institutes in 2018. The share of self-raised funds increased to 2. 8% in 2018 (Fig. 7-6) from 1. 1% in 2002. Meanwhile, the foreign funds were still low, with a share of 0. 2%. Other funds accounted for 8. 0% in 2018.

For the agricultural institutes, national level (under jurisdiction of MARA) institutes accounted for 30. 6% of total budget, while local institutes (provincial and prefectural institutes) accounted for 69. 4% of research budget in 2018. Provincial and prefectural level institutes accounted for 52. 2% and 17. 2% of budget, respectively. Governmental funding is the most important funding source at all administration levels, accounting for more than 88. 7% . Agricultural research institutes at prefectural and provincial level are even more highly dependent on the governmental funding, with proportions about 92. 9% and 89. 1% respectively. Foreign fund is limited and averagely less than 1% at all institute levels (Fig. 7-7).

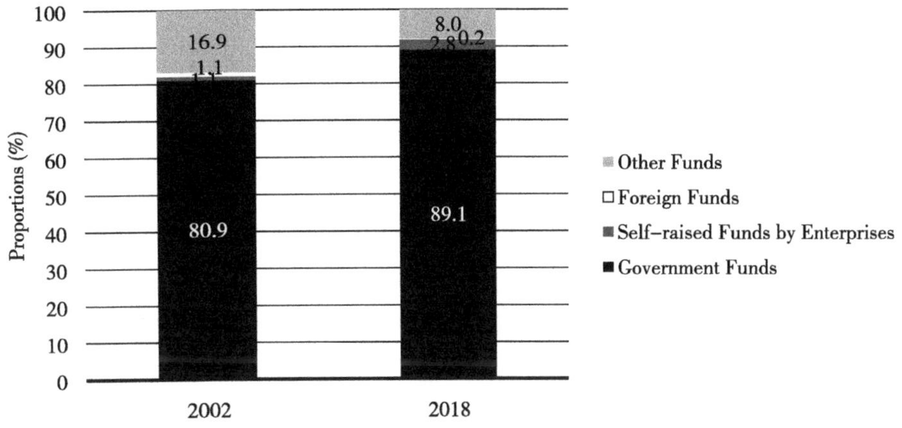

Fig. 7-6 China Ag R&D Expenditure by Funding Source (%)

Source: MOST, China Statistical Yearbook on Science and Technology (CSYST)

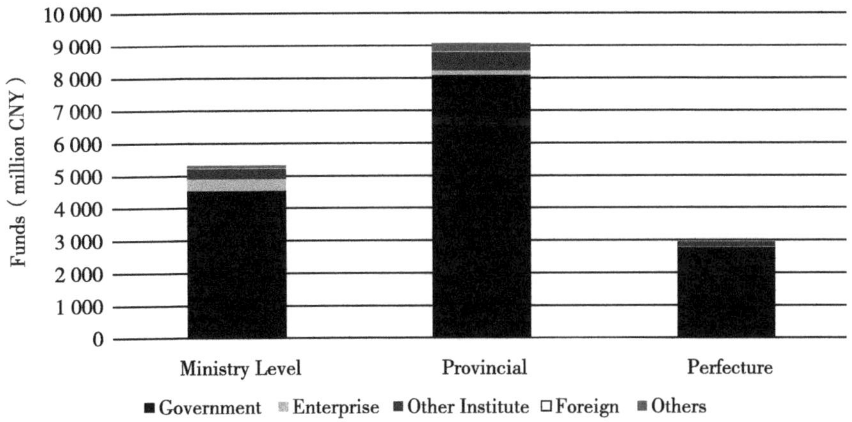

Fig. 7-7 Ag Institute R&D Expenditure by Administration and by Source in 2018

Source: MARA, National Statistics of Agricultural Science and Technology (NSAST)

In terms of agricultural R&D funding structure, the situation of low investment of basic research in agriculture has been improved obviously. In 2002, among the internal R&D expenditure of agricultural research institutes and universities, the proportion of expenditure for basic research, applied research and experimental development was 10 : 34 : 56. In 2017, the proportion of expenditure for researches of the three types was adjusted to 21%, 33.5% and 45.5%. In particular, the proportion of basic research funding increased by 11%. The proportions of funding for basic research, applied research and experimental development in agricultural research institutes were 16.6%, 26.1% and 57.4% respectively. The proportion of funding for basic research funding in agricultural universities was relatively higher, at 34.8% in 2017. The proportions of funding for applied research and for experiment development were 56.8% and 8.4%, respectively (Fig. 7-8).

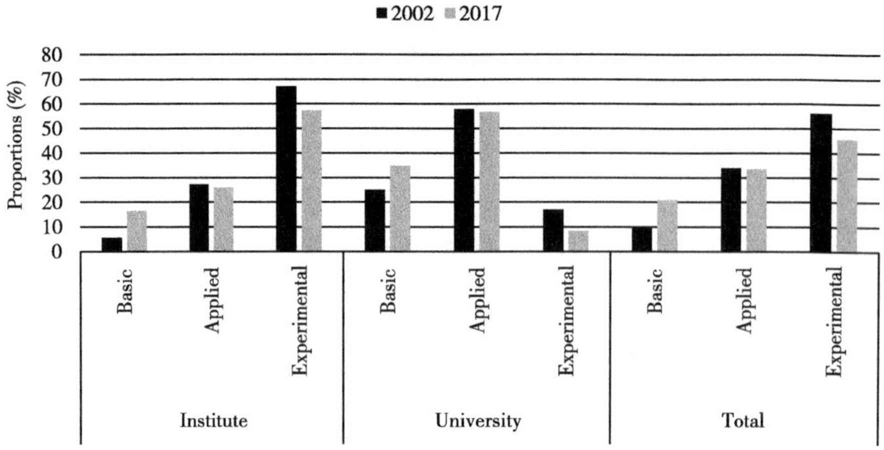

Fig. 7-8　China Agricultural R&D Expenditure Structure by Research Type

Source: MARA, National Statistics of Agricultural Science and Technology (NSAST)

The allocation structure of R&D expenditure on agricultural sub-sectors has also changed. The proportion of R&D expenditure on crops has declined but remains the highest among all sub-sectors. The sum of R&D expenditure on crops increased relatively slowly, from 1.068 billion CNY in 2002 to 11.076 billion CNY in 2018. The annual nominal and real growth rates were 15.7% and 11.5%, respectively, while the R&D expenditure on crops decreased to 57.4% in 2018 from 61.8% in 2002.

Structural changes of the R&D expenditure in forestry are similar to that in crops. The R&D expenditure on forestry increased from 0.16 billion CNY in 2002 to 1.61 billion CNY in 2018, while its share decreased from 9.4% to 8.4%. Moreover, the R&D expenditures on animal husbandry, fishery and agricultural service activities increased rapidly from 2002 to 2018. The R&D expenditure on animal husbandry and fishery were 1.33 billion CNY and 1.14 billion CNY, and their shares among total agricultural R&D expenditure increased to 6.9% and 5.9%

respectively in 2018. The R&D expenditure on agricultural service activities also increased quickly from 0. 4 billion CNY in 2002 to 4. 1 billion CNY in 2018 (Fig. 7-9), and its share increased from 17. 9% to 21. 4%.

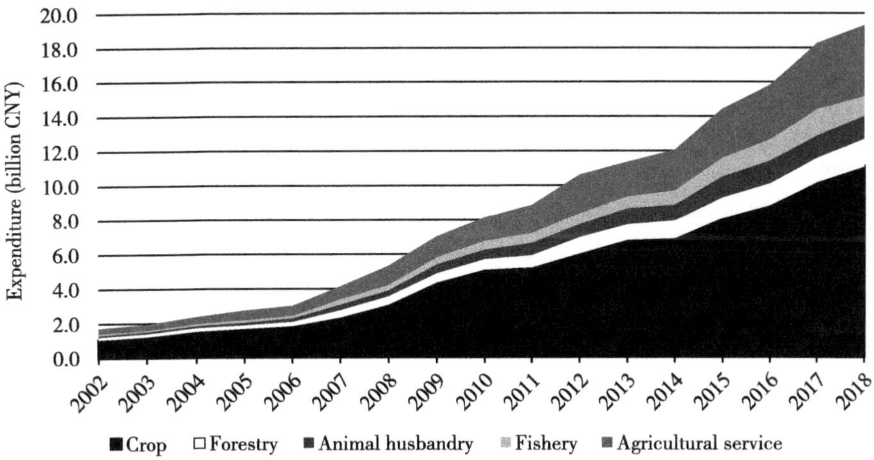

Fig. 7-9 Distribution Ratio of China's Agricultural R&D Expenditure in Different Sectors

Source: China Statistical Yearbook on Science and Technology (CSYST)

7.3 Funding Management and Allocation Mechanism

7.3.1 National S&T Policies and Priorities of China

All the public funding sources introduced above are in line with China's national S&T policies and strategies. A list of primary policy documents from the Central Committee of the Communist Party of China and the State Council indicate future priorities for innovation, development and international cooperation, including:

- The National Mid-and Long-term S&T Development Plan (2006-2020)
- The 13th Five-year Plan for Science, Technology and Innovation
- The National Innovation-Driven Development Strategy
- The 13th Five-year Plan for International S&T Innovation Cooperation

The former two are paramount for China's S&T development. The Ministry of Agriculture and Rural Affairs (MARA) and other pertinent ministries formulate agricultural S&T development provisions and relevant policies accordingly. In particular, the 13th Five - year Plan for Science, Technology and Innovation explicates the general idea, development goals, main tasks and major activities of S&T development and innovation from 2016 to 2020, as a substantial synopsis in national S&T development and innovation. The 14th Five - year Plan is currently under preparation. Pursuant to all those policies and strategies, governmental investment in S&T will be increased with foci on supporting basic and frontier researches, public benefit - related researches, and the ones about key general - purpose technologies. Meanwhile, high - quality universities and research institutes will be supported potently. It is also underlined to reform the S&T management system. In addition, deepening opening - up and proceeding further international cooperation are of vital importance in China's national S&T policies.

In 2012, the 18th National Congress of the Communist Party of China clearly proposed the implementation of the innovation - driven development strategy, emphasizing that scientific and technological innovation is the strategic support for improving social productivity and comprehensive national strength, and considering innovation as the core of national development. The National Innovation Driven Development Strategy formulated in 2016 attaches great prominence to the development of agricultural S&T, to give full play to the government in leading agricultural S&T investment, and to strengthen supports for agricultural S&T. It endeavors to establish a technical system that meets the requirements of high-yield, high-quality, high-performance, eco-friendly and safe agricultural production, and that undertakes food security, the development of seed industry, adequate supply of major agricultural products, bio-safety, and ecological conservation of agriculture and forestry as the predominant tasks. Cultivating green - ecological, high-efficiency and safe modern agricultural technology is put forward in the strategy. To realize it, four dimensions are prioritized as follows:

- A kernel is to realize autonomy in seed industry, therewith transforming the pattern of agricultural growth, surmounting the constraints of more people and less water and land, and paving a way to high-efficiency, product-safe and resource-saving, environmental-friendly modern agricultural development.
- For improving the quality and efficiency of agriculture and obtaining its sustainable development, the R&D of animal and plant breeding as well as high-end

agricultural machinery needs to be systematically intensified. Meanwhile, it is compulsory to largely promote serial techniques for high yields and the transformation of low-yield lands, to further water-saving agriculture, recycling agriculture, organic agriculture and biological fertilizers, etc., and to develop standardized and large-scale modern cultivating technologies.

- It is prior to promote low-cost technologies and models for the prevention of agricultural non-point source pollution and heavy metal contamination, to foster technologies of ensuring food safety as well as technologies about quality and safety control and traceability through the whole industry chain. In this way, a system of food security and technology that embraces safe environment, clean production and ecological storage and transportation could be built.
- The fourth point is to give impetus to the integration of the primary, secondary and tertiary industries, therefore, to bring about the transformation to the value-added and brand-oriented development of the whole chain.

Reinforcing China's opening-up and international technology cooperation is another a critical part in the national S&T development policies and strategies. In 2017, the 13th Five-year Plan for International Science and Technology Innovation Cooperation issued by the Ministry of Science and Technology (MOST) proposes to plan and stimulate innovation with a global vision. It claims to elevate the level of S&T innovation cooperation, participate in the global innovation system in depth, build mechanisms for inclusive innovation at a higher level, propel international S&T communication and cooperation in order, proactively come up with and participate in the formulation of global major innovation agendas and rubrics, and confront with global challenges (food security, energy security, environment contamination, climate change, public hygiene, etc.) jointly with other countries. For the purpose of achieving those aims, three dimensions need particular support in terms of national S&T funding.

- The foremost dimension refers to continually increase financial investment, lead national S&T Programmes (special projects, funds, etc.) to support the international S&T innovation cooperation, encourage and guide enterprises, research institutes, universities, etc. to uptake the public-private model and other potential mechanisms to enhance inputs in international S&T innovation cooperation, thereby steering the formation of a diversified investment structure, and completing the management system for foreign-related scientific research funds.

- The second dimension is to rise the national funding for special projects on S&T innovation cooperation, Big Science Projects (Programmes), foreign S&T aid, international S&T cooperation bases of China, and Programmes of international institutes that founded by and cooperated with China.
- It is equally important to promote the Belt and Road, inaugurate new prospects of the communication and cooperation, and jointly establish national S&T innovation bases for countries along the route of the Belt and Road.

In the realm of agriculture, national policies and strategiespropose to find systematic technological solutions to address bottlenecks in developing modern agriculture. Documents made it clear that, a modern system of agricultural production management and the intelligent agriculture need to develop to facilitate agricultural development. A series of areas are prioritized in agricultural R&D. Bio-breeding is highlighted to cultivate high-yield and high-quality crop breeds suited to mechanized and standardized agriculture as well as high-yield and high-performance production in a localized context. Modern seed industry is crucial in this regard. Breeding superior seed varieties, upgrading crop varieties, developing national centers for seed breeding and production is said to be pivotal. As to agricultural mechanical equipment, China promotes comprehensive mechanization through the production of major crops and intensive agricultural production methods. Eco-friendly approaches and models are promoted for the improvement of agricultural production. Moreover, information and communication technologies are put forward to facilitate agricultural production, agro-business management, resources and environment management, and to better market access.

7.3.2 Main Actors in National Agricultural S&T System

National Science and Technology Leading Group undertakes the duties of reviewing national strategies, plans and major policies in S&T, deliberates China's important sci-tech tasks and Programmes, and coordinates major affairs among ministries and local authorities. The group is headed by Premier Li Keqiang, with Vice-Premier Liu He serving as deputy. Other members include ministers and heads from various central departments, such as the National Development and Reform Commission (NDRC), the Ministry of Education (MOE), the Ministry of Science and Technology (MOST), and the Ministry of Agriculture and Rural Affairs (MARA), etc. The office of the leading group is set up in the MOST and headed by Wang Zhigang, the minister of the MOST. The China International Development Cooperation Agency (IDCA) has been set up in 2018 after the institutional reform. IDCA formulates strategies and policies on foreign aid, monitors and facilitates China's foreign aid Programmes. Specific tasks of the leading group are supposed to be undertaken by the pertinent ministries and its departments showing in Fig. 7-10 below.

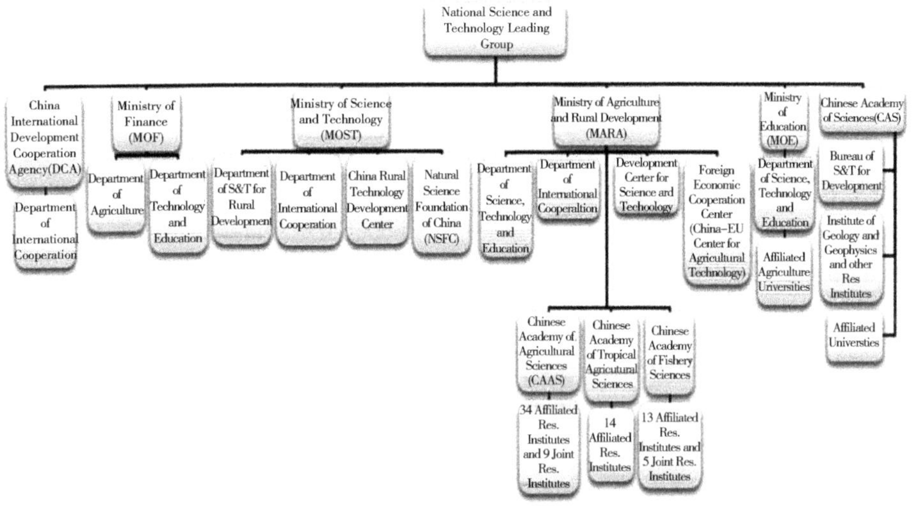

Fig. 7-10 Main Actors in China's Agricultural S&T System at National Level, 2019

The Ministry of Finance (MOF) is the national executive agency of the Central Government which administers macroeconomic policies and the national annual budget. It handles fiscal policy, economic regulations and government expenditure for the state. MOF's remit is smaller than its counterparts in many other countries. The Department of Agriculture of MOF formulates and implements rural and agricultural fiscal policies and budgets. The Department of Technology and Education of MOF takes the work of budget, fiscal policies, S&T funding management, etc. regarding technology and education. Both departments play a role in the funding of China's agricultural R&D.

The Ministry of Science and Technology (MOST) formulates and facilitates the implementation of strategies and policies for innovation – driven development, coordinates the development of the national innovation system and the reform of the national S&T management system, and works with relevant government departments to improve incentive mechanisms for technological innovation. MOST takes the lead in establishing a unified national platform for S&T management and a mechanism for fund allocation, evaluation and supervision of research projects, etc. Funded by central finance and under the jurisdiction of MOST, the China Rural Technology Development Center is a public institution undertakes the facilitation, management and supervision of rural S&T Programs in many areas. The National Natural Science Foundation of China (NSFC) was established in 1986 as an institution directly under the jurisdiction of the State Council. It is now administering by MOST after the 2018 institutional reform. It has gradually established its funding system focusing on the three categories including research programs, talent training programs and research supporting programs as shows below. NSFC encourages international cooperation and exchange in basic research. It has signed 70 Cooperative Agreements or MOUs with partners in 35 countries and regions. NSFC will stress on the following aspects in its future development: innovative research, talents cultivation, international cooperation and management of excellence.

The Ministry of Agriculture and Rural Affairs (MARA) is a component of the State Council in charge of agriculture and rural economic development. In agricultural R&D in particular, MARA formulates development plans and related policies regarding agricultural scientific research, education, technology extension and their building of rank and files, and implements the strategy of revitalizing agriculture through science and education; organizes the selection and application of major scientific research and technology extension projects. MARA undertakes foreign – related agricultural affairs and organizes related international economic and technical exchanges and cooperation. The Development Center for Science and Technology and the Foreign Economic Cooperation Center (FECC) are subordinate institutions of MARA. As to national agricultural research institutes, the Chinese Academy of Agricultural Sciences (CAAS), the Chinese Academy of Fishery Sciences (CAFS) and the Chinese Academy of Tropical Agricultural Sciences (CATAS) are the dominant national institutes specialized in agriculture.

In the respect of agricultural R&D, the Ministry of Education (MOE) plans and guides the research by institutions of higher education in natural sciences, philosophy and social sciences; coordinates and guides the higher education institutions to take part in developing the national innovation system, and undertakes the State's key projects and Programs for the development of S&T; guides the construction and development of the sci-tech innovation of higher education institutions; directs the informationization of education and promote the integration of production, teaching and research.

Other than the ministries, under direct jurisdiction of the State Council, the Chinese Academy of Sciences (CAS) is the linchpin of China's drive to explore and harness high technology and the natural sciences for the benefit of China and the world. The Institute of Geology and Geophysics plays a role in China's agricultural R&D and relevant international cooperation. CAS has jointly founded a number of international research institutes with many other developing countries, including African countries south of the Sahara.

7.3.3 Funding Allocation Mechanism

Under the stable Program funding, most funds are allocated by the authority of national strategies and policies previously introduced, especially the 13th Five-year Plans that covers a period from 2016 to 2020. In practice, MOF budgets for overall agricultural R&D funding. The funding for agricultural research institutes in China as a whole is channeled into the core funding and the project funding respectively.

On the one hand, the core funding is in essence the recurring fees and salaries, distributed by the fiscal department at each governmental level. The recurring fees and salaries allocated to national public research institutes is for continual capacity building and innovative development of the public research institutes and their research subjects. It is based on the progress and characteristics of each institute and issued along with departmental budgets. The national-level research institutes have autonomy in the budget for their affiliated institutes, who are responsible for the overall allocation, use, assessment and process management of the recurring fees, as well as the submission of summary reports on a regular basis.

The recurring fees and salaries for the national level colleges and universities is jointly managed by MOF and MOE. The purpose is to strengthen the stable support for independent researches and to enhance the ability of the higher education institutions to better serve national development strategies, independent innovation and high-level personnel training. Proposed allocation areas include: supporting the basic capacity building of young teachers under the age of 40; supporting the S&T innovative capacity building of outstanding undergraduates; supporting the construction of excellent innovation teams; carrying out basic, supportive and strategic multi-disciplinary researches; and strengthening basic work for S&T (Fig. 7-11).

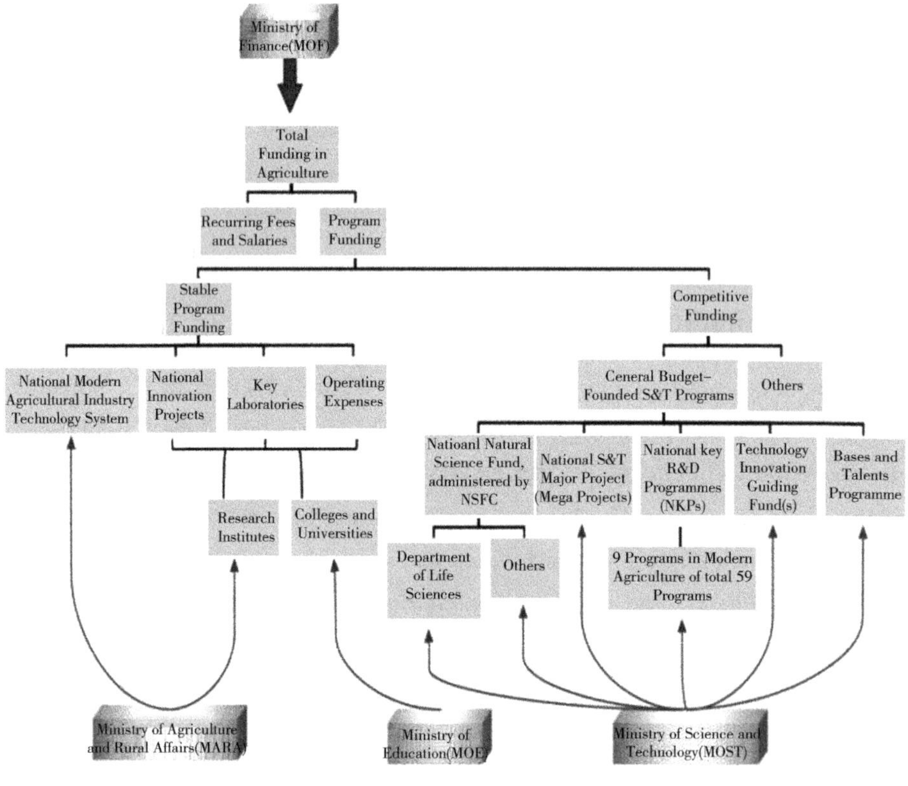

Fig. 7-11 Funding Allocation Mechanism for Agricultural R&D at National Level, 2019

On the other hand, just as its name implies, the project funding is for carrying out R&D projects. Differentiated by allocation mechanisms, it has two components—the stable funding and the competitive funding.

The stable funding allocates to the National Modern Agricultural Industrial Technology System, National Innovation Projects, research institutes, higher education institutions, research bases (laboratories and platforms), and national public institutions, and covers their operating expenses. With a relatively large expenditure, the National Modern Agricultural Industrial Technology System, the National Innovation Projects and the operating expenses are of the essence in the stable funding channel. Those three are directly funded by MOF. MOF and the Department of Science, Technology and Education of MARA jointly manage the operating expenses, special funds for key laboratories and the National Innovation Projects of national agricultural research institutes, and the National Modern Agricultural Industrial Technology System. MOE and MOF jointly manage the funding for national universities.

System is a significant component of China's agricultural R&D system. In order to enhance the capacity of independent innovation of China's agricultural S&T, MARA and MOF established 50 modern agricultural industrial technology systems in 2007, including rice, rapeseed, swine and staple freshwater fish, etc., with the agricultural products as unit and the industries as main line. The national modern agricultural industrial technology system is managed by the Department of Technology and Education of MARA and its funding is relatively stable. Since 2017, the funding for the Modern Agricultural Industrial Technology System has been increased to 1.6 billion CNY annually, supporting 50 industrial systems' inclusive innovation. The 13th Five-year Plan focuses on the mechanization of rice and soybean production and the improvement of its efficiency, the safe and high-quality development of the dairy industry, and the prevention of heavy metal pollution, to provide sci-tech support for the structural reform at the agricultural supply side.

The competitive funding encompasses the Central Budget - Founded S&T Programs and other Programs. Under the Central Budget-Founded S&T Programs, five pillars are categorized, namely the National Natural Science Fund which is administered by the Natural Science Foundation of China (NSFC), the National S&T Major Projects (Mega Projects), the National Key R&D Programs (NKPs), Technology Innovation Guiding Funds, the Bases and Talents Programs. All those are jointly managed by MOF and MOST. In this way, S&T Programs (special projects, funds, etc.) act as an important means of the government to support scientific and technological innovation activities by the competitive funding in China.

In conclusion, China has successively constructed a vast R&D system in agriculture as well as in the S&T of all sectors. However, for a long time, China's R&D system developed without adequate top-level design and overall coordination, which led to a consequence that S&T Programs (including special projects, funds, etc.) were overlapped and inefficient, and the resource allocation was fragmented. Giving those constraints, China has made a series of reforms on the R&D system over recent years to fully meet the requirements of implementing an innovation-driven development strategy. The following sections will zoom in on the Central Budget-Founded S&T Programs and intensively study its essential components the National Key R&D Programs (NKPs) and the Natural Science Foundation of China (NSFC).

7.3.4 Central Budget-Founded S&T Programs

Background

In December 2014, the State Council of China issued the Notice on the Plan for Deepening the Reform of the Management of the Central Budget-Founded S&T Programs①. The Notice outlined an ambitious reform plan that would, gradually yet systematically, re-shape the structure of the entire Chinese national funding system for science, technology, and innovation (STI). This followed ten years of exponential growth during which China's research intensity surpassed that of the European Union, and its gross national R&D expenditure rose to the third in the world, right after the EU and US. The reform directly addressed the inefficiencies that emerged from the rapid expansion of the Chinese STI system - i.e. high decentralization and fragmentation across tens of disconnected agencies, resulting in overlaps and low-efficiency in allocation of government resources. It did so by reforming the institutional and management structure of national budget-funded STI Programs, and by reorganizing the allocation mechanisms of over one hundred previously-existing and overlapping funding Programs. The main driver of the reform was the need to reshape the entire STI funding system to become more coordinated, integrated, focused, and effective.

New Central Budget-Founded S&T Programs

The 2014 reform mainly resulted in two structural changes, on the institutional

① Commonly referred to as the *No.* 64 *in* 2014.

and on the operational level: the establishment of an open and unified national management platform, and the reorganization of national S&T funding Programs into five major pillars:

- **The National Natural Science Fund**

Focusing on basic research and applied research in natural sciences, particularly in physics and mathematics; chemistry; life sciences; earth sciences; engineering and materials; information sciences; and management sciences. The Fund is administered by the Natural Science Foundation of China (NSFC), the largest Chinese research funding agency in natural sciences, and with a strong reputation of fairness and rigor in the management of its projects and grants.

- **The National S&T Major Projects (Mega Projects)**

The main objectives of the National S&T Major Projects, also called Mega Projects are to address major key products, technologies and engineering of strategic importance for the country's economy and industrial competitiveness. Characterized by a strong top-down design and a sharp distinction between "civilian" and "military" application, as well as massive investments, the Megaprojects' quest is to support and fulfil some of China's most ambitious R&D tasks over the mid-and long-term, e. g. development of the country's first domestically-designed passenger aircraft and third-generation nuclear reactor, commercialization of 5G technologies and vaccines, moon exploration, earth observation, etc. The National Key R&D Programs (NKPs)

Newly-created category of Programs. It incorporates several previously-existing Programs such as the "863" Program for R&D, and the "973" Program for basic research. It supports R&D in areas of social welfare and people's livelihood, such as agriculture, energy and resources, environment, health, etc. They feature several well-targeted and defined objectives and deliverables to be achieved in a period ranging from three to five years, reflecting a top-down and industry-university-research cooperation design which integrates basic research, technology application, demonstration and commercialization. It is currently the most active of the five pillars, with a total of 48 NKPs established, each funding every year tens of projects from diversified sources.

- **The Technology Innovation Guidance Fund (s)**

Consisting of three major funds emerged from a structural re-organization, reclassification and merging of previously - existing national funds from different government departments. These funds are in turn organized into several sub-funds or funds-of-funds, which invest in priority and strategic areas through venture capital funds, private equity, and risk compensations. The aim is to stimulate the transfer and commercialization of scientific technology results by supporting the growth and activities of innovative start-ups and SMEs. They are currently very active, with an average of 70 new investments concluded every month.

- **The Bases and Talents Program**

Incorporating several previously - existing Programs from MOST (State Key Laboratories, National Engineering Technology Centers, Innovation Talents Promotion Program) and NDRC (National Engineering Centers/Labs, National Enterprise Technology Centers, etc.). It aims to promote the establishment of scientific bases, and the fostering of top - notch innovative talents and teams by supporting their research activities. Support generally includes subsidies; priority in applying to national and local STI projects; or tax deductions/exemptions on imports of R&D equipment. It is currently the most inactive among the five pillars, and currently undergoing deep structural reforms.

The five funding pillars at the national level have a unified management mechanism, as concludes in figure 1-12. An inter-ministerial joint council formed by 31 ministries and government agencies and led by the Ministry of Science and Technology (MOST) coordinates priorities, strategy, directions and budgeting, preventing overlaps across and within ministries. A committee of experts from technology, industry and finance fields also regularly provides strategic advises for each funding Program, while the daily management and operations are delegated to seven "project management professional agencies". Dynamic adjustment mechanisms are also in place and triggered by MOST and the Ministry of Finance (MOF) to ensure that all expected outputs are met.

7.3.5 National Key R&D Programs (NKPs)

Introduction

The National Key R&D Programs (NKPs) are a new category of projects generated after the 2014 reform of the Central Budget - Founded S&T Programs (Fig. 7-12). They have merged numerous previously-existing Programs such as

MOST's "863" Program for R&D, "973" Program for basic research, the Key Technologies R&D Program, and International S&T Cooperation Program; and NDRC and MIIT's Industrial Technology R&D Fund. Jointly managed by MOST and MOF, China's NKPs support R&D in areas of social welfare and people's livelihood, such as agriculture, energy and resources, environment, and health. They focus in particular on key and strategic technologies, featuring several well-targeted and defined objectives and deliverables to be achieved in a period ranging from three to five years, and reflecting a top-down and industry-university-research cooperation design which integrates basic research, technology application, demonstration and commercialization. Since the official launch of NKPs, a sum of 50.7 billion CNY has been allocated to a total of 2,288 projects under the 2016 and 2017 annuals calls for 42 NKPs. The majority was led by institutions of higher education and research institutes (37.5% and 33%, respectively), followed by state-owned enterprises (12%) and privately-held enterprises (9.5%). Now there are 59 NKPs in total.

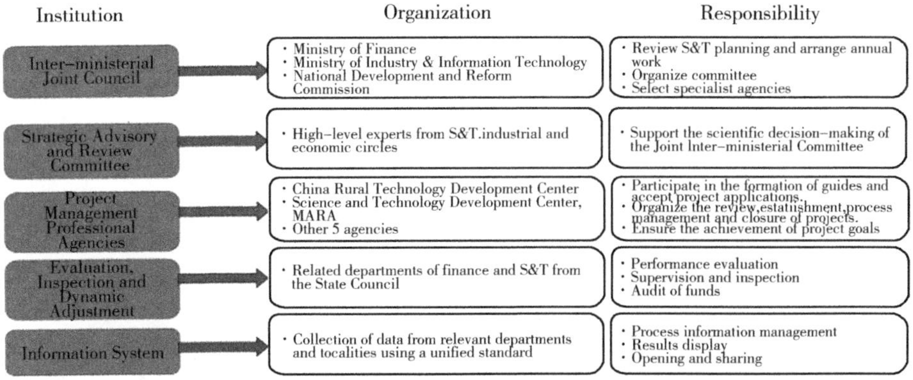

Fig. 7-12 Management Mechanism of the Central Budget-Founded Programs

Source: Author

Programs in Agricultural R&D

Agricultural R&D takes precedence in NKPs budget allocation. Programs merged into NKPs, for instance the National Key Basic Programs and Key Technologies R&D Programs, had spent about 1.8 billion in agriculture in 2015, which was about 20% of total funding. At present, NKPs have 9 Programs in agriculture amongst its overall 59. The list of NKPs in agriculture from 2016 to 2018 is displayed in Tab. 7-1 and Fig. 7-13.

Tab. 7-1 List of NKPs in Agriculture from 2016 to 2018

Program	2016	Cycle (year)	2017	Cycle (year)	2018	Cycle (year)	Total funding
Breeding of seven species (agriculture)	1 562	5	533	4	174	3	2 269
R&D of tech for reducing the utilization and increasing the efficiency of chemical fertilizers and pesticides	780	5	929	4	620	3	2 329
STI for increased productivity of food grains			587	4	29	3	616
Technology and devices for modern food processing, grains storage and transportation			330	4	248	3	578
R&D of tech for prevention and control of animal diseases, and efficient and safe breeding			439	4	292	3	730
R&D of tech for prevention and restoration of agricultural lands polluted by heavy metals or diffuse sources			247	4	127	3	374
STI for the cultivation and highly-efficient utilization of forestry resources			406	4	98	3	504
STI in increasing the quality, yield, and industrial quality and efficiency of main cash crops					365	3	365
"Blue Granary" STI					549	5	549
Total Annual Funding	2 342		3 470		2 502		8 315

Source: *MOST*

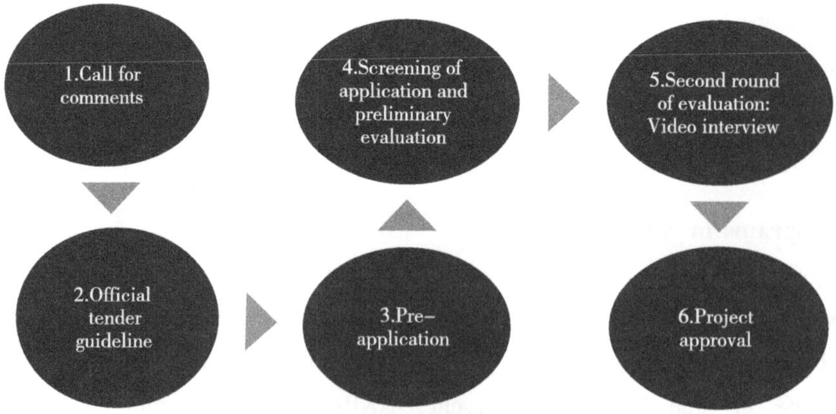

Fig. 7-13 Project Application of NKPs

Source: *Author*

7.3.6 National Natural Science Foundation of China (NSFC)

Introduction

The Natural Science Fund is administered by the Natural Science Foundation of China (NSFC), which was founded in 1986 directly under the State Council, and now under the jurisdiction of MOST. The NSFC, which has a strong reputation of fairness and rigor in the management of scientific projects and grants, is responsible for directing, coordinating and making effective use of the National Natural Science Fund while stimulating free exploration, identifying and fostering scientific talents and teams, and promoting science and technology development in line with the country's strategies and needs. The National Natural Science Fund is China's largest fund for supporting basic research and applied research in natural sciences, particularly in the fields of physics and mathematics; chemistry; life sciences; earth sciences; engineering and materials; information sciences; and management sciences.

NSFC Programs

The NSFC's funding system is divided into 14 different Programs, grouped under three categories: research promotion; talents fostering; and research environment.

Among them, research promotion includes: General Program, Key Program, Major Program, Major Research Plan, Joint Funds, International (Regional) Cooperation and exchange Programs. Talent – training fostering includes: Young Scientist Fund, Excellent Young Scientist Fund, National Science Fund for Distinguished Young Scholars, Science Fund for creating Research Groups, Fund for Less Developed Regions, Joint Research Fund for overseas Chinese scholars, and for Hong Kong and Macau scholars; Research environment includes: Tianyuan Fund for Mathematics, National Major Research Instruments and Facilities

The Department of Life Sciences is the academic management body of the National Natural Science Foundation of China. It is responsible for organizing development strategies, priority funding areas and project guidelines for life sciences; accepting, reviewing and managing various life science fund projects; organizing management of the Department of Life Sciences International Cooperation and exchange projects and other work. The Department of Life Sciences grants include biology, agricultural sciences, and basic medicine in areas such as resources, environment and ecology, and population and health. From 2015 - 1018, the National Natural Science Foundation of China's Youth Science Fund Project, Surface Project, Regional Science Fund Project, Key Projects, Outstanding Youth Fund Project, Overseas and Hong Kong and Macao Scholars Cooperative Research and Outstanding Youth Fund Projects In terms of funding, the growth of funds showed an increasing trend, from about 2.718 billion yuan in 2015 to 3.145 billion yuan in 2018. Among them, the investment in the project was the highest, the investment amount increased from 1.64 billion to 1.77 billion in 2018, and the investment in the Youth Science Fund project increased from 443 million yuan in 2015 to 582 million yuan (Fig. 7-14).

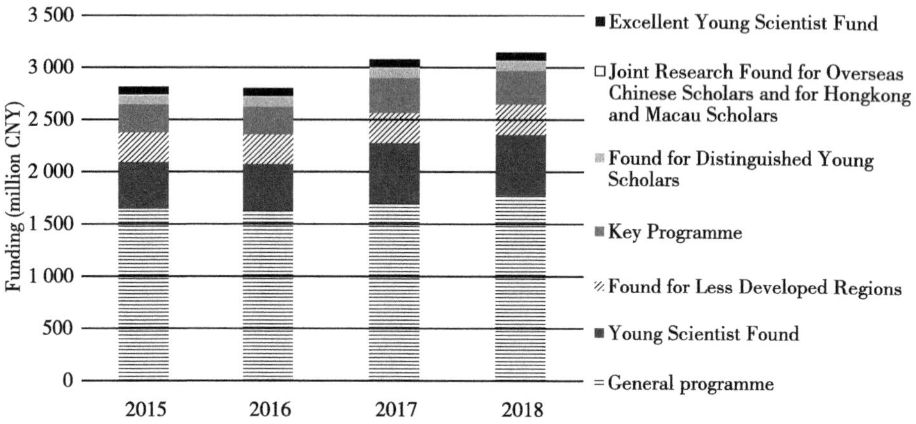

Fig. 7-14 NSFC Funding for Life Sciences in 2015-2018 (million CNY)

Source: NSFC

Life sciences: biology, agricultural sciences and basic medicine, covering resources, environment and ecology, population and health

International (Regional) Cooperation and Exchange Program

The National Natural Science Fund also features one Program targetting exclusively international cooperation. Specifically, the International (Regional) Cooperation and Exchange Program is designed to support joint research and exchanges between Chinese scientists and top researchers and institutions around the world. The Program is divided into three main sub-Programs, each targeting different actors and serving different purposes.

The Key International (Regional) Joint Research Projects encourage and support innovative China-based researchers to conduct basic research in priority areas in cooperation with international research structures and scientists based abroad. Such projects can be launched with any scientists not located in China and conducting basic research abroad, as long as their cooperation with the Chinese partner is perceived as being complementary and necessary, and grounded on already-established foundations for cooperation (for instance the two partners should have already jointly published academic papers, or should have been involved in mutual exchange or visiting Programs for some time). Relevant regulations particularly encourage cooperation involving large international research infrastructures.

Similar to the Key International (Regional) Joint Research Projects, the International (Regional) Cooperation and Exchange Programs under framework agreements is oriented to encouraging and supporting excellent Chinese scientists to conduct joint research in the partner's country and facility, or to organise international conferences in China or abroad. By December 2017, the NSFC had framework agreements with 86 institutions in 44 countries worldwide, including with 17 EU Member States, the EU Commission's Directorate-General for Research, the European Research Council, CERN, as well as international organizations based in Europe.

The Research Fellowship for International Young Scientists is oriented to encouraging excellent international young scientists based abroad to come to mainland China to conduct basic research in natural sciences. The aim is to promote sustainable academic collaboration and exchanges between Chinese scholars and foreign young scientists.

In June 2000, the NSFC Life Sciences Department and IRRI signed a cooperation agreement to conduct extensive cooperation and exchanges on basic rice research and personnel training. The NSFC Life Science Department sponsors about 35 studies on the physiological, nutritional, pathological, and genetic aspects of rice, and actively promotes cooperation and exchange with IRRI. In November 2008, NSFC reached a consensus with the International Biodiversity Center (Bioversity). NSFC will work with Bioversity with reference to the partnership model with CIMMYT and IRRI.

After the completion of the reform of CGIAR in 2011, NSFC co-financed collaborative research with CGIAR through the establishment of the "National Natural Science Foundation Committee and the International Agricultural Research Consultative Organization Cooperative Research Project", and funded 7 research centers (institutions) under the same year with CGIAR. Cooperative research on projects. In December 2012, NSFC and CGIAR reached a consensus on the signing of the NSFC - CGIAR framework agreement and entered into force in 2013. The protocol framework covers all 15 research centers (investments) of CGIAR, with a focus on promoting collaboration with CGIAR Core Research Programs (CRPs).

From 2011 to 2017, the number of applications for the NSFC - CGIAR collaborative research project, the number of approvals, and the number of CGIAR affiliated research centers (institutions) working with NSFC showed a significant growth trend, and the cooperation between the two parties was significantly strengthened. The number of applications for the NSFC-CGIAR collaborative research project reached 51 in 2017, which was 2. 55 times that of 2011. The NSFC-CGIAR cooperative research project has a total of 86 projects, and the total funding for the project is about 160 million CNY. The annual approved number is also from 2011 0. 7 items increased to 17 items in 2017.

The Gates Foundation and the National Natural Science Foundation of China announced in Beijing on October 19, 2015 that the "China Challenge" project will be officially launched. The two sides will jointly support and carry out scientific and technological research cooperation to address the global health and development process. Challenges, the Gates Foundation and the Natural Science Foundation will jointly select and fund outstanding research projects, covering areas such as seeking scientific and technological solutions for major communicable diseases, reducing maternal and child morbidity and mortality, and improving China's ability to transform scientific research results, promote scientific research cooperation in agriculture, food and nutrition, and other scientific research projects that can benefit the poor population in developing countries including China.

8 China's Agricultural R&D Resources at the Provincial Level

Abstract

The provincial level is an indispensable part of China's agricultural R&D system, and playing an essential role in facilitating national agricultural STI and bridging the national and prefectural R&D resources. This chapter introduces the provincial agricultural R&D system, the status quo of provincial R&D resources, including funding sources, funding intensity and structure, and the R&D facilities. Additionally, two case studies in respective regarding Jiangsu province and Shandong province are presented as representatives, given that both provinces are in a leading position nationwide. Provincial agricultural research institutes focus on applied researches as well as the facilitation for local agricultural development, and simultaneously undertake the tasks derived from the National Agricultural Science and Technology Innovation Alliance (NASTIA). Being alike to the national agricultural R&D system, provincial agricultural R&D system is dominated by public research institutes that are largely engaged in crop sciences. The provincial agricultural S&T is jointly managed by the Provincial S&T Department, the Agriculture and Rural Affairs Department, and the Education Department. As funding sources Government retained its paramount position in, while foreign funding sources are negligible but notably concentrated in Beijing and Yunnan. The main sources of provincial projects are Provincial S&T Department Projects, Provincial Education Department Projects. The R&D achievement of Shandong and Jiangsu's agricultural research institutes in ranked the second and the third in the national agricultural R&D system, respectively, closely following Beijing. The various scientific research resources of the provincial academy of agricultural sciences occupies a large proportion in the whole agricultural system. As a response to "the Belt and Road" initiative, provincial research institutes become increasingly active in international cooperation and exchange, and therefore playing more important roles in the agricultural "bringing in" and "going global". Provincial agricultural research institutions also strengthen the cooperative relationships with both international and foreign research institutions. Meanwhile, some problems and challenges in current provincial international cooperation are noticed in this chapter. Most cooperation focus on mutual visits and cooperative papers, and there are relatively few international cooperation research projects, international patent applications and co-construction cooperation platforms. It should further deep the international cooperation at provincial level.

8.1 Introduction

China has established a comprehensive agricultural R&D system at multiple administrative levels. Playing an essential role in facilitating national agricultural STI and bridging the national and prefectural R&D resources, the provincial level is an indispensable part of China's agricultural R&D system. Provincial agricultural research institutes focus on applied researches as well as the facilitation for local agricultural development, and simultaneously undertake the tasks derived from the National Agricultural Science and Technology Innovation Alliance (NASTIA). As a response to "the Belt and Road" initiative, provincial research institutes become increasingly active in international cooperation and exchange, and therefore playing more important roles in the agricultural "bringing in" and "going global" to develop and strengthen the cooperative relationships with both international and foreign research institutions. Such being the case, a critical question for this study to explore is that, for the purpose to facilitate international agricultural S&T development and particularly to help other developing countries, how can China's provincial agricultural research institutions better leverage their resources?

This chapter depicts the structure and targets of provincial agricultural R&D systems, and analyzes the status quo of the research resources and their distribution. Based on the analysis and considering the characteristics of provincial international cooperation, this chapter further discusses several tentative ideas of the "bringing in" and "going global" of the agricultural research resources, especially potential pathways for the provincial institutions and BMGF towards better cooperation. This chapter encompasses four sections: Section I is an overview of the provincial agricultural R&D system, including its structure and the responsibilities, objectives, as well as research priorities of key institutions. Section II analyzes the status quo of provincial R&D resources, including the intensity and structure of S&T investments, funding sources, and the investments for improving R&D facilities. Additionally, a comparative analysis is conducted in this section between the provincial R&D resources and that of the municipal level. In section III and IV, two case studies in respective regarding Jiangsu Province and Shandong Province are presented as representatives, given that both provinces are in a leading position nationwide regarding agricultural R&D investment, outputs, and system management. The two cases focus principally on the position of both provinces in the national agricultural R&D system, the role of the provincial Academy of Agricultural Sciences, as well as the status quo and characteristics of their international cooperation.

8.2 Provincial Agricultural R&D System

8.2.1 Provincial Agricultural R&D System

Public research institutes are the main part of provincial agricultural research system, supplemented by private research institutes. The public agricultural research system is mainly composed of non-profit agricultural research institutes and their subordinate key laboratories and engineering centers, agricultural universities, and agricultural research institutes in comprehensive universities, etc. The private agricultural research institutes are mainly established by agricultural high-tech enterprises.

Provincial agricultural S&T is mainly co-managed by the Provincial S&T Department, the Agriculture and Rural Affairs Department, and the Education Department. The S&T Department is responsible for the management of agricultural scientific research and projects, such as: formulating S&T policies on promoting agriculture and rural development; organizing and implementing agricultural S&T support plan; guiding the application demonstration of major agricultural S&T

output, and the construction of agricultural science and technology parks and industrial bases. The Agriculture and Rural Affairs Department is mainly responsible for guiding the construction of agricultural industrial technology system and agricultural technology extension system, and organizing research on high techs, applied technology, application of S&T outputs and technology extension. The Department of Education is responsible for planning and guiding scientific research in agricultural universities, coordinating agricultural institutes to implement national agricultural S&T Programs, various provincial agricultural S&T Programs and other agricultural research projects. And it also guiding the development and construction of scientific and technological innovation platforms in agricultural colleges. We present the detailed responsibilities of each department in Fig. 8-1.

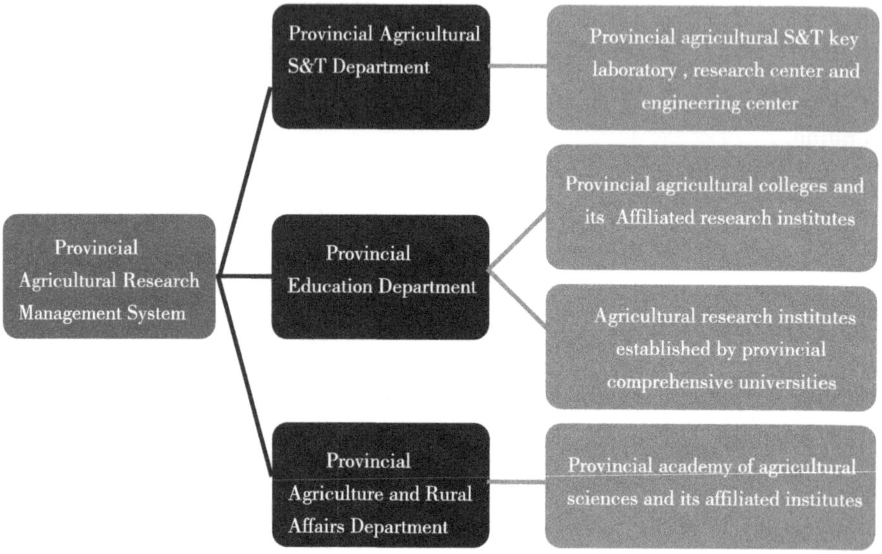

Fig. 8-1 Provincial Agricultural Research Management System

Source: Author

8.2.2 Objectives of Provincial Agricultural R&D System

Agricultural research institutes at provincial level are the backbone of agricultural science and technology innovation, focusing on applied research and experimental development. They serve to promote local agricultural development, and give special attention to research and application in local characteristic agriculture. According to the statistic of agricultural institutes R&D expenditures in 2018 (as shown in Tab. 8-1), provincial agricultural research institutes allocated 1.039 billion yuan for basic research, 1.975 billion CNY for applied research and 6.055 billion yuan for experimental development. The experimental development expenditures exceeded two-thirds of the total funds, which was higher than the national agricultural research institutes. Provincial agricultural research institutes are part of the national agricultural S&T (Science and Technology) innovation alliance, and strive to strengthen the cooperation with national research institutes and agricultural universities, in order to provide technological support for national agriculture development.

Tab. 8-1 Ratio of R&D Expenditure of Agricultural Research Institutes by Activities at Different Levels in 2018, %

Item	National	Provincial	Prefectural
Basic Research	13.29	10.39	1.39
Applied Research	18.84	19.76	4.91
Experimental Development	21.12	60.55	23.60

Source: Ministry of Agriculture S&T Education Division, "National Agricultural S&T Statistics Collection (2018)".

8.3 Status of Provincial Agricultural R&D Resources and a Comparative Analysis

Given the fact that agricultural research institutes that focus on R&D accounted for 90% of all agricultural research institutes in China, this section analyzing the status of these mainstream provincial institutes by depicting funding sources, S&T projects, R&D personnel, research facilities, investments on capacity building, etc.

8.3.1 Basic Characteristics of Provincial Agricultural Research Institutes

First, the number of provincial agricultural research institutes remained relatively stable. The number of provincial agricultural research institutes was 411 in 2018 and did not change since 1993. Regarding the number of agricultural research institutes in each province (autonomous regions and municipalities), the top three are Guangdong, Heilongjiang and Shandong, with a number of 81, 60and 60 respectively.

Second, crop oriented research system. According to the discipline classification of agricultural research institutes, the number of crops research institutes is the largest. In 2018, there was 273 crop institutes, accounting for nearly two－thirds (66. 4%) of the total research institutes. Across the country, Guangdong province has the largest number of crop research institutes (57), which accounting for 70. 37% of the total local agricultural research institutes; Ningxia province has the highest proportion of crop research institutes, with 10 out of 11 institutes engaged in crop research.

Third, both the quantity and quality of staffs have improved. There are 40,051 staffs in provincial agricultural research institutes, and 33,915 of them are engaged in scientific and technological activities. On the one hand, the proportion of S&T research personnel kept rising, from 55. 96% during the "Ninth Five－year Plan" period to 59. 13% during the "Tenth Five-year Plan" period, to 67. 3% during the "Eleventh Five-year Plan" period, and then rose to 75. 98% during the "Twelfth Five-year Plan" period. In 2018, this proportion reached a new peak of 84. 68%. This trend was mainly attributed to a sharp decline in total staffs, which was cut by nearly 20,000 staffs between 1993 and 2018. On the other hand, the quality of S&T personnel has improved significantly. The number of staffs with graduate degrees and senior titles respectively accounted for 48. 37% and 69. 39% of the total S&T staffs in 2016. Across the whole country, the distribution of S&T staffs is extremely uneven. They are mainly concentrated in Beijing, Shandong and Henan, with 6,433、4,456 and 4,054 staffs respectively. The S&T activities of these three places accounted for 21. 08% of the country. The top ten provinces in total, accounted for 52. 62% S&T staffs of the country (Tab. 8-2).

Fourth, the R&D personnel average size in provincial institutes is smaller than that in institutes at national level. In 2018, there were 27,451 R&D personnel in provincial agricultural research institutes, an increase of 4,521 compared to 2009, with an average annual increase of 502. Provincial R&D personnel accounted for 50. 24% of China's total R&D personnel, which slightly decreased from 57. 39% in 2009. The average R&D personnel number in provincial institutes is smaller than the national level. In 2018, the average number of R&D personnel in each provincial institute was 66.79, which was only about 1/3 of the institutes affiliated to the ministry of agriculture. Beijing and Shandong are ahead of other provinces in terms of R&D personnel number, R&D personnel number with a doctor's degree, as well as their total full-time equivalent.

Tab. 8-2 R&D Personnel by Provincial and National Agricultural Research Institutes

Year	Provincial			National
	R&D personnel (person)	National share (%)	Average R&D personnel per institute (person)	Average R&D personnel per institute (person)
2009	22 930	57.39	50.73	133.22
2010	24 328	56.34	52.09	143.56
2011	24 825	55.89	52.71	150.78
2012	25 684	54.33	56.08	162.31
2013	26 465	54.44	57.28	167.63
2014	26 890	54.65	58.08	163.57
2015	27 560	54.48	59.52	170.04
2016	27 886	55.41	63.96	178.37
2017	27 848	46.29	56.93	161.41
2018	27 451	50.24	68.65	168.66

Source: Ministry of Agriculture S&T Education Division, "National Agricultural S&T Statistics Collection (2009-2018)".

8.3.2 S&T Investments in Provincial Agricultural Research Institutes

First, total S&T investments has increased over the years and government funds are the main source. The total S&T investments for provincial agricultural research institutes has increased from 4.989 billion CNY in 2007 to 15.158 billion CNY in 2018, the average annual real growth rate is 7.20%. Similar to the institutes affiliated to the ministry of agriculture, government funds is the main source of S&T activities funding at provincial level, increasing from 4.245 billion CNY in 2007 to 13.144 billion CNY in 2018, accounting for 86.7% of the total S&T activities funding. Government funds include three sources, fiscal budget (core budget for support of salaries and administration), government projects and local government budget. Funding from these three types were 8.832 billion CNY, 3.969 billion CNY and 343 million CNY, accounting for 67.20%, 30.20% and 2.61% of total government funding in 2018, respectively (Fig. 8-2).

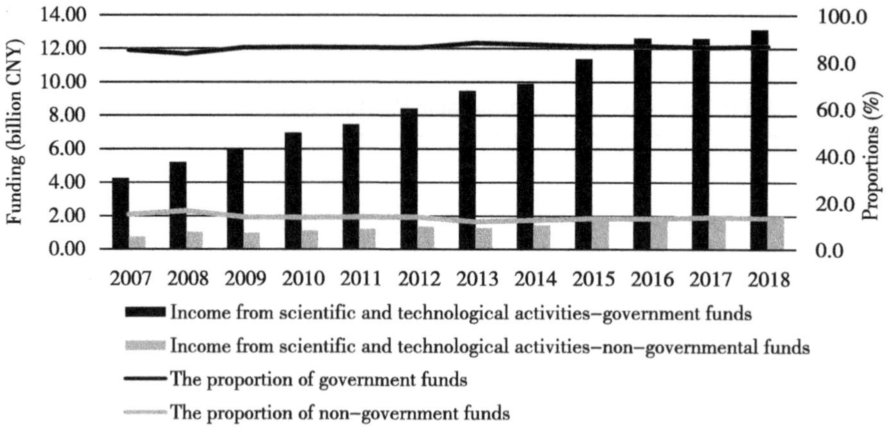

Fig. 8-2 Funding and Structure of Scientific and Technological Activities of Provincial Agricultural Scientific Research Institutions from 2007 to 2018

Source: *Ministry of Agriculture S&T Education Division*, "*National Agricultural S&T Statistics Collection* (2007-2018)"

Second, funding from foreign sources to provincial institutes are very limited and volatile over the years, with a significant gap compared to the national level institutes. Most non-governmental funding in S&T activities are technical income, funding from foreign sources are very limited. From 2010 to 2018, foreign funding accounted for only 0.07% of total S&T activity revenue, with the highest of 10.248 million CNY in 2010, accounting for 0.13%, and the lowest of only 5.11 million CNY in 2018, which was equivalent to 1,200 CNY per institute (Tab. 8-3). There is a big gap between provincial and national institutes in foreign funding sources, which are mainly concentrated in national agricultural research institutes. From 2010 to 2018, average foreign funds at national level institutes were 385,000 CNY, which was more than 22 times that of provincial institutes (1,700 CNY). Foreign funds are concentrated in a few provinces, and most provincial institutes do not have any foreign funding sources. In 2018, foreign funds are mainly concentrated in Beijing and Shanghai, which accounted for 71.54% of the provincial total foreign funds. Moreover, among the 31 provinces, 20 provinces without foreign funds.

Tab. 8-3 Comparison of Foreign Funds between Provincial and National Level Agricultural Research Institutes

Year	Provincial			National		
	Foreign funds (10,000 CNY)	The share of foreign funds in total S&T activity revenue (%)	Average foreign funds per Institute (10,000 CNY)	Foreign funds (10,000 CNY)	The share of foreign funds in total S&T activity revenue (%)	Average foreign funds per institute (10,000 CNY)
2010	1 024. 8	0. 13	0. 22	1 345. 2	0. 31	2. 28
2011	811. 5	0. 09	0. 17	2 436. 2	0. 53	4. 20
2012	981. 2	0. 10	0. 21	3 029. 8	0. 60	5. 14
2013	828. 6	0. 08	0. 18	3 675. 8	0. 67	6. 23
2014	753. 8	0. 07	0. 16	3 261. 9	0. 61	5. 62
2015	540. 5	0. 04	0. 12	2 743. 8	0. 42	4. 81
2016	824. 4	0. 06	0. 19	1 764. 2	0. 24	3. 39
2017	530. 2	0. 04	1. 2	1 295. 9	0. 15	18. 3
2018	511. 0	0. 03	1. 2	799. 7	0. 09	11. 4
Average	756. 2	0. 07	1. 7	2 261. 4	0. 40	38. 5

Source: Ministry of Agriculture S&T Education Division, "National Agricultural S&T Statistics Collection (2010-2018)".

Third, the R&D funds of provincial institutes has grown rapidly, with a growth rate faster than the national institutes. R&D expenditures and government funds at provincial institutes are all increasing rapidly. From 2007 to 2018, R&D expenditure increased from 1. 803 billion CNY to 9. 986 billion CNY, and the government funds for R&D expenditure also increased from 1. 486 billion CNY to 8. 085 billion CNY. Taking 2007 as a benchmark, after deducting price increases, the average annual real growth rates were 13. 21% and 13. 03% respectively. The growth rate of R&D expenditure and government funds in provincial institutes both exceeded those of national institutes (increased by 1. 96 and 2. 02 times, respectively). In 2018, among the R&D funding sources of provincial agricultural research institutes, the proportions of government, enterprises, institutes, foreign funds and other funds are 89. 1%, 1. 6%, 6. 4%, 0. 1% and 2. 7%, respectively (Fig. 8-3). In terms of R&D expenditure, the largest five provinces are Beijing, Zhejiang, Shandong, Guangdong, and Jiangsu, respectively, these five provinces in total accounted for 38. 05% of all provinces' total R&D expenditure.

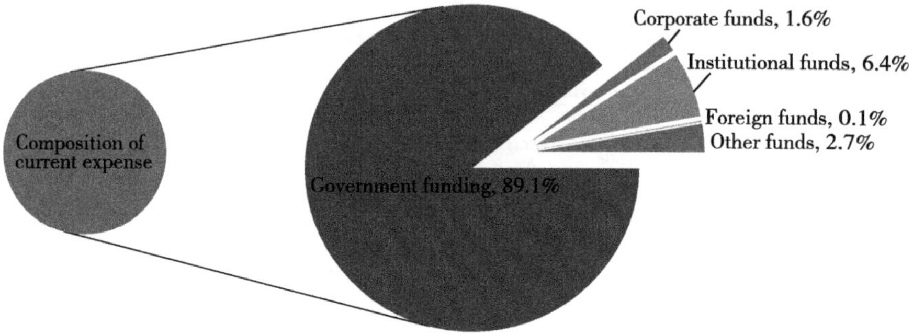

Fig. 8-3 The R&D Current Expenditures of Provincial Agricultural Research Institutions in 2018 Are Divided by Source

Source: *Ministry of Agriculture S&T Education Division*, "*National Agricultural S&T Statistics Collection* (2018)".

8.3.3 Project Funding and Funding Sources of Provincial Agricultural Research Institutes

In terms of S&T projects, the number and the funding intensity of S&T projects of provincial institutes have increased over the years, but the growth rates are slower than that of national institutes, and the gaps becoming larger. As shown in Fig. 5, the S&T projects of provincial institutes increased from 12,271 items in 2007 to 19,367 items in 2018, and the projects per institute increased from 27.03 items to 47.12 items; The funding of S&T projects increased from 1.896 billion CNY in 2007 to 7.034 billion CNY in 2018; The funding intensity per project increased from 154,500 CNY per project in 2007 to 363,200 CNY per project in 2018; The per capita project funding (the internal expenditure of projects/ full-time equivalent personnel) increased from 86,100 CNY/year in 2007 to 267,000 CNY/year in 2018, based on 2007, the actual average annual growth rate is 7.40% after deducting price increases. The average projects undertaken by national institutes was 93.61 items in 2018, increased by 65.37% from 2007, which grew faster than that of the provincial institutes (63.01%); In terms of funding intensity, the budget per project in provincial institutes were 131,800 CNY, which was less than the national level in 2007, and the budget gap has widened to 248,900 CNY per project by 2018 (Fig. 8-4).

In terms of project funding sources and projects administrative management,

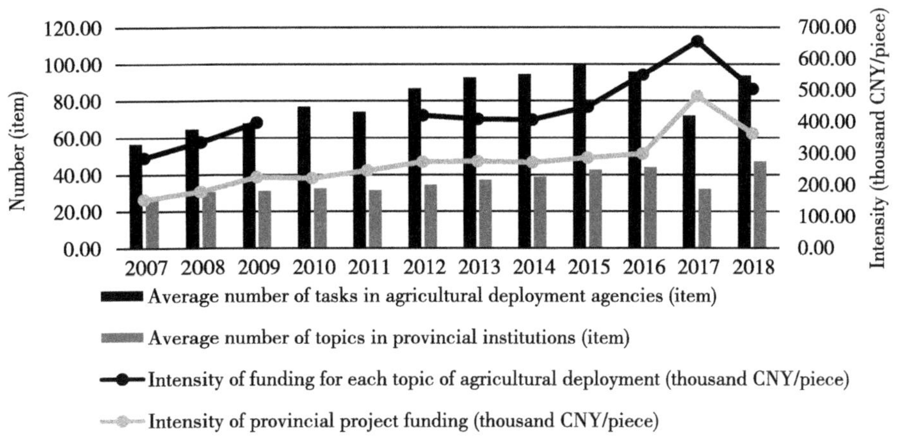

Fig. 8–4 The Number and Intensity of Project Funding from Provincial Agricultural Research Institutions and Agricultural Research Institutions under the Ministry of Agriculture

Source: *Ministry of Agriculture S&T Education Division*, "*National Agricultural S&T Statistics Collection* (2007–2018) ".

there are three levels projects: national, provincial and prefecture projects. Among the funding sources, provincial government funding is the most important source. According to the funding distribution mechanism, there are two types of provincial research project funding: core budgets and competition research funds. Core funding mainly refers to the operating funds of research institutes, including the basic research operating expenses, construction expense for research conditions of provincial research institutes, construction funding for key laboratories and platforms, and special funding for repairing and purchase projects. All core budgets are directly from the Ministry of Finance. The funding sources for provincial competition projects include the Provincial Department of Science and Technology, the Provincial Department of Education, the Provincial Agriculture and Rural Affairs Department, and the Provincial Party Committee Propaganda Department. Among them, most projects are managed by Provincial S&T Department. Basic characteristics of these projects are detailed as follows: First, the projects managed by the Provincial S&T Department are the main source of provincial agricultural research projects. It mainly includes the provincial basic research plan, the provincial key research and development plan (including industry foresight and generic key technology, modern agriculture, social development), the provincial special fund projects for the transformation of S&T achievements, the provincial policy guidance Program (agricultural S&T socialization service award and subsidy fund, international S&T cooperation, soft science research), and etc. Second, the projects managed by the Provincial Department of Education are mainly funded for the research in universities, including the Provincial Education Department Research Funds, the Provincial University Natural Science Research Projects, the Provincial Department of Education Natural Science Funds, the Provincial Postdoctoral Funds, the Provincial Research Funds for Returned Oversea Students, the Provincial Education Department Humanities and Social Sciences Research Projects, the Provincial University Young Teachers Research Funding Program, the Open Funds of Provincial Key Laboratories and Provincial Technology Research Centers, the Provincial Humanities and Social Sciences Research Key Projects, the China Postdoctoral Science Funds, the Provincial Department of Education Natural Key Scientific Research Projects, the Provincial Education Department Doctoral Funds, etc. Third, funding sources for international cooperation are scattered, mainly funded by various ministries and international organizations. Although there is no special international cooperation projects at the provincial level, funding can be applied from many different platforms. The main sources of funding for international cooperation projects are shown in fig. 8-5. Applications can be submitted through the MOST, the State Administration of Foreign Experts Affairs, the Ministry of Agriculture and Rural Affairs, and National and Provincial Scholarship Council. Fourth, projects managed by other departments. For example, the provincial philosophy and social science planning project is managed by Provincial Party Committee Propaganda Department, and the provincial agricultural innovation engineering project is supported by Provincial Finance Department.

8.3.4 Constructive Conditions for Provincial Agricultural Research Institutes

The investment in basic scientific research facilities has been continuously increasing, and the working environment and conditions have been greatly improved. The real investment in improving basic conditions has doubled from 2007 to 2016 (Tab. 8-4). The investment in capital construction is dominated by investment

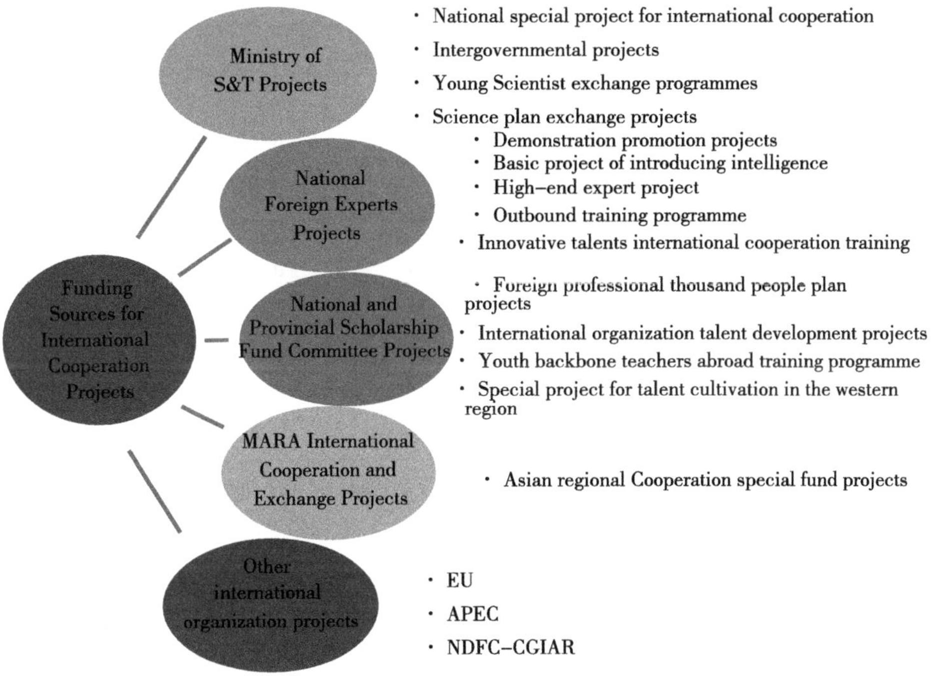

Fig. 8-5 Funding Sources for International Cooperation Projects

Source: Author

in infrastructure, which includes civil engineer and research equipment, was 53.27% and 40.93% of the total capital construction investment in 2016, respectively. Compared with 2007, investments in civil engineer and research equipment increased by 1.39 times and 7.43 times, respectively. The increase of investment in civil engineer and research equipment greatly improves the working environment and working conditions of provincial agricultural research institutes.

Tab. 8-4 The Basic Construction and Fixed Assets of Provincial Agricultural Scientific Research Institutions from 2007 to 2018 (unit: billion CNY)

Year	Research housing	Scientific research equipment	Scientific research infrastructure	Of which: scientific research equipment	Of which: scientific research civil engineering
2007	2.562	1.978	0.717	0.09	0.627
2008	2.464	2.314	0.563	0.136	0.426
2009	3.064	2.5	0.562	0.242	0.319
2010	3.458	2.985	0.69	0.213	0.477

(continued)

Year	Research housing	Scientific research equipment	Scientific research infrastructure	Of which: scientific research equipment	Of which: scientific research civil engineering
2011	3. 767	3. 507	0. 79	0. 236	0. 554
2012	4. 668	4. 181	0. 936	0. 289	0. 647
2013	5. 016	4. 542	1. 162	0. 308	0. 853
2014	5. 435	5. 432	1. 205	0. 345	0. 859
2015	5. 895	6. 056	1. 255	0. 42	0. 835
2016	6. 451	6. 884	1. 543	0. 67	0. 873
2017	7. 116	7. 623	1. 632	0. 768	0. 864
2018	8. 34	8. 331	1. 496	0. 644	0. 852

Source: *Ministry of Agriculture S&T Education Division*, "*National Agricultural S&T Statistics Collection* (2007-2018)".

The agricultural research platform has been well managed, with improving conditions and capacity. It plays an important role in exploring agricultural science frontiers and responding to the major needs of China's agricultural development. Research platforms in provincial institutes can be divided into different levels: national, ministerial (the Ministry of Agricultural and Rural Affairs Department, the Ministry of S&T), provincial, provincial S&T departments (as shown in Fig. 8-6). The detailed current construction status of China's agricultural scientific research platforms is as follows: 125 key discipline laboratories have been built during the "12th Five-year Plan" period. Among them, there are 18 comprehensive laboratories, 46 professional laboratories, and 98 regional ones. During the "13th Five-year Plan" period, 165 key subject laboratories are planned to be constructed. 111 agricultural science observation experimental stations have been built during the "12th Five-year Plan" period, and 138 are under planning during the "13th Five-year Plan". Agricultural scientific observation and experimental stations have formed a network covering the whole country. 30 comprehensive agricultural science experimental bases and 131 specialized agricultural science experimental bases are under planning to be constructed during the "13th Five-year Plan" period.

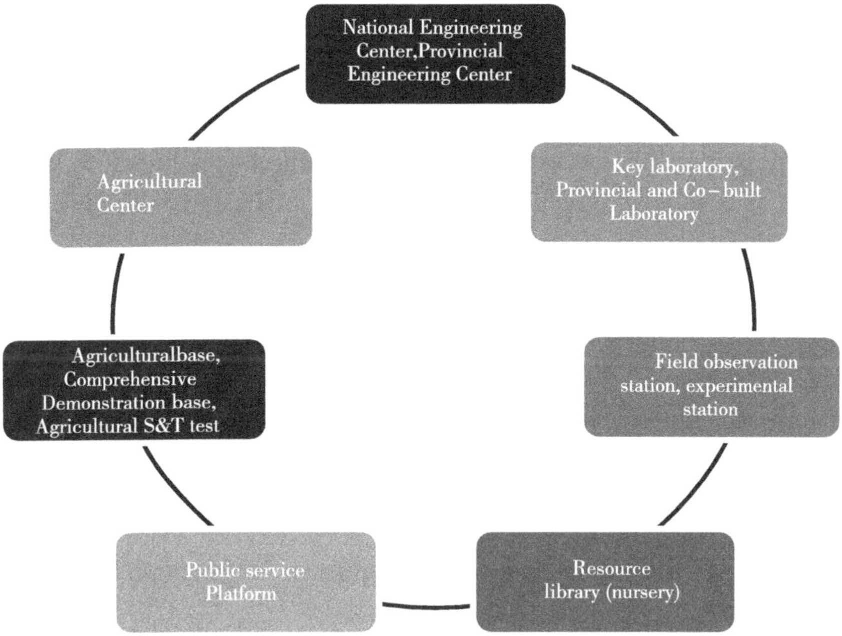

Fig. 8-6 The Provincial Agricultural Research Platforms

Source: Author

8.4 Jiangsu Province's Agricultural Research Resources

As one of the major agricultural provinces in China, Jiangsu's modern agriculture developed rapidly. The contribution of agricultural S&T progress reached 68.2% in Jiangsu, 10 percentage points higher than the national average level in 2018. Similarly, agricultural mechanization ratio reached 84% in Jiangsu, 16 percentage points higher than the national average in 2018. The rapid agriculture development in Jiangsu province can be contributed to its advantages of agricultural research resources, which is in a leading position in the country in terms of both various research resources and research output. In 2017, Jiangsu Province has 110 agricultural research institutes, 4,408 agricultural S&T staffs, 6 provincial key modern agriculture laboratories, and 169 engineering technology research centers (5 of them are national level). There were 1,139 national and provincial fiscal projects and the total budgets was 574 million CNY, 956 other projects and the total budget was 59.232 million CNY. Another important factor of its achievements is the comprehensive agricultural scientific research system and the advanced scientific research management. Jiangsu's experience in agricultural scientific research management innovation provides valuable lessons for other provinces in the country. Jiangsu Province has established 11 regional institutes based on its regional agricultural characteristics, which is the first case in China. In Jiangsu province, there are a multidisciplinary innovation platform to effectively promote agricultural S&T progress. Jiangsu also has established a provincial modern agricultural technology industry system, and Jiangsu agricultural S&T innovation alliance to integrate the province agricultural S&T resources. Jiangsu province also did institutional innovation, agricultural industry research institute was set up to accelerate the transformation of S&T achievements with the spirit of "Research with transformation, Research with extension".

8.4.1 Agricultural Research Resources of Jiangsu Province

Jiangsu Province has established a complete agricultural research system oriented by public institutes and supplemented by private institutes. This part analyzes the characteristics of Jiangsu Province's agricultural research system, with examples on research institutes of crop, forestry, animal husbandry and fishery industries.

First, basic characteristics of agricultura (research system in Jiangsu Province. Jiangsu has a large number of agricultural research institutes, which is much more than the provincial average level. There are 110 scientific research institutes are in crop, forestry, animal husbandry and fishery industries, which is significantly higher than the provincial average level of 37 institutes. The number of agricultural institutes accounting for 13.56% of total research institutes in Jiangsu, and nearly 1/10 of China's agricultural institutes. Among them 73 are public institutes, 27 are other unites with R&D activities. It's worth to note that many national agricultural research institutes are concentrated in Jiangsu. There are 5 ministry level, 19 province level and 49 prefecture level institutes. There are also 3 institutes previously administered by ministries: Nanjing Research Institute for Agricultural Mechanization, China's Agricultural Heritage Research, and National Center for Silkworm Genetic Resources Preservation of Chinese Academy of Agricultural Sciences.

Jiangsu's agriculture - related institutes are affiliated to multiple competent departments. The competent involved in national institutes mainly include the Ministry of Agriculture, the National Federation of Supply and Marketing Cooperatives, the Ministry of Education, the State Forestry Administration, etc. , some of them are also affiliated to national scientific research institutes such as the Chinese Academy of Agricultural Sciences, the Chinese Academy of Sciences, the Chinese Academy of Fishery Sciences, and Chinese Forestry Science Research. The provincial government departments include Provincial People's Government, Provincial Agricultural and Rural Affairs Department, Provincial Forestry Bureau, Provincial Ocean and Fishery Bureau, and Provincial S&T Department. For example, the JAAS and its affiliated research institutes are under the administration of the Provincial Agricultural and Rural Affairs Bureau; Jiangsu Academy of Forestry is affiliated to the Forestry Bureau; and the Freshwater Fisheries Research Institute of Jiangsu is affiliated to the Ocean and Fisheries Bureau. Meanwhile, some research institutes are under the dual leadership of different departments. For example, the Jiangsu Marine Fisheries Research Institute is led by Jiangsu Provincial Agricultural and Rural Affairs Department and the Jiangsu Provincial S&T Department. Nanjing Forestry University is led by both the State Forestry Administration and the Jiangsu Provincial People's Government. The detailed research institute system and management departments are shown in Fig. 8-7.

Jiangsu Province is in a leading position of national agricultural S&T innovation. First, it has integrated the provincial agricultural S&T resources, and has established the Jiangsu agricultural S&T innovation alliance. Second, agricultural industry research institutes are set up with the spirit of " Research with Transformation, Research with extension", in order to accelerate the application of technological achievements. JAAS has cooperated with local governments and leading agricultural enterprises to build industrial research institute, creating a three parties— government, research institutes and enterprises cooperation model. One president is responsible for the management of the institute under the leadership of the board, and the board members are from all three parties. Among the three parties, the local government is responsible for providing support for operating expenses and office building construction, the enterprise pays for technical service, the Academy of Agricultural Sciences is responsible for research team and part of

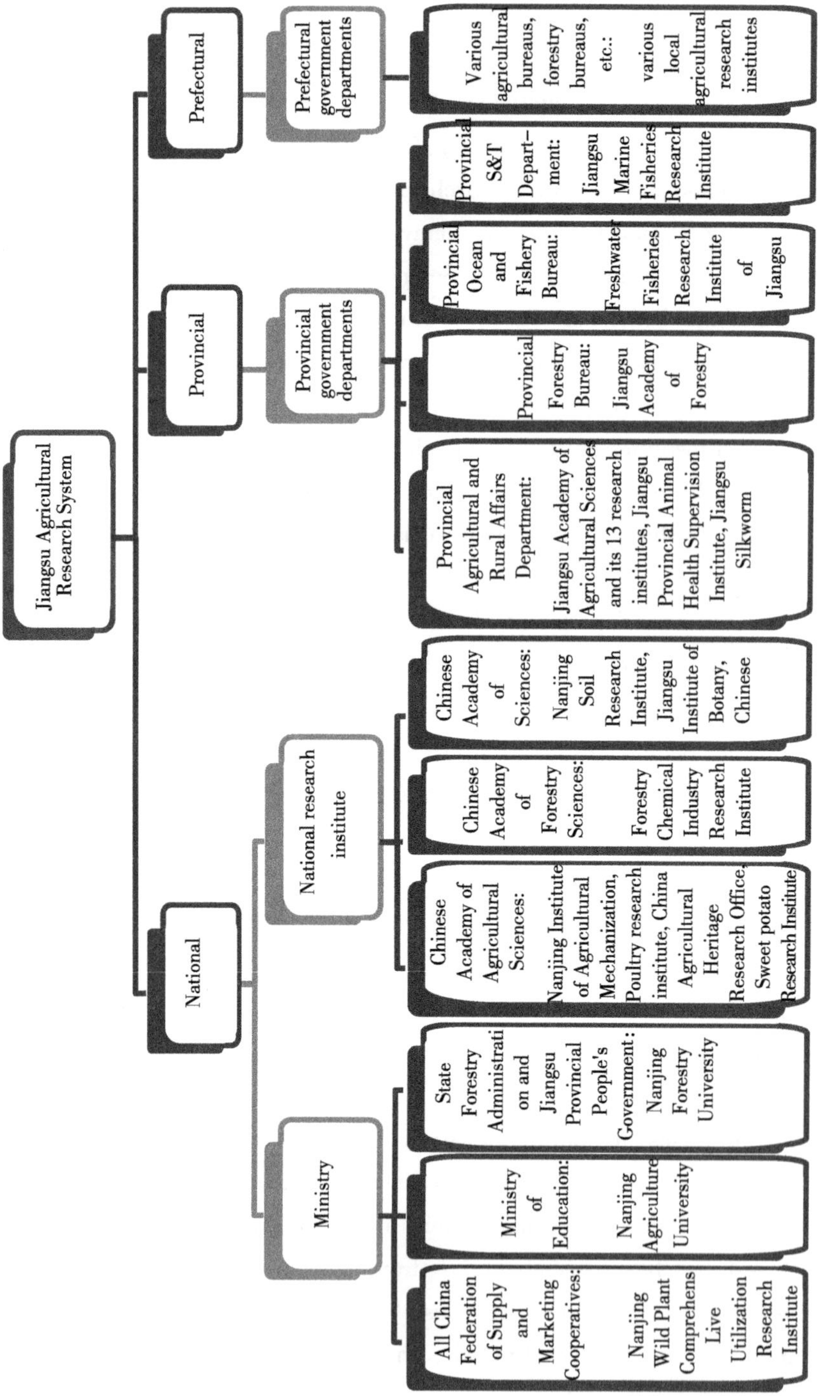

Fig. 8–7 Public Agricultural Research System and Administrative System of Jiangsu Province

research funding.

Second, key research fields of Jiangsu Province. During Jiangsu's "13th Five-Year Plan" period, 20 major areas are focused: 1) High-yield and high-efficiency integrated technology for rice and wheat on conditions of fertilizers reduction; 2) Technology of scab resistant wheat variety breeding and rice stubble wheat production capacity improvement; 3) Comprehensive utilization technology of crop straw; 4) Key technologies and equipment for facility agricultural production; 5) Green prevention and control of horticultural crop pests and diseases and development of new pesticide varieties of diseases and insect pests of horticulture crops and development of new pesticide varieties; 6) Comprehensive supporting technology for annual productivity improvement of sows; 7) Key technologies for innovation and standardized breeding of mutton sheep germplasm resources; 8) Breeding and intensive feeding techniques for chilled processed high quality meat and poultry varieties; 9) Key equipment and application techniques for agricultural internet of things; 10) Comprehensive treatment and utilization technology of livestock and poultry manure; 11) Agriculture and animal husbandry combined with circular agriculture technology under appropriate scale conditions; 12) Key equipment and technology for pond industrial aquaculture system; 13) Prevention and control technology for gibelio carp major diseases; 14) Technology for comprehensive development and utilization of fishery resources in inshore waters; 15) Construction techniques for ecological protection forests in coastal beaches and hilly hills; 16) Seed selection and efficient cultivation mode of superior new species; 17) whole-process mechanization integration technology of rice and wheat based on straw returning to the field; 18) Complete sets of energy-saving and environment-friendly low-temperature drying and storage mechanization technology equipment; 19) Key technologies of grain traceability system and intelligent grain storage system; 20) High-standard farmland construction Comprehensive technology. In 2019, the key support areas for Jiangsu Province's R&D Programs in modern agriculture are as follows: 1) Major innovations in agricultural products breeding, such as rice and wheat, livestock and poultry, aquatic products, and forestry; 2) Forward-looking high-tech innovations such as agricultural high-tech, cutting-edge leading technology, and disruptive technology; 3) Develop technologies and products for green biological products, nutritious foods, and intelligent agricultural machinery and equipment; 4) Integrated innovation and demonstration of technical models such as the research and development of green inputs and the reduction in application and efficiency of fertilizers and pesticides, the recycling of agricultural wastes, and the integrated cycle of planting, breeding and processing.

Third, analysis of input and output of agricultural research in Jiangsu Province. The inputs in Jiangsu's agricultural research resources mainly come from public sector, accounting for more than 90% in terms of personnel and fund allocation. Although the number private research institutes account for 1/3 of the total institutes, their research resources are extremely limited, resulting in insufficient research output. Jiangsu's agricultural research resources are higher than the provincial average levels and are mainly invested to public research institutes. In 2017, in terms of human capital, 5,627 staffs are engaged in agricultural researches in Jiangsu Province, about 66.4% and 33.6% staffs are from public institutes and private institutes, respectively. The R&D researchers are 3,356 in total, accounting for 73.1% of the total S&T activities staffs, and the 93.5% of them come from public institutes. The total internal expenditure on R&D was 2.074 billion CNY, accounting for 73.56% of S&T funds. The investment in Jiangsu's agricultural research resources is significantly larger than the provincial average levels, and the number of institutes, staffs, researchers, and R&D expenditures of Jiangsu province are 2.9 times, 1.9 times, 1.8 times, and 2.2 times than these of provincial average levels, respectively. Jiangsu's agricultural research achievement is in a leading position in the country. In terms of economic output, in 2017, the total revenue of research institutes in crop, forestry, animal husbandry and fishery industries in Jiangsu Province was 2.513 billion CNY, and the revenue from S&T activities was 2.246 billion CNY, of which 73.9% was from government funds; technical service revenue was 102 million yuan, and revenue from the transformation of scientific and technological achievements was 114 million CNY. In terms of research output, Jiangsu Province has rich S&T achievements and ranks the third across the country. According the statistics of MARA, the number of published scientific papers increased from 1,388 to 1,994, an increase of 43.66% during 2007 to 2016. The number of papers published in international journals increased by 8.24 times, from 42 to 388. The number of patents increased by 13.94 times, reaching 269 and the number of foreign authorized patents have increased to 52 in

2016. Average annual growth rate of invention patents is 34.9% during 2007 to 2016. In 2016, Jiangsu's total number of scientific papers published by agricultural research institutes, number of scientific papers published in international journals, number of invention patents in patent grants, and the total number of invention patents owned by agricultural research institutes all ranked third in China, only less than Beijing and Shandong. However, the number of foreign authorized patents in Jiangsu ranked highest in the country.

Fourth, agricultural research projects funding sources and allocations in Jiangsu Province. Jiangsu has relative abundance of agricultural research funding, especially it obtained a large amount of funds from the National Key Research and Development Program. Jiangsu played a significant role in the national agricultural research. Among the 10 top funded institutes in agriculture and forestry science and technology projects from 2016 to 2018, Nanjing Agricultural University ranked the 7th and 6th in China with a total amount of 133.61 million CNY and 131.34 million CNY in 2016 and 2017, respectively.

Projects Sources. Most research projects are affiliated to national or provincial S&T departments. National-level projects mainly come from five new technology plans of the Ministry of S&T: National Natural Science Foundation, Major National S&T Project, National Key Research and Development Plan, Technical Innovation Guidance Project (Fund) and Base Talent Special Project. The provincial projects are mainly from plans of the Provincial S&T Department: Provincial Basic Research Plan, Provincial Key Research and Development Plan, Provincial Policy Guidance Plan, Provincial Special Project for the Transformation of S&T Achievements, and Provincial Innovation Capacity Building Plan. There are also projects from other departments, such as the Agricultural Production System Project of the Ministry of Agriculture and the Provincial Agricultural S&T Innovation Fund supported by the Ministry of Finance. Sources of projects are detailed in Fig. 8-8 and Box 8-1.

Box 8-1: Introduction of Main Agricultural Research Projects in Jiangsu Province

(1) Provincial Key Research and Development Plan (Modern Agriculture) — Provincial Key Research and Development Plan (Modern Agriculture) aims to promote agricultural modernization with innovation as the first priority, with focus

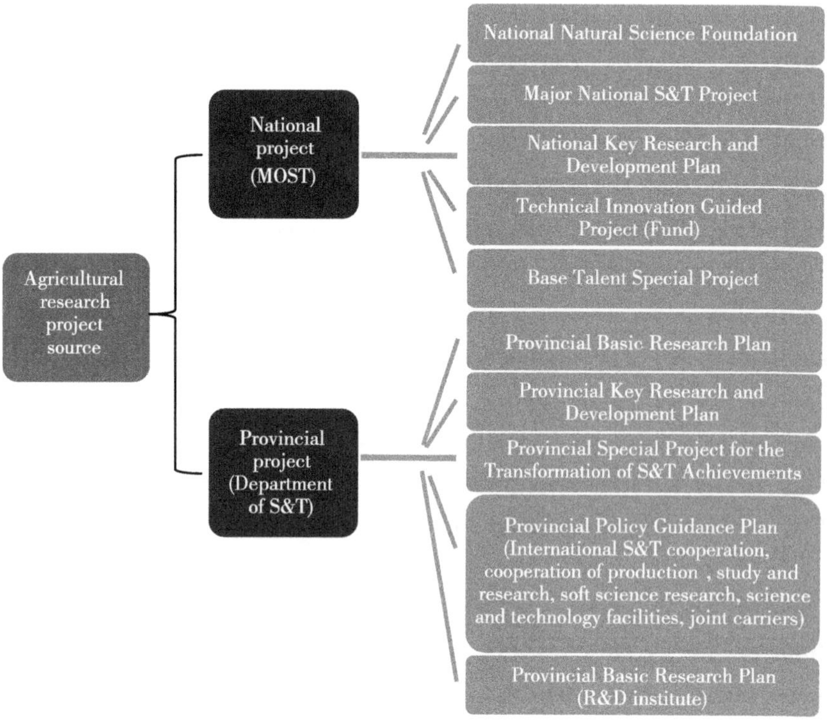

Fig. 8-8　Sources of Agricultural R&D Projects in Jiangsu Province

on the key areas of modern agricultural industry and demand orientation. It prioritizes on industrial chain innovation, fine agricultural varieties development and forward-looking technological innovation. It has made major break-through in key technologies and equipment, making innovative achievements with independent intellectual property rights. The plan cultivates the development of agricultural high - tech industries and modern agriculture industry, leading to increased income and welfare of the farmers. In 2017, focusing on food security and effective supply of major agricultural products, Jiangsu Province has strengthened the forward-looking layout of high-tech agriculture and eco-friendly agriculture, cultivated the development agricultural high-tech industries in four directions. It has organized and implemented 41 key projects, 53 general projects, and 19 post-subsidy projects, with provincial funding of 102. 3 million CNY.

(2) Provincial Policy Guidance Program (Northern Jiangsu S&T Special Project) — The Program focuses on the development needs of Northern Jiangsu's

local industries and coordinates scientific and technological resources from various channels. It has strengthened in depth cooperation between industry, university and research institutes, and promoted collaborative innovation among each entities along the industrial chain. It highlights the integrated innovation and application of some technologies, such as high-quality new products, ecologically friendly breeding, deep processing and comprehensive utilization, modern equipment, e-commerce, etc. It cultivates the development of new industries, promoting the integration of primary, secondary and tertiary industries in rural areas, and aims to accelerate the upgrading of industries with local characteristics. In 2017, it implemented the action plan of "gathering innovative resources and cultivating characteristic industries" in 36 counties (cities and districts) of Northern Jiangsu. It implemented 214 projects on enriching people through science and technology and has allocated provincial funds of 92.5 million CNY. In 2017, the output value of local special industries in 36 counties grew by more than 10 percent annually.

(3) Provincial Modern Agricultural Industrial Technology System— Jiangsu's leading industries include rice, wheat, special grain, vegetables, melon, grapes, strawberries, flowers, tea, peaches, pears, pigs, mutton, broilers, laying hens, waterfowl, cows, fish, etc. Focusing on these industries, Jiangsu Province has built for 22 modern agricultural industry technology systems, 22 industrial technology integration innovation centers, 128 industrial technology innovation teams and 244 industrial technology demonstration bases.

(4) Provincial Agricultural S&T Independent Innovation Fund— Since its establishment in 2007, this special fund has only focused on major S&T issues in the development of agriculture and rural economy in Jiangsu province. It has supported research and built public relations on major technologies and industrial generic technologies for public welfares. It has demonstrated a number of new products, new technologies and new models, which promoted the development of agricultural modernization in Jiangsu. The size of this special fund investment was 15 million when first established in 2007, which increased to 100 million CNY in 2011 and 145 million CNY in 2015. During the "12th Five-year Plan" period, 650 million CNY were invested in this fund to support 1,338 projects in total. By the end of 2015, more than 150 institutes in the province had received support

from this special fund. Research achievements supported by this fund include 206 new crops varieties that have been approved or certified, 72 pieces of variety rights, and 54 software copyrights.

Number of projects and project funding. In 2017, Jiangsu's agriculture-related scientific research institutes had 2,608 projects, with an internal project expenditure of 1.39 billion CNY in total. The average number of projects for each institute was 23.7, average funding for each project was 533,100 CNY, and average funding for each person was 390,000. In terms of project number and funding, Jiangsu has following characteristics: First, in terms of the distribution among institutes, public scientific research institutes account for more than 95% of the total number and funding of research projects each year, which is in an absolute dominant position. Second, in terms of hierarchical distribution, provincial research institutes have obtained more projects and funding. In 2017, provincial institutes spent 1.048 billion CNY on 2,146 research projects, accounting for 82.29% and 75.39% of the total research projects and research expenditure, respectively. Third, the nature of topics is mainly on R&D. In 2017, there were 1,805 R&D projects, with a total internal expenditure of 960 million CNY, accounting for 69.21% of the total projects in terms of numbers and 69.1% in terms of expenditure. The number and funding of projects at both national and provincial level are large. Fourth, the funding intensity has increased over the years and is at national leading level. Taking scientific research institutes affiliated to agricultural departments in Jiangsu Province as an example, as shown in Tab. 8-5, Tab. 8-6, Fig. 8-9.

Tab. 8-5 The Situation of Agricultural Research Institutions in Jiangsu Province in 2017

Items	Number of topics (a)	Internal total of project expenditures (100 million CNY)	Number of R&D topics (a)	Internal expenditure of R&D project funding (100 million CNY)	Various new planned projects (items)	Undertake national, provincial and ministerial plan projects (items)	Total funding for planned projects in the current year (100 million CNY)	Undertake total funding for national, provincial and ministerial projects (100 million CNY)	Number of horizontal projects undertaken in the year (items)	Obtained horizontal project funding (100 million CNY)
Total	2608	13.904	1805	9.607	2010	1139	7.518	5.736	956	0.592
National	276	2.393	239	2.043	266	131	0.634	0.451	97	0.284

(continued)

Items	Number of topics (a)	Internal total of project expenditures (100 million CNY)	Number of R&D topics (a)	Internal expenditure of R&D project funding (100 million CNY)	Various new planned projects (items)	Undertake national, provincial and ministerial plan projects (items)	Total funding for planned projects in the current year (100 million CNY)	Undertake total funding for national, provincial and ministerial projects (100 million CNY)	Number of horizontal projects undertaken in the year (items)	Obtained horizontal project funding (100 million CNY)
Provincial	2146	10.482	1466	6.957	1646	970	6.31	5.13	301	0.354
Perfectual	127	0.777	77	0.43	66	20	0.199	0.099	550	0.05
Total public sector	2549	13.652	1782	9.43	1978	1121	7.143	5.68	948	0.688
Total private sector	59	0.252	23	0.177	32	18	0.075	0.056	8	0.004

Source: *Department of Science and Technology of Jiangsu Province*, "*Jiangsu Science and Technology Yearbook* (2017)", *Science and Technology Literature Press.*

Tab. 8-6 Number of S&T Projects and Project Funding in Jiangsu Province

Year	Number of Projects (unit) -Sum	Internal Expenditures on R&D Projects (million CNY)	Full-time Workload Equivalent of Project Personnel person/year) -Sum	Projects Funding Intensity (10,000 CNY/unit)	Per Capita Funding Intensity (10,000 CNY /unit)
2007	1 261	25 365.74	1 508.4	20.12	16.82
2008	1 541	27 495.33	1 702.1	17.84	16.15
2009	1 685	58 370.22	1 757	34.64	33.22
2010	1 823	36 300.67	1 729.9	19.91	20.98
2011	1 845	44 795.14	2 201.8	24.28	20.34
2012	2 135	87 222.92	2 333.8	40.85	37.37
2013	2 316	71 897.34	2 460.1	31.04	29.23
2014	2 416	70 422.22	2 397.4	29.15	29.37
2015	2 563	75 496.23	2 334.3	29.46	32.34
2016	2 280	60 390.6	1 805	26.49	33.46
2017	1 601	122 651.3	2 685.5	76.61	33.10
2018	2 314	127 063.3	2 869	54.91	31.85

Source: *Ministry of Agriculture S&T Education Division*, "*National Agricultural S&T Statistics Collection* (2007-2018)".

Fifth, construction of agricultural research platform in Jiangsu Province. Jiangsu's agricultural scientific research platforms is steadily improving. First, 32 key laboratories of the Ministry of Agriculture have been built during the "13th Five-year Plan" period, including one comprehensive key experimental station, 24 professional/regional key laboratories, and 7 agricultural science observation experimental stations. Detailed list of their names is shown in Appendix 1. Second, by 2017, of all engineering technology research centers at provincial level and above, Jiangsu has built 169 research centers in the modern agriculture field. By specific subject areas, there are 15 in crop breeding, 3 in marine fields, 17 in agricultural equipment, 12 in forest processing, 9 in horticulture, 53 in agricultural products processing, 14 in biomass utilization, 10 in aquatic products, 3 in soil fertilizers, 17 in animal husbandry, 1 in agricultural information technology, 6 in plant protection, and 9 in crop cultivation. Third, Jiangsu Province is abundant in various kinds of agricultural germplasm resources. There are 2,616 kinds of agricultural germplasm resources in total, including 2,031 crop germplasm resources, 422 forest germplasm resources, 135 aquatic germplasm resources, and 135 domestic animal germplasm resources.

8.4.2 Resources of Jiangsu Academy of Agricultural Sciences

Jiangsu Academy of Agricultural Sciences (JAAS) occupies an absolute dominant position in Jiangsu's agricultural research. In 2018, it has 1,713 personnel related to S&T activities and 1,327 R&D personnel, accounting for 53.75% and 56.81%, respectively, of the total number in Jiangsu's agricultural research system. In 2018, it spent 1.1 billion CNY on S&T activities, 569 million CNY on R&D, and 825 million CNY on other internal expenditures of research projects. These expenses account for 58.67%, 60.15%, and 64.91% respectively of the total expenses of Jiangsu's agricultural research system. Focusing on agricultural scientific research resources, JAAS has made outstanding achievements in scientific research, with 54.41% of Jiangsu's published scientific papers, 55.56% published scientific and technical books, 62.24% patent acceptance and 58.65% valid invention patents.

The research funding of the JAAS has grown rapidly, with improvements in both quantity and the quality of scientific research projects. The Academy's growth rate in

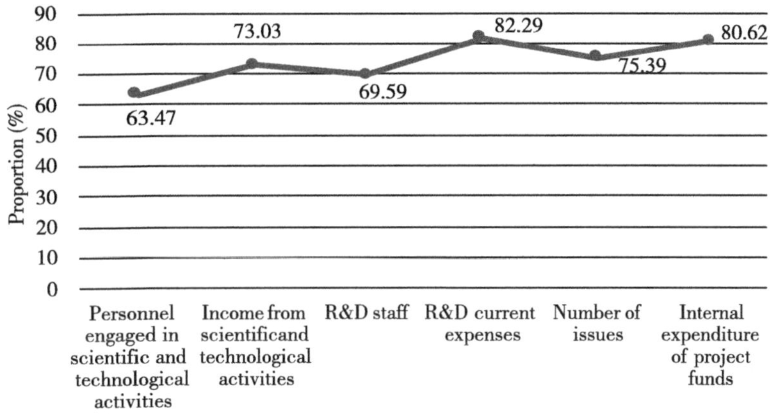

Fig. 8-9 The Proportion of Scientific Research Resources of Jiangsu Academy of Agricultural Sciences in Jiangsu Agricultural Scientific Research Institutions

Source: *Ministry of Agriculture S&T Education Division*, "*National Agricultural S&T Statistics Collection* (2018)".

the number of agricultural scientific projects and project funding are both higher than the provincial average. Its number of S&T projects increased from 1,020 in 2007 to 1,666, and the internal expenditure of the projects increased from 178 million CNY to 825 million CNY in 2018. The funding intensity of the projects was 174,100 CNY per project and 180,900 CNY per person in 2007. It increased to 344,500 CNY per project and 321,200 CNY per person in 2018. From 2007 to 2018, the Academy has grown in terms of S&T income, number of S&T projects, S&T expenditures, and R&D expenditure funds, with a higher average growth rate than those of agricultural research institutes affiliated to the Agriculture Departments of Jiangsu Province (Fig. 8-10).

On the other hand, the number of new scientific research projects and the amount of funding received have both increased. From 2013 to 2018, there were 6,263 new scientific research projects, with an average of 1,044 new projects per year. Among them, 1,100 new scientific research projects were launched in 2018, with an increase of 106 compared to 2013. The Academy's projects are mainly at provincial level. From 2013 to 2018, there were 2,895 new provincial projects, accounting for 46.22% of the total number of new projects. National projects account

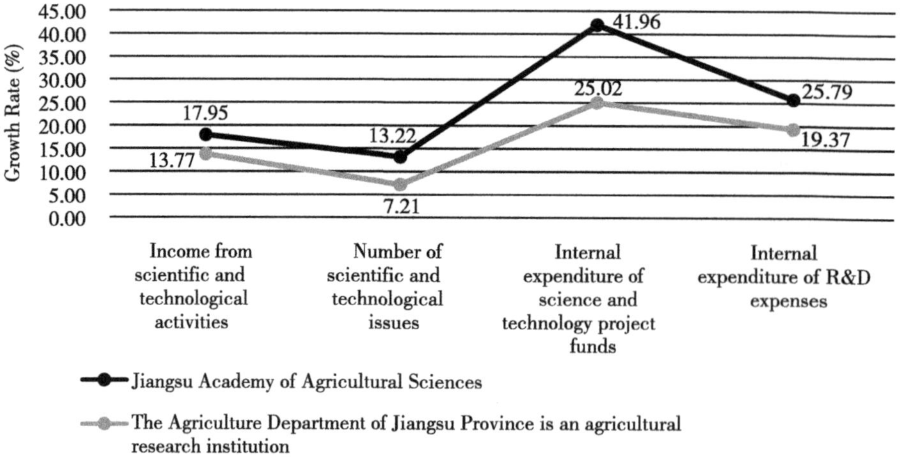

Fig. 8-10 The Average Year-on-Year Growth Rate of Scientific Research Resources of Jiangsu Academy of Agricultural Sciences and Jiangsu Provincial Department of Agriculture are Agricultural Research Institutions in 2007-2018

Source: *Ministry of Agriculture S&T Education Division*, "*National Agricultural S&T Statistics Collection* (2007-2018)".

for 22.96%, other projects account for 31.93% (Fig. 8-11). Of the national projects, the number of National Natural Science Foundation projects has increased significantly, from 36 in 2012 to 62 in 2017. In terms of project funding, total funding received from 2013 to 2018 were 1.541 billion yuan, and the average annual funds received was 257 million CNY. In 2018, the Academy received 377 million CNY, an increase of 1.24 times compared with 2013. The funding received are mainly at the national and provincial levels, accounting for 39.53% and 41.83% of the total funding received, respectively.

Seven key scientific research investment area of JAAS. The Academy mainly conducts research on modern cultivation techniques of crops, soil types and fertility characteristics, animal husbandry research, crop genetic physiology and biochemistry research, veterinary research, food processing research, and atomic energy agricultural utilization research. The specifics of each key research area are as follows: First, focusing on rice, wheat, cotton, corn, rape, soybean, vegetable, sweet potato, peach, strawberry, flower and pasture, it looks into

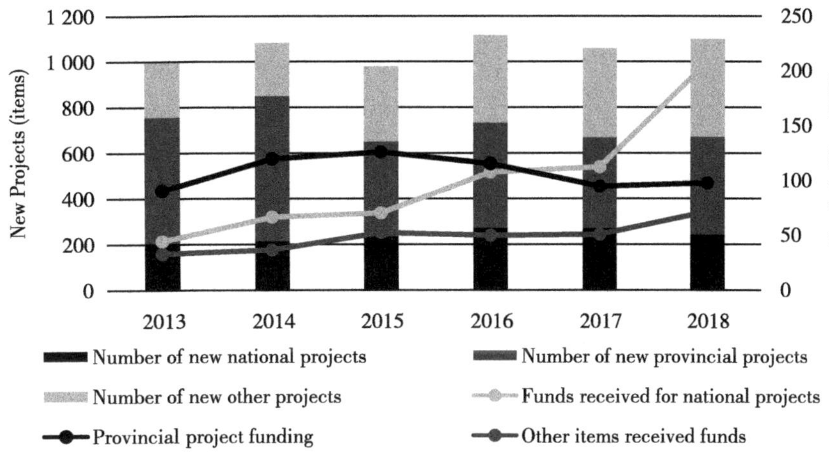

Fig. 8-11 New Scientific Research Projects of Jiangsu Academy of Agricultural Sciences in Each Year in 2013-2018

Source: *Yearbook Editorial Committee of Jiangsu Academy of Agricultural Sciences*, "*Yearbook of Jiangsu Academy of Agricultural Sciences* (2016-2018) *and Scientific Research Office of Jiangsu Academy of Agricultural Sciences*", "*Annual Report on Scientific Research Work of Jiangsu Academy of Agricultural Sciences* (2013-2015)"

heterosis to breed new varieties with stable yield, high quality, resistance to diseases and pests, and moderate maturity. It conducts research on collection, sorting, preservation and utilization of germplasm resources. Second, modern cultivation techniques of major crops, including computer simulations and decision making on climate and other environmental factors. It conduct studies on comprehensive control technology of diseases, insects, grass damage of main crops, variety resistance identification techniques and genetic mechanisms; Studies also include Toxin-induced cell mutation resistance technology, pathogen mutant fusion technology, resistance gene protein transfer technology, as well as new pesticide compounding agent, biological pesticide and its supporting technology. Third, soil types and fertility characteristics. Studies include improved use of saline-alkali soil and beach coatings and its sustainable production technology, the nutrient mechanism of crops, utilization of organic and inorganic fertilizers, farmland environmental protection, etc. Fourth, crop genetic physiology and biochemistry research. Studies are mainly on cytogenetics, developmental inheritance, molecular genetics and photosynthetic physiology, developmental physiology, stress physiology, nutritional physiology, gene mapping and gene introduction. Fifth, animal husbandry research. It mainly focuses on physiological characteristics, reproductive performance and hybrid utilization of pigs, sheep and rabbits; Researches include vitro fertilization of livestock, test-tube study of cattle, pigs and rabbits, livestock and poultry feed additives. Veterinary research mainly includes pathogenic diagnosis and immunity of toxoplasmosis, asthma of pig, dysentery of rabbit type, a clostridium viridis, cattle cataplasia and porcine rota virus, and Chinese herbal medicine for preventing and controlling of diseases of cattle and pigs and poultry. Sixth, research on food processing. It mainly focuses on food additives, food pigments, food nutrition analysis, quality identification, toxic substance detection, and agricultural analysis methods standardization. Seventh, utilization of atomic energy in agriculture. It includes research on rice and wheat radiation breeding, development of agricultural nuclear instruments, radio - immune technology, nuclear meter development, and irradiation preservation and processing of agricultural and sideline products and medical supplies.

The scientific research platform construction of JAAS has achieved remarkable results, and the basic conditions for scientific research have been greatly improved. First, the Academy has made remarkable achievements in the construction of scientific research platform, which is based on basic research platforms such as key laboratories, with extensions of technical platforms such as engineering center, and is driven by the service platforms such as public service center. By the end of 2017, the Academy has 63 scientific research platforms at the provincial level or above, including 1 national platform, 34 platforms of the Ministry of Agriculture, 2 platforms of the Ministry of S&T, 13 provincial platforms, 4 platforms of the Provincial Department of S&T, and 9 platforms for international cooperation. It has built a scientific and technological innovation platform system of key Agricultural Scientific Research Laboratory combined with Engineering Center, Public Service Center and Display Base. Second, in terms of scientific research conditions, from 2011 to 2017, the Academy has invested in new scientific equipment worth 63.05 million CNY, of which 50 sets of equipment are more than 500,000 CNY each; The shared income of large-scale scientific research was 3.38574 million CNY. The research space of various platforms reached 7,800 m^2.

8. 4. 3 International Agricultural R&D Cooperation in Jiangsu Province–Characteristics and the Status Quo

JAAS has a leading position in the international cooperation of agricultural science and is representative of the Jiangsu Province. Therefore, this part mainly takes the JAAS as an example to analyze the current status and characteristics of international cooperation in agricultural sciences of Jiangsu.

First, international cooperation activities in Jiangsu Province are generally on the rise. s shown in Fig. 8-12, the international cooperation of the JAAS can be divided into three stages: the infancy stage from 2000 to 2006 with less than 20 times of international cooperation; the development stage from 2007 to 2014 with volatility; In 2007, the number of international cooperation has reached three times than that of 2006, and it reached 195 times in 2012. Although the overall trend is increasing, there are significant volatilities in 2009, 2011 and 2013. The increasing stage from 2015 to 2017 with sustained growth, during which the number of international cooperation reached more than 300 times in the past two years.

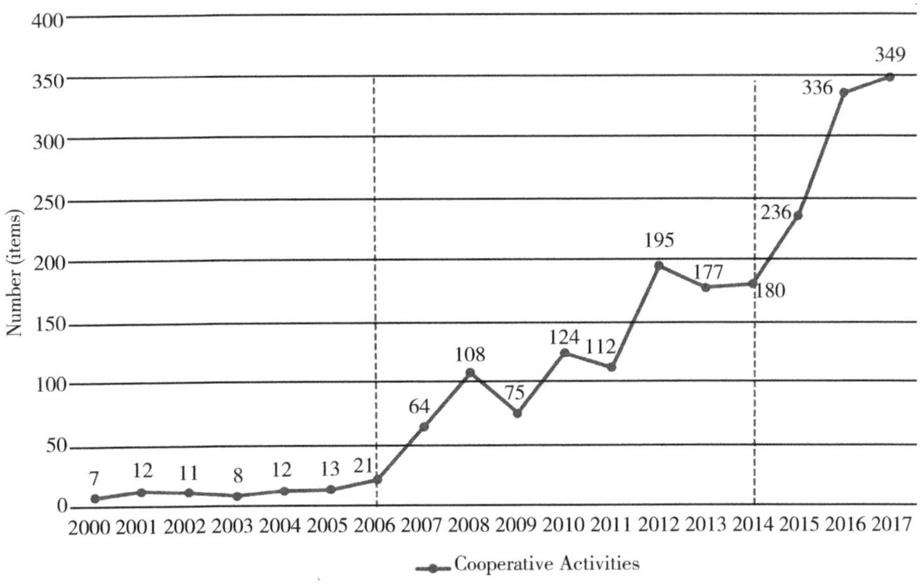

Fig. 8-12 Annual Development of International Cooperation Activities, JAAS

Source: Author

Second, the types of international cooperation in Jiangsu Province are mainly mutual visits and cooperative papers. Among all types of international cooperation of the JAAS, most common types are mutual visits and cooperative papers, which is far higher than other forms of cooperation, and accounting for more than 90% in total. Other types include overseas education funds, talent introduction, training, etc. Financial support for personnel exchanges is rare, and few of which are used to conduct international cooperative research on agricultural S&T. The number of cooperation agreements signed with JAAS, international patent applications and co-construction cooperation platforms is relatively small.

Third, cooperation partners come from a wide range, but are mainly concentrated on the United States and Canada. The international cooperation were dominated by the United States and Canada with 909 cooperation, accounting for 46.57% of the total number of cooperation; Asia ranks the second with 455 times of cooperation, accounting for 23.31%; Europe and Oceania have cooperated 357 times and 163 times respectively; The least frequent partner was Africa, with only 68 times. Second, in terms of partner countries, by the end of 2017, the Academy has cooperated with 88 countries in the world. Among them, the cooperation with the United States is the most frequent and is far more than other countries (731 times). The top five partner countries are Canada (153 times), Australia (147 times), Japan (120 times) and South Korea (69 times), accounting for 59.75% of the total international cooperation. There are 58 countries with less than 10 cooperation, accounting for 8.57% of the total (Fig. 8-13).

Fourth, Jiangsu's agricultural research has cooperated with most "the Belt and Road" countries. Jiangsu has cooperated with more than two-thirds of the countries along "the Belt and Road" on the provincial level. In Western Europe, it has cooperated with Germany, the Netherlands and Italy for 124 times. The number of cooperation with the ten ASEAN countries is only second to Western Europe (117 times). The cooperation rate in this region has reached 90%. Brunei is the only country without previous cooperation; South Asia and Central and Eastern Europe followed the list with 49 and 46 times of cooperation, with cooperation rate of 62.5% and 53.33% respectively. The Academy has cooperated with West Asia 34 times, with cooperation rate of 50%; It has cooperated with the Commonwealth of the Independent States (CIS) 22 times,

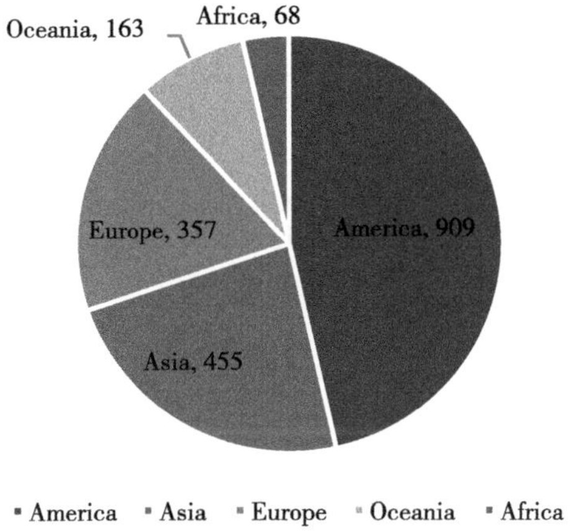

Fig. 8-13 International Cooperation between Jiangsu Academy of Agricultural Sciences and all Continents

Source: Author

21 times with Africa, with a cooperation rate of 71.43% and 50% respectively; And the number of cooperation with the five central Asian countries was only 2, with the cooperation rate of 40% (Tab. 8-7).

Tab. 8-7 International Cooperation between Jiangsu Academy of Agricultural Sciences and Belt and Road Countries

Area	One Belt One Road countries (along the route or agreement)	Countries with established connections	Cooperation rate (%)	Number of cooperation (times)
East Asia	China, Mongolia	Mongolia	100	1
ASEAN	Singapore, Malaysia, Indonesia, Myanmar, Thailand, Laos, Cambodia, Vietnam, Philippines, Brunei	Singapore, Malaysia, Indonesia, Myanmar, Thailand, Laos, Cambodia, Vietnam, Philippines	90	117
West Asia	Iran, Iraq, Turkey, Syria, Jordan, Lebanon, Israel, Palestine, Saudi Arabia, Yemen, Oman, UAE, Qatar, Kuwait, Bahrain, Greece, Cyprus, Egypt	Iran, Turkey, Lebanon, Israel, Saudi Arabia, UAE, Qatar, Greece, Egypt	50	34

(continued)

Area	One Belt One Road countries (along the route or agreement)	Countries with established connections	Cooperation rate (%)	Number of cooperation (times)
South Asia	India, Pakistan, Bangladesh, Afghanistan, Sri Lanka, Maldives, Nepal, Bhutan	India, Pakistan, Bangladesh, Sri Lanka, Nepal	62.5	49
Central Asia	Kazakhstan, Uzbekistan, Turkmenistan, Tajikistan, Kyrgyzstan	Kazakhstan, Uzbekistan	40	2
Central and Eastern Europe	Poland, Lithuania, Estonia, Latvia, Czech Republic, Slovakia, Hungary, Slovenia, Croatia, Montenegro, Serbia, Albania, Romania, Bulgaria, Macedonia	Poland, Czech Republic, Slovakia, Hungary, Slovenia, Croatia, Serbia, Romania	53.33	46
CIS	Russia, Ukraine, Belarus, Georgia, Azerbaijan, Armenia, Moldova	Russia, Ukraine, Belarus, Georgia, Moldova	71.43	22
Africa	Kenya, Djibouti	Kenya	50	21
Western Europe	Germany, Netherlands, Italy	Germany, Netherlands, Italy	100	124

Source: Author

Note: Underlined indicate countries that have not yet cooperated

8.5 Agricultural Research Resources of Shandong Province

8.5.1 Agricultural Research System of Shandong Province

Due to the advantages of geographical resources, although Shandong's research institutes are still dominated by planting research, there are also many research institutes in fishery, as many cities towns in Shandong are near the sea. Those institutes include First Institute of Oceanography State Oceanic Administration, Ocean University of China, Institute of Oceanology, Chinese Academy of Sciences, Shandong Marine Resources and Environment Research Institute, Qingdao National Marine Science Research Center, etc. In the agricultural system, there are 32 planting institutes accounting for 57.14% of the total, followed by 11 fishery scientific research institutes. The number of animal husbandry institutes has remained at a stable number of 6, and the number of institutes related to agricultural mechanization is 7.

Agricultural scientific research institutes can be divided to ministry, provincial and municipal levels, and multiple competent departments are involved. Most agricultural research institutes in Shandong are at provincial level. Meanwhile, many national institutes have set up corresponding research institutes in Shandong Province. For example, Tobacco Research Institute is affiliated to Chinese Academy of Agricultural Sciences; Qingdao Institute of Bioenergy and Bioprocesses Technology, Institute of Oceanology, Yantai Institute of Coastal Zone Research are affiliated to Chinese Academy of Sciences; The Yellow Sea Fisheries Research Institute is affiliated to Chinese Academy of Fishery Sciences. Institutes at ministry level include First Institute of Oceanography State Oceanic Administration, which is affiliated to the Ministry of Natural Resources; and Ocean University of China, which is affiliated to Ministry of Education. The competent departments of provincial agricultural research institutes include Provincial Government, Provincial Department of Agricultural and Rural Affairs, Provincial Forestry Bureau, Provincial Oceanic Administration, and Provincial S&T Department. For example, Shandong Academy of Agricultural Sciences and its affiliated research institutes is administered by Provincial Department of Agricultural and Rural Affairs; Shandong Provincial Academy of Forestry is affiliated to the Shandong Provincial Forestry Bureau; and Shandong Marine Resources and Environment Research Institute is affiliated to the Shandong Provincial Oceanic Administration. At the same time, some research institutes belong to multiple departments. For example, Shandong Agricultural University is jointly established by the Ministry of Agriculture and Rural Affairs, the National Forestry Administration and People's Government of Shandong Province. The specific scientific research institute system and management departments are detailed in Fig. 8-14.

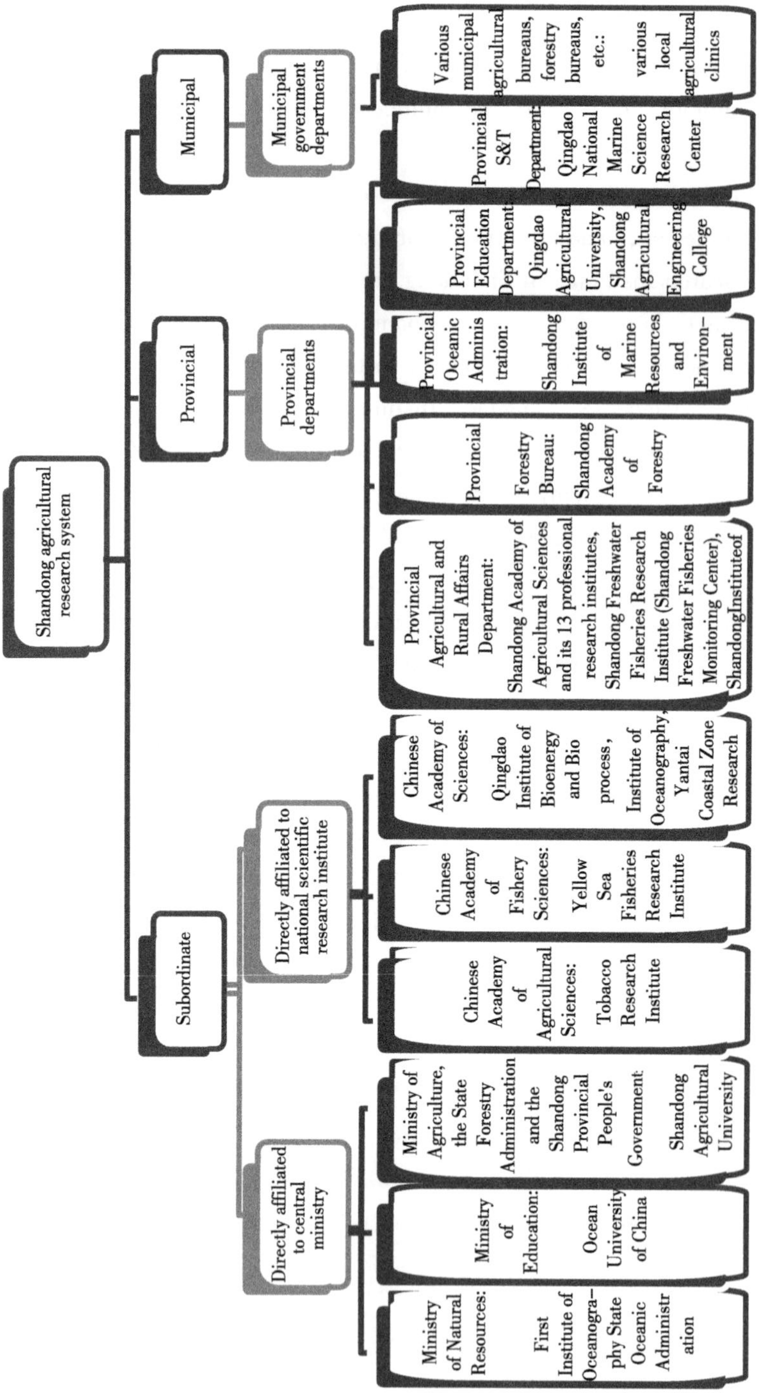

Fig. 8-14 Public Agricultural Research System and Administrative System of Shandong Province

8.5.2 Sources and Current Status of Agricultural Research Projects in Shandong Province

Agricultural research projects include national projects and provincial projects, and mainly come from the S&T department. The national projects mainly come from the Ministry of S&T, including Major National S&T Project, National Key Basic Research Development Program, National High-Tech Research and Development Plans, National S&T Support Plans, and National International S&T Cooperation Project. Provincial projects mainly include Provincial Agricultural Excellent Variety Project, Provincial Soft Science Research Plan, Provincial Key Research and Development Plan, Provincial Agricultural S&T Development Fund, Provincial Natural Science Fund and so on. The details are shown in Fig. 8-15.

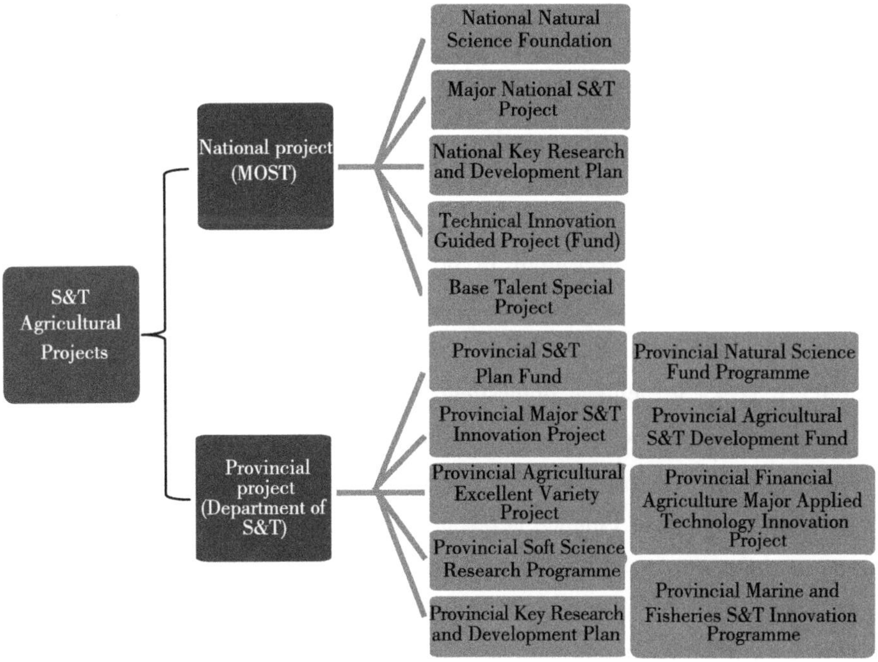

Fig. 8-15 Main Sources of Agricultural R&D Projects of Shandong S&T Departments

Source: Author

Box 8-2: Agricultural Research Projects in Shandong Province

(1) Agricultural Excellent Variety Project—It refers to the selection of new agricultural varieties and source innovations, highlighting researches on breeding

and breeding techniques of independent intellectual property rights, strengthening the collection, sorting, introduction, protection, innovation and utilization of germplasm resources. It promotes the agricultural science and technology research and development plan on new varieties industry development, which is jointly managed by the Provincial S&T Department and the Provincial Department of Finance. It's divided into major projects and key projects and is organized and implemented by the Shandong Provincial Agricultural Excellent Variety Industrialization Development Project Management Office. This office is under the Rural and Social Development Office of S&T Department. The personnel are from S&T Department and Finance bureau. In 2017, focusing on the demand for modern agricultural development, the transformation of old technologies and excellent agricultural varieties, the Project has supported the selection of five breakthrough new varieties and four reserve new varieties, and has implemented 20 key projects. Among that, five breakthrough new varieties include high starch potato, high oil peanut, silage corn, apple variety improvement, fast-growing anti-reverse shellfish; and four reserve new varieties include high-starch sweet potato, vegetable variety improvement, donkey for both flesh and skin, and high-oil disease-resistant walnut. In order to enrich the agricultural excellent variety, Shandong launched the "Southern Species of Northern Breeding" Program and introduced agricultural excellent varieties from the south. Through technical research, it seeks to achieve domestication and breeding in Shandong Province and to form new industries to promote economic growth.

(2) Provincial Agricultural Application Technology Innovation Project— The Provincial Department of Finance is responsible for the funding management of this project, and the provincial agricultural department is responsible for the guidance and review of innovative projects. It focuses on following technologies: technology for increasing production and efficiency, production technology for high quality agricultural varieties, high-efficiency and cost-effective management techniques, ecological friendly and resource-saving technologies, agricultural products processing, storage and logistics technologies, agricultural machinery, agricultural informationization technologies, applied agricultural biotechnology, agricultural economic management innovation, and other technologies with research foundation, development prospects and application value.

(3) Provincial S&T Innovation Program in Marine and Fisheries— This project focuses on the S&T innovation and application on key development of marine and fisheries in Shandong Province and is managed by Provincial Department of Oceans and Fisheries. It is mainly divided into two categories of marine and fishery. Marine projects includes scientific and technological innovation and demonstration applications in marine ecological environment protection and governance, island protection and rational utilization, ecosystem - based comprehensive marine management, marine environmental protection services, marine disaster prevention and mitigation, and marine law enforcement communication security and Marine engineering equipment, marine biomedicine and products, desalination and comprehensive utilization, new marine materials, intelligent information and so on. Fishery projects include scientific and technological innovation and demonstration applications in some fields, such as excellent varieties cultivation, healthy breeding, aquatic products processing, fishery resource appreciation and rational utilization, marine ranch land, offshore fishery resources development, fishing vessels construction, recreational fisheries, fishery environmental monitoring, aquatic products quality and safety, and so on.

(4) Provincial Modern Agricultural Industrial Technology System— By 2017, Shandong has built 26 innovative teams focusing on corn, vegetables, fruits and others, covering 63 kinds of agricultural products, accounting for 76% of main agricultural products in the province. It has hired 403 experts, including 26 chief experts, 223 post experts and 154 heads of comprehensive experimental stations, covering 108 provincial and municipal agricultural scientific research institutes and departments, and affects more than 3,000 agricultural S&T personnel. It's in the forefront of the province in terms of number, scale and coverage. In terms of financial support, by 2015, the provincial financial department invested 234 million CNY to support the construction of modern agricultural industrial technical system innovation team. Among them: in 2015, it invested 64 million yuan and supported 22 teams. Compared with 2010, the amount of funding and support teams increased by 54 million CNY and 19, with an annual growth of 45% and 49% respectively. Chief members will receive an annual subsidy of 500,000 CNY, and post experts will receive 300,000 CNY per year.

8.5.3 Status Quo of Agricultural Research Institutes' Resources in Shandong Province

This section analyzes institutes affiliated to agricultural departments at prefecture level and above.

Most Shandong's agricultural research institutes are at provincial level, and there are 18 prefecture-level agricultural research institutes. In 2016, there were 56 agricultural institutes in Shandong Province. Among them, there are 2 national institutes: Tobacco Research Institute of Chinese Academy of Agricultural Sciences and Yellow Sea Fisheries Research Institute of Chinese Academy of Fishery Sciences. There are 36 provincial institutes, including Shandong Academy of Agricultural Sciences and its 20 affiliated research and test units, and the academy has established branches in 18 prefectures and cities.

There are a large number of S&T personnel in agricultural research institutes, among which the number of graduates is ranked second in the country, only lower than Beijing. The number of S&T personnel has increased significantly, from 2,871 in 1993 to 5,072 in 2018. Among them, the number of project activities personnel has increased significantly, with an increase of 1,539 from 1993 to 2018, while the number of science and technology managers and technology service personnel has decreased by 43 and 83 respectively. In terms of personnel education, in 2016, the number of personnel with master's degree increased to 1,244, and those with doctor's degree increased to 873, and the proportion of personnel with master's degree in S&T activities reached 47.51%.

Funding for S&T activities increased rapidly, with a growth rate higher than that of provincial agricultural research institutes. Funds for S&T activities of agricultural research institutes has gradually increased from 485 million CNY in 2007 to 2.064 billion CNY in 2018. Based on 2007, after deducting price increases, the average annual real growth rate is 10.54%, faster than the growth rate of provincial institutes affiliated to national departments. The funding of agricultural research institutes in Shandong Province mainly comes from government funds, which increased from 438 million CNY in 2007 to 1.738 billion CNY in 2018, based on 2007, after deducting price increases, the average annual real growth rate is 9.84%. In 2018, government funds accounted for 84.19% of the total funds for S&T activities. Among them: they are divided into 3 types: financial appropriations, government projects and local government funds. In 2018, the amount of those three are 1.149 billion CNY, 482 million CNY and 107 million CNY respectively, accounting for 66.11%, 27.74%, and 6.15% of government funds. Foreign funding is very limited. Foreign funding in S&T activities of Shandong Agricultural Research Institutes were 21,000 CNY, 320,000 CNY, 560,000 CNY and 100,000 CNY in 2012, 2013, 2017 and 2018. This number remains 0 in other years from 1997 to 2018.

R&D funding in institutes affiliated to agricultural departments at prefecture level is growing faster than the average rate of provincial and ministry affiliated institutes across the country. Firstly, from 2007 to 2018, R&D internal expenditures increased by 8.71 times from 132 million CNY to 1.282 billion CNY; R&D expenditures increased by 8.15 times from 122 million CNY to 1.116 billion CNY; and government funds in R&D expenditures increased by 7.61 times from 103 million CNY to 887 million CNY. The growth rate of these three amounts are all higher than that of agricultural research institutes affiliated to the ministry of agriculture. Secondly, R&D funds mainly come from government funds, which accounts for 80% of the total, supplemented by enterprises funds and foreign funds. In 2018, the proportion of government, enterprises, public institutes and other funds are respectively: 78.57%, 6.35%, 12.75% and 2.33%. It is worth noting that although foreign funds appear in the internal expenditure of R&D funds in Shandong Province since 2004, it is very limited and volatile, with a maximum of 103,600 CNY in 2011. Thirdly, in terms of R&D activities types, the proportion of expenditure on experimental development research has been relatively high. The proportion of the expenditure on basic research is small but has increased over the years (Fig. 8-16). In 2007, agricultural scientific research institutes in Shandong Province spent 7.8 million CNY on basic research, 37.93 million CNY on applied research and 76.759 million CNY on experimental development research, accounting for 6.37%, 30.97% and 62.67% respectively. In 2018, it spent 207 million CNY on basic research, 289 million CNY on applied research, and 697 million CNY on experimental development research, accounting for 17.34%, 24.22% and 58.43% respectively (Fig. 8 - 17). During this period, the proportion of basic research expenditure increased by 10.97 percentage points, while the proportion of applied research expenditure remained almost the same. The proportion of the expenditure on experimental development research remained above 50%, with a small decline.

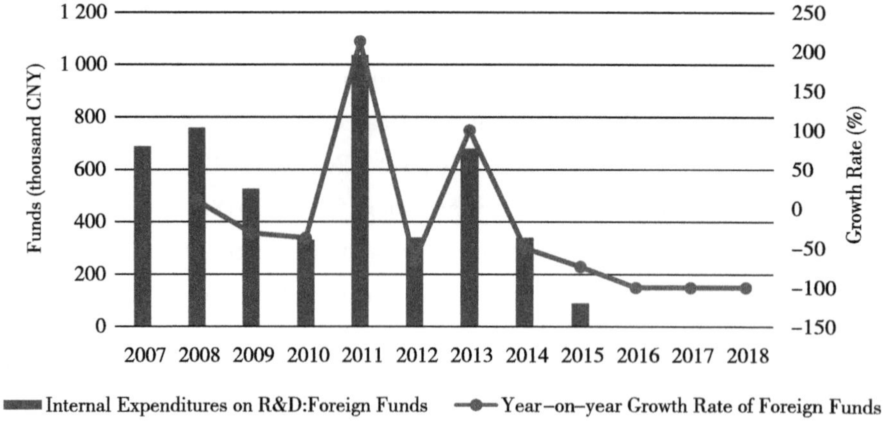

Fig. 8−16 Foreign Funds for R&D Internal Expenditures of Agricultural Research Institutes in Shandong Province, 2007−2018

Source: *Ministry of Agriculture S&T Education Division*, "*National Agricultural S&T Statistics Collection* (2018)".

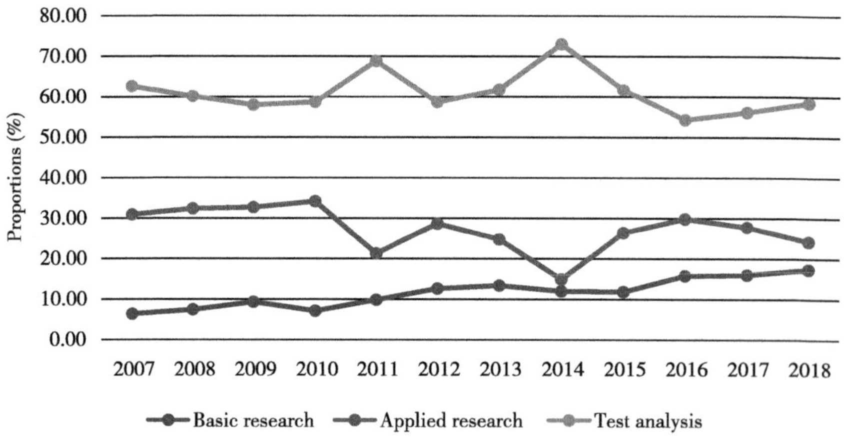

Fig. 8−17 Proportions of R&D Expenditure by Activities, 2007−2018, %

Source: *Ministry of Agriculture S&T Education Division*, "*National Agricultural S&T Statistics Collection* (2016)".

The number of projects and the amount of overall project inputs are increasing, both are at a high level compared to other places. But the funding intensity of each project is not large. The number of S&T projects undertaken by agricultural research institutes increased from 946 in 2007 to 2044 in 2018, with an average annual increase of 99. 82. Funding for S&T projects increased from 133 million CNY in 2007 to 745 million CNY in 2018, and average funding of each project increased from 141,600 CNY in 2007 to 364,700 CNY in 2018. Meanwhile, annual project funding per capita also increased from 58,000 CNY per person in 2007 to 212,300 CNY per person in 2018, based on 2007, after deducting price increases, the average annual real growth rate is 9. 03%. Compared to other provinces, the number of S&T projects in Shandong Province ranked fifth in China in 2018, only less than Beijing, Jiangsu, Zhejiang, and Guangdong. Its internal expenditure of projects ranked third, less than Beijing and Jiangsu. It positions at a middle level of the country in terms of funding intensity per project (Tab. 8-8).

Tab. 8-8 S&T Projects, Funding and Intensity of Agricultural Research Institutes in Shandong Province, 2007-2018

Year	Number of projects (units) - Sum	Internal expenditures on projects (10,000 CNY)	Internal expenditures on projects-government appropriation funds (10,000 CNY)	Full-time workload equivalent of project personnel (man year)	Funds intensity of project (10,000 CNY/unit)	Per capita funds intensity of project (10,000 CNY/person)
2007	946	13 392. 19	11 805. 27	2 300. 4	14. 16	5. 82
2008	1 095	17 415. 9	15 755. 6	2 194. 1	15. 90	7. 94
2009	1 114	20 470. 95	16 860. 85	2 142. 5	18. 38	9. 55
2010	981	27 285. 47	25 595. 17	2 151. 9	27. 81	12. 68
2011	1 328	45 024. 01	40 758. 01	2 649. 1	33. 90	17. 00
2012	1 439	49 970. 62	42 254. 07	2 928. 6	34. 73	17. 06
2013	1 675	59 052. 24	50 575. 66	3 031. 8	35. 26	19. 48
2014	1 788	55 198. 65	44 591. 58	3 123. 1	30. 87	17. 67
2015	1 966	61 592. 18	48 299. 95	3 156. 8	31. 33	19. 51
2016	1 787	56 107. 1	48 413	3 285	31. 40	17. 08
2017	1 877	72 357. 2	62 532. 2	3 349. 7	38. 55	21. 60
2018	2 044	74 541. 4	64 320. 3	3 510. 9	36. 47	21. 23

Source: Ministry of Agriculture S&T Education Division, "National Agricultural S&T Statistics Collection (2016)".

The innovation ability of agricultural S&T in Shandong has been continuously improving, with increasing scientific research achievements, second only to

Beijing. Firstly, the innovation ability of agricultural S&T in Shandong Province has been continuously improving. Shandong has 32 key laboratories (stations) affiliated to the Ministry of Agriculture during the "13th Five-year Plan", including 2 comprehensive key experimental stations, 16 professional/regional key laboratories, and 14 agricultural science observation and experimental stations. Secondly, the agricultural research institutes in Shandong Province have rich scientific research achievements. From 2007 to 2018, the number of published scientific papers increased from 1,333 to 2,473, of which foreign papers increased from 42 to 496, an increase of 10.81 times. The number of invention patents authorized increased by 13.94 times, reaching 371 in 2018, and foreign authorized patents reached 12 in 2018. Compared to other provinces, research achievements of agricultural research institutes in Shandong Province rank high in the country. In 2016, agricultural research institutes in Shandong Province ranked second in China in terms of the total number of scientific and technological papers published, the number of scientific papers published abroad, the number of invention patents in patent authorization, the number of foreign patents authorized in patent authorization, and the total number of invention patents owned, second only to Beijing.

8.5.4 Resources of Shandong Academy of Agricultural Sciences

Different from Jiangsu Province, whose agricultural research institutes are mainly concentrated in JAAS, agricultural research resources in Shandong Province are relatively scattered. Unlike JAAS, which has an absolute dominant position in the entire agricultural research institutes in Jiangsu Province, Shandong Academy of Agricultural Sciences (SAAS) plays a relatively small role in the agricultural research institutes of Shandong Province. In 2018, the Academy has 2,064 S&T personnel and 1,880 R&D personnel, accounting for 40.69% and 47.66% of the total number in the province. It has 1,108 S&T projects with an expenditure of 998 million CNY, accounting for 53.72% and 48.37%. It spent 640 million CNY on R&D and 413 million CNY on project internal expenditure, accounting for 47.66% and 55.41% (Fig. 8-18).

The number of S&T projects and their funding of SAAS have grown rapidly, ranking third in the country. First, the number of S&T projects of the Academy increased from 588 in 2007 to 1,108 in 2018, and the internal expenditure of

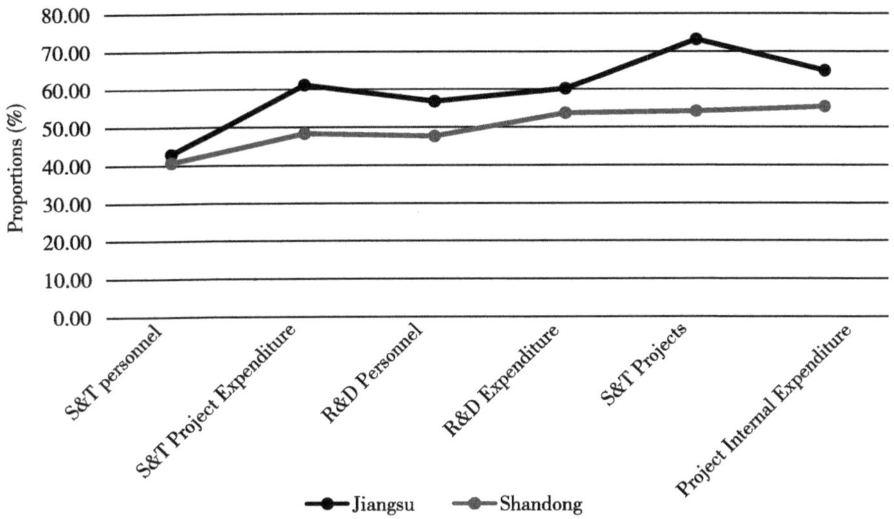

Fig. 8-18 Role of JAAS and SAAS among the Provincial Agricultural Research Institutes in Each Province

Source: Author

projects increased from 70,974,100 CNY in 2007 to 413,019,000 CNY in 2018, based on 2007, after deducting price influence factors, the average annual real growth rate is 13.73%. Funding per project increased from 120,700 CNY in 2007 to 372,800 CNY in 2018. Funding per capita increased from 74,000 CNY in 2007 to 241,000 CNY in 2018. Second, compared to institutes of other provinces in 2018, the number of projects of SAAS was second only to JAAS (1666) and Fujian Academy of Agricultural Sciences (1191). The internal expenditure of projects of SAAS was only lower than that of Beijing Academy of Agricultural Sciences (549 million CNY) and JAAS (399 million CNY), while average funding per project is relatively small. Third, in terms of new scientific research projects, taking 2017 as an example, SAAS has more than 600 new projects, with approved funding of 595 million CNY and disposable budget of 455 million CNY. Among them: 3 are National Key R&D Projects, with a total funding of 71.32 million CNY; 26 are National Industrial Technology Systems and 7 are Experimental Stations (26.7 million CNY); 21 are National Natural Science Foundation Projects (71.32 million CNY); And it presided over more than 120 provincial scientific research projects, including Central and Local S&T Development Project, Major Provincial S&T Innovation Project,

Agricultural Excellent Variety Project, with a total funding of more than 60 million CNY.

Focusing on 50 key areas of agricultural development in Shandong and the Huang-Huai-Hai Area, Shandong is seeking to strengthen the construction of basic scientific research conditions and scientific research platforms. First, SAAS cover 50 research fields of agricultural development in Shandong and Huang - Huai - Hai Area. These include food crop and economic crop, fruit tree, vegetable, livestock and poultry, sericulture, resource environment, plant protection, quality and safety of agricultural products, fine and deep processing of agricultural products, agricultural microorganism, agricultural biotechnology, information technology, agricultural machinery, etc. Second, the Academy has increased the inputs in the construction of basic scientific research conditions, and its working environment and working conditions have been greatly improved. The actual capital construction investment increased from 12. 864 million CNY in 2009 to 45. 452 million CNY in 2016, with an increase of 2. 58 times. This investment is mainly used for scientific research equipment, with a proportion of 99. 46% in 2016. Third, the Academy has made remarkable achievements in the construction of scientific research platforms. At present, it has built scientific research platforms at all levels, with 70 innovation platforms including 32 national and ministerial innovation platforms and 38 provincial innovation platforms, which ranks the forefront of provincial academy of agricultural sciences in China. Among them, 9 are national innovation platforms, 10 are key laboratories of the Ministry of Agriculture, 7 are Shandong observation laboratories of Ministry of Agriculture, 7 are agriculture inspection centers of the Ministry of Agriculture. The academy also has 13 provincial key laboratories, 18 provincial engineering technology centers and 4 provincial engineering laboratories, which are in relatively good conditions.

In the spirit of "bringing in" and "going global", SAAS steadily promotes international cooperation and exchanges of agricultural science and technology at multi levels and areas. First, strengthening strategic partnerships. The Academy has established scientific and technological cooperation with more than 10 international organizations including the International Maize and Wheat Improvement Center and the International Semi-Arid Tropical Crops Research Institute, as well as scientific research institutes and universities in more than 60 countries or regions. For example, in 2016, it signed cooperation agreements with six countries along "the Belt and Road" to form the "Jinan Consensus", and organized several visits to Indonesia, Malaysia, Laos, Israel and other countries for investigation and research. Second, the construction of international cooperation platforms is running well. The Academy has established 11 joint laboratories with the United States, Australia, Russia, Ukraine, Indonesia, the United Kingdom, Taiwan, the International Semi-Arid Tropical Crops Research Institute, the European Union Pharmaceutical Susceptibility Testing Committee, and the International Center for Biological Applications East Asia; It has established the first overseas agricultural research center in Sudan. It reached an agreement of cooperation intention with the Egyptian national research center to jointly build the "Sino-Egypt Agricultural Machinery Equipment R&D Center". It has built the "Joint Laboratory of Deciduous Fruit Trees Biotechnology" with Russian scientific research institutes. In 2008, SAAS became the international science and technology cooperation base of the Ministry of Science and Technology, with 11 demonstration and promotion bases for technology introduction in Shandong Province. Third, international cooperation and exchanges in agricultural science and technology have been deepened. SAAS has held more than 50 major international conferences, academic seminars and international training courses. 14 foreign experts are awarded the "Qilu Friendship Award" by the provincial government, and two experts are awarded the title of "The Most Influential Foreign Experts in the 40th Anniversary of the Reform and Opening up of Shandong Province", and 1 expert is awarded the "Shandong International Science and Technology Cooperation Award". In 2016, SAAS selected 52 batches of 131 people to study abroad. It has held 46 groups of foreign delegations, 226 visiting experts, and held 25 academic conferences. In 2017, it held "China Shandong-Central Asia Five-Country Agricultural Science and Technology Cooperation Forum", filling the gap of cooperation with central Asian countries. Fourth, international cooperation projects. In 2016, the Academy organized and applied for more than 20 international cooperation projects, among which 17 projects were approved with funding of nearly 7.931 million CNY. It explored new ways of cooperation with five European and African countries and one international organization. In 2017, international cooperation projects are expected to be further improved, with approved funding of more than 15 million CNY.

8.6 Brief Summary

Focusing on the system structure, management departments, objectives and research emphasis of the provincial agricultural scientific research system, this chapter analyzes the status quo and characteristics of China's provincial agricultural scientific research resources from the micro level. This chapter also includes macro level case studies of Jiangsu Province and Shandong Province, with an in-depth systematic review on the specific situation of provincial agricultural research. The following main conclusions are drawn from this chapter.

Basic characteristics of provincial agricultural scientific research resources. China's provincial agricultural scientific research has abundant resources and a comprehensive scientific research system, which is an indispensable part of China's agricultural scientific research resources and the backbone of China's agricultural S&T innovation. Focusing on serving the development of local agriculture, it promotes the research and application of agriculture with local characteristics. Provincial agricultural scientific research system includes mainly public sector institutes, supplemented by private sector institutes. It's jointly managed by the provincial science and technology department, the provincial agriculture and rural affairs department, and the provincial education department. Throughout the development of provincialagricultural research institutes, the number of China's provincial agricultural research institutes is relatively stable number of institutes. It's dominated by research on planting industry. The quantity and quality of scientific and technological activities have improved. R&D personnel of these institutes is lower than that of ministry affiliated institutes. In terms of inter-provincial comparison, Jiangsu Province and Shandong Province remained in a prevalent status. They have a complete agricultural scientific research system, advanced agricultural scientific research management system, and abundant agricultural scientific research resources. They invest a lot in research inputs and achieved significantly in terms of research outputs. For example, Jiangsu's agriculture-related research institutes account for nearly 1/10 of all agricultural-related institutes in the country; the number of personnel with graduate degree in Shandong agricultural research institutes ranks second in the country, only lower than Beijing; The scientific research achievements of scientific research institutes affiliated to the agricultural systems of Shandong Province and Jiangsu Province rank second and third respectively in China, second only to Beijing. The provincial academies of agricultural sciences play an important role in provincial agricultural research. The input of various scientific research resources of the provincial academy of agricultural sciences occupies a large proportion in the scientific research institutes in the whole agricultural system, and their growth rate of various scientific research resources is significantly higher than the provincial average.

Provincial agricultural science and technology (S&T) funding. The total amount of S&T funding has increased year by year, with government funds as the main source, which accounting for more than 85% of the total. The source of foreign funding was very limited. From 2010 to 2018, the proportion of foreign capital investment in S&T income was only 0.05% on average, which was significantly lower than that of ministry affiliated institutes. On average, the foreign funding of each affiliated institute were more than 25 times that of the provincial institute. What's more, the distribution of foreign funding among provinces was extremely uneven, which is mainly concentrated in Beijing and Yunnan, accounting for 81.91% of the total. The R&D expenditures has grown rapidly, faster than the affiliated institutes. It's mainly concentrated in Beijing, Zhejiang, Shandong, Guangdong, and Jiangsu provinces. In total, they account for 38.09% of R&D expenditures in the whole country. In terms of inter-provincial comparison, the funding intensity of projects in Jiangsu Province's agricultural sectors is at the national leading level in 2018 (442,900 CNY per person).

Provincial agricultural scientific research project funding and sources. Project funding to provincial institutes in China has increased year by year, from 154,500 CNY per year in 2007 to 363,200 CNY per year in 2018. The growth rate is slower than that of ministry affiliated institutes. What's more, that gap is increasing: In 2007, provincial institutes on average received 131,800 CNY less than the affiliated institutes; the gap widened to 248,900 CNY per year in 2016. In 2018, the gap was reduced to 140,600 CNY per year. Provinces have set up various projects to support the development of provincial agricultural scientific research based on their contexts. For example, Jiangsu Province has set up various projects to provide sufficient funds for agricultural research, such as: Provincial Key Research and

Development Plan (Modern Agriculture), Provincial Policy Guidance Program (Northern Jiangsu S&T Special Project), Provincial Modern Agricultural Industrial Technology System, and Provincial Agricultural S&T Independent Innovation Fund. Shandong Province has also set up supporting Programs, including Provincial Soft Science Research Plan, Provincial Key Research and Development Plan, Provincial Agricultural S&T Development Fund, Provincial Natural Science Fund, Provincial Agricultural Excellent Variety Project, Provincial Marine and Fisheries S&T Innovation Program and Provincial Financial Agriculture Major Applied Technology Innovation Project. Most projects of provincial agricultural research institutes are at provincial level, with a small portion of national and prefecture-level projects. And the main sources of provincial projects are Provincial S&T Department Projects, Provincial Education Department Projects, and International Cooperation Projects from various channels.

International cooperation and exchanges of provincial agricultural research. Taking Jiangsu Province as an example, international cooperation of agricultural scientific research in China has made remarkable achievements. International cooperation activities of provincial agricultural scientific research are increasing in general, from an infancy stage to the development stage with volatility, and now reached a period of sustained growth. Cooperation partners covered most countries on all continents but are mainly concentrated on developed countries such as the United States, Canada, Australia, as well as Japan and South Korea. The number of cooperation activities with these countries accounts for more than half of all international cooperation. The implementation of "the Belt and Road" initiative in recent years has facilitated substantial progress in agricultural research cooperation and exchanges with countries along the route. Meanwhile, we noticed some problems and challenges in current provincial international cooperation: Most cooperation comes in the types of mutual visits and cooperative papers, and there are relatively few international cooperation research projects, international patent applications and co-construction cooperation platforms, indicating the need to further deepen the depth of international cooperation in provincial agricultural research. Moreover, China is still at an infancy stage in terms of helping other developing countries on agricultural S&T. As China has rich experience in agricultural transformation, it's crucial to study how these lessons could be applied to help other developing countries. Further research could look at the mechanisms of strengthening in-depth cooperation with international agricultural research institutes and ways to leverage international agricultural organizations to provide China's experience in scientific research system construction and management innovation for other developing countries. To better play China's role as a major power in the world's agricultural research would be the next step and focus for China's provincial agricultural research.

9 Agricultural R&D Resources of CAAS and CAS

Abstract

The Chinese Academy of Agricultural Sciences (CAAS) is the largest national agricultural research organization undertaking China's agricultural R&D in basic and applied sciences as well as new and advanced application technology. CAAS has a complete set of disciplines and facilities in the field of agriculture and plays the leading role in coordinating domestic agricultural research institutes and conducting international cooperation research. CAAS is also in a dominant position in international exchanges and cooperation in agriculture. CAAS has 34 direct affiliated research institutes, 9 joint ones, and 7,026 employees, including 5,911 researchers. CAAS possesses one graduate school and one agricultural publisher besides the 43 institutes. CAAS undertakes state funded key R&D projects and possesses a solid funding source reinforced by the central finance. The annual funds of CAAS has nearly octupled since the 11th Five-year Plan (2006-2010), from an average annual 727 million CNY during 2006-2010 to an average annual 5.56 billion CNY during 2016-2017. CAAS's revenue reached 7.21 billion CNY ($1.13 billion), wherein the government grant was 3.55 billion CNY ($555 million), with a special fund of 800 million CNY ($125 million) allocating to the Agricultural Science and Technology Innovation Program (ASTIP) in 2017. The research funds of CAAS has outnumbered the annual portfolio of Consortium of International Agricultural Research Centers (CGIAR), which is over $900 million. For going global, CAAS has actively taken part in the Belt and Road Initiative and exported more than 60 kinds of technologies and products to over 150 countries. It has also integrated the agricultural technology innovation forces nationwide and cooperated with CGIAR, CABI, the European Union, G20, APEC Agricultural Technology Working Group and IAEA, BMGF, etc. In particular, the partnership with CGIAR since 1984 has always been a part of importance in the international agricultural R&D cooperation of CAAS, which was built on three blocks - donations from CAAS to CGIAR; joint laboratories or centers; and cooperative projects. In addition, BMGF has becoming a progressively important direct partner to CAAS in agricultural R&D, especially in germplasm resources cultivation, cooperative research, talents training, and joint laboratories development.

The Chinese Academy of Sciences (CAS) is the largest national research institution in China's R&D system and it is under the jurisdiction of the State Council and in effect supervised by MOST. While CAAS concentrating on agriculture in particular, CAS dedicates most to basic, comprehensive and frontier R&D in technology and natural sciences, with many affiliates active in agricultural R&D and the relevant international cooperation. Potent R&D capacity and facilities allows the academy to meet its strategies and better impulse China's science, technology and innovation (STI). It comprises 104 research institutes, 12 branch academies, three universities and 11 supporting organizations in 23 provincial-level areas throughout the country. The total full-time equivalent (FTE) of R&D personnel in CAS was 76,604 persons in 2016. Besides around 20 institutes specialized in agriculture, many non-agricultural CAS' institutes also have competitive agricultural R&D capacity. For example, the Institute of Automation has made progress in agricultural intelligent equipment. To strengthen innovative capacity on the basis of its comprehensive resources, CAS has modulated its R&D resources under existed institutes into newly initiated or updated institutions by R&D objectives in the recent two years. In the realm of agriculture, for example, the institution of seeds innovation has been initiated by the Institute of Genetics and Developmental Biology (IGDB), with the Bureau of Major R&D Programs as its department in charge. Many other freshly initiated or updated agricultural institutes are classified as characteristic research institutes, with the Bureau of Science & Technology for Development as their competent authority. Ample funding sources makes CAS overwhelmingly competitive in a spectrum of scientific fields. Fiscal appropriation from the government and the undertaking revenue from CAS per se are two pillaring sources of R&D funding, accounting for around 50% and 40% respectively. The National Key R&D

Programs (NKPs) is a critical governmental source to fund CAS' R&D. However, agriculture and forestry takes up merely 18.2% (750.5 million CNY) in 2016 and 5.9% (211.65 million CNY) in 2017 amongst the total fund that CAS obtained from NKPs. Crop breeding and agricultural pollution are two principal areas funded by the NKPs, wherein IGDB was in the ascendance in crop breeding. In terms of international cooperation, the Ministry (Department) of Agriculture of many countries have established cooperative relationship with CAS. CGIAR also becomes an increasingly important partner for CAS, as the World Agroforestry Centre (ICRAF) and the International Livestock Research Institute (ILRI) has had successful exchanges with CAS' institutes. The Sino-Africa Joint Research Center (SAJOREC) is funded in Kenya by Chinese government and works closely with CAS.

9.1 Agricultural R&D Resource of Chinese Academy of Agricultural Sciences (CAAS)

CAAS is a national, integrative agricultural research organization with responsibility for carrying out both basic and applied research, as well as research into new technologies. It is dedicated to overcoming a broad range of challenges impacting agricultural development and support of the local rural economy. CAAS promotes sustainable agriculture within and outside China, extending its reach through technology exchange and cooperative research agreements with agricultural research institutions, universities, NGOs, foundations, etc. domestically and internationally, including CGIAR and BMGF.

CAAS is the largest national agricultural research institution in terms of its numbers of researchers and affiliated institutes and key laboratories. It has 34 direct affiliated research institutes, 9 joint ones, and 7,026 employees, including 1,578 managerial personnel, 5,911 researchers, 983 technicians and logistics workers. Amid the 7 thousand employees, 13 are academicians of the Chinese Academy of Sciences and the Chinese Academy of Engineering. CAAS possesses one graduate school and one agricultural publisher besides the 43 institutes (both the affiliated and the joint). 60% of the affiliates and joint institutes distribute in over 18 provinces, municipalities or autonomous regions outside Beijing. Its overall 103 field stations locate in 27 provinces, municipalities or autonomous regions in China, with

6,074 hectares land area and 1,250 field staff (2017 CAAS Annual Report, 2018).

CAAS has a complete set of disciplines in the field of agriculture. The gamut of its R&D work has been categorized as 9 disciplinary clusters, 57 research domains, and 302 research focuses. The 9 disciplinary clusters include crop science, horticulture science, animal science, veterinary medicine, plant protection, agricultural resources and environment, agricultural mechanization and engineering, agro-product quality, safety and processing, and agricultural information and economics.

It bases on the most comprehensive facilities for agricultural R&D in the country. In particular, CAAS has 2 major national key scientific facilities (the National Key Facility for Crop Gene Resources and Genetic Improvement, and the National Center of Agricultural Biosafety), 1 national high-level biosafety laboratory for prevention and control of epidemics of animal diseases, 6 state key laboratories, 1 state key laboratory jointly built with provincial governments, 22 comprehensive key laboratories under the jurisdiction of the Ministry of Agriculture and Rural Affairs (MARA), 40 special key laboratories under MARA, 30 agro-products quality & safety risk evaluation laboratories under MARA, and 52 academy-level key laboratories. In addition to the above-mentioned major S&T facilities, the major technology innovation platforms are fundamental to CAAS's R&D capacity as well. CAAS now has 5 national engineering technology research centers, 5 national engineering laboratories, 2 national engineering research centers, 22 national centers (subcenters) for the improvement of varieties, 18 national agricultural industry technology research and development centers, 32 academy-level engineering technology research centers. The academy boasts 480,000 accessions of crop germplasm resources under long-term preservation, which ranks second in the world (2017 CAAS Annual Report, 2018).

CAAS has a strong rallying point in coordinating and conducting domestic and international exchanges and cooperation in agriculture, which is inimitable amongst all agricultural research institutes. International cooperation is an essential part of the mission of CAAS. It has set up successful cooperative agreements or memoranda of understanding with numerous international institutions, organizations, and companies as well as non-governmental organizations, civil societies, and international foundations, including BMGF and CGIAR. As of 2018, statistics documents that CAAS has extensively established cooperation with more than 100 countries, 38 international organizations, 7 multinational companies and foundations; signed cooperation agreements with 52 countries and 21 international organizations; owned 70 international joint laboratories, 4 overseas joint laboratories, 6 international reference laboratories of WHO, FAO, and OIE. Moreover, 13 bilateral international institutions has set up their country office at CAAS.

CAAS has ample research funds. It undertakes state funded key research and development projects and possesses a solid funding source reinforced by the central finance. The revenue of CAAS in 2017 was 7.21 billion CNY ($1.13 billion). The government grant was 3.55 billion CNY ($555 million), which included a special fund of 800 million CNY ($125 million) for the agricultural Science and Technology Innovation Program (ASTIP) (2017 CAAS Annual Report, 2018). Compared with the annual portfolio of Consortium of International Agricultural Research Centers (CGIAR), which is over $900 million, CAAS presents an overwhelming will as well as competitive capacity in agricultural R&D. The annual project contract funds of CAAS has nearly octuple since the 11th Five-year Plan (2006-2010), from an average annual 727 million CNY during 2006-2010 to an average annual 5.56 billion CNY during 2016-2017 (CAAS, 2019).

The allocation of agricultural R&D funding is according to the strategic plans of CAAS and in accordance with China's national S&T policies. CAAS published its Science and Technology Development Plan for the 13th Five-year Plan (2016-2020) and its implementation action in 2016, in response to the National Innovation-Driven Development Strategy and related series of national plans. In practice, the overall funding of CAAS has been allocated mainly through the Talent Project, the Agricultural Science and Technology Innovation Program (ASTIP), the National Agricultural Science and Technology Innovation Alliance, the Research and Demonstration Program on Integrated Technology-based Green Production, major new scientific projects, and the intellectual property strengthening.

9.1.1 The Agricultural Science and Technology Innovation Program (ASTIP)

The Agricultural Science and Technology Innovation Program (ASTIP) officially begins in 2013 and is directly supported by the Chinese central government. ASTIP is a new funding paradigm dedicated to supporting four specific objectives (see below) over the next thirteen years. The goal of ASTIP is to produce science-and technology-based applications that can be rapidly applied to solving real world problems. Currently, three phases are planned for ASTIP, paralleling China's 12th, 13th, and 14th five-year plans until to 2025. Such coordination with the central five-year plans indicates the importance of ASTIP in the nation's strategic planning. From 2013 to 2015, the first phase of ASTIP focuses on the exploration of a new and more efficient organization to support agricultural innovation. The second phase, from 2016 to 2020, will be the review and adjustment period in which lessons learned in the first phase will be applied to fine-tune priorities. Additionally, international cooperation, capacity building, and the enhancement of research facilities and infrastructures will reach their peak. Finally, from 2021 to 2025, the final phase will be to continue the expansion of all parts of the Program.

9.1.2 The National Agricultural Science and Technology Innovation Alliance (NASTIA)

Since its establishment in 2014, NASTIA has actively explored to improve the working mechanism to serve China's major demands for agriculture and the central tasks of MARA. NASTIA has actively fostered and helped to form a new integrated mechanism for agricultural research nationwide, identified prioritized research tasks involving the entire industry, and explored integrated comprehensive solutions for a batch of key agricultural issues. NASTIA also formulated proposals for key research and development projects included in the Regional Green Technology System for Increasing Agricultural Efficiency, and constructed 10 data sub-centers agricultural science and technology and one main center, which all together comprise a basic data network platform of agricultural science and technology, launched long-term fundamental agricultural science and technology work.

CAAS is a nationally and internationally recognized institute that offers an abundance of international collaborative learning and research opportunities in the field of agricultural STI. CAAS has actively taken part in the country's Belt and Road Initiative and exported more than 60 kinds of technologies and products to over 150 countries in Asia, Africa, the Americas and Europe. The academy also proposed the setting up of a national alliance for agricultural technology to go global. CAAS has integrated the agricultural technology innovation forces nationwide and cooperated with many international organizations and foundations such as CGIAR, CABI, the

European Union, G20, APEC Agricultural Technology Working Group and IAEA, BMGF, which has reaped remarkable results. In particular, the partnership between CAAS and CGIAR since 1984 has always been a part of importance in the international agricultural R&D cooperation of CAAS. The cooperative partnership was built on three blocks: donations from CAAS to CGIAR; joint laboratories or centers; and cooperative projects.

BMGF has becoming a progressively important direct partner to CAAS in agricultural R&D, especially in germplasm resources cultivation, cooperative research, talents training, and joint laboratories development. For example, the academy has developed 64 varieties of green super rice for African and Asian countries, which were benefited from the cooperation with BMGF and have been sown in an area of more than 2 million hectares till the end of 2017, which has benefited a number of developing countries in Asia and Africa South of Sahara (2017 CAAS Annual Report, 2018).

CAAS also led the establishment of the China - Africa Agricultural Research Institutes "10+10" Cooperation Mechanism and inked 8 related agreements as of the end of 2017. The academy actively communicated with the Ministry of Science and Technology and Ministry of Agriculture and Rural Affairs to push forward or initiate big science projects in which China is playing the leading role. CAAS has also made efforts to dock big science projects proposed by the academy with key projects of CGIAR, special agriculture and food projects of the European Union, big science plans of the INRA in France, flagship projects of the Common-wealth Scientific and the Industrial Research Organization in Australia and projects of the Newton Fund between China and the UK (2017 CAAS Annual Report, 2018).

9.2 Agricultural R&D Resources of Chinese Academy of Sciences (CAS)

The Chinese Academy of Sciences (CAS) is the largest national research academy in China's R&D system. It is under the jurisdiction of the state council and in effect supervised by the Ministry of Science and Technology (MOST). While the Chinese Academy of Agricultural Sciences (CAAS) concentrating on agriculture in particular, CAS dedicates most to basic, comprehensive and frontier R&D in technology and natural sciences, with many affiliates active in agricultural R&D and the relevant international cooperation.

CAS comprises 114 research institutes, 12 branch academies, three universities (University of Chinese Academy of Sciences, University of Science and Technology of China, and Shanghai Tech University), 4 supporting institutions, etc. Institutions directly under CAS distribute in 23 provinces and autonomous regions outside Beijing. These institutions are home to more than 100 national key labs and engineering centers, over 200 institutional key labs and engineering centers as well as over 200 field stations.

The Institute of Geographic Sciences and Natural Resources Research (IGSNRR), the Institute of Genetics and Developmental Biology (IGDB), the Institute of Subtropical Agriculture (ISA), the Institute of Botany (IOB), the Institute of Zoology (IOZ) and many other institutes of CAS have always contributed to agricultural R&D on the strength of their main research areas. Besides around 20 institutes specialized in agriculture, many other CAS' institutes also have competitive agricultural R&D capacity. For example, the Institute of Automation has made progress in agricultural intelligent equipment.

In agriculture, CAS has prioritized three pillars in its 13th Five-year Plan (2016-2020), including major scientific issues that need focus, common critical technologies within development, and integrated demonstration of regional agricultural industry development technology. In particular, priorities of CAS's agricultural R&D comprises: Mechanism of plant orientation development, Feed conversion efficiency and product quality, New varieties of water-producing products with high production performance, Optimization of agro-ecosystems, Routing and informationalization of design breeding, and efficiency improvement of crop breeding, Reducing the pressure of agricultural production on the eco-environment, reducing resource costs and rationally allocating agricultural resources, Agricultural informationization and intelligentization.

CAS had 71,038 regular staff in 2017. By system, 61,468 persons worked in the research institutes of CAS, wherein over 84% were professional and technical staff. Regular staff were distributed in the unit of technological sciences, mathematics & physics, biological sciences, earth sciences, chemistry & chemical engineering, and others, with a proportion of 33.7%, 20.0%, 18.5%, 13.7%, 13.6% and

0.5% respectively. The total full-time equivalent (FTE) of R&D personnel of CAS was 78,711 person per year in 2017. In particular, 38,614 FTE personnel contributed to applied researches, while 35,171 FTE personnel devoting to basic researches, and 4,926 FTE personnel focusing on experimental development (Statistical Yearbook of the Chinese Academy of Sciences, 2018).

Ample funding sources makes CAS overwhelmingly competitive in a spectrum of scientific fields. Fiscal appropriation from the government and the undertaking revenue from CAS per se are two pillaring sources of R&D funding, accounting for around 50% and 40%, respectively. According to open data access, in 2018, CAS' annual revenue was 72.94 billion CNY, consisted of fiscal appropriation (38.99 billion CNY), undertaking revenue (27.66 billion CNY), operating revenue (1.03 billion CNY), turnover delivery from the affiliates (0.66 billion CNY), and others (4.60 billion CNY), as shows in Fig. 9-1. Most of the funds flow to R&D institutions as expenditure on S&T.

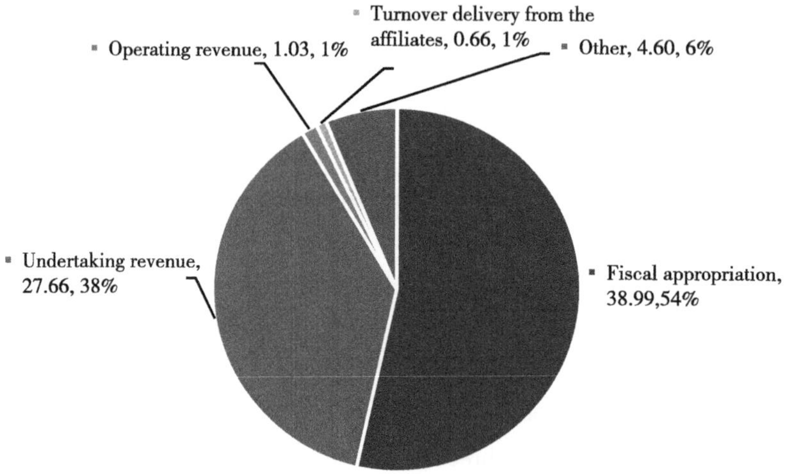

Fig. 9-1 Revenue Structure of CAS (billion CNY, %), 2018

Source: *Final Account of the Chinese Academy of Sciences*, 2018

"Bringing in" and "going global" are two forms of China's R&D international cooperation. While the former had been the mere form of China's international cooperation on S&T for a period, in the latest decade, "going global" has been vastly developed. So far, CAS has developed cooperative relationships with a large number of institutions and participated in 36 international organizations, including

Food and Agriculture Organization of the United Nations (FAO), International Association for Tropical Ecosystem and Biodiversity (IATEB), International Centre for Integrated Mountain Development (ICIMOD), International Society of Zoological Sciences (ISZS), etc.

The Ministry (Department) of Agriculture of many countries has established cooperative relationship with CAS. Meanwhile, CGIAR becomes an increasingly important partner for CAS, as the World Agroforestry Centre (ICRAF) and the International Livestock Research Institute (ILRI) has had successful exchanges with CAS' institutes.

9.2.1 The Sino-Africa Joint Research Center (SAJOREC)

Since 2016, the International Livestock Research Institute (ILRI) has established partnerships with the Sino-Africa Joint Research Center (SAJOREC), which is a China-aided research center and works closely with CAS, in the fields of modern agriculture and animal husbandry related to animals, plants and viral microorganisms. Since its establishment in 2013, SAJOREC have put forward more than 45 joint research Programs focusing on biodiversity investigation, pathogenic microorganism detection, geographic science and remote sensing, high-yield and high-quality crop cultivation demonstration, and land and water resources management. SAJOREC scientists have led more than 50 times of joint field survey. The center has already supported the publishing of 6 academic monographs, 162 peer-reviewed journal articles. So far, SAJOREC has provided scholarships to over 149 students from Africa to pursue both master's degrees and PhD, most of them are from Kenya. Over 160 scientists and senior technicians from 13 African countries have been trained through the organization of 15 training courses and seminars. According to reports, in the next three years, SAJOREC will continue to deepen the cooperation in the cultivation of talents for scientific and technological innovation and provide 150 scholarships to students from African countries. China and Africa will jointly set up a modern agricultural R&D center focusing on food security and a traditional medicine R&D center focusing on public health services.

9.2.2 Institute of Geographic Sciences and Natural Resources Research (IGSNRR)

IGSNRR is a multidisciplinary research institute focusing on physical geography and global change, human geography and regional development, natural resources and environment, geographical information systems and surface simulation, terrestrial water cycle and water resources, ecosystem network observation and modeling, and China's agricultural policies.

In 2019, the institute has 658 staff members, with 468 research personnel that incorporate 9 academicians of CAS, 3 academicians of the Chinese Academy of Engineering (CAE), 3 academicians of the World Academy of Sciences (TWAS), one academician of the European Academy of Sciences (EURASC), 170 researchers & senior technicians, and 265 associate researcher & deputy senior technicians. For international cooperation, in 2019, IGSNRR had a total of 1,414 research projects (655 new), including 20 international (reginal) cooperation and exchange projects, 2 Ministry of Science and Technology (MOST) international cooperation projects, and 15 National Natural Science Foundation of China (NSFC) international/regional cooperation and exchange projects (1 new), newly obtained 12. 33 million yuan of the annual international cooperation funds.

9.2.3 Institute of Genetics and Developmental Biology (IGDB)

IGDB devotes to exploiting the frontiers of life sciences and fulfilling the national strategic needs of agricultural development and population health. It focuses on research in the areas of genomic structure and regulation, molecular mechanisms of animal and plant development, functional genomics of important agronomic traits, molecular mechanisms of neural development and disease, sustainable development of agricultural ecology, etc.

IGDB has strong scientific R&D capability with 90 research groups, 5 research centers and 7 key laboratories. In 2017, the institute had 534 regular staff, including 465 professional and technical staff, of which 3 are CAS academicians (Statistical Yearbook of Chinese Academy of Sciences, 2018). Based on the R&D resources, international cooperation and exchanges, as a significant pillar in the development strategy of IGDB, are successfully pursued in the frontiers of genetics and developmental biology with institutions, universities, and companies from many countries around the world.

10 International Cooperation of China's Agricultural Science and Technology

Abstract

China has played an increasingly important role in international cooperation activities in agricultural S&T during the past years in the spirit of "Bringing in" and "Going global", and has established long-term and stable partnerships with more than 140 countries and major international research institutes. Over the past decades, China has introduced many advanced agricultural technologies from the international community. At the same time, China has helped developing countries in Africa and Asia to build farms, experimental stations and technology promotion centers, and helped these countries train agricultural research talents. This chapter introduces the status quo and progress of China's agricultural S&T international cooperation, analyzes China's strategies and related policies, and sorts out chief international cooperation projects and the competent departments of agricultural S&T. This chapter also analyzes the "going global" policy of agricultural S&T, China's cooperation with the Consultative Organization for International Agricultural Research (CGIAR), the Food and Agriculture Organization (FAO) under the South-South cooperation framework, African countries and other countries along "the Belt and Road". With a growing national economy, China would like to adopt a more proactive cooperation strategy in scientific and technological innovation, to enhance its position in global innovation, and to lead the development of important areas.

10.1 Introduction

During the past 40 years of reform and opening up, China has made remarkable achievements in the international cooperation of agricultural science and technology (S&T). This chapter is organized as follows: Section 1 introduces current status quo and progress of China's international cooperation in agricultural S&T. Section 2 describes China's international cooperation strategies and relevant policies. Section 3 summarizes the management system of agricultural S&T and current international cooperation projects. In Section 4, we present a case study of the cooperation between China and the Consultative Organization for International Agricultural Research (CGIAR), to analyze the cooperation activities between China and international agricultural institutions/centers. Section 5 to Section 7 analyze agricultural S&T "going global" policy. We present cooperation between China and the Food and Agriculture Organization (FAO) under the South-South cooperation framework, especially the cooperation with African countries and other countries along the Belt and Road routes.

10.2 Overview of China's International Cooperation in Agricultural Science and Technology

China has actively participated in international cooperation and knowledge exchange activities to improve S&T innovation and industrial competitiveness in the time of globalization. China has continuously developed international cooperation in agricultural S&T during the past 40 years of reform and opening up, with a rapid growth of cooperation activities since the 21st century. At present, China has established long-term and stable partnerships with more than 140 countries, major international organizations, regional organizations and international agricultural research institutes. China has built a number of cooperation platforms, including joint laboratories and research centers, with partner countries and international organizations in the fields of biological breeding and plant protection. China has carried out different forms of cooperation activities in major agricultural fields at various levels, with an increasing number of international cooperation projects. The framework of "bringing in" and "going global" has been formed. In terms of "bringing in", China has introduced many advanced agricultural technologies from the international community, such as digestive plastic film mulching, conservation tillage, water-efficient irrigation and protected agriculture. At the same time, China also introduced a number of improved animal and plant varieties, advanced technology and management experience, which has contributed to improved agricultural research capacity and enhanced production competitiveness; In terms of "going global", China has exported a number of agricultural technologies including hybrid rice, cotton, maize and vegetable seeds, animal epidemic prevention and control technology, vaccines, integrated management technology of crop diseases and insects, protected horticulture technology, feed production technology, and agricultural machinery and biogas technology. At the same time, China has helped developing countries in Africa and Asia to build rice farms, corn farms, experimental stations and technology extension centers, carry out personnel exchange and training activities to train agricultural science and technology talents for these countries.

10.3 China's International Cooperation Strategy and Policies in Agricultural Science and Technology

International S&T cooperation is an important way to promote international relationships. It is helpful for strengthening of multilateral diplomacy, and the reform of the international system and global governance. It also enhances China's impacts on the international communities. There are several strategic objectives of China's international S&T cooperation: to implement diplomatic initiatives and commitments, to show China's strengthened commitment as a major country; to promote the construction of a global innovation cooperation network, to enhance the intergovernmental ability of dealing with major global and regional issues, and to promote economic and social development.

Since its reform and opening up, China has promoted S&T innovation in social development from a global perspective and has actively participated in the global innovation network to promote the sharing of global innovation achievements. China has accelerated the process of technology learning, adaptation and re-innovation, with improved ability of S&T innovation. With China's growing national strength, it should adopt a more proactive cooperation strategy in scientific and technological innovation, to enhance its position in global innovation, and to lead the development of important areas and rules. China adheres to the both principle of "bringing in" and "going global" and promotes the international practice of "mutual benefit and reasonable sharing". It closely focuses on the needs of S&T and national economic and social development, while responding to the opportunities and challenges brought by economic globalization. China supports a more open and inclusive environment, and actively participates in international S&T cooperation and exchanges in a wider range of fields and at a higher level, with an increasing scale. China has made remarkable progress in international S&T cooperation work, which promoted the overall goal of national scientific and technological development. It has formed a comprehensive, multi - level and wide - ranging cooperation framework of governmental guidance and non - governmental participation, supported by interactions between industrial, educational and research institutes.

In 2017, the Ministry of Science and Technology formulated the Special Plan for International Cooperation in Scientific and Technological Innovation during the 13th Five - year Plan period, in order to promote international cooperation and exchanges. The plan has put forward important tasks and policy directions: First, it requires to improve the framework of S&T cooperation inter - governments, build innovative cooperation mechanisms, and establish a bilateral or multilateral "innovation fund" for supporting cooperation in technological innovation and application; Second, cooperation with "the Belt and Road" countries should be strengthened. It is necessary to guide and encourage China's high - tech industrial development zones and independent innovation demonstration zones to actively connect with those countries and to actively carry out joint researches on major scientific issues, key technologies and common challenges; Thirdly, the plan encourages to actively participate in and lead major international scientific programs and projects, to support a more open national science and technology plan, and to support the participation of foreign experts in the process of strategic researches, handbook preparations, project implementation, and project evaluation. Foreign R&D centers in China are also encouraged to participate in national science and technology projects; Fourth, The plan requires to improve the mechanisms of foreign aid in scientific and technology, to promote the overall technological innovation capability of developing countries by building joint laboratories, joint research centers, technology demonstration and extension bases, technology transfer centers and science and technology parks, and to use technology transfer centers to solve practical problems in industrial development and social development of developing countries.

China's demand for international cooperation mainly lies in the cultivation of high-quality germplasm genetic resources and training of talents. By making full use of global resources, China seeks to improve the level of agricultural production and to ensure national food security. In terms of the "going global", China mainly provides financial and technical support to low-income countries, and helps developing countries to achieve food security and increase their incomes, while enhancing China's international position. Since the reform and opening up, China has introduced many advanced agricultural technologies from developed countries. It is ahead of other developing countries in the general field of applied and practical technologies. With the integration of the world economy and the implementation of the "the Belt and Road" strategy, China should support the important role of agricultural science and technology in agriculture's "going global", and strengthen the cooperation of advanced agricultural technology, agricultural technology and equipment, and the export of agricultural science and technology services and production capacity. This is not only required by China's agricultural development, but also for China's overall diplomatic strategy and economic development. It supports the exploration of agricultural production technology and the international market of agricultural products and promotes the cross-border flow of agricultural science and technology innovation elements in the region.

At present, China seeks to further promote the "going global" of agricultural science and technology, and to enhance the level of internationalization to improve its international influence and service capabilities. The Ministry of Agriculture and Rural Affairs has put forward five key actions in the 13th Five-year Plan for Agricultural Science and Technology Development: First, the Plan calls for strengthened agricultural technical cooperation with countries along the Belt and Road routes through international agriculture cooperation platforms in Central Africa, Central Arab, Central Latin America and Central Europe. Second, it encourages to lead and actively participate in large-scale international cooperation plans which respond to common challenges of global climate change, transnational animal and plant diseases, etc. Third, it encourages agricultural enterprises and research institutes to establish platforms abroad for joint research and development, technology transfer and demonstration services. Fourth, it encourages agricultural scientists and technicians to work in international academic organizations. Fifth, it encourages enterprises to establish international innovation networks and enhance their ability of utilizing international innovation resources.

10.4 Management Departments of Agricultural S&T and Current International Cooperation Projects

Similar to the management of domestic S&T projects, international cooperation projects are also managed by the Ministry of Science and Technology, the Ministry of Finance and the Ministry of Agriculture. However, given the special nature international cooperation projects, the ministries have set up separate international cooperation departments to manage them. In 2018, the International Cooperation and Development Agency (IDA) was established to manage China's foreign aid affairs. New international cooperation facilities such as the South-South Cooperation Fund were established. In the following sections, we will introduce international cooperation management departments of various ministries and the S&T projects under their management.

10.4.1 International Cooperation of the Ministry of Science and Technology

The international cooperation projects of the Ministry of Science and Technology (MOST) are mainly managed by the Department of International Cooperation, the Department of Overseas Intellectual Resources Cooperation, the Department of Foreign Expert Services. Among them, the Department of International Cooperation is responsible for formulating plans, policies and measures for opening up and cooperation in science and technology. They are also responsible for foreign exchange, scientific and technological exchanges and innovation activities, and the implementation of the Belt and Road S&T innovation cooperation action plan. They also serve to coordinate and promote the international big science program and the big science project. The Department of Overseas Intellectual Resources Cooperation is responsible for the planning and policy making on the introduction of foreign intelligence, and trainings to foreign countries. It comes up with annual training plans and organize key training activities abroad. It also puts forward plans and policy suggestions for cultivating S&T talents and training tip-top personnel. The Department of Foreign Expert Services formulates plans for the management of foreign experts, establishes the mechanism for attracting top scientists and contacting key foreign experts and provides major service for key foreign experts.

At present, the Department of International Cooperation is directly responsible for the Special Fund of International S&T Cooperation, and an office has been set up to manage this fund. Established in 2001, the Fund aims to coordinate China's S&T actors from industrial and research institutes, and to carry out in-depth international cooperation and exchanges. It seeks to make effective use of global S&T resources and enhance the capacity of S&T innovation, which ultimately promotes the scientific and technological progress of all mankind. The fund mainly supports three types of projects: 1) projects under the framework of intergovernmental cooperation agreements; 2) projects in line with international cooperation policy objectives and major domestic needs; 3) substantive cooperative research and development with top foreign scientific research institutions, universities and enterprises.

In addition, as introduced in the chapter of national agricultural scientific research resources, international cooperation projects have been included in the National Key R&D Program and the national research fund projects, according to the central financial science and technology plan managed by the Ministry of Science and Technology. Among them, the National Key R&D Program has set up special projects to support major international S&T exchanges and cooperation. At present, key projects of intergovernmental international S&T innovation cooperation and strategic international S&T cooperation have been launched. The main purpose of the National Key R&D Programs is to implement the bilateral (multilateral) intergovernmental agreements and diplomatic commitments of national leaders. It seeks to promote scientific and technological diplomacy, stimulate innovation, and improve the ability to utilize global S&T innovation resources. The Ministry of Science and Technology and other relevant departments formulated National Key R&D Programs for inter-governmental international cooperation and cooperation with Hong Kong, Macao and Taiwan. The Programs funded cooperation projects in S&T innovation and promoted substantive S&T innovation based on the principles of equal cooperation, mutual benefit, sharing of achievements and respect for intellectual property. The national key R&D Program "strategic international cooperation in S&T innovation" aims to promote the implementation of the innovation-driven development strategy and the "the Belt and Road" construction and to support the sharing of international S&T innovation resources. It also aims to promote scientific and technological innovation cooperation to tackle the global common challenges, to achieve the goals of the United Nations Sustainable Development Agenda in 2030, to promote private enterprises to participate in international S&T innovation, and to further improve the international environment for innovation and entrepreneurship. At present, the international cooperation projects focus on agriculture, energy, information and communication, resources, environment, oceans, advanced manufacturing, new materials, medicine and health, disaster prevention and mitigation, and transportation. The number of the projects is about 30 each year, with an annual funding amount of 240 million CNY.

The National Natural Science Foundation of China (NSFC) has also set up a research fund for overseas and Hong Kong-Macao cooperative projects to support international frontier research. In 2018, 22 projects were funded, with a total funding amount of 39.6 million CNY. Among them, international (regional) cooperative research and exchange projects mainly support substantive international (regional) cooperative research and academic exchanges. There are mainly three categories: 1) Key international (regional) cooperative research projects, which support research fields in urgent development need in China, and key innovative cooperation projects. They have a focus on results sharing and intellectual property protection. Annual number of projects is around 100, with a total funding amount of 257 million CNY; 2) Inter-organizational international (regional) cooperative research and exchange projects, under the framework of the inter-organizational agreement of the Scientific Fund Committee, co-funded with overseas funds (or research institutions and international scientific organizations). At present, the Natural Science Foundation Committee has signed cooperation agreements or memorandums of understanding with 91 partner institutes in 49 countries (regions) abroad. Both sides will publish project guidance on their respective websites to support applications from researchers. Among them, the Science Foundation Committee and the Consultative Group on International Agricultural Research (CGIAR) reached a consensus to co-sponsor scientists from both sides to carry out scientific research. In 2018, 17 projects were funded, with an amount of 2 million yuan each project; 3) The Research Fund for Foreign Young Scholars supports foreign young scholars to select topics proposed by the Science Foundation and to carry out research in China. The annual funding scale is about 45 million yuan, and it has supported about 140-150 foreign young scholars.

10.4.2 International Development Cooperation Agency

Established in April 2018, the International Development Cooperation Agency (IDCA) is responsible for formulating strategic guidelines, plans and policies for China's foreign aid, summarizing major foreign aid issues and making recommendations, advancing the reform of foreign aid, identifying potential aid projects and monitoring and evaluation. At present, the main aid mechanisms include: the Belt and Road initiative, the 2030 sustainable development agenda, Institute of South-South cooperation and Development, South-South cooperation assistance fund, emergency humanitarian assistance and medical assistance. The Institute of South-South Cooperation and Development is a major foreign aid commitment announced by President Xi Jinping at the 70th Anniversary Summit of the United Nations in September 2015. It was launched at Peking University in April 2016. It aims to share the successful governance experiences of China and other developing countries, and to help developing countries train high-end government management talents. It is an important measure for China to promote South-South cooperation and common prosperity.

President Xi Jinping made an important speech of "Seeking common and sustainable development with win-win partnerships" at the United Nations Development Summit on September 26, 2015. In his speech, he announced the establishment of a South-South Cooperation Assistance Fund with an initial provision of 2 billion US dollar funding. President Xi then announced an additional 1 billion US dollars to the Fund at the opening ceremony of the "the Belt and Road" International Cooperation Summit Forum in May 2017. The purpose of the Fund is to coordinate Chinese and international resources to promote South-South cooperation, to support the equal participation of developing countries in global economic governance, and to help developing countries achieve the 2030 sustainable development goals set in the agenda of 2030 including ending poverty, improving people's livelihood, promoting economic, social and environmental development, and achieving harmonious coexistence between humans and nature. The South－South Cooperation Assistance Fund is a concrete action taken by the Chinese Government to support South－South cooperation. The partners of the South－South Cooperation Assistance Fund include international organizations, social organizations and think tanks. The priority areas include humanitarian assistance, agricultural development and food security, health, poverty alleviation, education and training, sustainable industrial development, ecological environment protection, trade promotion, trade and investment facilitation, and the implementation of small and micro livelihood projects. It is managed by The International Economic and Technological Exchange Center, who is responsible for project applications, project rating and evaluation, project contracts and project implementation management. The South－South Fund Project Office is responsible for specific operational works. In 2017, the Fund has provided financial support to many international organizations, and it has carried out dozens of projects in Africa, the Middle East, Southeast Asia and Latin America, benefiting tens of millions of people. In the future, as an integral part of China's foreign aid, the South－South Fund project is expected to support agricultural scientific research in other developing countries to help achieve the sustainable development goals.

10.4.3 International Cooperation in Agricultural S&T of the Ministry of Agriculture and Rural Affairs

China's bilateral and multilateral cooperation in agricultural science and technology is mainly led by the Ministry of Agriculture and Rural Affairs. Cooperation agreements are signed and jointly implemented with foreign governments or international cooperation organizations. The Ministry of Agriculture and Rural Affairs is responsible for the implementation of agricultural related commitments under multilateral mechanisms such as FAO South－South Cooperation and China－Africa Cooperation Forum. International cooperation mainly focuses on joint research projects, joint R&D institutions, personnel exchanges and trainings. Bilateral cooperation focuses on the practical needs of the two countries, while multilateral cooperation is more comprehensive, and is conducted in a larger scale with a wider influence. At present, China has established bilateral cooperation mechanisms with countries in Southeast Asia, Europe and North America and built multilateral cooperation partnerships based on platforms such as the Asian Development Bank, the Shanghai Cooperation Organization, FAO and the African Union. Some of them are directly managed by the Ministry of Agriculture and Rural Affairs, specifically, its Foreign Economic Cooperation Center. It undertakes the management of agricultural international cooperation and agricultural foreign aid projects, and cooperates with international agricultural and financial organizations. In 2019, the agricultural international exchange and cooperation project mainly supported three areas of research: 1) The construction of agricultural supply chain channels; 2) The Belt and Road agricultural production capacity cooperation project; 3) Strengthening multilateral and bilateral cooperation with agro - related organizations. The total project funding is about 10 million CNY.

10.5 Agricultural Science and Technology Cooperation between China and CGIAR

China has been working increasingly closely with CGIAR. China's earliest cooperation with CGIAR started in the 1960s, and it became an official member of CGIAR in 1984. So far, the two sides have established strong partnerships and formulated a set of mutual goals, such as increasing agricultural productivity, increasing income and reducing poverty, and protecting biodiversity. The Chinese Academy of Agricultural Sciences, Chinese Academy of Tropical Agricultural Sciences, Shandong Academy of Agricultural Sciences, Guangdong Academy of Agricultural Sciences and other academy systems have established partnerships with CGIAR centers. The National Natural Science Foundation and CGIAR have signed cooperation agreements to conduct joint agricultural scientific research, and the National Foundation for Overseas Studies has also signed cooperation agreements with CGIAR's research centers to improve training for agricultural talents. China's cooperation with CGIAR focuses on food crops (rice, wheat, maize and potatoes), soil and water management, livestock, forestry, fisheries and food policy. The key areas of cooperation include germplasm resources exchange and new varieties cultivation, cooperative research, talents training, high - level decision - making, major international activities and international platform construction. The depth and breadth of cooperation between the two sides have been continuously strengthened, with higher level of cooperation and more and more remarkable achievements. In this section, we will introduce China's funding for CGIAR, cooperation mechanisms between CGIAR and Chinese Academy of Agricultural Sciences, the National Natural Science Foundation and the State Overseas Studies Foundation Committee, as well as the major achievements of cooperation.

10.5.1 China's Funding for CGIAR

Since 1984, China has become an official member of CGIAR and began to provide annual donations to the organization. China's contribution to CGIAR has increased year by year, from $500,000 in 1984 to $44.3 million in 2018, as shown in the table below. The amount of donation is mainly reported by the Ministry of Agriculture to the Ministry of Finance, who decides the final amount of donation and then sends the money to CGIAR through the Chinese Academy of Agricultural Sciences. At present, the Chinese government's donation is mainly direct investment in research centers and projects, without going through the allocation by CGIAR headquarter. In 2017, China contributes $5.72 million to CGIAR, of which $4.04 million is through this channel and $1.68 million through bilateral contribution. A considerable amount of funding went to support the work of Asia-Pacific Center in China, which is established by International Potato Center (CIP). According to CGIAR statistics, from 2017 to 2021, Chinese government donated $9.3 million to CIP through direct investment in research centers and projects, accounting for 36% of the total donation from China through this channel. IFPRI and CIMMYT accounted for 12% and 10% respectively. Biodiversity and IRRI accounted for 8%, ILRI 7%, ICRAST and ICARDA accounted for 5% respectively. The other centers of CGIAR only accounted for a small proportion.

Tab. 10-1 China's Contribution to CGIAR from 1984 to 2018

Particular year	Time (year)	Annual contributions ($10,000)	Contributions subtotal ($10,000)
1984-1986	3	50	150
1987-1991	5	30	150
1992-1998	7	50	350
1999-2004	6	70	420

(continued)

Particular year	Time (year)	Annual contributions ($10,000)	Contributions subtotal ($10,000)
2005-2006	2	80	160
2007-2009	3	120	360
2010-2011	2	160	320
2012	1	280	280
2013	1	300	300
2014	1	300	300
2015	1	290	290
2016	1	350	350
2017	1	500	500
2018	1	500	500
Total			4,430

Source: CGIAR website

10.5.2 Agricultural Cooperation between CAS and CGIAR

The Chinese Academy of Agricultural Sciences (CAAS) is responsible for coordinating the cooperation between China and CGIAR. Research centers (institutes) under CGIAR such as CIMMYT, CIP, IFPRI, ILRI, IPGRI, IRRI, IWMI and World Fisheries Center (WFI) have established offices in China, and CAAS has provided office space for them.

CAAS and some research centers under CGIAR have established 10 joint laboratories, such as the "Joint Laboratory of Animal and Poultry Herbage Genetic Resources of the Chinese Academy of Agricultural Sciences-International Institute of Livestock Research" established with ILRI, the "Joint Laboratory of Agricultural and Water Management of the Chinese Academy of Agricultural Sciences-International Institute of Water Management" jointly established with IWMI, the "Joint Laboratory of Dryland Agriculture of the Chinese Academy of Agricultural Sciences, the International Centre for Agricultural Research in Arid Areas and the International Institute of Tropical Crops in Semi-arid Areas" jointly established with International Center for Agricultural Research in the Dry Areas (ICARDA) and the International Crop Research Institute for the Semi-Arid Tropics (ICRISAT), as shown in the attached table. These joint laboratories play an important role in international cooperation and talents training. For example, based on the Institute of Hereditary Medicine, CAAS and the ILRI collaborated to establish the Joint Laboratory of Animal and Poultry Genetic Resources of the Chinese Academy of Agricultural Sciences and the International Livestock Research Institute (hereinafter referred as the CAAS-ILRI Joint Laboratory in 2004. The aim is to make full use of opportunities and resources of the cooperation with ILRI, to introduce foreign advanced technology and excellent genetic resources, to utilize global S&T social resources, to promote the improvement of livestock and forage varieties, the protection of biodiversity, and the rational utilization of resources. The CAAS-ILRI Joint Laboratory mainly carries out cooperative research, academic exchanges and technical training in the field of livestock, poultry and forage genetic resources between China and East Asia & Southeast Asia. It provides research equipment and technical support for ILRI projects in the integrated field of biotechnology in Asia as needed. It has become an important platform for the International Livestock Research Institute to carry out genetic resources research and talent training in China and the Asia-Pacific region. ILRI and scientists from CAAS are working closely in this joint laboratory to collect, identify and protect livestock and feed genetic resources in China and Southeast Asia with advanced technologies. The Joint Laboratory will considerably improve the region's capacity in biotechnology and genetic resources (Tab. 10-2, Tab. 10-3).

Tab. 10-2 CGIAR's Affiliated Research Institute Office in CAAS

Name of subordinate organizations of CGIAR	Establishment time
International Potato Center	1985
International Plant Genetic Resources Institute	1989
International Food and Policy Research Center	1996
International Maize and Wheat Improvement Center	1997
International Rice Research Institute	1997
International Livestock Research Institute	2001
Center Agriculture Bioscience International	2002
World Agroforestry Center	2007

Source: CAAS

Tab. 10-3 CAAS and CGIAR Joint Laboratory

Cooperation Lab	Establishment time	Counterpart
CAAS-ILRI Joint Lab on Ruminant Disease Control	2015	Orchid Veterinarian
CAAS-ICRAF Joint Lab on Agroforestry and Sustainable Animal Husbandry	2014	Animal Husbandry Institute
CAAS - ICRISAT Joint Lab for Groundnut Aflatoxin Management	2013	Oil Research Institute
CAAS-CIMMYT Joint Center for Wheat Variety Improvement	2010	Institute of Surgery
CAAS-IWMI Center of Excellence for Water Management in Agriculture (CEWMA)	2009	Circular Office
CAAS-ICRISAT-ICARDA Joint Center of Excellence for Dry land Agriculture (CEDA)	2009	Circular Office
CAAS-Bioversity Centre of Excellence for Agrobiodiversity Research and Development	2005	Institute of Surgery
CAAS - ILRI Joint Laboratory on Livestock and Forage Genetic Resources	2004	Animal Husbandry Institute
CAAS - IFPRI International Center for Agricultural and Rural Development	2003	Agricultural Economic Institute
CAAS - IAEA The Analytical Laboratory for Monitoring Environmental Radioactivity	2002	Circular Office
CAAS - CIMMYT Joint International Research Center for Genomics Research and Molecular Breeding	1999	Institute of Surgery

Source: CAAS

CGIAR devotes part of the Chinese government's donation to talent training and capacity building activities. Currently, CGIAR and CAAS frequently conduct short-term exchange training Programs. CAAS sends 60-70 people per month to CGIAR for trainings and personnel exchanges every year, which improves the CAAS researchers' capacity in scientific research and promotes the scientific cooperation between the two sides. Among them, 11 CGIAR scientists and two CGIAR subordinate centers, CIMMYT and IRRI, were awarded the "Friendship Award" by the Chinese Government (Tab. 10-4).

Tab. 10-4 CAAS's Plan for Sending Trainers to CGIAR in 2019

CG Center	Number of persons, months	Training venue	Training contents
CIMMYT	6 persons, 4 months	Mexico or Kenya	Breeding, cultivation, physiology, conservation tillage and applied biotechnology of wheat or maize
IFPRI	3 persons, 3 months	Washington, USA	Agricultural Economic Management and Nutrition
Bioversity	3 persons, 6 months	Italy and France	Diversity Monitoring Index, Nutritional Health, Biological Resistance and Gene Mining of Germplasm Resources
ILRI	3 persons, 3 months	Kenya	Study on Herbage Stress Resistance and African Swine Fever Vaccine
ICRAF	2 persons, 3 months	Kenya	Soil Monitoring, Feed Resource Collection and Nutrition Assessment in Africa

Source: *CAAS*

10.5.3 Cooperation between NSFC and CGIAR

CGIAR and NSFC has signed an international cooperation agreement. Before 2011, NSFC signed separate cooperation agreements with CIMMYT, IRRI and Bioversity. After CGIAR's reform in 2011, NSFC co-funded cooperative research projects with CGIAR through the establishment of the National Natural Science Foundation Committee and the Consultative Organization for International Agricultural Research, and co-funded seven cooperative research projects with five research centers under CGIAR in the same year. In 2013, the framework agreement between NSFC and CGIAR was signed and came into effect. The agreement covers all 15 research centers (institutes) under CGIAR and focuses on promoting the cooperation of CGIAR Core Research Program (CRPs). NSFC and CGIAR will co-fund collaborative research and support scientists from both sides. The NSFC and CGIAR affiliated centers jointly determine the priority areas for project funding, and NSFC is responsible for project acceptance, evaluation and management. The cooperation between NSFC and CGIAR focuses on the key issues and key technologies characterized as "basic, forward-looking, strategic and overall", usually with a project cycle of five years. Chinese scientists submit project applications together with CGIAR researchers. NSFC provides funds for scientific research and personnel exchange for approved cooperative projects. From 2011 to 2017, the number of applications and approved projects and the number of CGIAR research centers (research institutes) cooperating with NSFC have increased significantly, and the cooperation between the two sides was strengthened. In 2018, 16 projects of 9 CGIAR centers were funded, with an average funding of 2 million CNY. Collaborative research projects are mainly concentrated in the Department of Life Sciences and the Department of Management Sciences of NSFC. CIMMYT and IRRI are the closest partners. From 2011 to 2017, CIMMYT and IRRI undertook 21 and 14 co-funded projects respectively, accounting for 40.7% of the total number (Tab. 10-5).

Tab. 10-5 Application and Approved Funding for NSFC-CGIAR Cooperative Research Projects, 2011-2018

Year	Number of cooperative research center (institution)	Number of Application	Number of Approval	Amount of each foundation (million CNY)
2011	5	20	7	200-300
2012	8	-	10	80-200
2013	8	20	9	80-200
2014	10	35	13	200-300
2015	10	34	13	200-300
2016	11	43	17	200
2017	11	51	17	200
2018	9	-	16	200

Source: National Natural Science Foundation

10.5.4 Cooperation between the China Scholarship Council and CGIAR

The China Scholarship Council has signed memorandums of cooperation with CIMMYT and IRRI respectively, established joint scholarships and co-funded Chinese scholars to CIMMYT and IRRI for further education. A long-term cooperative relation has been established. Each year, about 10 people are funded to complete dissertations or carry out cooperative research in CIMMYT and IRRI in a study period of 24 months. For people receiving this scholarship, CIMMYT and IRRI will exempt their tuition fees and pay for their research costs at the institute. The China Scholarship Council supports their living expenses (including overseas health insurance) according to the Chinese government scholarship standards, covering a one-time economy class round trip air tickets and visa application fees.

10.5.5 China-CGIAR Cooperation Achievements

For more than 30 years, China and CGIAR have cooperated extensively, with a large number of co-funded projects. The cooperation covers germplasm resources evaluation and utilization, biodiversity conservation, crop variety improvement and breeding, integrated pest management and biological control, biotechnology, resource management and sustainable development, poverty alleviation, agricultural products processing and utilization, and agricultural economic development policies. CGIAR has provided a large number of genetic resources for China and has trained a large number of scientific research and management talents, which has brought considerable economic and social benefits. Introducing germplasm from CGIAR's centers is of great importance for variety breeding in China, especially when the exports of germplasm are limited in most countries. Centers under CGIAR are responsible for preserving and managing germplasm resources for the common good. And as a public good in nature, their germplasm resource is easier to obtain. What's more, CGIAR has a comprehensive information system and health and quarantine system, which is of less risk in terms of biosafety and is more usable.

First, cooperation in variety breeding. According to an FAO research, although China is one of the eight geographic diversity centers in the world, its food supply is highly dependent on world germplasm resources, with an dependence rate as high as 46%-55% (Flores-Palacios X, 1998). The centers of the CGIAR are of great significance for China to introduce germplasm resources and ensure food security. According to Wang (2012), data from "database of imported crop germplasm resources abroad" of the National Agricultural Science Data Sharing Center shows that 7,504 of its 31,576 germplasm resources are from CGIAR, accounting for 23.8% of the database. Among them, the International Rice Research Institute accounted for the largest proportion of rice germplasm resources, accounting for 70.9% of the database; sorghum from the International Maize and Wheat Improvement Center (CIMMYT) and the International Centre for Tropical Crop Research in Semi-arid Areas (ICRISAT) ranks second, accounting for 58.4%; peanuts from the International Centre for Tropical Crop Research in Semi-arid Areas accounted for 56.9%; wheat from CIMMYT ICRISAT accounted for 25.9%; and maize from the International Maize and Wheat Improvement Center and the International Institute of Tropical Agriculture (IITA) accounted for 16.0%. Most of these foreign germplasm resources are obtained from the centers of CGIAR, especially rice, wheat, maize, sorghum, edible beans, peanuts and other crops. In addition, the cooperation between China and CGIAR has become increasingly close. From 1973 to 1983, China introduced nearly 300 germplasm resources from them. After China formally joined CGIAR in 1984, a large number of varieties including rice, wheat, maize, sweet potato, cassava were obtained from the centers. The number of germplasm resources introduced was 406 per year and increased to more than 500 in 1985. According to the records of the International Rice Research Institute (IRRI), China has obtained more than 2000 germplasm resources from IRRI every year since 2005.

Cultivation of rice varieties. Rice is one of the most important food crops in China. Before the formal cooperation with CGIAR, Chinese researchers have begun to use high-yield rice varieties developed by IRRI. Since the establishment of IRRI Liaison Office in Beijing in 1997, IRRI has cooperated more closely with Chinese scientists. China is a big country in terms of the utilization of rice germplasm resources. According to Wang Fuyou's (2012) research results, China's utilization of rice germplasm resources from IRRI has increased yearly, accounting for 13.0% of IRRI's total distributed germplasms in 2007, 13.6% in 2008 and 16.6% in 2009 of the IRRI's total utilization. China has been ranked second in the world in terms of annual utilization, and ranked first in terms of the total three-year utilization ranks (followed by India, the United States and the Philippines). In addition, the introduction of germplasm resources from IRRI has a profound impact on rice cultivation in China. About 90% of China's hybrid rice varieties (about half of China's rice production) contain rice germplasms from the IRRI, and 37 modern varieties developed by IRRI have been applied and promoted in China.

Cultivation of wheat and maize varieties. Wheat is the second largest grain crop in China, second only to rice, accounting for 25% of the total grain. CIMMTY is helping China cope with future wheat demand growth in several areas. From 1989 to 2009, China introduced 52,750 wheat seeds from CIMMTY, most of which were bread wheat (44, 989, 86.3%). This was related to the lack of bread wheat varieties in China. At present, China still relies on imports of high-quality bread flour. From 1982 to 2010, 265 wheat varieties from CIMMTY were promoted and applied in China, of which 65 became dominant varieties (Wang Fuyou, 2012). Compared with China's own germplasms, IMMTY wheat varieties have the advantages of high yield potential, strong disease resistance and good quality. Currently, CIMMTY and China have established information and germplasm exchange mechanisms, in which more than 60 Chinese institutions are involved. Huang Jikun et al. (2015) assessed the impact of CIMMYT wheat seed resources on Wheat Productivity in China, the result shows that during 1982-2011, CIMMYT seed resources were continuously used in wheat breeding. Among the main wheat varieties, the proportion of CIMMYT wheat varieties planted directly by Chinese farmers is about 2%, 5% of them are as the first-generation germplasm resources, and 10% as the second generation or higher. In China, CIMMYT is expected to contribute about 7% of wheat seeds. They also found that the impact of CIMMYT germplasm resources was increasing gradually. After 2000, about 26% of all major wheat varieties contained CIMMYT seed resources, which significantly improved the performance of Chinese wheat varieties, in terms of yield, processing quality, insect resistance and maturity time. Their estimates further showed that the introduction of CIMMYT germplasm resources increased the total factor productivity of wheat by 5% to 14%, with an average annual growth of 0.17% to 0.45%. This is equivalent to an increase of about 3.8 million tons to 10.7 million tons of grain, with a value of about $1.2 billion to $3.4 billion at 2011 prices. Their research results further showed that the advantages of CIMMYT germplasm resources were more prominent in some areas of China, mainly concentrated in spring wheat production areas, especially in the areas where spring wheat and winter wheat crossed in the north, including the Huang-huai River region and the middle and lower reaches of the Yangtze River. In Heilongjiang and Inner Mongolia, nearly 38% of wheat varieties contain CIMMYT seed resources. With the strictest conversion method, the proportion of CIMMYT seed resources in Heilongjiang and Inner Mongolia still reaches 11% and 24% respectively. In addition, CIMMYT germplasm is also widely used in winter wheat in southwest China, accounting for 36%. The main reason is that while Yunnan and other places are susceptible to the wheat stripe rust, CIMMYT varieties have resistance to it, thus are more suitable for planting there. From 1986 to 2009, China introduced 7,626 maize germplasm resources from CIMMYT, including 6,538 inbred lines, 9 local varieties, 318 hybrids, 577 Germplasm Bank materials, 67 populations, 35 integrated populations constructed by the International Maize and Wheat Improvement Center, 74 comprehensive species and 8 special experimental materials. It is mainly comprised of inbred lines (accounting for 85.7%) because maize is mainly used for cross breeding, while inbred lines are mainly used for cross parents (Wang Fuyou, 2012).

Cultivation of potato and sweet potato varieties. According to Lu Xiaoping and Xie Kaiyun (2014), in the past 30 years, China has introduced more than 7,000 potato germplasm resources from CIP, greatly enriching domestic potato germplasm resources. On this basis, Chinese scientists have bred more than 100 new potato varieties. Among the 100 most common varieties, about 30% of the varieties are based on the germplasm from CIP, and these varieties are planted in about 20% of the planting area in China. China has benefited significantly in terms of the improvement of potato and sweet potato germplasm and breeding materials, pest control and detection, field management and post – harvest processing and utilization. Since 1987, CIP has been working with Chinese scientists to develop new technologies for the prevention of sweet potato virus. These technologies include new methods for identifying sweet potato root viruses and developing better systems for breeding new varieties of improved virus resistance. By the early 1990s, these technology results had increased the yield of sweet potato in China by 30%, and the planting area in Shandong Province had expanded to more than 600,000 ha. From 1990 to 2009, China introduced 525 sweet potato germplasm resources from CIP (Wang Fuyou, 2012). On July 28, 2015, the Asia – Pacific Center of the International Potato Center was launched in Yanqing County, Beijing. Over the past 30 years, CIP has carried out more than 50 scientific research cooperation projects in China, provided more than $5 million research funding, introduced about 15 new technologies, accelerated the upgrading of domestic technology, and greatly promoted the improvement of potato and sweet potato seeds quality in China (Lu Xiaoping and Xie Kaiyun, 2014).

Second, talents training and scientific research capacity building. CGIAR has also made an important contribution to the capacity – building of Chinese scientific researchers. It has trained a number of PhD and Master students in China. It supported many visiting scholars to study and train abroad and supported them to attend conferences and participate in cooperative research. For example, CIMMYT provides a large number of training opportunities for Chinese scholars, including visiting scholar projects, training courses, scholarships for doctoral and postdoctoral students. According to Huang Jikun et al. (2014) 's research on CIMMYT's training Program in China, more than 350 Chinese scholars participated in 417 CIMMYT's wheat training Programs from 1977 to 2012, with increasing participation of youth and women. These trained scholars are observed to have higher scientific research abilities, more publications, more patents and awards. More than 300 papers have been jointly published by Chinese scholars and CIMMYT, more than 20 international conferences have been held, more than 300 backbone scientists have been trained, and 8 CIMMYT scientists have won the Chinese Government Friendship Award. According to statistics from the International Cooperation Bureau of the Chinese Academy of Agricultural Sciences (2013), since China joined CGIAR in 1984, more than 20 CGIAR scientists have won the "Friendship Award" awarded by the Chinese Government. CIP has trained a large number of potato professionals for China. Of the 24 experts in the potato industry technology system established by the Ministry of Agriculture of China in 2008, 6 have received CIP funding to study abroad and 11 have participated in CIP projects; among the 16 experts in the sweet potato industry technology system, 6 have received CIP funding to study abroad and 10 have participated in CIP project work (Lu Xiaoping and Xie Kaiyun, 2014).

Third, published papers. China has published more than 1,500 academic collaborative papers with CGIAR in the past ten years. The number of papers published per year has increased from less than 100 a decade ago to more than 200 a year. The proportion of Chinese papers in CGIAR's total papers increased from 6%-7% before 2012 to more than 10% now. About 62.63% of CGIAR's collaborative papers with China in the past decade came from the Chinese Academy of Agricultural Sciences and the Chinese Academy of Sciences, the former accounting for 35.75% and the latter 29.92%.

10.6 China-FAO South-South Cooperation

South-South Cooperation (SSC) is a platform for exchanges of development solutions - knowledge, experiences and good practices, policies, technology and resources-among the global South. FAO began facilitating South-South Cooperation (SSC) in 1996. China was one of the first countries to participate in SSC and has been actively involved ever since, promoting a pioneer SSC model that is globally recognized. Since 1996, through the FAO - China SSC Program, China has dispatched 1,057 experts and technicians (almost 60 percent of the total FAO SSC experts) to 37 countries and regions of Africa, Asia, the South Pacific, Latin America, and the Caribbean (as of 2018) for nearly two decades. These experts and technicians have made large contribution in the technical areas of irrigation, horticulture, livestock, agriculture, crop production, agroforestry, agricultural mechanization, food processing, marketing of agricultural products, and agricultural machinery manufacturing, etc.

China was the first country to establish a strategic SSC alliance with FAO through a Letter of Intent signed in May 2006. In 2008, China established, at FAO, a $30 million Trust Fund (Phase I) in support of the FAO-China SSC Program (Phase I). Based on the successful achievements of the FAO-China SSC Program (Phase I), Premier Li Keqiang emphasized that China was willing to continue strengthening the sharing of agricultural technologies, experience and development solutions with other developing countries through bilateral and multilateral partnerships, during his visit to FAO headquarters in Rome on 15 October 2014. He also announced a new commitment of $50 million to FAO in support of the FAO-China SSC Program to improve food security and promote sustainable agricultural developments in developing countries. The Program mainly include 5 cooperation mechanisms: deployment of Chinese experts and technicians, knowledge sharing and hands-on training, technical demonstrations and adaptation, short-term study and policy dialogue.

The FAO-China SSC Program has supported 11 SSC country projects and two global projects by April 2015, in which 287 Chinese experts have been fielded in Mongolia (Phases I and II), Ethiopia, Liberia, Malawi, Mali, Namibia, Nigeria, Senegal, Sierra Leone, and Uganda (Phases I and II), to carry out agricultural technical assistance and extension work. The FAO-China SSC Program (Phase I) supported eight capacity development activities in China and one High-Level-Forum on SSC Achievements in Africa held in Nigeria. The Program also provided backstopping to the China-Nigeria SSC project, which was funded by the

FAO–Nigeria Unilateral Trust Fund (UTF). Two SSCTPAs were signed under the Program (Phase II) with Madagascar and Sri Lanka in June 2019. Two global projects on Management Unit and Global Capacity Development and two regional projects on strengthening the capacity of developing contracting partners to implement the International Plant Protection Convention (IPPC) and Overseas Transboundary Animal Disease (TAD) Control Area along Lancang – Mekong River have been lunched. 6 workshops and/or trainings with more than 140 participants were held in China on capacity needs assessment for developing countries, food systems, seafood market access, GIAHS, rural energy and pesticide risk management.

The FAO–China SSC Program has achieved significant results. First, over 400 agricultural technologies were transferred to partner countries, 268 suitable crops, vegetables and other varieties were tested, and 174 sets of agricultural machinery tools were designed; Second, 237 demonstration pilots in more than 80 project sites were conducted. Third, 408 research reports and recommendation briefs were prepared and submitted. Fourth, over 1,300 training activities were organized in the field. Nearly 20,000 local farmers and agricultural technicians received field training benefiting more than 65,000 people, 70 percent of which have successfully adopted the technologies.

Over the past 20 years, China has sent 1,057 agricultural experts and technicians to the fields by end of 2018, accounting for 60% of the total number of experts sent by FAO South–South Cooperation projects. Those experts were sent to countries including Bahamas, Bangladesh, Barbados, Cook Islands, Congo (Kinshasa), Ethiopia, Fiji, Gabon, Ghana, Liberia, Malawi, Mali, Mauritania, Micronesia, Mongolia, Namibia, Nigeria, Niue, Samoa, Senegal, Sierra Leone, Suriname, Tonga, Turkey, Trinidad, Tobago, Uganda and Vanuatu.

The Chinese government established the China – FAO Trust Fund and has contributed a total amount of $80 million in two phases to support the exchange of knowledge and experience between China and the global South. Since its establishment, China has successfully implemented 14 cooperation projects in countries including the Democratic Republic of the Congo, Ethiopia, Liberia, Malawi, Mali, Mongolia (Phase I and II), Namibia, Nigeria, Senegal, Sierra Leone, Uganda (Phase I and II), Sri Lanka and Madagascar. Chinese experts have carried out knowledge sharing in many technical fields, including aquaculture, crop production and irrigation, livestock breeding, agroforestry, pest control, poultry breeding and agricultural value chain development, etc.

China began to innovate and explore the model of South-South and Trilateral Cooperation. China contributed about $10 million to IFAD for a new China-IFAD South-South and Trilateral Cooperation Fund in February 2018, in order to further strengthen South-South and Trilateral Cooperation, which was the first fund in IFAD's history dedicated to South-South and Trilateral Cooperation. The Fund aims to exchange development experience among the Global South, integrate expertise and resources, accelerate poverty alleviation in rural areas, improve rural productivity, promote rural transformation, and increase investment to developing countries. The Fund focuses on small-scale agriculture and rural development, which seeks to improve agricultural productivity, income and livelihood of the poor in rural areas, eliminate poverty and malnutrition, and promote employment of rural youth in developing countries. IFAD will provide concessional loans and grants for small-scale agriculture and rural development worldwide. WFP China Center for Excellence was established in 2016. It focuses on South-South Cooperation and Trilateral cooperation, and carries out a series of activities on SDG 2 and 17. It helps to share China's successful experiences in food security, nutrition improvement and poverty alleviation to other developing countries, through policy dialogue, technical training and exchange, expert dispatch, policy research, online training, and training for young entrepreneurs and farmers. Experiences are shared on value chain construction and market access for small farmers, supply chain management, climate change response, disaster prevention and control, resilience building, and other areas to achieve zero hunger and nutrition improvement. In 2017, WFP China Center for Excellence organized a seminar on enhancing the resilience of small farmers through value chain management, and conducted practical training in Cameroon, Ghana, Kenya, Nigeria and Senegal in 2018.

China's private sector also contributes to South-South Cooperation. Like an opera, while the government sets the stage, it's the private enterprises who sing the opera. In 2018, the third phase of China-Uganda South-South Cooperation project was launched. The third phase will still focus on agriculture and promoting application of technical cooperation to industrial development. Under the framework of FAO

Special Plan for Food Security, the project has been implemented at province and county level. Sichuan Province has appointed 39 experts and technicians to provide technical support for Ukraine in horticulture, grain, aquatic products, animal husbandry and other fields. In 2014, Sichuan Kehong Group established Sichuan Youhao Hengyuan Agricultural Development Co., Ltd, with other six Sichuan enterprises such as Zhongyan Seed Industry, Chuanlong Tractor Industry and Greenwood Poultry Industry. It registered Kehong Uganda Industrial Development Co., Ltd., and invested 158 million yuan to establish a China-Uganda Agriculture Cooperation Industrial Park in Uganda. The industrial park was officially opened on April 26th, 2016. This project has been demonstrated by FAO as a model for sustainable development of South-South Cooperation.

10.7 Agricultural S&T Cooperation between China and Africa

10.7.1 China-Africa Cooperation Forum

China-Africa Cooperation Forum was officially established in October 2000. This conference announced two important policy documents: the Beijing Declaration and the Cooperation Guidance on Economic and Social Development between China and Africa. The forum established the mechanism of future China-Africa Cooperation dialogues based on three levels: The ministerial conference is held every three years; Senior officials will meet one year before the ministerial conference, they will also hold a pre-conference several days before the ministerial conference; The meeting between the African Ambassadors in China and the Secretariat of the Chinese Cooperation Follow-up Committee will be held at least twice a year (Tab. 10-6).

Tab. 10-6 Content of Agricultural Assistance in the Follow-up Plan of the Forum on China-Africa Cooperation

Release plan	Specific contents related to agricultural assistance
The 2006 Beijing Action Plan of the Forum on China- Africa Cooperation (2007-2009)	Send 100 senior agricultural technology experts to Africa, establish 10 distinctive agricultural technology demonstration centers in Africa, strengthen cooperation with Africa in agricultural practical technology and agricultural human resources development, and strengthen cooperation with African countries within the framework of the Food Security Special Plan of the United Nations Food and Agriculture Organization

(continued)

Release plan	Specific contents related to agricultural assistance
The 2009 Forum on China - Africa Cooperation, Sharmel-Sheikh Action Plan, (2010-2012)	Send 50 agricultural technology teams to African countries, train 2,000 agricultural technicians for African countries, increase the number of agricultural technology demonstration centers in African countries to 20, continue to run the established agricultural technology demonstration centers in Africa, commit the promise of establishing a trust fund by donating US $30 million to FAO, and actively use the trust fund to support China's South - South Cooperation with African countries under the framework of the Food and Agriculture Organization of the United Nations Special Plan for Food Security
The 2012 Beijing Action Plan of the Forum on China- Africa Cooperation (2013-2015)	Continue to send agricultural technology teams to African countries, strengthen the training of agricultural technicians in Africa, send agricultural vocational education and training teachers to African countries, help Africa establish an agricultural vocational education system, increase agricultural technology demonstration centers in Africa, continue to give play to the agricultural technology demonstration centers in Africa, jointly carry out production demonstration and technology promotion. More ever, help African countries improve their self - development capacity in the fields of food cultivation, storage, processing and circulation, and also provide technical supports. Actively support the agricultural development projects carried out by the Food and Agriculture Organization of the United Nations in Africa, and cooperate with African countries and regional organizations in food security under the framework of the Food and Agriculture Organization of the United Nations Special Plan for Food Security
The 2015 Johannesburg Plan of Action of the Forum on China-Africa Cooperation (2016-2018)	Support the modernization of agriculture, promote agricultural upgrading, improve agricultural infrastructure and adjust agricultural machinery to suit the local conditions of Africa, implement 50 agricultural assistance projects, provide 1 billion yuan of emergency humanitarian food aid to African affected countries, send 500 senior agricultural experts to Africa, train farmers to become rich leaders, implement the project of mutual assignment of senior agricultural technicians, and train young leaders in agricultural development. Establish China-Africa Green Agricultural Development Research Centers, strengthen cooperation between China and African cotton producing countries, and comprehensively enhance African cotton industry planning, quality standards, production, processing, storage and transportation trade capacity
The 2018 Beijing Action Plan of the Forum on China-Africa Cooperation (2018 - 2020)	Transfer agricultural technology to Africa through the exchange of experts, develop new agricultural research deliverables, including molecular-level plant disease detection and identification, pest and disease analysis, seed testing and certification, biosafety - level high - risk substances isolation and quarantine. Explore technical cooperation in poultry farming waste treatment, deepen human resources cooperation in the field of agriculture in China and Africa and cooperation in agricultural research institutions "10+10" to help Africans train young agricultural scientific research leaders

Source: According to www.focac.org

In November 2006, President Hu Jintao announced eight important initiatives to support the cooperation with Africa at the Beijing Summit of the China - Africa

Cooperation Forum, including establishing 10 agricultural technology demonstration centers; In November 2009, Premier Wen Jiabao announced eight new initiatives at the Fourth Ministerial Conference of the China-Africa Cooperation Forum, including increasing the number of centers from 10 to 20 in 2000-2010. In September 2010, Premier Wen Jiabao announced the commitment to establish 30 agricultural technology demonstration centers for developing countries in the next five years, at the UN High-level Meeting on the Millennium Development Goals. At present, China is building 26 demonstration centers, of which 15 have been completed after monitoring and evaluation and have started technical cooperation activities (one of the centers in Madagascar has not been evaluated yet). The other 11 demonstration centers are in different stages of preparation. The project of Agricultural Technology Demonstration Center for Africa has become an innovative agricultural aid model covering 25 countries in Africa (Mauritania has established two demonstration centers) and integrating food and economic crop cultivation, livestock and aquaculture, agricultural machinery and agricultural products processing. It has become the key model of China's current agricultural assistance to Africa (Tab. 10-7).

Tab. 10-7 Status Quo of China-Africa Agricultural Technology Demonstration Center

Country	Implementation Unit and Contacts	Major demonstration areas	Construction stage
Tanzania	Chongqing Seed Group	Rice, Corn, Vegetable, Tissue Culture, Laying Hen Raising	Having started technical co-operation and having been monitored and evaluated
Rwanda	Fujian Agricultural and Forestry University	Rice, Early Rice, Silk-worm, Fungus straw and Mushroom	Having started technical co-operation and having been monitored and evaluated
Ethiopia	Guangxi Bagui Agricultural Technology Co., Ltd.	Corn, Wheat, Vegetables, forage, flowers, Edible fun-gi	Having started technical co-operation and having been monitored and evaluated
Uganda	Sichuan Phoenix Overseas Chinese Group	Aquaculture	Having started technical co-operation and having been monitored and evaluated
Benin	China Agricultural Develop-ment Group	Corn, Vegetables, Layers	Technical cooperation conclu-ded and monitored.
Togo	Jiangxi Huachang Interna-tional Economic and Tech-nological Company	Rice, Corn and Vegetables	Having started technical co-operation and having been monitored and evaluated

(continued)

Country	Implementation Unit and Contacts	Major demonstration areas	Construction stage
Liberia	Hunan Longping Hi-Tech Group	Rice, Corn, Vegetable and Pig breeding	Having started technical cooperation and having been monitored and evaluated
Zambia	Jilin Food Group	Maize, Soybean, Wheat, Peanut, Fertilization, Crop plant protection	Having started technical cooperation and having been monitored and evaluated
Mozambique	Hubei Lianfeng Agricultural Company	Hybrid rice, Maize, and Vegetables, Seedling cultivation, Seed production, Livestock and poultry breeding	Having started technical cooperation and having been monitored and evaluated
South Africa	China Agricultural Development Group	Freshwater Aquaculture and Reproduction Technology	Having started technical cooperation and having been monitored and evaluated
Zimbabwe	China Agricultural Machinery Minor Co.	Potato, Corn, Wheat, Soybean, High-yield Cultivation techniques, Mechanized high-yield cultivation, Agricultural technology training	Having started technical cooperation and having been monitored and evaluated
Sultan	Shandong Foreign Economic Group	Corn, Wheat, Cotton, Peanut, Sunflower, Soybean	Having started technical cooperation and having been monitored and evaluated
Cameroon	Shaanxi Agricultural Reclamation Corporation	Rice and Maize	Having started technical cooperation and having been monitored and evaluated
Congo (Bulgaria)	Chinese Academy of Tropical Agricultural Sciences	Cassava and Vegetables	Having started technical cooperation and having been monitored and evaluated
Madagascar	Hunan Academy of Agricultural Sciences	Rice	Concluded technical cooperation
Mali	Jiangsu Bauhinia Textile Company	Jute, Kenaf, Rice, Corn, Cotton	Started Construction
Mauritania 1	HeilongjiangYanlin Science and Technology Company	Rice, Corn, Wheat, Vegetables, Biogas	Started Construction
Mauritania 2	NingxiaYangfulai Company	High-yield dairy cattle breeding, Forage cultivation and processing, Dairy processing, Solar power generation	Started Construction
Angola	Xinjiang Construction Corps	Rice, Corn, Beef Cattle	Started Construction

(continued)

Country	Implementation Unit and Contacts	Major demonstration areas	Construction stage
Malawi	Qingdao Ruichang Cotton Company	Rice, Corn and Cotton	Started Construction
Congo (Kinshasa)	ZTE Energy Co., Ltd.	Rice, Vegetables, Dry Grain, Palm	Started Construction
Central African	Shanxi Foreign Economic Group	Maize, Dry Rice, Cassava, Vegetables, Egg Raising, Biogas	Started Construction
Equatorial Guinea	Jiangxi Ganliang Industrial Company	Rice, Banana, Vegetable, Sweet Potato, Cassava	Started Construction
Cote d'Ivoire	undetermined	Rice, Corn and Vegetables	Feasibility study
Eritrea	undetermined	High yield cultivation of corn, Millet, Brassica napus and Fruits and Vegetables	Feasibility study
Burundi	undetermined	Rice, Corn, Horticulture	Feasibility study

Source: Author

China-Africa Scientific Research Cooperation "10+10" Mechanism: China and Africa committed to jointly respond to challenges of food security, increasing farmers' income and industrial chain construction in agricultural production of African countries. It is plausible to make use of China's advantages in agricultural S&T development, further increase diversified investments in S&T research and innovation in agriculture and conduct more precise and efficient agricultural S&T cooperation. They will carry out comprehensive cooperation activities such as student exchange, training agricultural S&T talents. The China-Africa Cooperation Forum will be regularly held. China and Africa will establish a "10+10" cooperation mechanism of agricultural research institutions. They seek to promote the implementation of the Johannesburg Summit consensus made on 2015 China-Africa Cooperation Forum, to deepen cooperation under the framework of FAO, WFP and IFAD. China will recognize the important coordination role of Africa Union, and help Africa develop agricultural S&T and improve agricultural productivity. 13 cooperation agreements have been signed (as shown in the table below, Tab. 10-8).

Tab. 10-8 Signed Cooperation Agreement

Chinese Cooperative Units	Africa's Cooperative Units	Cooperation Contents
Hubei Academy of Agricultural Sciences	Crops Department, Malawi Ministry of Agriculture	Agricultural technology research and demonstration cooperation
Jilin Agricultural University	University of Zambia	Technical cooperation on sustainable development of agricultural production
Zhongdi Overseas Agricultural Development Co., Ltd.	Nigerian Council for Agricultural Research	Strengthening agricultural technical cooperation
Harbin Institute of Veterinary Medicine, Chinese Academy of Agricultural Sciences	Veterinary College, Cairo University, Egypt	Veterinary cooperation
Chinese Academy of Agricultural Sciences	Sudan National Agricultural Research Center	Agricultural research and development cooperation
Chinese Academy of Tropical Agricultural Sciences	National Agricultural Research Center of the Republic of Côte d'Ivoire	S&T cooperation of agricultural research center
Chongqing Academy of Agricultural Sciences	Tanzania Ministry of Agriculture, Animal Husbandry and Fisheries Qianlima Institute of Agricultural Sciences	Cooperation of agricultural research institutions

Source: Author

Chinese and African Universities "20 + 20" Cooperation Mechanism: Cooperation between Chinese and African universities was officially launched in 2010 to promote the internationalization of Chinese universities. It also seeks to increase understanding of African universities' management system and curriculums. It will strengthen the curriculum building of African universities, as well as train competent teachers and improve their capacity in academic, scientific research and social services. This cooperation is managed by Department of International Cooperation, Ministry of Education.

The Belt and Road SSC Agricultural Education Science and Technology Innovation Alliance was established in June 2018. The alliance was launched by China Agricultural University, participated by 40 agricultural and forestry universities in China, including China Agricultural University and Northwest Agriculture and Forestry University. 30 colleges and universities along the "Belt and Road" route also participated, including Kyrgyz State Agricultural University and Hebrew University of Israel and so on. Through the cooperation platform and resource sharing, the alliance will promote agricultural education and technology in the countries along the Belt and Road and other South–South Cooperation countries. This is the first cooperation mechanism of agricultural and forestry colleges in the field of global agricultural South–South Cooperation. It is planned to promote agricultural industry, and then to build demonstration centers and technology bases for overseas agricultural development, to share China's agricultural development experiences to serve local agricultural development in partner countries. At the inauguration ceremony, nine universities signed five bilateral and multilateral cooperation agreements to jointly build Cooperation and Innovation Center of Agricultural Education Science and Technology.

10.7.2 Trilateral Cooperation Mechanism

China–UK–Africa Trilateral cooperation: The international community has recognized the increasing importance of the China's agricultural technology's adaptability in Africa and hopes to promote the transfer through Trilateral cooperation. In 2009, China and the UK reached consensus on strengthening agricultural cooperation to help African developing countries improve their agricultural productivity and jointly respond to the challenges of global food crisis. The three parties, China, Britain and Africa, each has its own characteristics and advantages. China has abundant practical agricultural technology and experts, Britain has funding resources, and Africa has the natural resources for agricultural development. This Trilateral cooperation can bring more resources than bilateral cooperation, in the same time it is more efficient than multilateral cooperation. China's participation can bring more suitable technology and management models for agricultural development in Africa. At present, China and the UK have decided to carry out pilot projects in Malawi and Uganda under the framework of China–UK–Africa Trilateral agricultural cooperation, and have sent experts in agricultural technology to Malawi and Uganda to carry out relevant technology dissemination work.

In addition to the development cooperation under the above framework, China and Africa have also actively tried to include other development partners into their cooperation, including foreign aid agencies and NGOs in developed countries, for example the Bill and Melinda Gates Foundation (BMGF), the International Consultative Organization for Agricultural Research (CGIAR), and the African Rice Centre. Those organizations are actively seeking to establish trilateral partnerships with their partners in China and Africa. They expect to collaborate with Chinese agricultural research institutions, the China Agricultural Technology Demonstration Centre in Africa, and the China Agricultural Technology Expert Group in Africa. They hope to introduce and utilize China's hybrid rice technology, upland rice technology, ratooning rice technology, conventional rice technology and various stress-resistant rice technologies. They hope to make full use of African Rice Center's existing technologies and platforms to carry out variety breeding and improvement, experiment, demonstration and extension in 12 major African rice-producing countries (Nigeria, Senegal, Sierra Leone, Madagascar, Ethiopia, Tanzania, Mozambique, Cote d´Ivoire, Malta, Uganda, Burkina Faso and Liberia). By carrying out these activities, they can gradually improve the local rice production, improve self-sufficiency in Africa, strengthen the ability of African farmers, especially small households, and better respond to extreme weather, drought, floods and other disasters. The implementation of this project will help Africa achieve the goals of poverty eradication, hunger eradication and food security, and accelerate the agricultural transformation in Africa.

China has become a new agricultural partner of the African Green Revolution Forum. The African Green Revolution Forum (AGRF) hosted by the Alliance for African Green Revolution (AGRA) was held in September 2018 in Kigali, the capital of Rwanda. This is the most influential agricultural development forum in Africa, which committed new investment of billions of dollars to African farms and agricultural enterprises and contributed to the establishment of new agricultural partnerships between Africa and China, India, Brazil and Israel. This Forum was held after the 2018 Forum on China-Africa Cooperation (FOCAC), and China's participation further strengthened China's agricultural investment and technical assistance to Africa. The Chinese government pointed out that the new partnership will be combined with China's current agricultural aid initiatives to Africa. China will establish cooperation with 10 agricultural universities, along with the construction of new agricultural technology demonstration centers and agricultural parks. AGRA is an international non-governmental organization in Africa established by the Rockefeller Foundation and Bill and Melinda Gates Foundation in 2006, with a mission to promote green revolution with African characteristics. It commits to play a central role in the transformation of African agricultural system and help to increase food production and farmers income in African countries.

10.8 China and "the Belt and Road" Cooperation

10.8.1 "The Belt and Road" S&T Cooperation Policy

"The Belt and Road" is short for the "Silk Road Economic Belt" and "twenty-first Century Maritime Silk Road". In September and October 2013, Chinese President Xi Jinping put forward the proposal for building the new Silk Road Economic Belt and the twenty-first Century Maritime Silk Road respectively. Since then, China and the countries along the route have actively carried out cooperation activities in the agricultural sector under the dual and multilateral cooperation mechanism. The field of cooperation has been expanding continuously, with increasing cooperation partners and mechanisms, and remarkable results have been achieved. Since the reform and opening up, China has made great achievements in agricultural and rural development and has made great contributions to world food security. China is willing to take more responsibilities within its reach, share its experience with other countries in the construction of the international agricultural governance system, and make greater contributions to global agricultural development and economic growth. To further strengthen the top-level design of the Belt and Road agricultural cooperation, China formulated the vision and action plan to jointly promote agricultural cooperation along the Belt and Road, focusing on the common development needs and advantages of countries along the route. Following we propose that cooperation should be strengthened in the following areas.

Building a platform for agricultural policy dialogue: The vision and action plan calls for strengthened policy dialogues and requires to improve multi-level agricultural policy communication mechanisms among countries along the route. To establish a policy dialogue platform for governments, scientific research institutions and enterprises. To fully exchange views on agricultural development strategies to jointly formulate plans and measures to promote agricultural cooperation. To negotiate and solve problems by cooperation, and to jointly provide political support for practical cooperation and large-scale project implementation.

Strengthening agricultural science and technology exchanges and cooperation: The vision and action plan proposes to jointly build an international joint laboratory, a technology demonstration base and a science and technology demonstration park along the " the Belt and Road". It encourages to carry out animal and plant disease prevention and control, germplasm resources exchange, joint research and development and demonstration of results, and promote cooperation and exchange of varieties, technologies and products. To build a Belt and Road agricultural cooperation public information service platform, a technical advisory service system, a high-end think tank and training base, to promote the development of Regional Agricultural Technology Network and to enhance the comprehensive agricultural development capacity of the countries along the route.

It focuses on supporting "the Belt and Road" countries to carry out relevant activities on food security and agricultural policy exchange. And it proposes to support demonstration of high-quality agricultural products and build cooperative parks and exchange germplasm resources, which could help developing countries improve their agricultural production capacity and agricultural technology level. It also proposes technical cooperation on joint prevention and control of cross-border animal and plant diseases with neighboring countries through the establishment of monitoring stations or laboratories for prevention and control. An agricultural cooperation plan between China and other countries along the belt is in need.

Making full use of the major conference platforms, it calls for strengthened efforts on the Belt and Road agricultural cooperation and exchanges. Those platforms include China-Africa Cooperation Forum, Boao Forum for Asia, 10+3 Round Table on Food Security, China - ASEAN Exposition, China - South Asia Exposition, China-Asia-Europe Exposition, China-Central and Eastern Europe Economic and Trade Forum, China-Central and Eastern Europe Inbound and Outbound Animal and Plant Quarantine and Agricultural Product Quality and Safety Cooperation Forum, China - Arab Exposition etc. Under the framework of the Belt and Road

International Cooperation Summit, China proposes to gradually establish a Belt and Road agricultural cooperation dialogue mechanism, an agricultural research and exchange platform, and an information sharing platform for agricultural resources, industries, technologies and policies based on the current "Belt and Road" website.

China will also seek to promote the cooperative construction of agricultural industrial parks by state owned enterprises along the route and make use of agglomeration effects to reduce the cost of agricultural cooperation and enhance the ability of risk prevention. The government is supposed to provide guidance and support to enterprises in the construction and operation of agricultural cooperative parks, to strengthen infrastructure construction. The vision and action plan encourages to optimize the agricultural industry chain and support agricultural products logistics of breeding, deep processing, and other fields. It also calls for support for the interconnection of economic corridors and sea corridors. It plans to build a number of agricultural cooperation demonstration zones and a new model of the Belt and Road agricultural cooperation taking into consideration the needs of partner countries.

In the future, China will continue to promote the Belt and Road agricultural cooperation and actively participate in the construction of regional agricultural exchange and cooperation platforms. It will support bilateral and multilateral negotiations on trade and investment agreements in agriculture related sectors, formulate bilateral agricultural investment cooperation plans, enhance agriculture investment in the least developed countries, promote the implementation of the ten major Sino African cooperation plans, and actively make use of South – South Cooperation Assistance Fund. The Fund will carry out South – South cooperation in agriculture sector, support developing countries to implement the 2030 sustainable development agenda, formulate innovative cooperation mechanisms with developing countries, build a new type of comprehensive international cooperation in agriculture, and promote the sustainable development of agriculture global wide.

In the next phase, China will actively promote the construction of demonstration zones for overseas agricultural cooperation and pilot zones for domestic agricultural opening – up and cooperation, coordinate internal and external efforts, carry out cooperation activities in finance, taxation, insurance, animal and plant inspection and quarantine, strengthen the exchange of talents and information, and share agricultural technology and experience. China will jointly plan and implement seven key projects with partner countries: namely, enhancing regional comprehensive grain production capacity, cooperation and demonstration of agricultural science and technology, joint prevention and control of animal and plant epidemics, integrated construction of agricultural products industry, improvement of trade infrastructure, comprehensive training platform for agricultural research and development, and the construction of agricultural information system.

10.8.2 Cooperation Situation between China and Countries/Regions along the Belt and Road

Pilot projects for demonstration zones of overseas agricultural cooperation have been carried out along the Belt and Road area. Pilot projects of China's opening up with agricultural cooperation zones have been carried out in coastal areas along the Yangtze River. In order to build pilots both abroad and within the country, a two-way mechanism for promoting agricultural external cooperation has been established. The objective of the "pilot zone" is to support the construction of industrial parks with their own characteristics and in the construction, include overseas enterprises affiliated with the industrial chain in the same region. It seeks to provide services for enterprises entering the region, to build overseas agricultural investment driving platform, to test policies and models of oversea investment, and to demonstrate projects with foreign investment. China will build a platform for new rules of international investment, an integrated experimental platform for agricultural foreign cooperation policies, a service platform for agricultural foreign cooperation, and a supporting platform for foreign agricultural investment, intelligence and technology. At the same time, China plan to support multinational agricultural enterprise groups and support the construction of technological platforms such as agricultural technology demonstration centers, joint laboratories, joint research centers, joint engineering centers and integrated service stations for agricultural machinery sales, maintenance and training abroad.

China will carry out public services for agricultural cooperation, support third-party institutions on credit rating of "going-out" enterprises, establish a credit evaluation system for agricultural "going-out" enterprises, and develop personnel training in agricultural international cooperation.

In 2000, China and Vietnam signed the Joint Statement on Comprehensive Cooperation in the New Century, which clearly pointed out that the two countries should actively promote mutually beneficial cooperation in agriculture, forestry and fisheries, encourage and support relevant enterprises and departments of the two countries to strengthen exchanges and cooperation in crop, livestock and poultry breeding, agricultural and forestry products processing, agricultural machinery manufacturing, marine fishing and aquaculture. After the Belt and Road initiative was proposed in 2013, the Vietnamese side made clear in 2015 that it has been actively participating in the construction of "the Belt and Road" initiative. It hoped to strengthen cooperation with China in agriculture and other fields. In 2016, the two governments reached a consensus on the idea of " the Belt and Road" initiative and the "two corridors and one circle" concept (Jin Dan, 2018), marking a new milestone in the cooperative relationship between the two countries. In recent years, the two governments, local governments and agricultural institutions have continuously strengthened cooperation in crop production and variety promotion, agricultural machinery production, agricultural product processing, agricultural human resources development, animal and plant disease prevention and control, fisheries and other fields. They have signed the cooperation documents such as the Memorandum of Understanding on Food and Agriculture Cooperation between the Ministry of Agriculture of China and the Ministry of Agriculture of ASEAN countries, the Memorandum of Understanding on Agricultural Cooperation between China and Vietnam, the Agreement on Cooperation in Animal and Plant Inspection and Quarantine, the Memorandum of Understanding on Cooperation in Proliferation, Release and Conservation of Fishery Resources in the Beibu Gulf, and the Memorandum of Understanding on Cooperation in Agriculture between Guangxi Zhuang Autonomous Region of China and Guangning, Understanding Mountain and Gaoping Province of Vietnam, have a good basis for cooperation.

In recent years, the continuous improvement of cooperation mechanism between China and Vietnam has enabled a rapid development of cooperation in the field of agricultural science and technology. China-Vietnam Joint Commission on Scientific and Technological Cooperation, China-ASEAN Innovation Cooperation Conference, South Asia Association for Agricultural Science and Technology Innovation and China- Vietnam Joint Commission on Agricultural Cooperation have been established. The establishment of agricultural science and technology platform will contribute to accelerating the exchange of scientific and technological achievements and agricultural science and technology personnel, creating opportunities for exchange and training, jointly developing agricultural science and technology projects, and promoting the export of practical technology, the existing cooperation and exchange of agricultural science and technology between the two countries will be strengthened.

In recent years, cooperation between the two governments and local scientific research institutions and colleges has mostly focused on the promotion and demonstration of crop planting technology, introduction and demonstration of germplasm resources, prevention and control of animal and plant diseases, fisheries and other aspects. Vietnam's top three demands for China's agricultural science and technology are agricultural machinery (43.98%), crop seeds (23.31%) and fertilizers (13.91%), which mainly includes agricultural machinery research and development technology, crop seed technology, organic fertilizer research and development technology. In addition, China's animal husbandry technology and agricultural product processing technology are becoming more and more popular in Vietnam, which can be used as key areas of cooperation between China and Vietnam in the future.

11 Advocacy and Suggestions: Pathways to Cooperation between China and BMGF

Summary

This chapter further analyzes the advantages of China and Gates Foundation, and explores the cooperation opportunities, key areas and pathways between China and Gates Foundation in the future, and provide policy recommendations for strengthening bilateral cooperation. In the context of the Belt and Road initiative, China's international cooperation has been accelerated significantly, wherein the cooperation in S&T is one of the most important cooperation areas. Based on China's agricultural technology advantages and the domestic demand for agricultural technology, eight possible key cooperation areas are suggested, including crop breeding, prevention and control of major epidemic diseases of livestock and poultry, efficient and safe breeding, aquaculture technology, irrigation technology, soil and fertilizer technology, agricultural machinery technology, green development technology and digital tools and technologies. Considering multiple layers of agricultural S&T management in China, a variety of possible cooperation pathways between China and BMGF at different levels are explored, including both national and provincial S&T management, and also the direct cooperation with research institute and university. It is important to strengthen the connections with China's S&T administrative departments, including the MOST, NSFC, MARA and CIDCA. Although the agricultural research cooperation carried out by provincial agricultural research institutes is relatively small at present, but it grows rapidly, and these provincial institutes' willingness and capacity of international cooperation are significantly enhanced. Provincial level agricultural research institutions also have several advantages, such as rich experience in agricultural technology application and extension as well as advantages in the research of characteristics products. Many provinces are at the border and have frequent exchanges with other countries. The key areas of cooperation between the BMGF and provincial agricultural research institutes can include various aspects such as characteristic agricultural technology R&D, agricultural technology extension, and S&T personnel capacity – building. Taking the international cooperation of CAAS, CAS, China Agricultural University and Nanjing Agricultural University as examples, this chapter discusses how to carry out cooperative research directly at the research institutes and universities, and the suggestions are also provided. Based on the good cooperation foundation among the BMGF, China, and CGIAR, the tripartite Cooperation opportunities and cooperation pathways through the existing cooperation channels are discussed. Finally, a number of challenges to the cooperation are also identified.

11.1 Introduction

Agricultural research institutions in China have rich expertise and innovative technology. They can contribute to food security and help local residents improve nutrition status and increase their income through crop improvement, animal vaccines and new agricultural production models. China's agricultural S&T went abroad to help developing countries develop agriculture, and achieved remarkable results, becoming a "Chinese business card". However, currently, restricted by limited funds and other aspects, China's agricultural S&T going global is at the beginning stage, and the scale of agricultural technology transfer is still small. The Chinese government is willing to explore innovative models of comprehensive collaboration with other countries, non-profit sectors and commercial sectors, actively promote China's agricultural S&T and its R&D products to serve the world, and contribute to global food security, poverty reduction and strengthening of the scientific and technological capacity for less developed countries and regions. The Gates Foundation believes that farmers' knowledge, tools and technologies can increase income, improve their livelihoods and lift them out of poverty. The Gates Foundation pays high attention to China's professional knowledge and innovative technology in the long-term practice, and China's agricultural S&T can also help Africa and other developing regions solve food security problems, get rid of poverty and increase income. The Gates Foundation has started to cooperate with the Chinese government, the private sector and research institutions. It has established good cooperation relationship with the MOST, MARA, MOC and the CAAS. It has developed and transferred the agricultural technologies, Programs and models to developing countries to help farmers grow more nutritious crops and promote agricultural transformation in sub-Saharan Africa.

Based on the conditions of China's national and provincial agricultural research resources and the objectives of agricultural S&T going global strategy, combining the objectives of Gates Foundation and China in promoting developing countries' agricultural development, this chapter further analyses the advantages of China and Gates Foundation, and explores the cooperation opportunities, key areas and pathways between China and Gates Foundation in the future, and provide policy recommendations for strengthening bilateral cooperation.

11.2 Basis of Cooperation between China and Gates Foundation

China and the Gates Foundation have fruitful international cooperation in agricultural S&T with government departments and research institutions. The Gates Foundation signed Memorandums of Understanding (MOU) of cooperation with MOST, MOC and MARA, implemented substantive cooperation, and carried out specific cooperation projects with research institutions such as the Chinese Academy of Agricultural Sciences (CAAS) to jointly promote agricultural development in developing countries such as Africa.

11.2.1 Cooperation between the Government and the Gates Foundation

First, cooperation between the MOST and BMGF. The Gates Foundation and MOST have signed the Memorandum of Understanding on Strategic Cooperation between the MOST of the People's Republic of China and the Bill and Melinda Gates Foundation in Seattle, USA, on October 26, 2011. Zhang Laiwu, Vice Minister of S&T of China, and Bill Gates, Co-Chairman of the Bill and Melinda Gates

Foundation agree to cooperate in the fields of modern agriculture and global health. To develop high - quality and low - cost products such as crops and animal species, biological drugs and vaccines, and to promote their application in China and other resource - scarce developing countries and regions. According to the memorandum, the MOST and the Gates Foundation aim to promote scientific and technological progress and achievements transformation in related fields by establishing a joint working committee and a cooperative fund mechanism based on the principles of mutual respect and complementary advantages. Both sides will jointly invest financial and human resources, explore new models such as cooperative project pool, and improve the level of project management and technology development efficiency. The results of R&D will be applied to developing countries and regions, including China, South Asia and Africa, with the aim of reducing global poverty and diseases and promoting human development and common progress. On May 29, 2012, the MOST and the Bill and Melinda Gates Foundation Strategic Cooperation Project Tank were officially launched.

Second, cooperation between the Ministry of Commerce and BMGF. The Ministry of Commerce of China and the Gates Foundation signed a memorandum of understanding in April 2013 to establish a formal partnership and agreed to explore opportunities for cooperation in the fields of agriculture and health. On September 22, 2015, during the visit of Chinese President Xi Jinping to the United States, the Ministry of Commerce of China and the Bill & Melinda Gates Foundation signed a Memorandum of Understanding on Development Cooperation in Seattle, USA, which further defined specific areas of bilateral cooperation and provided clear policy support for future cooperation. The constructive actions taken by the two sides to further promote international development cooperation reflect the attitude of the two sides to cooperate in fulfilling their respective commitments in promoting global development. The Ministry of Commerce and the Foundation will make full use of the experience of the two sides in the field of Africa's development cooperation and combine their respective advantages, relying on the Agricultural Technology Demonstration Center supported by China, carry out pilot projects of agricultural cooperation, vigorously promote the research, demonstration and extension of agricultural technology in Africa, improve agricultural production capacity and build an agricultural industry chain.

In 2016, the Gates Foundation and the Ministry of Commerce of China jointly launched a project, relying on China's two agricultural technology demonstration centers in Mozambique and Zambia, giving full play to the respective advantages of China and the Gates Foundation, to cooperate in research, agricultural and animal husbandry technology demonstration and extension, capacity-building, local small farmers docking, agricultural products processing, industrial value chain, etc. The project aims to use China's aid resources and appropriate technology for small farmers to support the upgrading of local agricultural technology, so that farmers can benefit for a long time.

Third, cooperation between the MARA and the Gates Foundation. On March 24, 2017, the Gates Foundation signed a memorandum of understanding with the MARA to establish an agricultural partnership with the aim of supporting China to share its agricultural development resources, experience and technology with sub-Saharan Africa and to exert China's important impacts on agricultural transformation of African countries. The two sides aim to in all aspects of the agricultural industry chain to meet the local needs of Africa, help improve agricultural productivity and foster sustainable development, and help African countries reduce poverty by promoting sustainable agricultural development.

11.2.2 Basis of Cooperation between Research Institutes/Universities and the Gates Foundation

Since 2008, the Bill Gates Foundation has sponsored international cooperation projects for research institutions such as the Chinese Academy of Agricultural Sciences, Huazhong Agricultural University and Shanghai Agricultural Biological Gene Center. Among them, the project "Cultivating Green Super Rice for Poverty Alleviation in Africa, Southeast Asia and Southwest China" aims to help research institutions cultivate new rice varieties that can be widely applied to irrigated and rainfed areas, with the characteristics of efficient use of nitrogen and phosphorus, disease resistance, insect resistance, high yield, high quality, stress resistance (drought, saline). It is the largest international cooperative agricultural research projects in China, with a total funding of \$33.24 million in two phases. The project has completed the world's largest plant genome sequencing, and has bred a batch of new rice varieties that are drought resistant, salt tolerant, submergence tolerant and nutrient efficient. It has increased the rice production capacity of 18 countries and regions along the Belt and Road and created huge social and economic benefits. These technological innovations will play a key role in fighting poverty and hunger in the coming decades. In addition, the Gates Foundation has supported other agricultural-related projects, such as supporting the School of Animal Medicine of China Agricultural University to develop and control parasite drugs in ruminants, and supporting the development of Ethiopian small-scale teff machinery and equipment by the Chinese Academy of Agricultural Mechanization. These projects are all aimed at improving the production and quality of life of small-scale farmers in poor areas of China and Asian and African countries.

11.3 Potential of Agricultural S&T Cooperation between China and Gates Foundation

11.3.1 Common Goals

The Gates Foundation focuses on helping developing countries achieve inclusive agricultural transformation, benefiting small farmers, empowering women and improving nutrition. The Gates Foundation hopes to make breakthroughs in agricultural S&T, to establish a global modern breeding system that can provide small farmers varieties needed by farmers and markets, and to establish and strengthen a high-quality and low-cost service system to apply research outputs to farmers' fields. The Gates Foundation focuses on supporting national-level crop varieties improvement and breeding Programs to speed up the updating of varieties in developing countries, especially to ensure that women farmers accessing to advanced seeds as well as men.

The goals of both China and the Gates Foundation are highly consistent, and both hope to help developing countries achieve the sustainable development goals of the United Nations, increase income and reduce poverty through agricultural research and extension.

11.3.2 Complementary Advantages

First, China's advantages in agricultural S&T cooperation. Over the past 40 years of reform and opening up, China has attached great importance to agricultural S&T as the leading driver of agricultural modernization, accumulated rich experience in technological innovation, promotion and application. Firstly, since the reform and opening up, China has attached great importance to investment in agricultural research and promoted the development of agricultural S&T. Especially after 2000, agricultural research investment increased rapid. After 2010, China's public agricultural research investment has caught up with developed countries such as the United States. Secondly, China has achieved rich advanced agricultural technology. Unlike other developing countries, most of China's agricultural technology comes from domestic research, such as the key technologies of hybrid rice, hybrid maize and transgenic insect-resistant cotton. The main crops basically achieve full coverage by improved varieties. The comprehensive mechanization rate of crop cultivation and harvest exceeds 66%, and the contribution of agricultural S&T progress reached 57.5% in 2017. China can provide rich and diverse technological choices for developing countries such as Africa, and help to jointly tackle key problems of agricultural varieties, technologies and equipment, innovated application modes, and promote agricultural development, improve quality and efficiency, and transform and upgrade. Thirdly, China has already done some work in the field of international cooperation in agricultural S&T, built many platforms and gained a lot of experience, including dispatching agricultural experts, inviting African researchers to China for training and establishing agricultural demonstration centers.

Second, advantages of the Gates Foundation. As the largest philanthropic foundation in the world, the Gates Foundation not only has funds, but also has professional management teams. Secondly, the Gates Foundation has done an extensive work in global health, global development and global policies and advocacy, and has achieved remarkable results with rich project management experience. Thirdly, it has established a good international cooperation network in developing countries such as Africa, with extensive international resources.

Third, complementary advantages. The complementation between technology and funds: China has strong agricultural technologies and has increased the funds for foreign cooperation in agricultural S&T. However, the Chinese government has relatively little funds for going abroad due to various regulation, and little fund can be used fo cover overseas and for S&T staffs' salary, which limits the scale and scope of international scientific and technological cooperation. Project cooperation was relatively small and its influence was also limited. It is expected to make international agricultural research cooperation projects more sustainable: Ideally, the research and extension of agricultural technology need a relatively long time, and sustained investment may achieve significant results. But in reality, limited by funding and research project management system, the majority of projects are short-term (1-3 years) based and pursue short-term results, lacking of long-term strategic planning. Both China and the Gates Foundation pay more attention to long-term goals, formulate long-term cooperation plans, establish long-term cooperation mechanisms, and jointly promote the sustainability of projects and expand the project impacts. Complementation of management experience: China has many agricultural experts with rich experience, but it lacks talents in international project management, which affects the effectiveness of cooperation. Gates Foundation has a professional management team, which is good at public relations coordination with rich experience in international project management. They can complement each other, learn from each other, and improve project management efficiency and project impacts.

11.3.3 Cooperation Opportunity

The MOST has completed the reform of the central government S&T plans in 2017, after which the research funding and research management became more centralized. It is a good opportunity to strengthen cooperation because the development of S&T in the 14th Five-year Plan (2021-2025) started in 2019. The next 10 years will be an important period for China to build a moderately prosperous society in an all-round way, an important period for further implementation of the national innovation driven development strategy, and a period of in-depth implementation of the strategy of the Belt and Road initiative. China seeks to promote the process of economic and technological globalization with a more positive attitude, make overall planning, coordinate layout, improve the ability and level of scientific and technological innovation, and make positive contributions to building an innovative country and promoting scientific and technological progress of all mankind. China will comprehensively upgrade the level and scale of international scientific and technological cooperation so as to broaden and deepen international scientific and technological cooperation and exchanges, innovations in opening up and win - win in cooperation, promote the international flow of knowledge, technology and talents, share intellectual property rights rationally, and improve the efficiency of global innovative resources.

With the rapid development of agricultural S&T in China, the international cooperation in agricultural S&T is gradually changing from the introduction to the two-way flow of import and export, especially in the context of the implementation of the national innovation driven development strategy and "the Belt and Road" initiative, agricultural S&T going global on the agenda and the willingness to cooperate in international S&T is enhanced, investment in international cooperation has been increased significantly. The Chinese government has adopted a series of policies and measures to support international cooperation and exchanges in agriculture. First, in 2018, the State Council established a new National Agency for International Development Cooperation, which specializes in strengthening foreign aid. Secondly, the MOST has adopted a more open attitude and formulated more active supporting policies to support international cooperation. Firstly, it has increased the openness of the National S&T Plan (special projects, funds, etc.), supported foreign experts to lead or participate in strategic research, guide preparation, project implementation, project evaluation and acceptance, and encouraged foreign R&D centers in China to participate in national projects. Second, scientific researchers are encouraged and supported to actively participate or take the lead in organizing international large-scale science Programs and large-scale science projects. China may organize and sponsor international large-scale science Programs and large-scale science projects in China's advantages key areas to solve major global scientific issues. Third, it proposes ways and means to enrich and improve the content of scientific and technological assistance so as to link up with each other. Leading by laboratories, joint research centers, technology demonstration and extension bases, technology transfer centers and S&T parks, China will promote the overall scientific and technological innovation capability of developing countries and solve practical problems in industrial development and people's livelihood improvement in developing countries with technology transfer centers as the support. Fourthly, the formation of an international scientific and technological cooperation platform network covering the whole chain of innovation will be optimized. The establishment of a number of international joint research centers and overseas R&D bases will be support, and a number of international industry-university-research alliances with professional characteristics will be established, which will meet the needs of regional cooperation and promote sustainable R&D cooperation on various platforms.

11.4 Key Areas of Cooperation between China and the Gates Foundation

The first green revolution in the world focused on cultivating and popularizing high-yielding grain varieties, increasing the application of chemical fertilizer, strengthening irrigation and management, and using pesticides and agricultural machinery in order to increase the yield per unit area and the total output. With the development of economy and the improvement of people's living standard, the development of agricultural S&T is expected not only to meet the basic needs of food, but also to support the production of more nutritious food and achieve food system's sustainable development. The future development of agricultural S&T not only pays attention to grains, but also to vegetables, fruits, livestock and aquatic products. At the same time, it also pays attention to the environment-friendly agricultural production mode to achieve agricultural transformation and industryupgradation. China's agricultural development is also experiencing a transition to sustainable development, putting forward the concept of green development, constantly promoting the reform of agricultural supply-side structure, and solving the problems of agricultural production efficiency, food quality and safety, and environmental sustainable development, all of which requires agricultural S&T in terms of cost-saving, high efficiency, intelligence and environment protection. On the basis of reviewing and summarizing China's achievements, advantages and future key research fields in agricultural S&T, it is suggested that China and the Gates Foundation should cooperate in five possible key areas, including crop breeding, animal epidemic prevention and control, irrigation technology, agricultural machinery technology and green development.

11. 4. 1 Crop Breeding

Since the reform and opening-up, the research of varieties breeding in China has been significantly improved. A large number of breakthrough varieties, such as super hybrid rice, compact maize, high-quality special wheat, genetically modified insect-resistant cotton and "double-low" rapeseed, have been successfully bred and extended. The coverage rate of major crop varieties has reached 96%, and the contribution rate of improved varieties in agricultural production has reached over 43%. The supply capacity of improved varieties has also been steadily improved, and a number of breeding bases for improved varieties have been established. The commercial seed supply rate of main crops has been increased to 60%. Hybrid maize and hybrid rice have all been commercialized. Obviously, Chinese scientists have accumulated rich experience in crop breeding. However, with the development of social economy and the improvement of people's living standards, people put forward higher requirements for crop breeding. For example, it is expected that, through breeding, the quality of agricultural products will be higher and diversified to meet the needs of different populations, and at the same time to actively respond to extreme weather changes such as climate change and the invasion of pests and diseases. In response to new challenges and requirements such as agricultural development and climate change, the Chinese government and scientists pay high attention to crop breeding. Among the key research and development projects, there are seven major crop breeding projects to support the research and development for major crops. In the future, China and the Gates Foundation can focus on the following topics to support crop breeding: Technical research on precise identification of important traits and genotype identification of major agricultural germplasm resources; Efficient and precise molecular breeding technology that integrates emerging technologies such as transgenic technology, genome-wide selection, and genome editing with conventional techniques, so as to improve breeding efficiency and cultivate new breakthrough agricultural varieties such as efficient use of resources, high yield, high efficiency and high quality, and help crops resist extreme weather changes, pests and diseases.

11.4.2 Prevention and Control of Major Epidemic Diseases of Livestock

With the change of breeding mode and ecological environment and the acceleration of the process of world economic integration, animal epidemics are increasing. The speed and scope of epidemic spread are expanding and the harm of zoonosis is deepening and the impact is increasing, which has posed a serious threat to the global development and public health. Animal products are important sources of income and assets in developing countries such as Africa, but epidemics have become an important factor affecting livestock and poultry production. China has been devoting itself to the research of animal epidemic prevention and control, and has made remarkable achievements. Similar to crop breeding, the central financial plan has set up a key R&D Program to support the research on "comprehensive technology research and development for prevention and control of major animal epidemics and efficient and safe breeding". Cooperation in livestock and poultry breeding includes: detection and control of animal epidemics, development and improvement of animal health and low-cost products; protection and utilization of animal breed resources, breeding of new breeds and strains with high yield, low input cost, high quality and adaptability to the environment through livestock genetic breeding and breeding; safe and healthy livestock and poultry breeding technology and environmental control; implementation of technology research and development in the fields of safe and healthy farming process and environmental control for livestock and poultry, farming facilities and equipment, harmless treatment and resource utilization of farming wastes, feed industry, herbivorous animal husbandry, grassland ecological protection and improvement of quality and efficiency of the whole industry chain of grassland animal husbandry to provide technical support for the development of world animal husbandry.

11.4.3 Aquaculture Technology

China's fishery industry has developed rapidly and made remarkable achievements in fishery S&T. Remarkable achievements in basic fishery research and key technology research and development have been made, including resource conservation and ecological restoration, genetic breeding, healthy breeding, disease prevention and control, aquatic product processing, energy conservation and environmental protection, upgrading of fishery equipment, and fisheryinformationization. Healthy, energy-saving and safe technology model has been widely used. China's comprehensive scientific and technological competitiveness in the field of aquaculture and genetic breeding has reached an international advanced level. Many developing countries have abundant fishery resources. The Belt and Road covers the world's major fishing countries, and their aquatic products account for more than 80% of the world's total output. Promoting China's fishery cooperation with the Belt and Road countries, promoting the successful experience of China's fisheries and guiding the Chinese fishery to go abroad can not only help improve the development of the Belt and Road countries' fishery, but also help enhance China's international influence. The key areas of cooperation in aquaculture include: building a system of conservation, protection and scientific evaluation and utilization of aquatic germplasm resources, analyzing the genome structure characteristics and genetic basis of economic traits of important aquaculture species, establishing a theoretical and technical system of modern aquaculture breeding, cultivating new aquatic varieties with excellent complex economic traits, and developing environmentally friendly and efficient cooperative feeding. Improving the utilization rate of formula feed for aquaculture varieties; establishing quality control technology for cultured species; strengthening research on disease diagnosis technology, vaccine new fish medicine, establishing aquaculture bio-security and disease prevention and control technology system; integrating high - quality and high - efficiency aquaculture technology and ecological culture mode to achieve the goal of recycling of resources and energy saving and emission reduction.

11.4.4 Irrigation Technology

China's per capita water resources are only 1/4 of the world average, and the regional distribution is unbalanced. Water shortage is serious in the northern region, groundwater is over exploited and land is degraded. The development of urbanization and industrialization has aggravated the tension of agricultural water use. On the other hand, effective irrigation is one of the important conditions to ensure high yield of good crop varieties. In 2016, the irrigation rate of cultivated land in China was 54.2% (NBS, 2017). The Chinese government attaches great importance to water-saving irrigation technology and improves irrigation efficiency, including canal seepage control, sprinkler irrigation, micro-sprinkler irrigation, seepage irrigation and drip irrigation. At present, the proportion of water-saving irrigation area is about 1/4. The key points of cooperation in irrigation technology include: water-saving irrigation, especially the integrated irrigation mode of water and fertilizer; small-scale water conservancy projects, small-scale pumps and other irrigation facilities.

11.4.5 Soil and Fertilizer Technology

The efficient use of chemical fertilizer and organic fertilizer is also an important factor for high yield and good quality of crops. Since 2015, the MOST, in accordance with the central deployment, has carried out in-depth Zero-growth action in the use of chemical fertilizers and pesticides to reduce use and improve efficiency of chemical fertilizers and pesticides, which achieved remarkable results. According to scientific calculation, the fertilizer utilization rate of rice, maize and wheat is 37.8% in 2017, which is 2.6 percentage points higher than that in 2015, and the pesticide utilization rate is 38.8%, which is 2.2 percentage points higher than that in 2015. At present, the use of pesticides has declined for three consecutive years, and the use of chemical fertilizers has achieved zero growth. The goal of zero growth in the use of chemical fertilizers and pesticides by 2020 has been achieved three years ahead of schedule (MARA, 2019).

The economic and ecological benefits brought by the improvement of fertilizer utilization rate are remarkable. Mainly reflected in three aspects: First, saved cost and increased efficiency. According to experts' estimates, the utilization rate of chemical fertilizer has increased by 2.6 percentage points, which is equivalent to reducing the consumption of urea by 1.3 million tons (in kind), and reducing the production input by about 2.6 billion CNY. Second, improved quality and increased efficiency. Through the Zero-growth action of fertilizer use, the quality of crops has been improved and the green brand has been created while reducing the amount of fertilizer used. In particular, green control technologies such as ecological control, biological control and physical control are adopted to reduce pesticide residues, improve the environment of agricultural products and ensure the quality and safety of agricultural products. Third, reduced emissions and increased efficiency. The fertilizer utilization rate has been increased by 2.6 percentage points, and the reduced fertilizer input is equivalent to reducing nitrogen emissions by nearly 600,000 tons and saving 1.3 million tons of coal or 900,000 cubic meters of natural gas.

11.4.6 Agricultural Machinery

The number of agricultural machineries in China has increased rapidly, and the level of mechanization has increased rapidly. In 2018, the national agricultural mechanization work achieved remarkable results, with the total power of agricultural machinery exceeding 1 billion kilowatts, the comprehensive mechanization rate of crop cultivation and harvest exceeding 68%. However, the agricultural mechanization level in most developing countries such as Africa is relatively low. Improving agricultural mechanization level is one of the keys to improving agricultural production efficiency. It is suggested that cooperation in agricultural machinery should focus on upgrading low-cost and high-efficiency agricultural machinery in accordance with local conditions in developing countries, and strive to improve agricultural labor productivity and the popularization of agricultural machinery.

11.4.7 Green Development Technology

Although fertilizer and pesticides have played an important role in agricultural production in China in the past decades, the excessive use of fertilizer and pesticides has also brought serious environmental and food safety problems. To this end, the Chinese government has decided to change the previous development model and promote agricultural green development. It is required to adopt new development concepts, promote the reduction of chemical weight and increase efficiency, reduce pesticides and control pests, and actively explore the road of modern agricultural development with high output efficiency, product safety, resource conservation and environment friendliness. In 2017, the Nineteenth National Congress of the Communist Party of China systematically put forward the concept of innovation, coordination, green, open and shared development, innovation-driven development strategy, Rural Revitalization Strategy and sustainable development strategy. In order to implement the spirit of the Nineteenth National Congress, in 2017, the General Office of the Central Committee of the Communist Party of China and the General Office of the State Council issued "Opinions on Innovating System and Mechanism to

Promote Green Agricultural Development", and proposed that China should build a scientific and technological innovation system to support green agricultural development. First, improve the cooperative mechanism of research institutions, universities, enterprises and other innovative subjects, and develop scientific and technological links focusing on green agricultural production; Second, a number of breakthroughs have been achieved as soon as possible in the fields of reduction and efficient use of agricultural inputs, joint tackling of key crop planters, green pest control, recycling of waste materials, environmental restoration of producing areas and green processing and storage of agricultural products; Third, improve the evaluation and transformation mechanism of agricultural green S&T innovation achievements, explore the establishment of agricultural technology environmental risk assessment system, accelerate the demonstration, promotion and application of mature and applicable green technologies and green varieties; Fourthly, we should learn from the international experience of agricultural green development and strengthen international exchanges and cooperation in science, technology and achievements. In 2018, the MARA further issued the Technical Guidelines for Agricultural Green Development (2018-2030). It was proposed that the pace of scientific and technological innovation supporting agricultural green development should be accelerated, and the supply capacity of green agricultural inputs and technologies should be improved. In accordance with the principles of "environmental protection of agricultural resources, precise environmental protection of factor input, intensive and efficient production technology, ecological cycle of industrial model, and quality". According to the requirement of complete standards and regulations, by 2030, a green-oriented agricultural technology system will be constructed in an all-round way. While steadily increasing agricultural land, the productivity of agricultural labor, resource utilization and total factor productivity will be greatly increased. This will lead agriculture to a path of agricultural modernization with high efficiency, product safety, resource conservation and environmental friendliness, and creating a powerful engine to promote agricultural green development. Specific cooperation priorities include: 1) Developing green inputs, such as high-efficiency, high-quality, multi-resistant new varieties, environmentally friendly and efficient fertilizers, agricultural pharmaceuticals and biological agents, energy-saving and low-consumption intelligent agricultural equipment; 2) Developing green production technologies, such as farmland quality improvement and conservation technology, agricultural water control and rain - fed dry farming technology, fertilizer and pesticide reduction and efficiency enhancement technology, agricultural waste recycling technology, agricultural non - point source pollution control technology, heavy metal pollution control and control technology, livestock and poultry aquatic products safe green production technology, aquatic ecological protection and restoration technology, grass and livestock supporting green and efficient production technology; 3) Developing green post - natal value - added technology, such as low - carbon pollution reduction processing and storage technology of agricultural products, intelligent intensive processing technology of agricultural products; 4) Innovation of green low - carbon breeding structure and technology model, for example, green crop production and efficiency enhancement technology model, integrated cultivation and supplementation cycle technology model; 5) Green rural comprehensive development technology and model, such as intelligent agricultural technology model, rural human settlements environmental governance technology model; 6) Strengthening basic research on agricultural green development, such as major basic scientific issues, including biological nitrogen fixation mechanism, decomposition mechanism of plant fibers, mechanism of high photosynthetic efficiency of crops, mechanism of interaction between animal and plant machine systems; Achieving breakthrough in a number of major scientific and technological problems that restrict agricultural green development, forming a number of original achievements, and opening up new frontiers and new directions of green development; Subversive frontier technology research, development of information technology, biotechnology, environmental technology, new materials technology, new energy technology, nanotechnology, intelligent manufacturing and other application foundation and key core technology research, promoting a group of major technological changes characterized by green, intelligent and ubiquitous.

11.4.8 Digital Tools and Technologies

Information technology, represented by the Internet of Things, has penetrated into agricultural production, processing and marketing, and accelerated the digital transformation in agriculture field. In 2019, the No. 1 document of the Central Committee put forward the strategy of "implementing digital countryside. China will further promote 'Internet +' agriculture, promote the construction of big data in the whole industrial chain of important agricultural products, and strengthen the construction of national digital agriculture and rural system". The General Office of the Central Committee of the Communist Party of China and the General Office of the State Council issued The Outline of the Strategy for the Development of Digital Rural Areas, and put forward "Developing the digital economy in rural areas, consolidating the foundation of digital agriculture, promoting the digitalization of agriculture, speeding up the application of Cloud Computing, Big Data, Internet of Things and Artificial Intelligence in agricultural production and management, promoting the comprehensive integration of new generation information technology and planting, seed industry, animal husbandry, fishery and agricultural product processing industry, and creating S&T agriculture, smart agriculture, brand agriculture." Digital tools and information technologies also bring new opportunities to developing countries. As a booster of agricultural modernization, digital economy improves the efficiency of agricultural production, promotes the precise docking of production and marketing, and provides scientific decision support for farmers. Therefore, it is suggested that the areas of cooperation between the two sides should include the popularization of the Internet, Internet of Things, smart phones, smart agriculture, UAV technology, digital payment technology and their applications in agriculture.

11.5 Path ahead for Cooperation between China and the Gates Foundation

Although there are considerable opportunities and great potential for the cooperation between China and the Gates Foundation, the S&T resources are relatively scattered in China. In order to improve the efficiency of cooperation and highlight the key points of cooperation, we suggest a number of options for cooperation pathway, research resources, and explore cooperation potential, key areas and ways of cooperation.

11.5.1 Cooperation between the Gates Foundation and China's National Agricultural S&T Administrative Department

China's S&T funds are mainly allocated through the central S&T plan, in which the central S&T plan of agriculture mainly comes from the key R&D plan and NSFC (the national natural science foundation) projects, and the international cooperation projects of agriculture mainly come from the Special International Cooperation Program managed by the MOST and the Agricultural International Exchange and Cooperation Program of MARA. In addition, in the future, the National Agency for International Development Cooperation may allocate part of foreign aid fund to agricultural S&T. Therefore, to strengthen the cooperation between the Gates Foundation and China, the first step is to strengthen the links with China's S&T administrative department, including the MOST, NSFC (the National Natural Science Foundation of China), MARA and the China International Development Cooperation Agency.

At present, the focus areas of China's international cooperation in S&T are the key countries (regions) along the Belt and Road. In view of the major common technology needs and challenges, the S&T cooperation is carried out by China and the corresponding institutes of relevant countries (regions) and international organizations. In agriculture, the emphasis is on strengthening food security of the Belt and Road countries, implementing the demonstration projects of agricultural high quality and high yield, the construction of cooperation zones and the exchange of germplasm resources, helping developing countries to improve their agricultural production capacity and improve their agricultural technology level. At the same time, the joint technical cooperation on prevention and control of cross border animal epidemics is established with neighboring countries through the establishment of control and monitoring stations or laboratories.

The MOST is the most important S&T management department, and is responsible for the management of the Central S&T Plan, in which the Key R&D Plan is an important source of funds for agricultural scientific research, and some of its funds can support international cooperation on research. In addition, the Special International Cooperation Program is a special fund for promoting international cooperation in various fields. Therefore, potential cooperation opportunities between the Gates Foundation and the MOST include key R&D Program and international cooperation projects. In recent years, key R&D Program have focused on crop genetics and breeding, key disease prevention and control, efficient and safe farming of livestock and poultry, fertilizer reduction and efficiency improvement, and other agricultural green technologies. These areas are basically in line with the area of concern to the Gates Foundation. In terms of international cooperation, in 2018, the State Council of China promulgated the "Actively Lead the Organization of International Mega Science Program and Mega Science Engineering Program", encouraging Chinese scientists to take lead in organizing and participating in the international mega science program, and putting forward to the perfect financial investment mechanism to make full use of existing resources and funding channels, and to better play the role of financial funds in the process of leading the organization of the mega science program in China to attract investment from the local partners, enterprises, foreign and international organizations. And it requires to calculate and compile project budget estimates according to actual needs, encourage the participation of social capital, establish a diversified investment mechanism, fully draw lessons from international experience, through various means such as paid use and intellectual property sharing, to attract the participation of domestic and foreign governments, research institutes, colleges and universities, S&T associations, enterprises and international organizations and support the construction, operation and management of mega science programs. Since 2018, the MOST has set up international mega science projects and mega science projects in the Key Special Program of the national key R&D plan "Strategic International S&T Innovation Cooperation", to contribute Chinese wisdom and propose Chinese solutions to solve the world's major scientific problems. In addition, the MOST plans to build a number of new joint laboratories based on the major S&T development needs, basic research conditions and cooperative willingness of countries along the Belt and Road. Therefore, international cooperation Programs such as the International Mega Science Program and the establishment of joint laboratories may be the option of cooperation between the Gates Foundation and the MOST of China. The international cooperation department of the MOST and the rural S&T department are important departments responsible for international cooperation in agricultural S&T.

The National Natural Science Foundation of China (NSFC) mainly supports frontier research. It establishes cooperative relations with many countries (regions) and international institutions, and sets up various international (regional) cooperative research and exchange projects in different categories to support scholars at domestic and abroad to carry out international cooperation research. The way of cooperation is mainly through international cooperation projects. Among them, the Bureau of International Cooperation is mainly responsible for drawing up work plans, action plans and international cooperation project management methods, coordinating the allocation of funds, researching and formulating the national policies for foreign cooperation of the Natural Science Foundation. At the same time, it is also responsible for establishing links with foreign S&T institutes and international organizations, and organizing and coordinating major international cooperation projects, including bilateral and multilateral agreement projects. The Department of Life Sciences is an academic management institution, which mainly provide funds for biology, agricultural science and basic medicine, involving resources, environment and ecology, population and health. And it is responsible for organizing and managing international cooperation and exchange projects of the Department of Life Sciences. Overall, the Bureau of International Cooperation and the Department of Life Sciences are mainly responsible for carrying out international cooperation projects in agriculture, focusing on major basic research and the research and development of disruptive technologies.

The MARA mainly assists the MOST in the management of agricultural S&T projects. However, in order to fulfill its international responsibility for agriculture, strengthen the technical support of international agricultural cooperation and global agricultural S&T cooperation, enhance China's international competitiveness and influence in agriculture, and enhance its independent innovation ability, the MARA has specially set up agricultural international exchange and cooperation projects. These projects pay more attention to agricultural S&T demonstration and extension cooperation. In addition, the MARA undertakes foreign agricultural technical assistance, establishes agricultural technology demonstration centers in developing countries such as Africa, and carries out South-South cooperation with FAO, focusing on personnel exchanges and training of S&T personnel. The Department of S&T Education, the Bureau of International Cooperation and the

Center for Foreign Economic Cooperation of the MARA are mainly responsible for the management of international cooperation in agricultural S&T.

China International Development Cooperation Agency (CIDKA) is a newly established agency taking charge of foreign aid. And the South-South Cooperation Assistance Fund is one of the important tools for the Chinese Government to support the sustainable development goals of 2030 and support the sustainable development of other developing countries. Its priority areas include humanitarian assistance, agricultural development and food security, health, poverty alleviation, education and training, sustainable industrial development, eco-environmental protection, trade promotion, trade and investment facilitation. Its main focus is the implementation of small and micro livelihood projects (Fig. 11-1). In the future, it's likely that some of funds of the South-South Cooperation Assistance Fund will be used for agricultural S&T research and development and promotion. It needs to communicate and coordinate with CIDCA to gain relevant support for international cooperation research projects, S&T personnel exchanges and training, to promote agricultural development and improve food security (Tab. 11-1).

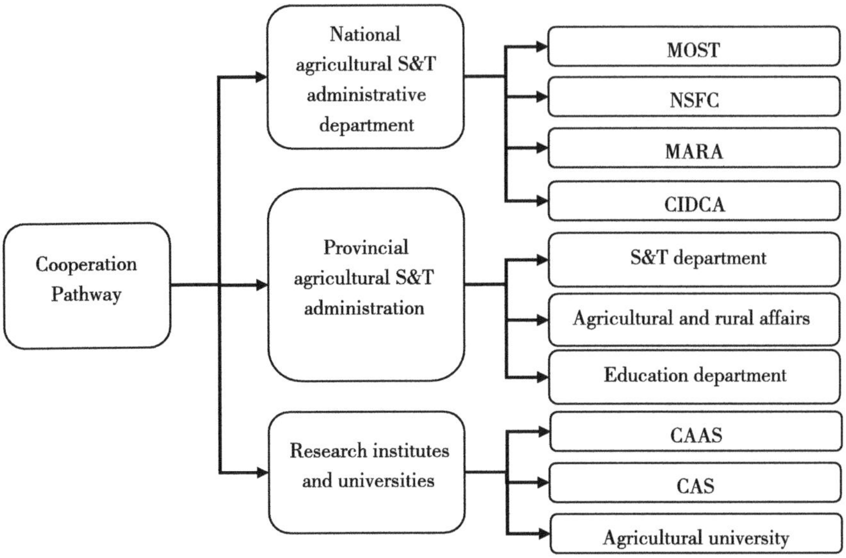

Fig. 11-1 Cooperation Pathway between China and BMGF

Source: Author's compilation

Tab. 11-1 Cooperation between the Gates Foundation and China's National Agricultural S&T Administration

Ministries and commissions	Cooperation opportunities	Key areas of cooperation	Cooperation way	Contact Department
MOST	Key R&D Program and international co-operation projects	Basic applied research: crop genetics and breeding, prevention and control of major diseases of livestock and poultry, efficient and safe breeding, agricultural green technology, etc.	International big science Program, joint laboratories, international cooperation projects	Department of International Cooperation and Rural S&T
NSFC	International (regional) cooperative research and exchange projects	Basic research and frontier research	International cooperation projects	Bureau of International Cooperation, Department of Life Sciences
MARA	International agricultural exchange and cooperation project	Application Research and extension	Agricultural technology demonstration center, South-South cooperation, personnel exchange, S&T Personnel Training	Department of S&T and Education, Bureau of International Cooperation, Center for Foreign Economic Cooperation
NIDCA	South-South Cooperation Assistance Fund	Agricultural development and food security	International cooperation projects, S&T personnel exchange and training	Department of International Cooperation

Source: Author

11.5.2 Cooperation between the Gates Foundation and Provincial Agricultural S&T Administrative Departments

Although the provincial agricultural research institutes are relatively less engaged in international cooperation, particularly in terms of research funds for supporting agricultural S&T to go global, which is mainly supported by S&T cooperation projects from MOST, MARA and other ministries. However, under the background of the Belt and Road initiative, many provinces have begun to pay attention to international cooperation. For example, Zhejiang, Tianjin, Shanghai and a few other provinces have formulated special Programs, plans and implementation plans for promoting the S&T innovation cooperation with the Belt and Road countries. Tianjin, Shanghai,

Jiangsu, Guangdong, and Gansu have explored the establishment of special funds for international S&T cooperation projects with the Belt and Road countries to encourage joint establishment of R&D centers and laboratories with the countries along the Belt and Road. In addition, provinces and cities also support S&T enterprises to set up joint laboratories, branch research institutes or technology promotion centers overseas by the way of wholly-owned new construction, acquisition and merger, joint venture and cooperation. In the future, there will also be many opportunities for cooperation between the Gates Foundation and provincial agricultural S&T administrative departments.

Firstly, each province has special funds to support the S&T development and agricultural scientific research, and the funds have grown rapidly. In recent years, provincial governments attach great importance to agricultural scientific research, and provincial agricultural research funds have increased rapidly, faster than national agricultural research institutes, especially in some economic-developed provinces with rich financial revenue and significantly increased support for agricultural research.

Secondly, the academic qualifications and research capability of provincial agricultural researchers have been improved rapidly, and the quality of researchers has been significantly improved. Although the agricultural research cooperation carried out by provincial agricultural research institutes is relatively small at present, but grows rapidly, and the willingness and ability of international cooperation are significantly enhanced.

Thirdly, provincial agricultural research institutes pay more attention to application and extension research than national research institutes, have rich experience in agricultural technology application and extension, and are more willing to participate in the work of agricultural technology demonstration and extension. At present, most of China-Africa agricultural technology demonstration centers are under the responsibility of provincial agricultural research institutes, which have accumulated rich experience in agricultural technology application and extension.

Fourthly, China has a large cross-region, and provincial agricultural research institutions with obvious advantages in the research of niche products. China has a vast territory with variable land qualities and diverse climates. It has both temperate and tropical zones. Many provinces are at the border and have frequent exchanges with other countries. For example, some coastal provinces such as Jiangsu, Zhejiang, Fujian and Shandong have significant advantages in aquaculture research, and aquatic products are an important source of protein and economic income for local residents in many developing countries. Hainan, Guangdong, Guangxi and Yunnan feature tropical crops research, and have extensive and in-depth international exchanges with neighboring Southeast Asian countries. At the same time, they also have frequent international exchanges with tropical regions in Africa. They carry out academic activities and exchange visits of researchers to exchange experiences and research achievements in cultivating various tropical fruits and crops, and to jointly overcome difficulties in tropical crops. Bordering on Russia, Mongolia and North Korea, the three northeastern provinces have a vast territory, and are in the forefront of the country in the use and research of agricultural mechanization. Inner Mongolia and Xinjiang develope their own expertises in animal husbandry grassland research.

The key areas of cooperation between the Gates Foundation and provincial agricultural research institutions can mainly include various aspects such as niche agricultural technology R&D, agricultural technology extension, and S&T personnel capacity-building. Combining the advantages of agricultural research in each province and the actual needs of agricultural research in target countries, the corresponding provinces can be selected for cooperation. When providing agricultural technical assistance to Africa, the Chinese government has adopted a unique provincial responsibility system— "One province, one country" that each province independently matches a suitable country for technical assistance, adopts comprehensive measures and plans, and technical packages and provides various kinds of technical extension work. This pair-wise of cooperation is conducive to the establishment of good cooperative relations between provinces and corresponding recipient countries, to better understand the actual situation of agricultural development and the actual needs of agricultural S&T in recipient countries, and to provide targeted agricultural technology needed by recipient countries. The Gates Foundation can draw on the experience of this cooperation mode, focusing on selected provinces to start pilot cooperation. The prioritized provinces should have rich research resources and strong willingness to engage in international cooperation and have achieved remarkable achievements in international cooperation in the past. The cooperative activities can include supporting personnel exchanges, organizing S&T

personnel training, jointly establishing international cooperation projects, and co-constructing joint laboratories. Provincial agricultural S&T administration is mainly under the joint responsibility of provincial S&T department, agricultural rural department and education department. Among them, the S&T department is responsible for provincial S&T policy and allocation of S&T resources. The agricultural and rural department cooperates with the S&T department in the allocation and management of S&T resources for agricultural projects. The education department mainly focuses on agricultural research and college-level S&T personnel education and training (Tab. 11-2).

Tab. 11-2 Cooperation between the Gates Foundation and China's Provincial Agricultural S&T Administrative Departments

Cooperation organization	Cooperation opportunities	Key areas of cooperation	Cooperation mode	Contact Department
Provincial S&T Department	Provincial International Cooperation Projects	Special agricultural technology research and development, agricultural technology promotion, capacity building of S&T personnel, etc.	Personnel exchange, S&T personnel training, international cooperation projects, joint laboratories	International Cooperation Bureau, Rural S&T Department
Provincial Agricultural and Rural Department	Agricultural S&T park, agricultural demonstration research center, etc.	Agricultural technology extension, capacity building of S&T personnel, etc.	personnel exchange, S&T personnel training, joint laboratory	International Cooperation Service
Provincial Education Department	agricultural university	Capacity building of S&T personnel, etc.	Personnel exchange, S&T personnel training	Office of Foreign Cooperation and Exchange, S&T and Industry

Source: Author

11.5.3 Cooperation between the Gates Foundation and Agricultural Research Institutes and Universities

Agricultural research institutes and universities in China are the main bodies of agricultural research in China, which have carried out a number of specific cooperative research directly with the Gates Foundation, and have established a good cooperative relationship. Facilitated by the Belt and Road initiative, many agricultural research institutes and universities, especially national-level agricultural research institutes and universities, have paid more attention to the research of international agriculture, and set up specialized international agricultural cooperative research teams and institutes, and increased funding for international S&T cooperation significantly to support international S&T cooperation research. For example, many research institutes and universities in China have newly established a number of research centers or institutions, joint research laboratories under "One Belt, One Road" and "South-South cooperation", and have built international cooperation platforms such as "20+20 of Chinese and African universities" and "10+10 cooperation mechanism between Chinese and African agricultural research institutes". The Chinese Academy of Agricultural Sciences has established the Center for International Agricultural Research and national alliances for agricultural S&T going global. Obviously, in the future, there will be many opportunities and spaces for direct cooperation between the Gates Foundation and research institutes and universities. Taking the Chinese Academy of Agricultural Sciences, Chinese Academy of Sciences, Chinese Agricultural University and Nanjing Agricultural University as examples, here discusses how to carry out cooperative research directly at the level of research institutes and universities.

1) Cooperation between the Gates Foundation and Chinese Academy of Agricultural Sciences

The Chinese Academy of Agricultural Sciences (CAAS) is a national agricultural research academy in China, mainly engaged in major basic research, applied research and high-tech research in agriculture. It has 34 research institutes and 9 co-constructed research institutes with a wide range of disciplines, forming 8 disciplines clusters, more than 130 discipline areas and 300 research areas of discipline system, such as crop, horticulture, animal husbandry, veterinary medicine, resources and environment, engineering and machinery, quality safety and processing, information and economy, etc. Among them, many disciplines are at the leading level in China, and some are at the world leading level. At present, CAAS has established extensive S&T cooperation with 83 countries, 38 international organizations, 7 transnational corporations and the Gates Foundation. And there are 13 international institutes which have set up offices in CAAS and built 62 joint laboratories or research centers, with a large number of new material, new technologies and new equipment represented by avian influenza vaccines, biogas, hybrid rice and small agricultural machinery going abroad. CAAS has developed a series of major international cooperation projects, among which the largest one is funded by the Gates Foundation to cultivate green super rice for resource-poor areas in Africa and Asia. The Chinese Academy of Agricultural Sciences is a window for international cooperation in China's agricultural S&T. In recent years, adapting to the research and development needs of the national "One Belt, One Road" strategy, the Chinese Academy of Agricultural Sciences has established the Center for International Agricultural Research (CIAR), set up the national agricultural technology "going global" alliance, led the "10 + 10 international cooperation mechanism between Chinese and African agricultural research institutes", building a good platform for international cooperation. CAAS has gathered outstanding talents in agricultural S&T all over the country, with more than 4,000 senior S&T researchers. In terms of funds, on the one hand, many of the national - finance - supported projects undertaken by the Chinese Academy of Agricultural Sciences have special budget for international exchange and cooperation; On the other hand, CAAS has certain control over the non-competitive research funds, such as the S&T innovation projects and basic scientific research operating expenses of central public research institutes. At present, the annual funding for basic operating expenses of S&T innovation projects and central public welfare research institutes of CAAS are about 1 billion CNY and 100 million CNY, respectively. And it has good laboratories and research platforms, including 42 national laboratories and S&T basic platforms, 323 ministerial comprehensive key laboratories and risk assessment laboratories, and 169 college-level science and technology platforms. In addition, the Chinese Academy of Agricultural Sciences has a graduate school that trains many agricultural S&T talents for developing countries. Since it began to enroll foreign students in 2008, the number of foreign students has increased year by year from 57 countries, increasing to 528 in 2018, and it has trained 114 overseas PhD students. The development goal of the CAAS is to build a world-class agricultural research institute, implement the major S&T requirements to provide services for agricultural development, and leap to world's top agricultural S&T institutes.

Based on the development objectives and research resources of CAAS, taking overseas research centers as a platform and "10 + 10 international cooperation mechanism between Chinese and African agricultural research institutes" as opportunities, the cooperation should be enhanced, focusing on jointly promoted agricultural S&T development in developing countries and achieving the goals of increasing small farmers' income. And it is expected to discuss topics of interest and significance to both sides, to establish cooperation mechanisms (including funding sources, scale and distribution mechanisms and organizing agricultural science), and to organize CAAS's experts to undertake corresponding research tasks. It also suggests to use international cooperative research project as the main cooperation mode, and at the same time, to consider various ways, such as S&T personnel exchanges, personnel training and joint experiments, to strengthen the research capacity building of developing countries and to establish and improve the agricultural research system of developing countries. The cooperative departments mainly include the International Cooperation Bureau of CAAS, the Bureau of S&T and the Center for International Agricultural Research.

2) Cooperation between the Gates Foundation and Chinese Academy of Sciences

In order to cooperate with the implementation of the Belt and Road initiative, the Chinese Academy of Sciences (CAS) attaches great importance to providing S&T supporting services for the implementation of the Belt and Road initiative. And in early 2016, it launched the "Chinese Academy of Science's Belt and Road International S&T Cooperation Action Plan". In 2017, CAAS set up a long-term mechanism for strategic consultation, completed the "'One Belt One Road' Research Cooperation Situation Report", and established the Belt and Road Technology Organization Alliance, providing two-way strategic S&T advice for the government and the countries along the route. CAS has organized "the Belt and Road" international cooperation research plan, and has taken the lead in launching more than 20 major international cooperation Programs in response to the major common technology needs and challenges along the Belt and Road. At the same time, according to the actual needs of countries along "the Belt and Road", the Program transfers and transforms the applicable scientific and technological achievements, which not only serves the production and life of the people of the countries along the route, but also promotes the development of local emerging markets.

CAS founded the Alliance of International Science Organizations (ANSO) in 2018, along with 36 other international science and education institutions from around the world. ANSO came into being under the principles of "joint consultation, joint effort and joint sharing" championed by the Chinese Belt and Road Initiative, and is committed to promoting shared development, sustainable development through catalyzing and implementing concrete international cooperation initiatives in Science, Technology & Innovation and Capacity Building (STIC). ANSO seeks to catalyze and initiate major international science Programs with a special focus on areas of sustainable development including agriculture and food security, and is keen to cooperate and partner with organizations who want to collaborate in international S&T initiatives, which poses an opportunity for future cooperation of The Gates Foundation and CAS.

Agriculture is an important field of international cooperation of CAS. The Gates Foundation and the CAS have many opportunities for cooperation in international cooperation of agricultural S&T. Based on the research resources of the Chinese Academy of Sciences, the Gates Foundation and the CAS can take the Belt and Road International Cooperative Research Program in S&T as an opportunity to promote the international cooperation in agricultural S&T, and commit to agricultural basic research and applied research, including molecular module design breeding innovation system, pest and disease prevention and control, modern agricultural technology integration, soil, resources, environment and climate change and other aspects of research. They can co-sponsor major international cooperation projects in international projects, and build "innovation cooperation centers" with the countries along the Belt and Road. And taking this as a cooperation platform and a network fulcrum, they can actively explore and carry out strategic cooperation that integrates "research, technological innovation, personnel training and transformation". CAS also has the superior educational resources, for example, the platform of the Third World Academy of Sciences (TWAS), overseas science and education institutes and CAS-TWAS center, which can continue to train master and doctoral students, research and management professionals and technical personnel for countries along the route. CAS is a huge system, and its agricultural research is conducted in various research institutes, including the Institute of Genetic and Developmental Biology, the Institute of Geographic Science and Resources and the Institute of Zoology. The international agricultural S&T cooperation docking institutes mainly include the departments of the Chinese Academy of Sciences, the Bureau of International

Cooperation, the Bureau of Major S&T Tasks, the Bureau of S&T Promotion and Development, the Bureau of Development Planning and the Bureau of Frontier Science and Education.

3) Cooperation between the Gates Foundation and China's Agricultural Universities

In recent years, China's Agricultural Universities have seen increased research funds and enhanced research capability, enabling them to play an increasingly important role in national agricultural research. Facilitated by the Belt and Road initiative, many universities have paid much attention to research in developing countries and have carried out some substantive cooperative research. For example, taking advantage of its teaching, research and social services resources and advantageous disciplines, China Agricultural University has made efforts to promote the implementation of the "One Belt One Road" initiative and the New South-South cooperation in agriculture based on its long-term work in Africa, Asia and the Pacific. The cooperation between Nanjing Agricultural University and Egdon University in Kenya is also an example, which helps to improve the teaching and research capacities of Kenya's colleges and universities, enhance the farmers' skills and promote agricultural development. At present, the funds for international agricultural S&T cooperation is very limited, which mainly comes from the support from the schools, the MOST funds and other international cooperation projects. China's Agricultural Universities have strong willingness and a certain basis for the cooperation of agricultural technology going global to help more developing countries. There are many cooperation opportunities between the Gates Foundation and the Agricultural University of China. The cooperation ways not only include international research project, but also the potential cooperation in training scientific researchers, co-constructing laboratories and demonstration parks and other aspects to enhance research capabilities. China's Agricultural Universities have a wide range of disciplines, and there is a lot of cooperation fields, not only in crop and horticulture, but also in animal S&T. For example, in 2018, China Agricultural University organized the establishment of the Belt and Road Animal S&T Innovation Alliance, an industry-university-research cooperation platform of animal S&T, with the participation of 44 animal science and animal husbandry colleges and 20 feed and animal husbandry enterprises from domestic and foreign agricultural and forestry universities. The departments responsible for the cooperation are mainly the school's international cooperation bureau, research management department and related colleagues, Box 11. 1, Box 11. 2.

Box 11. 1 CAU Initiated and Founded "the Belt and Road" & South-South Cooperation Agricultural Education, Science and Technology Innovation League

China Agricultural University has actively promoted agricultural cooperation with the countries along the Belt and Road, actively participated in South-South cooperation, set up the first China Belt and Road Institute for Agricultural Cooperation in China, and established China Institute for South-South Cooperation in Agriculture with Northwest Agriculture and Forestry University. It has established a "China-Trinidad Agricultural Innovation Park" in Trinidad and Tobago, a Village Poverty Reduction Learning Center and a China-Tanzania Joint Research Center in Tanzania, and it has jointly established the "China-Thailand Agricultural and Food S&T Research Center" with the Thai Agricultural University and assisted the Malawi University of S&T.

In June 2018, the Belt and Road& South-South Cooperation Agricultural Educational and Technology Innovation League was formed, which is the largest agricultural and field educational technology cooperation platform across the globe. The first batch of member institutes included 40 domestic agricultural and forestry universities such as China Agricultural University and Northwest A&F University, and 30 institutes along the Belt and Road, such as Kyrgyzstan national Agriculture University and Hebrew University. With the theme of complementarity, pragmatic cooperation, coordinated development, people's livelihood development, cultural integration and green sustainability, aiming at comprehensive development of the people's livelihood, taking the upgrading of agriculture as the starting point, and taking the establishment of overseas S&T cooperation centers and technology demonstration bases by domestic agricultural and forestry colleges and universities in conjunction with agricultural colleges and universities of the Belt and Road countries and South-South Cooperation, the alliance will establish a group of effective, influential and sustainable agricultural development brand centers and bases of the "One Belt One Road, and South-South Cooperation", serving China's agricultural enterprises and local agricultural development going global and significantly promoting agricultural development and people's livelihood in the "One Belt One Road / South-South Cooperation".

Source: *https*: *//en. cau. edu. cn/art/2018/12/14/art_32347_600635.html*

Box 11.2 Case Study of Cooperation between Nanjing Agricultural University and Egdon University in Kenya

Since 1994, Nanjing Agricultural University has established "Biotechnology Laboratory" and "China-Kenya Horticultural Technical Cooperation Center" in Egdon University, and established cooperative relationships. In October 2012, the two schools cooperated to build the world's first Confucius Institute with agricultural characteristics and committed to carrying out a series of agricultural cooperation activities, such as agricultural technology demonstration and promotion, agricultural technology training, agricultural education and scientific research. In June 2013, Nanjing Agricultural University established the "China-Kenya Agricultural Demonstration Park" in Egdon University with its own fund. As an important project and exhibition platform, this park covers an area of about 10 hectares, producing and displaying China's excellent crop varieties and advanced and practical agricultural technologies. And good varieties and agricultural techniques suitable for planting and promoting in Kenya and East African countries were conducted in the surrounding areas and cooperation with Chinese agriculture-related enterprises were carried out to promote the industrialization of good varieties and practical technologies. In May 2014, the "China-Kenya Joint Laboratory of Molecular Biology" was approved by the MOST, and Premier Li Keqiang witnessed the signing of the cooperation agreement. In February 2016, the "China-Kenya Joint Laboratory of Molecular Biology" was put into operation at Egdon University, Kenya. As the most advanced laboratory for molecular biology research in East Africa, it was committed to helping the genetic improvement of horticultural crops and other crops in Kenya at the molecular level. According to the cooperation agreement, the project of the China-Kenya Joint Laboratory of Molecular Biology plans to train 1, 000 African professionals in the next five years.

In June 2019, "the Belt and Road" Joint Laboratory for China-Kenya Molecular Biology, which was jointly declared by Nanjing Agricultural University and Egdon University, was approved by the MOST.

11.5.4 Cooperation among the Gates Foundation, China and CGIAR

1) The Gates Foundation, China and CGIAR Have a Good Cooperation Foundation

First, the Gates Foundation is an important donor of CGIAR, and it helps CGIAR coordinate regional breeding networks, establish modern breeding information systems and reduce breeding costs. From 2011 to 2019, the Gates Foundation contributed $650.5 million, accounting for 15.24% of CGIAR's total funding, second only to the United States. Second, China is one of CGIAR member countries and contributes annually to CGIAR. Seven of CGIAR's research centers have established offices in China to strengthen their research in China and Asia. Third, the Gates Foundation and CGIAR have established good cooperative relationships with the National Natural Science Foundation of China (NSFC) and established co-financing projects to jointly fund international cooperation in agricultural S&T between China and CGIAR, China and other countries in the world.

2) The Gates Foundation, China and CGIAR Have Great Cooperation Potential

Acting as the world academy of agricultural sciences, many of CGIAR's research centers are the world's leaders in agricultural research and innovation. Most CGIAR's research centers are located in developing countries, and have extensive cooperative networks all over the world. It is the largest agricultural S&T innovation system in the world, which has important impacts on local and world agricultural S&T development. Currently, CGIAR has an annual research budget of approximately $900 million, and 11,000 employees in more than 70 countries around the world. CGAIR also has rich experience in agricultural extension. It also has rich experience in agricultural extension and relatively understands farmers' demands for agricultural technology and local natural environment conditions in developing countries, enabling it to provide suitable agricultural technology according to the local conditions. In addition, CGIAR is a neutral, non-profit international institution, which has established an effective cooperation mechanism with governments, other international organizations, multilateral organizations, and private foundations. It has close linkages with many countries, which makes it easier to carry out research, and easier to be more widely recognized by developing countries and the international communities. CGIAR serves an unique bridge between China and the world in agricultural S&T cooperation. In the past decades, CGIAR has carried out in-depth agricultural research cooperation with China and made outstanding contributions to the development of agricultural S&T in China.

China is a developing country dominated by small farmers with a vast territory, whose agricultural S&T is more in line with the diversified technological demands of developing countries and has strong complementarity with CGIAR in many research fields. China can make use of CGIAR's international network to promote regional and global cooperation in agricultural S&T innovation to achieve a new type of win-win international relationships, disseminate China's achievements in agricultural development, promote China's agricultural technologies and achievements to "going global", and help developing countries improve their agricultural S&T. Obviously, if the Gates Foundation can take measures to partner with CGIAR and China to make full use of each other's advantages and work together on agricultural S&T research in developing countries, it will significantly improve work efficiency and find it more conducive to accelerating research cooperation between China and developing countries, so as to jointly promote South-South cooperation.

3) Possible Pathways for Cooperation between the Gates Foundation, China and CGIAR

Through sorting out agricultural resources, it can be found that the Gates Foundation can vigorously promote the tripartite cooperation pathway between China and CGIAR through the existing cooperation channels.

First, it is proposed to establish an effective cooperation mechanism between the Gates Foundation and the MOST of China, especially to emphasize on funding Chinese agricultural scientists and CGIAR scientists to co-chair or participate in international big science projects, and to strengthen joint efforts to tackle problems in key technologies, cutting-edge technologies, modern agricultural engineering technologies and subversive technologies, so as to further enhance the contribution of S&T progress to agricultural development and solve bottleneck problems of agricultural development. The MOST of China attaches great importance to the projects of International Mega Science Program. On the one hand, it cooperates with various countries to jointly solve the agricultural development problems, contributing to China's science and technology and at the same time improving China's position and influence in global agricultural research. In addition, through the international collaboration and joint research platform of the international big projects, scientists can learn from each other, which is conducive to training international researchers and research teams and promoting research progress in China. CGIAR has first-class experts in the world, at the same time, it has made a lot of positive explorations in big science projects. Since 2008, in order to achieve its vision and strategic objectives, CGIAR has formulated the Strategic and Result Framework, launched a series of CGIAR crucial research projects (CRP), focused on integrating the research, resources and talent advantages of CGIAR research centers and partners, and carried out large-scale, multi-agency participation projects, focusing on solving regional or global agricultural problems. At present, it has approved and implemented a number of crucial research projects, including dryland agricultural system, wet tropical system, wheat, maize, rice, gene pool, etc., and has made many considerable achievements. The Chinese Academy of Agricultural Sciences has also organized agricultural research institutes in more than 20 provinces (cities and districts) in China to participate in the "CGIAR Challenge Program".

Second, a tripartite cooperation mechanism between the Gates Foundation, CGIAR and the National Natural Science Foundation of China should be established, to co-sponsor Chinese agricultural scientists to participate in CGIAR international projects through existing cooperation channels, so as to enhance the depth and quality of international cooperation. The National Natural Science Foundation of China provide funding for about 20 cooperation projects between China and CGIAR each year, with about 2 million yuan each project in a period of about 5 years, and the total fund is about 40 million yuan. At present, these projects have stimulated the enthusiasm for cooperation between Chinese scientists and CGIAR, but due to the limited funds scale and the fact that these funds cannot be transferred to CGIAR accounts, most of them can only be used to support the bilateral personal exchange of researchers. As the incentives for CGIAR scientists are very limited, which affects the cooperation effect. Therefore, it is crucial to strengthen the communication between CGIAR and the National Natural Science Foundation of China and find common interests. CGIAR can obtain funding through different channels such as the Gates Foundation, China can obtain funding from the National Natural Science Foundation of China, so as to push the two sides to work in a common direction, enhance cooperation effects and improve research quality. On the other hand, it is suggested to establish a special fund for the cooperation between CGIAR and Chinese scientists by the Gates Foundation and the National Natural Science Foundation of China to jointly decide the topics, design the cooperation content, divide tasks and funding between CGIAR and Chinese scientists under the same research framework, and establish a closer cooperative relationship.

Third, establish a mechanism for South-South cooperation between the Gates Foundation, CGIAR and MARA, to jointly promote South-South cooperation. The Chinese government has contributed a total of US $80 million in two phases to establish the China-FAO Trust Fund to support the exchange of knowledge and experience between China and countries in the south of the world. Since the establishment of this Trust Fund, China has successfully implemented 14 country projects for knowledge sharing in various technical fields, including aquaculture, crop production, irrigation, livestock breeding, agroforestry, pest control, poultry farming and agricultural value chain development. Need to be Updated as the third round of fund has been annouced! China and the United Nations Food and Agriculture Organization have begun to innovate the South-South and tripartite cooperation models. In February 2018, in order to further strengthen South-South and tripartite cooperation, China contributed US $10 million to IFAD for the establishment of a new China-IFAD South-South and tripartite cooperation fund, which is the first fund dedicated to South-South and tripartite cooperation in the history of IFAD. The Fund aims to exchange development experience of southern countries, integrate professional knowledge and resources, accelerate rural poverty alleviation, improve rural productivity and promote rural transformation. At present, one of the biggest constraints in expanding the scale of South-South cooperation is the lack of resources. Thus, it is necessary to further promote South-South cooperation and expand tripartite cooperation, make full use of educational and training resources, policy resources of agricultural demonstration centers and research institutes of China, FAO and CGIAR in Africa and other developing countries, and technology platforms and many experts from CGIAR, increase agricultural technology extension and foreign aid training efforts, to provide key technologies and resources to support agricultural development and food security in developing countries and enhance policy impacts.

Fourth, the cooperation mechanism between the Gates Foundation, CGIAR and the South–South Cooperation Assistance Fund of the National Agency for International Development Cooperation should be strengthened. The foreign aid experience from many developed countries shows that technical assistance is the most effective way. It is suggested that special technical assistance funds, especially agricultural technical assistance funds, be established by the South–South Cooperation Assistance Fund of the International Development Agency to strengthen the research, development and extension of agricultural technology in developing countries. Based on the current funding target and scope of South–South Cooperation Assistance Fund, domestic and recipient social organizations, domestic and foreign Think Tanks and international organizations can submit project proposals, and CGIAR is eligible for project application. For establishing a tripartite cooperation mechanism between the Gates Foundation, CGIAR and the International Development Cooperation Agency, it is suggested that China cooperate with CGIAR to apply for South – South Cooperation Assistance Fund projects, broadening the funding channels of CGIAR, taking full advantage of CGIAR's agricultural S&T research in developing countries. Through jointly implementing large – scale projects and sharing cooperative resources, it is possible to effectively utilize the advantages resources of CGIAR research centers and their host countries, strengthen cooperative relationships with their host countries and research target countries in an all – round way, so as to maximize the cooperation effects.

Fifth, the cooperation between the Gates Foundation, the Chinese Academy of Agricultural Sciences and the CGIAR offices in China should be strengthened. It is suggested to increase China's donations to CGIAR, and expand support for neighboring countries, while taking into consideration China's demands and strategies. The Chinese government's donations to CGIAR is mainly applied through the Chinese Academy of Agricultural Sciences to the Ministry of Agriculture and Rural Affairs, and approved by the Ministry of Finance. In 2016, CGIAR launched a new round of reforms. After the reform, board committee formulated a new scheme for selecting the Council members, need to be updated. If China wants to continue to serve as a permanent member, it is necessary to change the current donation strategy for windows 1, 2 and 3. Therefore, it is suggested that the CAAS should strengthen communication and coordination with the MARA and the MOF, strive to increase China's contribution to CGIAR, so as to maintain its permanent membership and fulfill its responsibilities as a major power. In addition, many of CGIAR's China offices are regional offices, which not only liaise with China's agricultural S&T cooperation, but also serve the surrounding Asian regions, especially Southeast Asian countries. However, in recent years, due to the shortage of funds for the whole CGIAR system, the functions of CGIAR's China Office have not been fully developed. CGIAR's China Offices have good knowledge of China's domestic research situations, and they have maintained communication and coordination with the international community, so they have a better understanding of the international situation and research progress, and can better build a bridge for communication and cooperation between China and developing countries, disseminate China's agricultural technology, and at the same time, spread suitable agricultural technologies according to the specific conditions of developing countries.

11. 5. 5 Challenges for Agricultural S&T Cooperation

A number of challeges are identified below.

First, the Chinese government's fund for supporting agricultural S&T to go global is still limited. With China's economic development, the share of agriculture in the national economy has declined significantly, only 7. 2% in 2018, and the share of agricultural S&T in the total S&T expenditure is relatively small. Although international cooperation funds in agricultural S&T increased significant, at this stage, most of international cooperation fund are used for "bringing in" new technologies from developed countries, agricultural S&T "going global" is only in its infancy. Most of the projects of going global are agricultural S&T extension mainly supported by the MOC and the MARA. The research funds for agricultural S&T going global are limited, which are mainly from the MOST's international cooperation projects and national key R&D Programs, as well as some international cooperation projects funded by NSFC. Most of these projects are competitive funds. The international scientific and technological cooperation Programs for agriculture and other sectors are usually under a unified application framework, and there is a competitive relationship between agriculture and other sectors, so it is difficult to determine the actual international S&T cooperation funding for agriculture.

Second, sustainability of international S&T cooperation. Due to the long agricultural production cycle, agricultural S&T "going global" also faces the problem of long cycle. For example, it will take at least 3-5 years for crops to pass the variety examination and approval from the trial planting to the screening of seedling varieties. After that, it will take many years for crops to enter the commercialization stage after passing the local national variety examination and approval, which requires a lot of investment. However, most of China's agricultural S&T international cooperation projects are short-term projects, with relatively small funding intensity. Most of these projects are competitive projects, which are determined by the third-party evaluation, which are scattered and lack of continuous support. Therefore, many agricultural S&T going global projects have some short-term behaviors, lack of sustainability. For example, the construction of agricultural technology demonstration centers and joint laboratories are supported by international cooperation projects, but many of them do not have continuous funding support, and face many problems to continue operation, resulting in waste of various facilities and equipment. It is important to further strengthen cooperation with private enterprises to find international S&T cooperation projects that can not only solve the major agricultural technology problems faced by the target countries, but also have broad market prospects, so that enterprises can participate in the operation of the technology demonstration center. For the joint laboratory, long-term development plans should be made before construction, including project funding sources and long-term cooperative operation mechanism, so as to ensure that the joint laboratory can truly play its role and achieve the expected objectives.

Third, lack of supporting information resources for agricultural S&T going global. In China, challenges include the incredible pace of the country's political, economic and social development, the great complexity in the distribution of responsibilities, the frequently low transparency in decision-making at political level and information which is in some cases insufficient or difficult to obtain. At present, research institutions and enterprises also do not have enough information about agricultural resources, agricultural economy, policies and laws, and the demands of agricultural technology from the target countries before agricultural technology transfer or R&D cooperation, which is likely to lead to policy-oriented deviation due to inaccurate information during the process of China's agricultural S&T "going global", resulting in passive situations. It is difficult to effectively serve the overall layout of China's agricultural S&T going global, and it is also difficult to find the marketable agricultural S&T products which impacts the effects of agricultural S&T going global.

Fourth, Policy, Culture, and Language Gaps. Chinese personnel engaged in agricultural cooperation projects sometimes lack sufficient knowledge of local culture, social norms, policies, and regulations. Taking cooperation projects in Africa as an example, the complex economic and social situations in some African countries challenge their ability to develop relationships with local communities and organizations. In addition, constrained by educational background, many Chinese personnel face language barriers in communicating with local partners, employees and residents.

Fifth, multi-party cooperation may increase the complexity of project management. China's agricultural S&T management departments and agricultural scientific research institutions are open to international cooperation, willing to strengthen international cooperation with all partners and fully play their respective advantages, so as to better achieve the goals. But in reality, multi-party participation also faces many challenges. For example, multi-party cooperation may increase the complexity of project management and the coordination cost. If not handled properly, it may not generate cooperative effect. Therefore, how to establish a good cooperation mechanism to ensure the smooth implementation of the project is important. It is necessary to strengthen the coordination mechanism of cooperation planning, design and cooperation projects management, simplify the administrative management of projects as much as possible, reduce the complexity of project management, and ensure the cooperation projects operate efficiency.

Reference

BABU S C, HUANG J K, VENKATESH P, et al. , 2015. A comparative analysis of agricultural research and extension reforms in China and India [J/OL]. China Agricultural Economic Review, 7 (4): 541-572, http: //dx. doi. org/10. 1108/CAER-05-2015-0054.

BEINTEMA N M and STADS G, 2010. Public Agricultural R&D Investments and Capacities in Developing Countries, ASTI background note.

Bulletin of the Chinese Academy of Sciences, 2017. Proceedings of the Chinese Academy of Sciences, the Chinese Academy of Sciences jointly set up an action plan of "One Belt and One Road" international cooperation in science and technology. [EB/OL]. [2019-8-21]. http: //www. cas. cn/zt/sszt/roadbelt_cas/mtbd/201705/t20170509_4600077. shtml.

CAAS, 2018. 2227 national science and technology awards write the story of China's agricultural spring. Retrieved July 20, 2019 [EB/OL]. http: //mlzg. leshan. cn/html/2018/tongliaowang_headlines_1219/512940. html

CAAS, 2019. Building the technological capacity of a big agricultural country: review and outlook on CAAS's technology innovations since the reform and opening up [Unpublished Manuscript].

CAAS, 2018. Department of International Cooperation of CAAS. Retrieved July 20, 2019 [EB/OL]. http: //caas. cn/zt/ggkf40n/ggjxs/294798. html in Chinese.

CGIAR, 2019. CGIAR trust fund contributors. Retrieved July 20, 2019 [EB/OL]. https: //www. cgiar. org/funders/

CAI L X, 1992. Main task of provincial agricultural scientific research institutions [J]. Science and Technology Guide, 58-60.

CHEN K Z, HSU C, FAN S G, 2014 . Steadying the ladder China's agricultural and rural development engagement in Africa [J]. China Agricultural Economic Review, 6 (1): 2-20.

CHEN K Z, FLAHERTY K, and ZHANG Y, 2012. China: Recent Developments in Agricultural Research [R]. Agricultural Science and Technology Indicators: Country Note. Washington, DC: International Food Policy Research Institute.

CHEN K Z, ZHANG Y, 2011. Agriculture R&D as an Engine of Productivity Growth: China [R]. UK Government's Foresight Project on Global Food and Farming Futures. UK Government Office for Science: London, UK.

CHENG C L, REN A S, LIU M, et al, 2017. Status Quo and Mode of International Cooperation of China's Agricultural Science and Technology under the Background of the Belt and Road. [J]. Agricultural Outlook. 13 (08): 107-111.

China Government, 2017. Report of China Agricultural Intellectual Property Creation Index. [EB/OL]. [2019-7-20]. http://www.gov.cn/xinwen/2017-08/26/content_5220627.htm.

China International Development Cooperation Agency. (2018). Introduction to South-South Cooperation Assistance Fund. [EB/OL]. [2019-7-20]. http://www.cidca.gov.cn/2018-08/24/c_129939202.htm.

Department of science, technology and education, Ministry of Agriculture, 2009-2016. Compilation of national agricultural science and Technology Statistics [DS]. internal data.

DONG Y J, 2019. Overview analysis of 2016-2018 national key R & D plan projects, scientific research data talk [EB/OL]. [2019-10-10]. https://www.sciping.com/22624.html.

DUAN Z Y, SHEN Z D, 2017. Promote Supply-side Reform in Agriculture by Science and Technology Progress——Interpretation for Agricultural Development Strategy of 13th Five-Year Plan in Chinese Academy of Sciences [J]. Bulletin of Chinese Academy of Sciences, 32 (10): 1059-1065.

DUONG V H, 2018. Research on Vietnam-China Agricultural Technology Cooperation from the Perspective of Vietnam's Demand [D]. Nanning: Guangxi University.

FAN S G, CHEN K Z, ZHANG Y M, et al, 2017. China Agricultural Research System Reform and International Experience [R]. report for MOA.

FAN S G, and QIAN K M, 2006. Institutional Innovation and Investments in Chinese Agricultural Research [M]. Agricultural R&D and Poverty Reduction in China. Beijing: China Agricultural Press.

FAN S G, QIAN K M, and ZHANG X B, 2006. China: An unfinished reform agenda [M] //PARDEY P G, ALSTON J M, and PIGGOTT R R, Agricultural R&D in the Developing World: Too Little, Too Late? Washington D. C.: International Food Policy Research Institute.

Farmers Daily. Jointly promote the vision and actions of the "Belt and Road" construction of agricultural cooperation [EB/OL]. [2019-7-20]. http://jiuban.moa.gov.cn/zwllm/zwdt/201705/t20170512_5604724.htm.

General Office of the Ministry of Agriculture, 2017. Notice of the general office of the Ministry of agriculture on printing and distributing the 2017 agricultural international exchange and cooperation project task guide, 2017. [EB/OL]. [2019 - 10 - 20]. http://www.moa.gov.cn/nybgb/2017/dsanq/201712/t20171228_.htm.

GUO J L, SHENG C J, LI S J, 2011. The policy thinking of "going all the way" to go out of agricultural science and technology [J]. Chinese agricultural science and Technology Bulletin, 7-13.

HAN X R, YAN Y, WANG X D, 2018. Operation mechanism of core research projects of Consultative Organization for international agricultural research and research cooperation with China [J]. China Agricultural Science and technology guide, 20 (11): 20-27.

HU R, LIANG Q, and HUANG J, 2007. Change in China's Agricultural Research Investment and Its International Comparison [J]. Chinese Soft Science, 2: 53-58.

HUANG D D, ZHANG X F, 2019. Research on Measurement of Cooperation Effect Between China and CGIAR [J]. Journal of Agricultural Science and Technology, 21 (04): 8-15.

HUANG J, HU R, and ROZELLE S, 2003. Agricultural Research Investment in China: Challenges and Prospects [M]. Beijing: China's Finance and Economy Press.

HUANG J, HU R, and ROZELLE S, 2004. China's Agricultural Research System and Reforms: Challenges and Implications to the Developing Countries [J]. Asian Journal of Agricultural Development, 1 (1): 98-112.

HUANG J and ROZELLE S, 2014. Agricultural R&D and Extension [M] //FAN S G, KANBUR R, WEI S, and ZHANG X. The Oxford Companion to the Economics of China, London: Oxford University Press.

HUANG J, XIANG C and WANG Y, 2015. The Impact of CIMMYT Wheat Germplasm on Wheat Productivity in China [M]. Mexico, D. F.: CGIAR Research Program on Wheat.

HUANG J K, HU R F, WANG X B, et al., 2014. Policy Suggestions on Agricultural Transgenic Technology Research and Development Models and Scientific and Technological Reform [J]. Agricultural Technology.

International Cooperation Bureau of the National Natural Science Foundation of China, 2018. Guidelines for cooperation research projects between the National Natural Science Foundation of China and the Consultative Organization for international agricultural research in 2018. [EB/OL]. [2019-8-21]. http://www.nsfc.gov.cn/publish/portal0/tab442/info72805.htm.

International Cooperation Bureau of Jiangsu Academy of Agricultural Sciences, 2018. Research Report on the status of international cooperation in Agricultural Sciences of Jiangsu Province [R]. internal information.

International Cooperation Bureau of Chinese Academy of Agricultural Sciences, 2015. Thirty years of strategic cooperation between China and the Consultative Organization for International Agricultural Research [M]. Beijing: China Agricultural Science and Technology Press, 117-118.

Institute of Genetics and Developmental Biology, Chinese Academy of Sciences, 2019. Introduction of Institute of Genetics and Developmental Biology, Chinese Academy of Sciences. [EB/OL]. [2019-7-20]. http://www.genetics.cas.cn/yjsjs/yjsgk/.

Institute of Geographic Sciences and Natural Resources Research, Chinese Academy of Sciences. (2019). Introduction of Institute of Geographical Sciences and Natural Resources Research, Chinese Academy of Sciences. [EB/OL]. [2019-7-20]. http://www.igsnrr.cas.cn/gkjj/.

Jiangsu Science and Technology Department, 2017. Jiangsu Science and Technology Yearbook, 2017 [M]. Beijing: Science and Technology Literature Press.

JIANG L H, ZHANG H B, YANG X R, 2006. Jointly Promoting Agricultural Research and Development Partnership——China and International Agricultural Research Consultative Organization [J]. World Agriculture, 58-59.

JIN D, 2018. The Research of Sino-Vietnamese Cooperation on Production Capacity under the Background of 'The Belt and Road Initiative' [J]. Journal of Technical Economics & Management, 118-123.

LI Y Q, FU C L, 2014. Thinking about Agricultural Technology Extension Service in agricultural research institutions--Taking Jiangsu Academy of Agricultural Sciences as an example [J]. Agricultural Science and Technology Management, (04): 15-17.

LIU A Q, WANG J X, ZHANG Z, 2003. Building provincial agricultural science and technology innovation system with agricultural scientific research units as the main body [J]. Agricultural Science and Technology Management, 24-25.

LU Y, HUANG D D, WANG T, 2019. Research on the CGIAR's Contribution to the Global Agriculture Based on Bibliometrics [J]. Current Biotechnology, 9 (01): 89-97.

LU X P, XIE K Y, 2014. International Potato Center in China: 30 years of friendship, cooperation and achievements [M]. Beijing: China Agricultural Science and Technology Press.

LUO H R, ZHANG Z H, WU C F, 2018. Analysis on the operation situation and Countermeasures of the scientific research platform of Provincial Academy of Agricultural Sciences—Taking Jiangsu Academy of Agricultural Sciences as an example [J]. Agricultural Science and Technology Management, 59-61, 77.

MARA (Ministry of Agricultural and Rural Affairs of China), 2019. The utilization rate of chemical fertilizer and pesticide in China is increasing steadily. [EB/OL]. [2019-8-21]. http://tj.people.com.cn/n2/2019/1219/c375366-33645606.html.

Ministry of Science and Technology of China (MOST), 2011. The Ministry of Science and Technology signed a memorandum of Understanding on strategic cooperation with the Gates Foundation. [EB/OL]. [2019 - 8 - 21]. http: //www. most. gov. cn/kjbgz/201110/t20111027_90495. htm.

Ministry of science and technology, 2017. Notice of the Ministry of science and technology on printing and distributing the "13th five year plan" for international scientific and technological innovation cooperation. [EB/OL]. [2019-7-20]. http: //www. most. gov. cn/mostinfo/xinxifenlei/fgzc/gfxwj/gfxwj2017/201705/t2017052_. htm.

MOA (Ministry of Agriculture) (various years). Agricultural science and technology statistical materials [M]. Beijing: Ministry of Agriculture (Chinese).

MOE (Ministry of Education) (various years). University Statistical Yearbook on Sciences and Technology [M]. Beijing: High education Press (Chinese).

MOST (Ministry of Science and Technology) (various years). China Statistical Yearbook on Sciences and Technology [M]. Beijing: China Statistics Press.

National Natural Science Foundation of China, 2018. International (regional) cooperative research and exchange Program. [EB/OL]. [2019-8-21]. http: //www. nsfc. gov. cn/nsfc/cen/xmzn/2018xmzn/11/index. html.

National Natural Science Foundation of China, 2019. Management measures for International (regional) cooperative research projects of National Natural Science Foundation of China. [EB/OL]. [2019 - 8 - 20]. http: //www. nsfc. gov. cn/publish/portal0/tab475/info70247. htm.

Notice of the General Office of the Ministry of Agriculture on the announcement of the construction list of key laboratories and scientific observation experimental stations of the Ministry of agriculture during the 13th Five Year plan (ABC [2016] No. 29) [EB/OL]. [2019-10-10]. http: //www. gdaas. cn/tzgg/201701/t20170105_814649. htm.

OECD, 2016. The US agricultural innovation system [M] //Innovation, Agricultural Productivity and Sustainability in the United States, Paris : OECD Publishing.

PALACIOS X F, 1998. Contribution to the estimation of countries/ interdependence in the Asia of plant genetic resources [R]. Background Study Paper, 7 (1), FAO, Rome: 14.

People's Daily, 2018. China actively participates in agricultural South-South cooperation to increase crop production in project areas [EB/OL]. [2019-7-20]. http: //intl. ce. cn/sjjj/qy/201812/02/t20181202_30921074. shtml.

People's Network, 2016. Gates Foundation launched new projects to continue to deepen the partnership with China. [EB/OL]. [2019-8-21]. http: //world. people. com. cn/n1/2017/0327/c1002-29172051. html.

Scientific Research Office of Jiangsu Academy of Agricultural Sciences, 2013-2015. Annual report on scientific research of Jiangsu Academy of Agricultural Sciences [R].

Science and Technology Daily, 2013. Towards win - win international cooperation in agricultural science and technology -- Zhang Laiwu, Vice Minister of the Ministry of science and technology, on agricultural science and technology cooperation between China and the United Nations [EB/OL]. [2019-7-20]. http://www.most.gov.cn/kjbgz/201308/t20130827_.htm.

Science and Technology Bureau of Jiangsu Academy of Agricultural Sciences, 2019. Exploring a new model of agricultural technology extension service for scientific research institutes, Research and transfer, and research and promotion [R]. Internal information.

The State Council, 2014. Opinions of the State Council on improving and strengthening the management of scientific research projects and funds of the central government. [EB/OL]. [2019-8-21]. http://www.gov.cn/zhengce/content/2014-03/12/content.htm.

The State Council, 2018. Notice of the State Council on printing and distributing international large science plan and large science engineering plan. [EB/OL]. [2019-7-30]. http://www.gov.cn/zhengce/content/2018-03/28/content_.htm.

WANG F Y, 2012. Study on the introduction and outflow of Crop Germplasm Resources in China - mainly from the Consultative Organization for international agricultural research and the United States [J]. Journal of plant genetic resources, 13 (3): 335-342.

WANG J P, LI X, ZHU F L, et al, 2017. Innovation and effectiveness of pilot mechanism of national major agricultural technology extension projects implemented by scientific research institutes -- Taking Jiangsu Academy of Agricultural Sciences as an example [J]. Agricultural Science and Technology Management, 36 (04): 33-36.

WANG T, 2018. Bill Gates and his wife released the 2018 letter to value China's agricultural technology and experience. [EB/OL]. [2019-8-21]. http://news.cri.cn/20180214/ab9952eb-7fe5-d6a2-57c1-f72d7de91904.html.

WANG X and LIU Q, 2012. China-Africa cooperation: a new approach to improve development effectiveness [C] // Working Paper Series 5, Beijing: International Poverty Reduction Center in China.

World Bank, 2012. Agricultural Innovation Systems: An Investment Sourcebook [M]. Washington D. C.: World Bank.

Xinhua News Agency, 2012. Ministry of Science and Technology: China's agricultural international scientific and technological cooperation has made great progress [EB/OL]. [2019-7-20]. http://big5.www.gov.cn/gate/big5/www.gov.cn/jrzg/2012-11/21/content_2272170.htm.

Xinhua News Agency, 2018. Chinese Academy of Sciences and Kenya sign a memorandum to deepen scientific research cooperation [EB/OL]. [2019-8-21]. http://www.sinafrica.cas.cn/zxdt/zhxw/201812/t20181227_470894.html.

XU C C, ZHENG G, XIONG W, et al., 2016. Strategic thinking on "going global" of China's agricultural science and technology during the 13th Five Year Plan period [J]. World agriculture, 2016 (4): 18-22.

XU J F, LUO J Y, JIA Y, 2014. Comparison of agricultural aid to Africa between China and Japan [J]. World agriculture, 45-50.

XU Z, 2017. Analysis on the scientific and technological innovation and development of the CAAS-ILRI livestock and poultry genetic resources joint laboratory [J]. Modern Agricultural Technology, 251-252+259.

Yearbook Editorial Committee of Jiangsu Academy of Agricultural Sciences, 2018. yearbook of Jiangsu Academy of Agricultural Sciences (2016-2018) [R]. Internal information.

YOU W, LIU Q, WANG J H, 2018. Building the road of China Africa agricultural cooperation based on the advantage of hot work resources -- a review of the aid work of the Chinese Academy of Tropical Agricultural Sciences to Africa [J]. Ziguangge, 298 (10): 68-69.

YU J F, XU Y J, WANG Y C, et al., 2018. "One belt and one road" perspective, China's agricultural science and technology international cooperation strategic positioning and Development Countermeasures: Based on the comparison of China Pakistan mechanism [J]. Science and Technology Management Research, 401 (07): 64-69.

ZHANG H C, 2018. 40 years of agricultural science and technology development in China, review and prospect [J]. China rural science and technology, 283 (12): 8-11.

ZHANG J N, 2013. Analysis of the organizational structure of agricultural research institutes-Taking Jiangsu Academy of Agricultural Sciences as an example [D]. Nanjing: Nanjing Agricultural University.

ZHANG X, JIANG C S, 2011. On regional development strategy of international cooperation for tropical agricultural science and technology [J]. Tropical Agricultural Engineering, 35 (05): 65-67.

ZHAO Q G, HUANG J K, 2015. New trends and new characteristics of agricultural science and technology development from the future to 2020 [J]. China Fruit Industry News, 32 (10): 9-11.

ZHU Y J, HU C, LI J L, 2018. Research on the mode of agricultural technology cooperation between China and ASEAN countries under the "belt and road initiative" [J]. world agriculture, 28-33, 57.